原学术文库 · 文集

王永宽学术文集

王永宽 著

中原出版传媒集团
大地传媒

大象出版社
· 郑州 ·

图书在版编目(CIP)数据

王永宽学术文集／王永宽著.— 郑州：大象出版社，2017.5
(中原学术文库.文集)
ISBN 978-7-5347-8486-6

Ⅰ.①王… Ⅱ.①王… Ⅲ.①中国文学—古典文学研究—文集②文化史—中国—古代—文集 Ⅳ.①I206.2-53 ②K220.3-53

中国版本图书馆 CIP 数据核字(2016)第 318962 号

中原学术文库·文集
王永宽学术文集
王永宽 著

出 版 人 王刘纯
责任编辑 范 倩
责任校对 张迎娟 牛志远
装帧设计 王晶晶

出版发行 大象出版社(郑州市开元路 16 号 邮政编码 450044)
发行科 0371-63863551 总编室 0371-65597936
网 址 www.daxiang.cn
印 刷 洛阳和众印刷有限公司
经 销 各地新华书店经销
开 本 787mm×1092mm 1/16
印 张 26
字 数 424 千字
版 次 2017 年 5 月第 1 版 2017 年 5 月第 1 次印刷
定 价 120.00 元

若发现印、装质量问题，影响阅读，请与承印厂联系调换。
印厂地址 洛阳市高新区丰华路三号
邮政编码 471003 电话 0379-64606268

自　序

本书是我自己编订的个人学术论文选集。收入其中的29篇文章，从内容上看，包括中国古代文学研究和古代传统文化研究两个方面，具有文学研究和文化研究兼顾的特点，反映了本人几十年间从事中国社会科学专业研究工作的实际，也反映了本人对于专业研究的思想认识。

我的大学本科专业和硕士研究生专业都是中国文学，到河南省社会科学院工作之后的专业方向就是中国古代文学研究。但是，我在工作过程中感到，研究中国文学很难做到仅仅局限于文学领域，研究过程中涉及的问题常常要跨越文学的藩篱，进入内涵和外延都更为广阔的文化的领域。

20世纪80年代开始出现的“文化热”，在学术界也产生了深广的影响，不少学者不论原来的专业方向是文史还是哲经，也总是把研究的视野和精力转向文化的领域。20世纪90年代以来，随着国家经济建设与文化建设的不断发展，全国各级政府及相关部门在本地域的历史文化资源开发利用方面加大了力度，采取了许多积极措施并开展了卓有成效的活动，这为许多相关专业的学者提供了更多参与的机会和专业发展的空间。

在这样的社会文化背景下，我的专业研究工作也就自然地由原来文学研究的领域拓展到文化研究的领域。我不仅对诸多的历史文化问题产生了浓厚的兴趣，而且主动参与了不少相关的文化研究方面的会议与活动，接受了不少文化研究方面的选题或写作任务。于是，我在继续坚持以中国古代文学研究为主要方向的同时，在中国古代传统文化研究方面也不断有一些文章发表并有一些著作出版，因而我的专业研究工作也就出现了古代文学研究和古代文化研究兼顾的状况。从20世纪90年代初出版《中国古代酷刑》一书开始，我又参加《术数全书》的点校，撰著《河图洛书探秘》，参与编纂《中原文化大典》，整理校注“国学经典”丛书的《三字经·百家姓·千字文》《东京梦华录》和“博雅经典”丛书的《闲情偶寄》等，这些都属于古代文化研究的范畴。同时，这一时期我写作的一些文章也涉及较为广泛的历史与文化的领域，诸如史实考论、名物辨正、河洛文化、姓氏文化、民俗文化等方面，在开阔视野的同时也培养了对于文化研究的更为广泛的兴趣。

在尝试将文学研究和文化研究结合进行的过程中，我对文学研究在内容方面的广延性和丰富性又不断有新的认识。我曾经发表过一个自己的观点“文学无疆”，即认为文学本身是没有边界的：文学的主体亦即创作者是没有界限的，帝王将相、达官显贵、士庶商贾、闺媛淑女乃至村夫村妇，都可以是文学创作的参与者，古代文学尤其如此；文学的客体亦即所反映的生活范围是没有界限的，古今历史、世间万象、三教九流、芸芸众生，都可以成为文学描写的对象；文学的受体亦即读者和观众也是没有界限的，不论识字与否都可以接受和传播文学。我在为孙宝瑞的《古籍出版思与行》所作序文中又说：“我一直认为‘文学无疆’，从事非文学专业工作的各行各业的人们，有兴趣的话都应当深浅不同地涉足文学的领域，或者亲自动手‘玩一玩’文学，其中的乐趣只有实践者才可体会到。”这里的议论是针对孙宝瑞身为编辑而从事小说、散文创作的情况而发的，但实际上不过是指出一个具有普遍意义的现象。我在《理性哲思与文学美韵》一文中又说：“在20世纪以来的中国现当代文学史、文化史及学术史上，学者和作家常常是并没有明显的界限。许多著名学者同时又有文学成就，许多著名作家同时又有学术成果。这种现象，在古代文学史、古代文化史上是相当普遍的。先秦时的孔孟老庄，唐宋时的韩柳欧苏，都是既为文学家，又为学术大师，而且或者兼为思想家、哲学家、教育家。这是因为在中国古代文化观念中，早已形成文以载道和为文尚美的传统，历代名家所著许多体现自己政治理想和学术观点的文章，也都是文采焕然的优美散文。”（以上两段引文俱见拙著《品味书香》）

根据这样的认识，我又感到，文学研究工作的研究内容也应当是没有边界的。因为文学本身是一定的历史条件和文化背景下的产物，文学作品及其作家都和历史与文化有密切的不可分割的关系。文学作品从属于文化，是一定时期文化的重要组成部分，它承载着历史与文化，也反映着历史与文化。因此，研究文学不可能不涉及它产生的文化背景和它包含的文化内容;而研究文化问题,总是需要有文学作品的旁证或依托。对于研究者来说,掌握文学与文化两方面的专业知识是可以相互为用的,而且都是必要的。我本人在古代文学研究和古代文化研究兼顾并行的过程中,对于这一点也有深刻的体会。

在和我的硕士研究生导师刘世德先生谈论我的学习和工作情况时,他对我的认识和做法表示理解和肯定。他在为我的诗集《春华秋实集》所作的序文中指出:"在中国学术界,从来是'文史不分家',研究古代文学的工作常常并不是单一的,而是和其他历史文化方面的研究相兼顾的。中国古代的学者如此,'五四'以来的现当代许多学者更是如此。"后来,刘世德先生在为我的《品读沧桑——文史杂论集》所作的序文中又指出:"进行古代文学研究的同时关注一下历史文化领域里相关问题的研究,也会有所发现并且有所创见,这对于古代文学的研究可以起到相辅相成的作用。打通历史与文学的学科藩篱,对于文学研究和历史研究,都是有益的,也是必要的。"我感到,刘老师的这些议论,既是对我的做法的认可,也是对我在这方面已有成果的赞许。前年,我又把多年来撰写的各种评论文章结集出版,书名为《品味书香》,其中评论的对象,有文学方面的戏曲、小说、诗歌之类,也有文化研究方面的一些著作等,我的朋友陈飞教授在为这本书所写的序文中,把我的这种文学研究与文化研究兼顾的做法称为"融通文史",并且说:"在王老师的学术研究中,很早就体现出文学和文化结合融通的特点。这既使其文学研究具有更大的广度和深度,也使其文化研究具有坚实的功底和根基,二者相得益彰。"他所谓的"融通"我不敢当,所谓的"广度和深度"我也有愧,虽然他的议论使我感到有些过誉,但是他却是在客观上指出了我的文章所表现出来的文学研究和文化研究兼顾的状况。以上师友的议论,既使我受到了正面的鼓舞,也让我对自己已有的认识和做法增加了几分自信。

现在,我把自己的学术论文选出一部分结集出版。收入书中的文章,代表了我学习和研究的状况,自然就包括了文学研究和文化研究这两方面的内容。其中中国古代文学研究方面有对于古代戏曲、古代小说、古代文论的研究,具体作家或作品的研究,文学作品中人物形象的研究等;古代传统文化研究方面有对于中原文化、河图洛书、龙文化等方面的研究等。其中的文章不论是论事论人,大都表现了文学研究和文化研究的结合、历史问题与现实问题的结合。当然,这些文章在收入本书时,有的也作了些必要的修改。谨以区区此书,与学界同人交流，诚望四海师友不吝赐教。

借此篇末，我要特别感谢我的恩师刘世德先生，他指导我完成了硕士研究生期间的学业，引导我走上从事中国古代文学研究及中国古代文化研究之路。我要特别感谢河南省社会科学院，它给了我几十年安定和谐的良好环境，给了我几十年优越温馨的生活保障，使我能够在这里安享读书与写作之乐，而且最近又给我提供了使这本论文集得以出版的机会。我还要特别感谢我的许多学界同人，他们的“友直友谅友多闻”，以及给予我的许多真诚而切实的帮助，使我终生难忘。现在，这本书的出版，并不是我专业研究工作的终结。我虽然退休多年，但是并没有停止读书与写作。学无止境，思亦无止境，对于文学研究与文化研究，我仍保持一如既往的兴趣和关注，尽力在自己的专业范围内不断学习，不断探索，争取再取得一点新的成绩。

2016 年 8 月 15 日

目　录

明末清初苏州派戏曲作家的现实主义倾向

明末清初,苏州地区出现了一大批戏曲作家。他们以李玉为首,形成了一个在戏曲创作上具有共同特点和风格的流派,有的书中已正式称他们为"苏州派"①。

苏州派戏曲作家都是苏州地区人。我认为,其成员应包括:李玉,字玄玉,吴县(今属苏州)人;朱𨞬,字素臣,吴县人;朱佐朝,字良卿,吴县人;毕魏,字万后(或作"万侯"),又字晋卿,吴县人;叶时章,字雉斐(或云名雉斐,字美章),吴县人;张大复,字心期,一字星其,号寒山子,吴县人;马佶人,字吉甫,一字更生(或作"亘生"),号斐堂,吴县人;盛际时,字昌期,吴县人;朱云从,字际飞,一字雯虬,吴县人;朱英,字寄林(或云字树声),吴县(一说松江,今属上海)人;王香裔,字续古(或云名续古,字香裔),吴县人;郑小白,吴县人;薛旦,字既扬,号訢然子(或作"听然子"),长洲(今属苏州)人;陈二白,字于令(或云字于李),长洲人;刘方,字晋充,又字地如,长洲人;邹玉卿,字昆圃,长洲人;丘园,字屿雪,常熟人;周杲,字坦纶,号果庵,一号西畴老圃,昆山(今属苏州)人。上述 18 人都或多或少地有作品传世。另外,与他们同时的一些苏州地区的戏曲作家如吴县的过孟起、盛国琦、陈子玉、毛钟绅、王鸣九等也大体可以归入苏州派,但因其作品失传,我们对他们姑且不论。

苏州派戏曲作家互相之间多有交往,他们在创作上有一定的联系,常常互相结合编写剧本,在戏曲研究方面也彼此协助。这个特点,不少苏州派戏曲作家的研究者有所论及。他们互相启发、促进与协作,写出了非常多的作品,如李玉等几个主要作家创作的传奇都有数十种,这在戏曲史上是罕见的。据《新传

---

① 参见吴国钦《中国戏曲史漫话》,上海文艺出版社 1980 年版;王世德《〈十五贯〉研究》,上海文艺出版社 1981 年版。

奇品》《传奇汇考标目》《曲海总目提要》《曲目新编》《今乐考证》《曲录》等书统计,李玉共创作(包括与他人合作)传奇42种,朱素臣21种,朱佐朝35种,张大复35种(包括杂剧),薛旦20种,周坦纶14种,朱云从13种,叶雉斐、丘园各9种,毕魏6种。李玉等18人作传奇和杂剧总数近230种。这些作品尽管大量失传,但如今全本传世者还有74种之多。本文只根据现存作品,对他们的创作所表现的现实主义倾向,作一些初步的探讨。

一

戏曲文学中的现实主义倾向并非苏州派作家所独创,它在戏曲发展史上有悠久的传统。从戏曲产生的历史渊源来看,最早的戏曲形式如"优孟衣冠"就带有讽喻的色彩,可以说它已具有现实主义的因素。戏曲在发展过程中,一直主要是下层民众所从事的艺术形式,它是植根于现实土壤的艺术。戏曲形式比较定型的宋代教坊杂剧、勾栏杂剧及金院本等,或进行诙谐表演,或装扮人物故事,都生动地反映着那个时代的社会现实。元代,更多的封建知识分子进入戏曲创作领域,他们写出了大量的杂剧作品,由于当时的统治,这些知识分子政治上不得志和生活道路上的坎坷,使他们有较多的机会接触下层社会,了解人民的疾苦。因此,元杂剧的主流也是现实主义的。戏曲和现实的密切关系,在世界戏曲史上也是如此。莎士比亚曾说:"自有戏剧以来,它的目的始终是反映自然,显示善恶的本来面目,给它的时代看一看它自己演变发展的模型。"①可见,古今中外的戏剧在反映现实方面具有共同的特点。

明代以后,戏曲创作更加繁荣,传奇剧逐日兴盛起来。戏曲创作已不仅仅是下层知识分子和普通民众的活动,越来越多的封建士大夫也竞相填词度曲,把写传奇作为抒情言志的手段。因此,明代戏曲的发展呈现出比较复杂的局面。一方面,戏曲的现实主义传统并未泯灭,而是更向前发展了,不少作品都能密切地联系社会现状,反映时代的脉搏,带有生活的气息。尤其在明代中后期出现了大量如《鸣凤记》《磨忠记》《蕉扇记》等一类的所谓"时事新剧",现实主

① 《莎士比亚戏剧集》第四卷,人民文学出版社1962年版。

义的倾向更加明显了。另一方面,脱离实际生活的形式主义倾向也严重地表现出来。有的作品大谈伦理,进行劝忠劝孝的封建宣传;有的作品专写闲情逸致,供上流社会享乐消遣;有的作品随意虚构情节,堆砌辞藻,以炫耀才学为乐事;有的作品则无聊地颂扬时世,粉饰太平。到明代后期,政治更加腐败,统治阶级日益骄奢,一些文人的戏曲创作就适应这种社会需要而形成绮靡浮滑的风气。像吴江派的一些戏曲作家和自命为临川派继承者的阮大铖等人的作品就是如此。他们不从生活出发,醉心于编撰才子佳人的悲欢离合或描写奇闻趣事,使传奇剧的发展走上一条邪路。明末《韵石斋笔谈》云:"崇祯末年,不惟文气芜弱,即新声词曲,亦皆靡靡亡国之音,阮圆海所度《燕子笺》《春灯谜》《双金榜》《牟尼合》诸乐府,音调旖旎,情文宛转,而凭虚凿空,半是无根之谎,殊鲜博大雄豪之致。"这段话指出了明末戏曲发展的危机。

苏州派戏曲作家的出现犹如异军突起,使明末清初的剧坛出现了新的局势。他们面向现实社会,把自己的创作生命和当时的时代联系在一起。他们继承了戏曲史上的现实主义传统并将它发扬光大,开辟了一条新的创作道路。

苏州派戏曲作家之所以能继承和发扬戏曲创作的现实主义传统,是由两方面的因素决定的。

首先是时代的原因。我们考察一下苏州派戏曲作家的生平,可以大致断定他们生活于明末至清初,主要活动期在清顺治至康熙初年。他们当中,李玉、薛旦等少数人年龄较大些,在明末就开始创作,多数人的创作活动是在清初进行的。李玉生在明万历末年(1611—1620年间),卒于清康熙二十年(1681)以后①。毕魏年

① 关于李玉的生年,吴新雷考证他生于明万历十九年(1591)左右,卒于清康熙十年(1671)以后(《李玉生平、交游、作品考》,见《江海学刊》1961年12月号)。文学研究所和游国恩等编的两种《中国文学史》及吴国钦的《中国戏曲史漫话》等书都采用此说,记作(1591? —1671?)。吴晓铃先生认为:"李玉恐怕和万历都没挨上边,如果挨上的话,那么也不过是个小孩子。"(见《〈四美记〉不是李玄玉的〈洛阳桥记〉——〈古本戏曲丛刊〉编余偶得之四》,《文汇报》1962年9月1日)此说为是。证据一:《吴县志》(民国编)卷七十五中李玉小传云:"崇祯间举于乡。"按常规,中举时应是二十多岁或三十来岁,不会是四五十岁乃至六十来岁的老头子。证据二:李玉为《南音三籁》题的序下署"康熙陆年伍月",序中说他创作的传奇"有《花魁》《捧雪》二十余种"。若他生于1591年,到康熙六年(1667)已是77岁。而我们知道他一生创作传奇42种,就是说,他在77岁以前创作20余种,77岁以后创作近20种,这是不大可能的。据上推断,李玉当生于万历末年。又据他康熙六年以后还创传奇近20种的事实来推断,他很可能活到康熙二十年(1681)以后。欧阳代发的文章《李玉生卒年考辨》(见《文学遗产》1982年第1期)认为李玉生于明"万历三十九年(1611)左右",卒于清"康熙十六年(1677)左右或更后些",是比较符合实际情况的。

龄比李玉小。他的《三报恩》传奇刊于明末，书前有冯梦龙在崇祯十五年(1642)作的序，序中称他“年甫弱冠”，可推知他生于明天启三年(1623)，明亡时22岁。叶雉斐、朱素臣都小于毕魏。《清忠谱》清初树镃堂刊本前的署名：“同里毕魏万后、叶时章雉斐、朱皠素臣同编。”按一般习惯，几个关系较近的排名次时年长者应在前。据此，朱素臣又小于叶时章，他们在入清时都是二十来岁的青年。沈德潜在康熙四十年(1701)还见朱素臣在写剧①，如果这年朱素臣不超过80岁的话，那么他只能生于明天启二年(1622)以后。朱佐朝和朱素臣是兄弟，年龄相差不会太大。张大复和他们当是同代人，他编《寒山堂曲谱》称从李玉那里借来的《子母冤家》曲本为“明官抄”，又称从曲师钮少雅那里借来的曲本《唐伯亨》为“前明内府官抄”，可知他编曲谱是在清初进行的。此曲谱刊印时，作者在书中介绍自己的创作说《钓鱼船》《紫琼瑶》《獭镜缘》《双福寿》《智串旗》《三祝杯》等6种传奇还未完成，可见此时还是张大复创作的旺盛期。又据褚人获《坚瓠集》四集卷二，辛未(康熙三十年，1691)夏日观剧写的“戏目诗”中列有《钓鱼船》，即此年《钓鱼船》已经完成。所以说张大复的创作活动在顺治到康熙初年也是符合实际情况的。此外，丘园的生卒年可考知为1617—1690②。其他作家的生平不详，我们从《新传奇品》《曲目新编》等曲目著作中作家的排列顺序细加分析，只能大体断定他们与李玉、朱素臣等人同时。

苏州派戏曲作家生活的明末清初，是一个社会大变动的时代。明代后期，政治的腐败，阶级矛盾的激化，终于导致明朝的灭亡。满族贵族和明朝上层统治者勾结起来，在农民起义的血泊中建立的新王朝，对汉族人民实行了血腥的镇压和残暴统治。苏州派戏曲作家处在这样的时代，他们进行戏曲创作时，把选材和立意的着眼点转向明代后期和明清之交的社会现实，也是历史的必然。他们亲身经历了国破家亡的政治变动，自然比处于平时的太平岁月更加正视这血与火的人生。著名戏剧家狄德罗谈到史诗和戏剧需要“特别的风尚”时说：“什么时代产生诗人？那是在经历了大灾难和大忧患以后，当困乏的人民开始喘息的时候。那时想象力被伤心惨目的景象所激动，就会描绘出那些后世未曾

---

① 沈德潜：《凌氏如松堂文宴观剧》，见《归愚诗抄》卷十。

② 中国社会科学院哲学社会科学部文学研究所编《中国文学史》考知丘园生年为万历四十五年(1617)，卒年不详。近查《海虞诗苑》卷五中有丘园小传，中云：“晚年辑《名教表征》一书，未竟而没，年七十有四。”可推知他卒于康熙二十九年(1690)。

亲身经历的人所不认识的事物。”①明末的黑暗政治和明清易代的变革，对当时的人们来说就是一场大灾难、大忧患、大浩劫，它刺激着作家去描写、去表现这个动荡的时代。苏州派戏曲作家创作的现实主义倾向，就是在这样特定的历史环境下形成的。

我们再看一看苏州派戏曲作家的社会地位。这批作家，都是地位低微的布衣之士，他们在明末未入仕途，入清后更不得志。清初的统治者对汉族知识分子存有敏锐的警戒心。为了统治中国的需要，清廷在入关之初也用了一批北方的汉族知识分子，由于江南广大地区尚未平定，所以它对南方的知识分子一般是不信任的。对一些有名望、有地位的大知识分子如钱谦益、吴伟业、尤侗等人也进行了拉拢，但并不重用。李玉这些市井出身的下层知识分子更不会被理睬，而且他们由于地位低微，不像上层士大夫阶级那样有许多个人利益要保护，也不愿主动投靠清朝统治者，因此便以词曲为业，布衣终生。李玉于明末时虽中过举，但他入清后便“绝意仕进，以十郎之才调，效耆卿之填词”②，他自己也说“数奇不偶，寄兴声歌”③。毕魏和朱氏兄弟默默无闻，他们除剧作外，罕为世知。叶雉斐因剧本里写有过激语言，“下狱几死”④，可见其困顿之状。张大复寄居在寺院，丘园隐居在山庄，俱以词曲为事。薛旦从长洲迁居无锡，清初虽到过北京一次，但旋即返回故里，“怀才不遇，艳思绮语往往见于歌曲……以舒其愤懑之气”⑤。其他作家的生平很难查考，可以推测他们都是属于社会下层的知识分子。这样的社会地位，是他们形成一个流派的阶级基础，也决定着他们作品的思想倾向。从社会下层观察人生，能更深刻地看清生活的真相，对社会的变革、人民的苦难就能有更多的切身感受，同时也能从生活中获取更多的创作素材。文学作品反映社会现实的深刻程度，是与作家深入社会生活的程度有密切关系的。李玉等人和当时苏州地区的一些士大夫戏曲作家如吴伟业、袁于令、尤侗等人的身份不同，作品的思想内容也有明显的差异，他们是寄迹于市井里巷、活跃于民众之中的城市市民阶层的戏曲作家。

---

① 狄德罗：《论戏剧艺术》，见伍蠡甫主编《西方文论选》，上海译文出版社 1979 年版。
② 《北词广正谱》吴伟业序。
③ 《南音三籁》李玉序。
④ 焦循：《剧说》卷三。
⑤ 顾光旭：《梁溪诗抄》卷十八。

苏州派戏曲作家创作的现实主义倾向主要表现是:他们的不少作品直接取材于明代后期或现实中发生的事件,生动地反映着那个时代的面貌,有的作品取材于历史,但所描写的事件常常和当时的现实有密切的联系;不论描写历史还是现实的题材,作品的思想内容都反映着明末清初的社会思潮。研究他们的作品,对于了解明代后期的社会,了解明清之际的历史状况和思想动态,了解这个时期戏曲发展的特点,都具有一定的认识意义。

二

苏州派戏曲作家的作品中,有不少是以描写政治斗争为内容的。这些作家虽然社会地位低微,但大都比较关心政治时局。他们通过写剧来发表见解,斧钺古今,对所写的历史事件进行褒贬和评判。李玉自谓"笔底锋芒严斧钺"①,又说"律吕作阳秋,锋如铁",并表示要把传奇写成"词场正史"②,这话也反映了苏州其他作家写剧的态度。朱素臣一生致力于戏曲创作,却自号"素史氏",可见他也有"以曲为史"之意。他们的作品或直接描写现实的政治斗争事件,或描写历史上的政治斗争故事,都鲜明地表现出作者的政治立场、观点和倾向。

戏曲文学描写政治斗争题材,戏曲史上已有先例,元杂剧中的《赵氏孤儿》,明传奇中写吴越兴亡史的《浣纱记》、写林冲被逼上梁山的《宝剑记》和直接描写现实政治斗争的《鸣凤记》等都是这样的作品。苏州派戏曲作家继承了这种传统,他们的许多作品也描写忠与奸的政治斗争,但若和以前的同类题材的作品相比,他们着重表现的是同宫廷中阉宦的斗争,这反映出明代后期的新特点。

阉宦专权,在封建社会里经常发生,在明代表现得尤为严重。尤其是天启年间魏忠贤的阉党专政,其为祸酷烈的程度,是历代阉祸所不及的,这在明末是一起重大的政治事件,它集中表现了阉宦政治的残暴、腐败和黑暗。

人们所熟悉的《清忠谱》直接描写了东林党人同阉党之间的尖锐斗争。它在清初刊行时,毕魏、叶雉斐、朱素臣共同参加编订,可以说是苏州派戏曲作家

① 李玉:《人兽关》传奇末出下场诗。
② 李玉:《清忠谱》卷首《谱概》。

的代表作。此剧写的是天启六年(1626)苏州人民为援救受阉党迫害的周顺昌而爆发的一场斗争。它揭露阉党黑暗政治全面、深刻,它描写人民群众的反抗场面宏伟、壮烈,它是反映明末反阉斗争的一部形象的历史。《清忠谱》可以说是明代戏曲现实主义倾向发展的一个高峰,它在文学史和戏曲史上都具有非常重要的地位。

《清忠谱》对现实的反映,最突出的特点是“真”。吴伟业为此剧题的序中说,《清忠谱》“事俱按实”,“虽云填词,目之信史可也”。真实性是现实主义的基础,真实地反映现实,才能使文学作品真正具有感染人的艺术力量。《清忠谱》中揭露阉党统治的种种罪恶,都表现了作者选择和处理历史素材的严肃态度。剧中描写魏忠贤的爪牙李实和毛一鹭为其主子在苏州虎丘建造生祠,监工陆万龄介绍祠堂的情形说:“真个世间少有,天上无双。金钱银钞,输将万万,一似尘土泥沙;木石砖灰,堆积千千,恰像峰峦山谷。”祠堂里塑的像是“蟒衣五爪围玉带,七曲缨冠百宝装”,“胜似那当今天子,历代君王”。① 这种描写并不夸大。当时,魏忠贤为树立自己的威权,授意爪牙为其建造生祠,各地投靠魏忠贤的官吏建的生祠共有30多处。“一祠之费,多者数十万,少者数万,剥民财,侵公帑,伐树木无算”②。山东临清建祠毁民房万余间,河南建祠毁民房一万七千余间③。这些祠堂都建得像帝王宫殿,祠中的塑像有的是金像,有的是用沉香木塑成,头戴冕旒,执笏,俨如帝王,像腹中以金玉为之,衣服绮丽,自不必说。剧中所写,只是苏州一处,它真实地反映了魏忠贤横行时是如何对人民群众进行经济掠夺和政治压迫的。剧中还有这样的情节:魏忠贤的祠堂落成时,李实等人来给魏像加冠服,发现头塑得太大,帽子戴不上去,就让工匠将头铲小些。匠人铲时,李实他们急忙下跪,哭着说:“咱的爷爷呵,头疼啊,了不得,了不得!”④这样的描写也是有事实根据的,《明史纪事本末》卷七十一中就记载着同样的史实。作者漫画式的描写,真实而辛辣地嘲讽了阉党爪牙的种种丑态。

《清忠谱》还真实地描写了魏忠贤操纵厂卫机构实行特务统治的情况。魏忠贤对其政敌东林党人,随时派出缇骑到处去逮捕他们。这些缇骑下去时敲诈

---

① 《清忠谱》第四折《创祠》。
② 《明史·阎鸣泰传》。
③ 孙之騄:《二申野录》卷七。
④ 《清忠谱》第六折《骂像》。

勒索，无恶不作。剧中，到苏州逮捕周顺昌的校尉扬言："咱们奉了驾帖，差千差万，到处拿人，不知赚了多少银子。如今差到苏州，又拿一个吏部………吏部是个美官，值不得拿万把银子，送与咱们？"①《闹诏》一折中，校尉见群众骚动，就威吓道："咄，砍头的，皇帝也不怕，敢来抢犯人么？叫手下拿几个来，一并解京去砍头！"这正是当时锦衣卫活动的生动描绘，这些爪牙每到一地，总是抬出皇帝的威权横行霸道。剧中尤其突出地揭露了阉党把持的诏狱害人的惨状。这种诏狱，是阉党集团残害人命的活地狱，被逮系的人一入诏狱便很难活命。试看剧中《叱勘》一折中的描写，实在是惨不忍睹：魏忠贤亲自坐镇，他的亲信倪文焕、许显纯直接主持，审问东林党人周顺昌等人，准备的刑具就有"铜拶子、铁夹棍、阎王闩、红绣鞋、披麻火烙、铜包木棍"等。杨大洪（涟）被打了一百铁杠子，当场死去；左光斗"三次铁脑箍，两次铜拶子"，顿时命绝；魏大中受尽酷刑，奄奄一息。狱中禁子叹道："目今司中人犯，惨不过是东林一案。可怜那些官儿，也有拷打不过，当堂了命的；也有带伤受刑，腐烂身亡的；也有昏迷绝食，含冤自毙的；也有逼讨气绝，灰囊压死的。不知坏了多少性命。"②周顺昌在狱中受尽"百刑拷打，手足俱折"，当儿子周茂兰潜入狱中看望他时，他有一段凄惨的叙述：

> 兀那龙须板赤剥剥皮裂再敲，牛筋棒吃擦擦骨折未饶。……你只看我腿上叠棍所伤，陷为深坎，坎上裹药，复被棍揭。棍棍猛敲赤肉，肉尽直敲精骨。儿！你爹爹受刑之日，棍头上滚滚活虫跳，血和肉混裹蛆虫，臭闻天表。③

这段话，字字是血。每读《清忠谱》至此，都对阉党的残暴感到震惊和痛恨。这样草菅人命，在历史上亦属罕见。对诏狱的种种残酷行为，《明史》中的《刑法志》《魏忠贤传》《田尔耕传》，以及《先拨志始》《东林始末》《幸存录》诸书都有详细的记载，实际的情况比《清忠谱》中的描写有过之而无不及。但《清忠谱》中的艺术描绘，给人的印象更为直接和深刻。文学作品的现实主义的力量往往比历史的记载更加具有真实感人的效果。

《清忠谱》对现实的反映不单是真实地揭露阉党统治的黑暗，更主要的是塑

---

① 《清忠谱》第十一折《闹诏》。

② 《清忠谱》第十七折《囊首》。

③ 《清忠谱》第十七折《囊首》。

造了具有时代特点的人物形象。首先看周顺昌，这是作者着力刻画的人物。剧中通过一系列具体的事实来表现他的思想和性格。剧名《清忠谱》，就是谱写周顺昌“清”与“忠”的品质的。周顺昌出场时便自谓：“劲骨钢坚，天赋冰霜颜面，守齑盐，穷通不变。微官敝屣，只留得清风如剪。忧怀千缕，忠肝一片。”后来他一再表白自己的志节：“血淋淋一点赤心，只是忠君为国；铁铮铮千寻劲节，不表贪位求荣。”“俺生平劲节清操，怎肯向貂珰屈膝低腰……只是守孤忠，心存廊庙。”①他的清正和忠贞，在同魏忠贤阉党斗争的过程中突出地表现为坚持正义、不向恶势力屈服的硬骨头精神。《缔姻》《骂像》两折中已初步展示了他大义凛然的气概，《叱勘》一折中他又直接同魏忠贤展开面对面的斗争，这时他已受尽酷刑，“胫骨几断，十指尽折”，仍然指着魏忠贤痛骂。后来，周顺昌在被谋害之前还在不屈地呼喊：“魏忠贤，魏忠贤，你要我死么？我周顺昌生不杀汝，死作厉鬼击杀奸贼便了。”清正忠贞，敢于斗争，这是周顺昌思想性格的主要特点，对此作者是给予充分肯定的。同时，剧中对周顺昌的愚忠行为，也作了真实的描写。周顺昌尽管坚决反对阉党，但他对魏忠贤操纵皇帝传下来的旨意唯命是从，对来自阉党的迫害束手就范，自蹈死地。缇骑来逮捕他时，他还认为：“君命召，驾且不俟。今日奉旨来提，敢不趋赴？”②他听文震孟说苏州市民要采取行动救他，就坚决反对说：“若果有此事，反陷弟于不忠了。”③后来他与校尉密切配合，连夜开船上路。周顺昌的这种思想状况，表现了当时东林党人对待阉党逮捕的共同态度。我们翻一翻明末的史料可以看到，杨涟、左光斗、魏大中、李应昇等人都是把阉党的矫诏当成圣旨，不敢有丝毫违拗，人民群众起来救援时，他们自己俯首屈从。《清忠谱》中周顺昌的形象塑造，反映了那个历史时期具有进步思想的知识分子对反动腐朽的政治势力的英勇抗争，同时也反映了他们的思想弱点。作者的描写，反映了历史人物的本来面目。

《清忠谱》还生动地塑造了颜佩韦等下层市民群众的艺术形象。颜佩韦等五义士都是市井贫民，但都富有正义感，敢于同邪恶势力进行斗争。颜佩韦是他们之中的突出代表，他自谓“生平任侠，意气粗豪，闪烁目光，不受尘埃半点，

---

① 《清忠谱》第六折《骂像》。

② 《清忠谱》第十一折《闹诏》。

③ 《清忠谱》第九折《就逮》。

淋漓血性，颇知忠义三分”，《书闹》一折中就表现了他爱憎分明、疾恶如仇的性格特征。颜佩韦凭他被压迫者的阶级直觉，对阉党残暴行径的认识是比较清醒的。他听说校尉来到苏州，便敏锐地看出他们的来意：“我想这校尉一定是魏太监差来的，必然来拿与魏家作对的乡宦。”①周顺昌将被逮捕时，还对阉党存有幻想，说“料到京师，决不殒命”，颜佩韦却料定他一去必死：“你看被逮诸君，那一个保全的？”②所以他的斗争性最坚决，当他看到杨念如拿着香跑过来准备向官府请愿时，就果断地说：“求他什么？他若放了周乡宦罢了，若弗肯放，我们苏州人，一窝蜂，待我们几个领了头，做出一件轰轰烈烈、惊天动地的事来。”在他的带动下，杨念如等四人也勇敢起来，他们奋勇当先，演了“闹诏”雄壮的一幕。最后，颜佩韦等五人慷慨被捕，从容就义，临死仍然不忘报仇雪恨。作者对他们的英雄行为给予热情的赞扬。

《清忠谱》对颜佩韦等人的描写，生动地表现了当时城市市民群众的政治态度，即他们反对阉党的暴政，但不反皇帝，同时拥护东林党人那样的清明官吏。他们说：“周吏部是第一清廉乡宦，地方仰赖。”周文元说：“今日若是真正圣旨来拿周乡宦，就冤枉了周乡宦，小的们也不敢说了；今日是魏太监假传圣旨，杀害忠良，众百姓其实不服。”颜佩韦也说：“周乡宦若果得罪朝廷，小的们情愿入京代死。”③他们在就义时还表示：“五人儿也不愧东林党。”④可见他们对东林党人是倾慕和向往的。

城市市民群众具有这样的政治态度并非偶然，因为东林党人反对矿税、反对阉党专制的鲜明态度，符合市民阶层的利益，反映了市民阶层的社会要求，所以当东林党人受到阉党迫害时，市民群众便勇敢地起来保护和援救他们。同时，因为中国封建主义传统势力非常强大，在当时的城市里也占主导地位，市民阶层的思想基本上受封建正统观念的支配，他们在思想上与东林党人有共通之处。这种情况决定了当时的市民运动具有不彻底性和妥协性，正如恩格斯分析欧洲市民阶层情况时指出的那样，市民群众尤其是他们中的较富裕的，“完全是

---

① 《清忠谱》第十折《义愤》。
② 《清忠谱》第十一折《闹诏》。
③ 《清忠谱》第十一折《闹诏》。
④ 《清忠谱》第十八折《戮义》。

在合法基础上提出要求”[1]。市民阶层没有很高的革命目标,他们也提不出明确的革命口号,他们进行的斗争也没有完整的纲领和周密的计划,常常是哗然而起,倏然而散,不能深入,也不能持久,斗争的方式,只能是鼓噪、殴斗和合法的请愿。《清忠谱》描写的反阉斗争,反映了明代后期城市市民运动的特点。颜佩韦等人拥护清官、痛恨阉党、不反皇帝的观点反映了市民阶层所能达到的思想高度。

《清忠谱》还描写了参加斗争的一般群众。闹诏那天,简直是倾城出动。群众队伍中,有市井贫民、下层知识分子,还有庙里的和尚,“执香号泣者,塞巷填街”[2]。毁祠那天,参加的群众不仅有市民,也有乡村的“掮锄头、家伙”的农夫,“许多百姓,人千人万,都赶来拆祠堂了”。群众中有两个人互相碰撞跌倒,扭着打骂起来,旁人劝道:“我们也为拆祠堂而来,既是自家人,放手放手,大家去赴正经。”那两人便放开手笑起来说:“啐!说个明白,大家不打了。”[3]这个细节生动地反映了当时的民众出于对阉党暴政的共同义愤而联合起来进行斗争的情况。戏曲文学如此壮阔而形象地描写人民群众的斗争场面,以前的杂剧传奇不曾有过。《清忠谱》做到了这一点,这正是它在现实主义道路上所达到的新的高度。

和《清忠谱》相似的还有李玉的《万民安》传奇,它描写的是明万历二十九年(1601)苏州织工反对税监的一场斗争。可惜原著已经失传,我们只能从《曲海总目提要》中看到内容介绍。剧中揭露了税监孙隆及其爪牙掠夺、残害民众的罪恶,歌颂了这场斗争的领袖人物织工葛成敢于斗争、见义勇为的高尚品质。可以肯定,这也是一部现实主义的杰作。

苏州派戏曲作家还有许多作品是描写历史上的忠奸斗争故事的,也明显地反映着明末东林党人同阉党之间的尖锐斗争。作者借用历史故事来反映新的历史时期的社会现实。

比如,朱佐朝的《乾坤啸》写宋朝事,但剧中情节是根据明朝史实来虚构的。宋帝和妃子们在内宫水晶楼饮宴,让太监把守宫门,说“百官本章,不许传入内

---

① 《马克思恩格斯全集》第7卷,人民出版社1959年版。

② 《清忠谱》第十一折《闹诏》。

③ 《清忠谱》第二十二折《毁祠》。

庭”，以至于“各部科道本章，案积如山”，①这种情况正是明代万历时朝政的写照。明神宗朱翊钧从万历十七年（1589）就不再上朝，直到万历四十三年（1615）“梃击”事件时才召见群臣一次，之后一直到死还是不上朝，在宫中纵情声色，吸食鸦片，政事都委托太监去处理。《明通鉴》云：“自万历二十年来，（神宗）深居大内，大小臣工，莫能接见，朝夕左右，不过宦寺之流。”②《乾坤啸》中的太监丙融擅权，他阴险狠毒，陷害别人，“百官无不畏惧”③，这反映了明后期阉宦专政的情况。剧中市井流氓韦继同和狗诈呆分别被授予锦衣卫都指挥和锦衣卫百户之职，率校尉逮系忠良。这里，“锦衣卫”是明朝才有的称谓，可见作者意在揭露明代阉宦操纵厂卫打击异己、残害人民的事实，只不过假托宋朝罢了。

丘园的《党人碑》也是这种手法。剧中写宋朝蔡京专权，指司马光、苏轼、程颐、文彦博等一百二十人为奸党，让童贯于端礼门立碑，把他们的名字刻在碑上，叫“党人碑”。作者写此事，指的正是魏忠贤及其死党造黑名单陷害东林党人的事件。当时，魏阉死党王绍徽、崔呈秀、魏应嘉、岳和声、阮大铖都造了黑名单，魏忠贤在天启五年（1625）十二月矫诏颁布了一个《东林党人榜》宣示天下，列李三才、叶向高、顾宪成、邹元标、赵南星、左光斗、高攀龙、杨涟、魏大中、周顺昌等309人④。凡是被点了名的，“生者削籍，死者追夺，已经削夺者禁锢”⑤。《党人碑》中的户部尚书刘逵，宋史上并无此人，他敢于同蔡京作对，说：“正为权奸当道，必欲扫清朝宇才为快心，隐忍退避，岂臣子所为。”⑥结果受到蔡京迫害。这是作者根据东林党人的政治态度虚构出来的艺术形象。

盛际时《人中龙》写唐末李德裕和宦官仇士良的斗争。这个仇士良“自幼净身入宫，累官神策中尉，掌禁军之命，六宫半属干儿，操废立之权，皇上目为国老”，正是指明代的魏忠贤。当时魏的死党中有“五虎”“五彪”“十狗”等，许多大官僚自投魏阉门下，称为干儿干孙，有“十孩儿”“四十孙”之号。⑦《人中龙》一剧抨击的对象，正是明末阉党专政的黑暗政治。

---

① 《乾坤啸》第八出。
② 《明通鉴》卷七十四。
③ 《乾坤啸》第二十三出张千语。
④ 《明史·熹宗本纪》。
⑤ 《酌中志余》卷上。
⑥ 《党人碑》第三出。
⑦ 见《明史·魏忠贤传》。

苏州派戏曲作家描写政治斗争的作品相当多，情节大都是奸邪的一方派校尉去逮捕忠良：像李玉和朱佐朝合作的《埋轮亭》写汉朝外戚梁冀专权，御史张纲上书劾梁冀，梁冀派校尉将他逮系问罪，然后发配边塞；朱佐朝《御雪豹》写宋朝奸臣薛赞派锦衣卫校尉去逮捕总兵汤惠，并指使校尉在押解途中谋害他的性命；丘园《御袍恩》写宋朝奸相吕惠卿派校尉去逮捕高琼，逼得高琼匿迹潜逃，隐姓埋名数十年；朱云从《别有天》写宋朝奸相贾似道害死四川制置使余玠，又将其子余怀下锦衣卫狱……经过一番斗争，忠臣得胜，奸臣受到惩处。这些作品中，奸臣迫害忠良的方式和手段都反映着明末阉党活动的特点，而忠良的形象都带着东林党人的影子。

苏州派戏曲作家创作的揭露阉党黑暗统治的作品，反映了明后期社会现实的一个主要方面。反对阉党的斗争不仅表现了广大人民群众同封建专制主义残暴统治的尖锐矛盾，也表现了当时新的社会思潮同腐朽反动的邪恶势力的矛盾。东林党人虽然主要是一批封建官吏，但在当时还算是比较清明正直的，他们反对专制、反对苛政的主张含有我国古代传统的民主思想，代表了明末新兴的工商业者争取自由发展的社会要求，他们同阉党的斗争，具有反对封建专制主义的进步性质。明清之际的著名思想家，在政治上是和东林党人有联系的。如黄宗羲的父亲黄尊素就是东林党人，是魏忠贤“东林党人榜”所列 309 人之一，后来被逮系至京，惨遭迫害。黄宗羲年轻时就积极参加了复社反对阮大铖的斗争。苏州派戏曲作家作品中表现的思想倾向，是和当时的进步思想潮流一致的。

三

苏州派戏曲作家描写忠与奸的政治斗争的作品，不单是对明代后期封建专制统治的揭露，而且是针对明亡清兴这个 17 世纪我国最重大的政治事件，反映那个历史变革时期的社会现实的。清朝建立之初，人们对明朝亡国的精神创伤久久不能平复，一些知识分子尤其感到沉痛，他们著书作文常常流露出一种世道沧桑的兴亡之感，表现出对清朝统治不满的民族主义情绪。经历了明清易代社会变革的苏州派戏曲作家，通过他们的作品将这种情绪反映出来。清朝统治者入关以后，对汉族人民的反抗实行野蛮而残暴的血腥统治，在军事上大举进攻的同时，也在思想文化方面推行严酷的钳制政策。当时知识分子的言论或著作，稍有违碍，便会立即遭到惨祸。因此，苏州派戏曲作家的作品很少直接描写清兵入侵的现实情况（只有李玉的《万里圆》、朱英的《倒鸳鸯》等涉及清兵南下时那种兵荒马乱的社会生活片段），多数作品是通过描写历史上的忠奸斗争故事来曲折地表达民族意识和民族感情。比如，他们的一些作品是以明初的“靖难之役”为题材的，其主题思想就和清初的社会现实密切相关。

“靖难之役”是明初重大的政治事件之一。朱元璋死后，皇孙朱允炆继位，即建文帝，他听从谋臣齐泰、黄子澄的建议，限制诸藩王的权力，裁减他们的兵备，以防止他们势力扩张与皇权抗衡，这对于巩固中央集权、保证国家的统一是有一定作用的。但这种政策的实行引起诸王的极大不满，分封在北京的燕王朱棣于建文二年（1400）首先发难，以“清君侧”为名起兵南下，经过两年多的战争，夺取帝位。李玉的《千钟禄》直接取材于这段史实，写燕王带兵攻入南京后，建文帝化装为僧逃亡的经过。朱佐朝《血影石》也是以这段历史为背景，写靖难之师破南京后，建文朝臣黄观和齐泰遇害，黄观夫人翁氏在桥边痛哭，血泪滴在桥下石上，形成血影石，黄观之子与齐泰之女逃往他方，历尽艰险坎坷，遇赦返京，结为婚姻。丘园《一合相》传奇写建文朝忠臣方孝孺被灭族之后，其门生魏泽和女儿方瑶草逃亡的故事。叶雉斐作有《逊国疑》，现已失传，《传奇汇考标目》云此剧“即《铁冠图》，后半入靖难事”，可见也是描写这一历史事件的。

李玉等人为什么热衷于描写这个历史题材？我们联系一下明末清初的时局，不难看出其中的玄机。

“靖难之役”后建文帝的结局，是明史上的一大疑案。后世如何看待建文帝，总是随当时的政治斗争的需要而变化。明成祖即位后对外界公布说建文帝已焚死于宫中，目的是断绝人们对他的幻想，以巩固自己的统治，但他暗地却派人密访建文帝的下落。明成祖死后不久，便有人对焚死之说提出异议，朱鹭著的《建文书法拟》就公开为建文帝鸣冤。明末时钱谦益写《建文年谱序》，力辩建文帝不是焚死，而是逃亡。南明王朝时，怀念建文帝的思潮曾一度活跃起来，甲申（1644）五月十五日福王在南京即位，七月初三就追谥建文帝和建文皇后，九月又追赐靖难死节诸臣封号，同时追贬靖难时背叛建文帝投靠燕王的陈瑛等人。第二年，弘光朝又录用方孝孺的后代澍节为五经博士，在福建建立的隆武王朝(唐王聿键)也恢复建文年号,立方孝孺祠①。南明的弘光、隆武王朝和明初的建文王朝都是建都南方、对付北方的政治势力的,这时抬出建文年号,褒奖忠义,以图重振国家元气,这对稳定人心、号召抗清具有一定的积极作用。苏州派戏曲作家描写“靖难之役”的作品,反映了当时的这股政治思潮。

另外,靖难之役时的形势和清初的形势有某些相似之处,如清兵南下时对江南一带的人民和朱棣占领南京后对建文朝异己势力都进行了残酷的屠杀。当时清兵所到之处,杀人如麻,“扬州十日”“嘉定三屠”是尽人皆知的大惨案,姑且不说这些,单看苏州地区,其惨象也目不忍睹。顺治二年(1645)闰六月十二日,清将李成栋率兵入苏州,十六日,他派骑兵“自北察院杀而南,及葑门,老稚无孑遗”②。昆山县被清兵攻破时,“杀戮一空”,“昆山顶上僧寮中,匿妇女千人,小儿一声,搜戮殆尽,血流奔泻,如涧水暴下”。③ 吴县乡间亦被兵祸,“沙溪横泾两所……杀人万计,鸡犬之属不胜算,积尸如陵。七浦塘一水,蔽流皆尸,水色黑而绿,行人以草塞鼻”④。在常熟,“但凡街上、巷里、河水、井中与人家屋里,处处都是尸首……大兵去后,严子张差人在西门外山脚下掘下几处千人坑,将死尸葬埋之”⑤。苏州的戏曲作家们对当时当地这些惨案是很清楚的,他们写到燕王屠杀建文朝臣时,显然是在揭露清兵的暴行。《千钟禄》原名《千忠戮》,说明此剧重点在写燕王杀戮之惨。剧中,投靠朱棣后任监察御史的陈瑛把杀死的人的首级装了数十车运往各地示众,许多官员被杀后家属也受到株连,“那些夫人、小姐砍的砍,绞的绞”,“惨凄凄十族诛夷。血淋淋鱼鳞醢酱,杀尽了女女男男村落荒,云阳市,血汤汤”。建文帝逃亡时听到大屠杀的消息,悲痛地叹道:“吓!啊呀,好痛心也……裂肝肠,痛诛夷,盈朝丧亡,郊野血汤汤。好头颅如山,车载奔忙……”⑥这里是含有作者痛恨清兵暴行的强烈民族感情的。《血影石》中也描写了陈瑛残杀忠良的暴行。此剧第八出黄观念白“欲摧虎将追骄子”和王进念白“怀忠雪汉耻,仗剑报君恩”中所用的“骄子”“汉耻”等词,是

① 见《小腆纪年》《弘光实录抄》。
② 《研堂见闻杂记》。
③ 《研堂见闻杂记》。
④ 《研堂见闻杂记》。
⑤ 《海角遗编》。
⑥ 《千忠戮》第十一出《惨睹》。

把靖难之师作异族看待，这显然是针对现实中的清兵。

《千钟禄》还生动地描绘了忠于建文的程济等人的形象。建文帝逃出南京之后，一路上忍饥饿，担惊恐，冒酷暑严寒，在山中有虎豹的威胁，还要躲避成祖的追捕，程济一直忠心耿耿地保护他。建文帝遇到危难时，牛景先、吴成学为他捐躯。作者对他们是极力歌颂的，这样的描写也是有现实意义的。明清之际，不少爱国志士都以靖难时尽节的忠臣为榜样来勉励自己，在抗清斗争中表现了崇高的气节。顺治三年（1646）六月，清兵攻绍兴，鲁王的侍郎陈函辉兵败将自尽，死前作自祭文称方孝孺为"古今第一烈性男子"，说"今亦可追随而无憾于心矣"，明确表示要以方孝孺为表率①。明朝灭亡时，连崇祯帝想起建文时尽节诸臣也怀念不已，他在煤山自缢之前曾叹道："吾待士亦不薄，今日至此，群臣何无一人相从，如先朝靖难时有程济其人者乎？"②苏州派戏曲作家在剧中表彰建文帝的忠臣程济、黄观、方孝孺等人，含有对抗清志士的勉励与希望，而对陈瑛等奸臣的揭露，则是对屈膝降清之人的抨击。

值得注意的是，这些以靖难之役为题材的作品，都写了明成祖朱棣死后忠臣遇赦、奸邪受诛的结局。《千钟禄》第二十四出《归宫》、第二十五出《团圆》写建文帝在仁宗即位后又回到宫中，得以颐养天年，《血影石》和《一合相》的末出都写了忠臣后代的幸福团圆。这种结尾，在清初的政治形势下，含蓄地表达了一种期望明朝复国的渺茫幻想。

苏州派作家还有一些作品描写奸邪篡位、太子逃亡的政治斗争故事，如朱佐朝的名作《渔家乐》写汉朝时外戚梁冀篡权，他拥立渤海王刘缵，而清河王刘蒜被迫出亡，梁冀残酷杀戮忠臣李固、杜乔等人，又派兵追捕刘蒜。刘蒜在逃亡途中被渔民邬飞霞父女相救，后来他在忠臣的辅佐下终于复国。朱佐朝还有两个传奇《飞龙凤》和《万寿冠》，情节与《渔家乐》相仿，都是写太子在忠臣保护下出亡在外，经过曲折的斗争，太子复国，忠臣受封。这些作品抓着太子的事件大做文章，和描写成祖靖难、建文帝逃亡的《千钟禄》立意相同，与当时的政治现实也有一定的关联。因为在清初时，曾出现过几次"崇祯太子事件"。

据《小腆纪年》记载，福王在南京即位不久，乙酉（1645）三月初一，有个崇

① 《浙东纪略》。

② 《明季北略》卷二十。

祯的太子从北方来到南京，福王让群臣审辨多次，弄不清真假，暂系狱中。五月十日，福王逃走，第二天，马士英也挟太后逃走，南京士民从狱中放出那位太子，拥他登武英殿即位，当天，赵之龙又挟之降清，豫王多铎说："真假不能辨，俟北归明之。"把"太子"带到北京，不久便将其杀害了。当时，在北京也发现了"太子"。甲申(1644)十二月，有个自称太子的到了周奎家，为御史赵开心等所奏，下内院召集明朝旧臣及太监辨认，言真言假争执不下。摄政王多尔衮将"太子"和言太子为真的钱凤览指为乱民，俱下狱处死。乙酉(1645)四月，凤阳民张三誓众救太子，生员杨某、孙某起来响应，都被清兵擒杀。到了顺治八年(1651)冬月，又有人首告崇祯三皇子在民间，擒至南京马提督府，皇子自供说是崇祯第三子，名慈炯，周后所生，结果也被处死。这股风直刮到康熙年间，又出了"朱三太子"案。这个朱三太子确是崇祯第三子慈炯，这时他已是六十来岁的老人了，清廷也没有放过他，坐以诈冒之罪，毫不犹豫地加以杀害。

清初多次出现的"太子"，无论真假，清政府都是绝对不允许其存在的。因为这种"太子"对思念明朝的民众具有一定的号召力和维系人心的作用，对清朝的统治是一个很大的威胁。清政府不仅不允许活着的"太子"存在，就连对建文帝的下落问题也反对说他当初是逃亡的，康熙年间修的《明史》就记载着焚死之说。清政府果断地处死"太子"，和他们对待建文帝的传说一样，都是为了消除汉民族可能利用来进行反抗的任何政治因素。在清初这种政治背景下，苏州派戏曲作家大写建文帝和其他太子逃亡的历史故事，而且都写了逃亡者最终复国的结局，正是当时的人们反清思明的民族主义情绪的反映。

综上所述，可见苏州派戏曲作家通过他们的作品表现的民族意识是明显而强烈的。这是他们创作中的现实主义倾向的另一重要方面。当然，这批戏曲作家的民族意识和民族感情并不仅仅表现在上面提到的这些作品中，而是贯穿于他们的绝大多数著作中。那些描写反对阉党的政治斗争的作品也是和反映清初民族斗争的现实有密切关系的。因为，当时的知识界普遍认为，明末的阉祸是导致亡国的重要因素。魏忠贤阉党余孽马士英、阮大铖之流既是祸国殃民的罪魁，又是变节投敌的汉奸；而受阉党迫害的东林党人的继承者复社、几社的许多成员如陈子龙、吴应箕等，在江南的抗清斗争中成为组织者和领导者。另外，苏州派戏曲作家许多描写历史人物的作品也都具有现实性的主题。像李玉的《牛头山》、张大复的《如是观》和朱佐朝的《夺秋魁》都是写岳飞事迹的，剧中歌须抵抗金兵、精忠报国的英雄，谴责卖国求荣、屈膝媚憨的败类，都寄托着作者在清初新的历史时期的政治理想。薛旦的《昭君梦》写昭君在出塞途中做梦返回汉宫，含蓄地表达了对明朝故国的留恋。总之，这些作品都表现出鲜明的现实主义倾向。

四

苏州派戏曲作家的作品取材非常广泛，除了描写政治斗争的内容，还较多地反映了明代广阔的社会生活。生活在清初的作家回首明代后期甚至更早一些时期的社会生活，虽然相隔了一定的历史阶段，但仍是在立足于现实的前提下去表现它的。清初的人们非常痛惜明朝的灭亡，不少知识分子都曾对明亡的原因进行探讨，认为明朝早在万历或更早一些就已埋下了亡国的种子。赵翼说"明之亡，不亡于崇祯，而亡于万历"①，就是这种观点。吴伟业说"国家元气之削，由于靖难"②，认为靖难之役伤了国家元气，从此便走下坡路。沈起曾拟撰《明书》云："明不亡于流寇，而亡于厂卫。"③认为从明初就建立起来的厂卫制度是导致亡国的真正祸根。苏州派戏曲作家描写明代的政治斗争或各方面的社会生活，也是在对明朝的政治得失发表自己的思想观点。他们的作品或暴露豪门的贪横，或描写世情的险恶，或揭露官场的黑暗，都深中明代的社会弊病，形象地展示了那个时代的历史风貌。

李玉在明末创作的名剧《一捧雪》中描写严世蕃为夺取一只玉杯而残酷迫害莫怀古的故事，它重点揭露的是明代吏治腐败的状况。严世蕃倚仗父势，把持朝政，自云"文武臣僚尽供驱使，生杀予夺俱属操持"④，凭着这种权力，他把官吏升迁作为谋取私利的手段。剧中有这样的情节：严世蕃看到吏部送来的本说广抚乏人，拟将右佥都御史何邦华充任，就问道："咦！好个美缺，怎么不来讲一讲？"书吏告诉他何某已送了八千两银子，他惋惜道："好个两广军门，值不得

---

① 《廿二史札记》卷三十五《万历中矿税之害》。
② 《鹿樵纪闻》卷中。
③ 见《静志居诗话》卷二十二。
④ 《一捧雪》第五出《豪宴》。

一万两银子？又短二千，罢了，让他罢！”同时，兵部送来一本说戴铣失机，应该斩首，因他送了几万银子的礼，要求不但保全性命，还要保全前程。严世蕃便批示：“姑与原官，立功候调。”①他谋夺莫怀古的玉杯，也拿官职做交易。莫怀古说：“只要司空升我做个河道粮储都御史，我便向家中取来相送。”②莫怀古献出一只假玉杯，果然被升为太常寺正卿。汤勤出卖莫怀古，投靠严世蕃，目的是以此升官发财，他说：“我在严府门下言听计从，真是做他的官，赚他的钞，不要说下半世富贵全靠着他，就是子子孙孙也都受用在里头。”③严世蕃为谋一己之私利，竟以官场为市廛，顺之者，龌龊小人也授予要职，逆之者，像戚继光那样的封疆大臣也险些丢官送命。这种情况在明代是司空见惯的，明末更甚。朱舜水曾说明代“官以钱得，政以贿成”④，顾炎武痛斥明代吏治是“无官不赂遗，无守不盗窃”⑤。到明末时，卖官鬻爵更是公开进行。魏忠贤擅政时，其死党周应秋做吏部尚书，每逢派放官吏，便按官阶大小索价，每天可得银万两，人们送他个外号叫“周日万”⑥，可见他是如何的肆无忌惮了。在这种风气下，许多士大夫为了贿赂权要以求上爬，什么丑事都干得出来，正如《弇山堂别集·中官考》所记载的：“虽贿赂有多寡，交纳有浅深，然皆心术奸邪，踪迹诡秘，吮痈舐痔，何所不为，婢膝奴颜，无复羞耻。”《一捧雪》中的汤勤说：“如今的人，哪里惜得旧情，顾得天理？”⑦这奸邪小人的自白，反映出明末官场充满着丑恶的利欲，人与人之间撕掉了传统的仁义道德的面纱，世俗人情变得无比浇薄与冷酷。

《一捧雪》中描写的卖官鬻爵的情形，在其他作品中也多处可见。李玉《永团圆》中的地主江纳花了六七百两银子起补为东阿县主簿。《人兽关》中的尤滑稽拿着桂薪给他的一千两银子谋到了指挥使的官职⑧。盛际时《胭脂雪》中的皂隶白怀也用五百两银子托人为他的儿子“在京中纳了粟监，以为进身之

---

① 《一捧雪》第六出《娄贿》。
② 《一捧雪》第七出《势索》。
③ 《一捧雪》第十出《谮赝》。
④ 《舜水遗书·中原阳九述略》。
⑤ 《日知录》卷十三。
⑥ 文秉：《先拨志始》卷下。
⑦ 《一捧雪》第十八出《勘首》。
⑧ 《人兽关》第二十五出《幻骗》。

地”①。他们知道，买官虽然花了钱，但只要官位到手，立即可以捞回来。尤滑稽对桂薪说，做了官，“又有体面，又好赚钱”②。因此，有的人便先借债买官，得官后捞钱还账。《牛头山》剧中的杜充就借债买了个东京留守，到任后，“那些讨京债的日日在衙里头闹吵”③，使他无法应付。这些情节，都是明末现实的写照。

朱素臣《翡翠园》揭露的是分封于外地的王室和地方豪宦为恶的情形。剧中的故事发生在明代中期，官僚麻逢之靠着宁王朱宸濠之势为非作歹，他要建一座园亭名翡翠园，因邻近秀才舒德溥家的房宅，花园不能成方，就图谋霸占。舒德溥之妻卫氏和儿子舒芬上山捡枯枝、剜野菜，麻逢之得知，便诬陷他们发掘王陵、砍伐冢树，将舒德溥逮捕，还要在狱中害他性命。此案发到江西按察副使胡世宁衙前，胡世宁审明真情，气愤地说“构成大狱谋人产，最堪恨，狼狈为奸”④，欲将舒德溥释放。但麻逢之勾通宁王，反而给胡世宁扣上“受贿纵盗”的罪名，将他削职。此剧写的事件是有事实根据的。嘉靖年间，洛阳敬王朱讦的世子朱典楧要扩大他的宫院，就任意夺取民舍，邻居陈大壮不给他，他就“使数十人从大壮卧起，夺其饮食，竟至馁死”⑤。《翡翠园》中，作者借剧中人之口愤怒地说：“常将冷眼观螃蟹，看你横行得几时！”⑥表现了对这帮黑暗势力的无比憎恨。

乡官虐民，也是明代一个突出的问题。赵翼指出：“前明一代风气，不特地方有司私派横征，民不堪命，而缙绅居乡者，亦多倚势恃强，视细民为弱肉，上下相护，民无所控诉也。”⑦这些豪强是地方上的土皇帝，他们把持的区域是一个个封建专制的小王国。豪强恶霸总是和官府相勾结，地方官员也要依靠当地豪强，二者互相依赖，彼此利用，共同欺压良善，陷害平民。这方面的内容，在苏州派戏曲作家的作品中有较多的反映。

马佶人的《十锦塘》写的是明代事。剧中有个退职官吏水孽，是地方上一

① 《胭脂雪》第二出。
② 《人兽关》第十八出《牝诋》。
③ 《牛头山》第六出。
④ 《翡翠园》第十出。
⑤ 《明史·诸王三》。
⑥ 《翡翠园》第十出。
⑦ 《廿二史札记》卷三十四《乡官虐民之害》。

霸，他勾结官府，横行乡里。他的管家水溢说："我老爷虽不时费些进奉，恰也狐假虎威，不论窝盗造访，放钱生蛋，白夺人田产，奸占人妻女，一切无法无天的事，倒也颇颇行得去。"①水孽见穷书生和鼎之妻有几分姿色，便要设法霸占，就勾结知县钱富，将和生逮捕，诬以杀人罪名，屈打成招，判为死刑。他又重金贿赂钱富，让钱富在狱中害死和生。钱富爱钱如命，他为了打通吏部关节谋取前程进步，曾以低三下四跪求乞怜的种种丑态向水孽借过银子，这次水孽亲自送银上门，正投其所好，因此他便昧心断案，冤陷无辜，并派人到狱中害和生性命。从剧中的描写可以看出，作者很熟悉地方官府和乡宦彼此勾结的情形，所以能绘形绘声地揭露其狼狈为奸的肮脏内幕，使后世的读者由此形象地了解明代乡宦虐民的历史。此外，盛际时《胭脂雪》中的乡宦莫亮，是水孽一类的恶棍，他本来世袭指挥之职，因双目成瞽，闲居在家。他"眼儿中不见明白，心儿内常是乌黑"，对田租房债，加利盘剥，凡有拖欠者，"不是准折妻孥，定是送官追比"。农民韩若水借了他二十两银子，"数年以来，还过利银百两之外，本银再不能够清楚"。② 莫亮向他逼债，交不出来就要谋夺他的女儿，后来又诬以打劫的罪名将他下狱，并用三百两银子买通县官真瑞图，让其在狱中害死韩若水。其为富不仁的程度，与水孽不相上下。乡宦在乡间为害，常常激起民众的反抗。明末阶级对立非常严重，甚至发生剧烈的冲突，松江华亭爆发的"民抄董其昌"事件就是一例③。苏州派戏曲作家的作品反映了这种尖锐的阶级矛盾。丘园《御袍恩》写宋朝吕惠卿在朝为官，其子吕朝贵在地方上也"靠子(着)老官人(的)势头，直甲一只蟹，横行得去"④。他图谋霸占民女，派爪牙装成老虎去驮，还随意伤害人命。故事假托宋朝，实指明代豪门子弟为恶的劣迹。

冤案，是明代黑暗政治的又一个重要表现。朝廷之中阉宦把持诏狱镇压异己，各地官府处理狱讼也常常冤陷平民百姓。苏州派戏曲作家有不少作品通过描写冤案故事，揭露封建官府残害人民的罪恶。前面提到的《十锦塘》《胭脂雪》等剧就反映了乡宦恶霸鱼肉百姓，常常借助官府的权势人为地制造冤狱的情况，形象地揭示出封建官府不过是统治者奴役压迫人民群众的政治工具。此

① 《十锦塘》第三出。
② 《胭脂雪》第四出。
③ 见《民抄董宦事实》。
④ 《御袍恩》第六出。

外,朱素臣的几部描写冤案的作品,更加深刻地说明了封建官府与人民根本对立的本质特征。

首先看《锦衣归》,此剧写书生毛瑞凤父亲死后,家境贫寒,因父亲生前与南海令白木宾结了儿女亲家,其母让他到白府认亲。此时白木宾已调任东平道参政,官运亨通,便向穷书生赖婚,并且栽赃陷害,诬毛瑞凤是打劫军需的响马,指使东阿县令胡为定他死罪。白木宾是胡为的上司,胡为为了自己的前程和地位,不惜昧着良心,将错就错,公然制造一场冤案。胡为的形象,反映了封建官僚的一个重要特点:他们只知逢迎上司长官,不管下层民众死活,他们审理案件,首先考虑个人的切身利害。剧中,胡为有一段自白表露了他的内心世界:"我自想来,既然一个书生,怎做得劫掠勾当?其间冤枉,不问可知。如今既奉道台之命,却也顾他不得了。……不然,这顶纱帽,还愁戴它不稳。"①这个形象具有一定的典型意义,封建社会的官吏多是一心保着自己的纱帽,他们是与人民群众根本对立的。

朱素臣的《未央天》传奇写的是一个惊心动魄的冤案。书生米新图到南京看望经商的哥哥,正逢哥哥米新国病危,邻人侯花嘴与米新国之妻勾搭,并杀死自己的妻子,栽赃陷害米新图,将米新图送到官府。秣陵知县褚无良本是靠行贿得官的,他自言"好前程无耻赊来"②,已是根底不正。他一接触案情,便不分青红皂白,对米新图严刑逼供,问成死罪。剧中写米新图将在五更被斩,因冤情重大感动上天,天一直不亮,直到打了九更,京城来的复审的官员赶到,才昭雪了冤枉。这个情节虽带有迷信色彩,但含有浪漫主义的因素,作者意在表现封建统治确实是暗无天日,长夜难明,因而把公理和正义寄托于超自然超社会的天神身上。这和元杂剧《窦娥冤》中的窦娥死前发的六月飞雪等三桩誓愿一样,都是被迫害被凌虐的弱者对不合理命运的悲愤控诉。

朱素臣的另一部描写冤案的名作《十五贯》是人们很熟悉的。这个故事流传已久,从宋话本《错斩崔宁》到冯梦龙的拟话本《十五贯戏言成巧祸》,中间经过不少人的加工整理,故事的情节和人物都发生了很大变化。朱素臣在原来故事的基础上,重新进行构思,把社会背景放在明代,使作品的主题更富于现实意

---

① 《锦衣归》第八出《陷罪》。

② 《未央天》第九出《审问》。

义。剧中的过于执是另一类典型。他审十五贯一案虽无明显的纳贿贪赃等丑行，但他主观臆断、盲目自信，不调查研究，轻易判定四人死罪。他审案时用酷刑逼供，和其他传奇中所描写的贪官审案是同一手法。《十五贯》中的熊友兰、苏戌娟在狱中悲痛地哀诉道："森罗殿巍峨高接，活阎罗威严无别，待欲求生生路赊，盼不到金鸡衔赦……可怜悲切，听号呼哽咽，比剑树刀山更烈。"①这是冤狱惨状的生动描绘。作者通过过于执的形象，揭露了封建吏治根本的弊病：地方官以人民父母自居，审案时高高在上，不细察下情，脱离实际的偏见加上封建家长制的独断，哪能不造成冤狱！

《十五贯》中的周忱是不同于过于执的又一种典型。他官气十足，养尊处优，充分体现着封建官僚的腐朽和昏愦。过于执主观武断，错判公案，反而受到周忱的赏识，被提拔为常州理刑。最后案情审明之后，周忱继续袒护过于执，使他只受到小小的处分（罚俸三月），而且还保荐他为考生房师。这说明，周忱是过于执这类昏官的后台，过于执也正需要依赖这样的上司。况钟向他请示复审双熊一案，他坚持"三推六问，朝审已过"，不同意改变原计划，况钟据理力争，并以官职担保，他才勉强应允。从他对况钟与过于执的不同态度可以看出，不负责任、草菅人命的作风在整个官场中是占主导地位的，而况钟的认真负责、为民请命的行为是孤立的。此剧塑造的周忱的形象，在一定程度上揭示了冤狱产生的社会根源。

和其他描写冤案故事的作品相比，《十五贯》突出的成就是塑造了况钟这个正面的清官的形象。作品突出地表现了他"为民请命"的精神。熊氏兄弟等四人被判死刑后，况钟的任务是奉命监斩，但他未为职权所局限，发现冤情后毅然决定连夜叩见都堂，请求复审。在周忱面前，他明确表示："卑职无非为民请命。"②况钟是作者寄托了政治理想的人物形象。作者面对当时的黑暗现实，看到无数无辜者身陷囹圄而含冤莫诉，希望出现廉明的清官为他们申雪。况钟形象的塑造，体现了被压迫民众的心理诉求。当然，剧中况钟也不是神化了的人物，他是苏州派戏曲作家所景仰的东林党人那一类的正直的知识分子，信奉儒家经典著作中的民本思想和仁政学说。剧中，况钟对周忱说："卑职虽以刀笔出

---

① 《十五贯》第十二出《狱晤》。

② 《十五贯》第十六出《乞命》。

身，未尝失于学问。还记得孟夫子有云：‘民为贵，社稷次之，君为轻。’民间苟有冤抑，便当力为昭雪，难道事出朝廷，便坐视不救么？违误时刻，卑职愿以一官殉之。”①这段话表明，况钟原是孔孟门徒，他和苏州派戏曲作家所景仰的东林党人如周顺昌等人一样，都是作者寄予希望的体现清明政治的理想化人物。

从上述作品可以看出，苏州派戏曲作家比较关心社会，比较注意思考现实中的问题。但是，他们由于时代和阶级的局限，对一些社会问题还不能取得正确认识，他们愤世嫉俗，却提不出根治社会痼疾的良策。他们的世界观和思想意识中也有不少落后的因素，这在他们的创作中也有所表现。他们反对残暴政治，也赞成人民群众对黑暗势力进行一定程度的反抗，但不赞成从根本上推翻封建专制的国家政权。因此他们写到农民起义和奴隶暴动时总是持反对态度，对起义者进行丑化和歪曲的描写。他们的世界观基本上是封建主义的，因此在作品中也常作封建伦理道德的说教，甚至宣扬奴仆绝对服从主人的奴隶道德。他们的有些作品迷信色彩非常浓厚，常常写到鬼神的作用、占卜的灵验和人生命定、因果报应等内容，以至于情节荒诞无稽，削弱了作品反映生活真实性的力量。这些都反映了苏州派戏曲作家的思想弱点。本文限于篇幅，对此就不细加分析了。

尽管有这些弱点，苏州派戏曲作家创作的现实主义主流还是应当充分肯定的。他们的创作对当时和后世的戏曲发展产生了重要的影响。清初，除了苏州派戏曲作家的作品，还出现不少反映当时社会现实的作品。康熙年间两大名剧《长生殿》和《桃花扇》描写重大历史题材、表现一代兴亡的政治内容的写法就承袭了苏州派戏曲作家作品的某些创作特点。尤其是《桃花扇》以“实事实人”来编剧和《清忠谱》“事俱按实”的特点非常一致，而且《桃花扇》对“隳明三百年帝基”的阉党余孽的抨击也与《清忠谱》的主题思想很相似。可以说，苏州派戏曲作家创作的现实主义倾向，在文学史上是起了承前启后的作用的。

（原载《中国文学史研究集》，上海古籍出版社 1985 年 11 月出版）

---

① 《十五贯》第十六出《乞命》。

明末清初苏州地区戏曲创作繁荣的社会原因

从明末的天启以后到清代的康熙初年，苏州地区的戏曲创作呈现出非常繁荣的局面。据《新传奇品》《传奇汇考标目》《曲海总目提要》《曲目新编》《今乐考证》等书统计，生活在这一时期的苏州地区的戏曲作家单是吴县的就有21人，他们是李玉、朱素臣、朱佐朝、毕魏、叶稚斐、张大复、冯梦龙、袁于令、马佶人、盛际时、朱云从、朱英、王香裔、刘百章（原籍广东乐昌，世居吴门）、郑小白、毛钟绅、陈子玉、王鸣九、史集之、过孟起、盛国琦，如果加上苏州府下属其他县①的戏曲作家，像长洲的薛旦、陈二白、刘方、尤侗、陆世廉、邹玉卿，常熟的丘园，昆山的周杲，太仓的吴伟业，以及吴江的沈自晋、沈自征、沈永令、沈永乔、李素甫、叶小纨等，共36人，他们共创作杂剧和传奇300多种。其中几个主要作家的创作量非常大，像李玉共著（包括与他人合作）传奇42种，朱佐朝、张大复各35种，朱素臣21种，薛旦20种，在戏曲史上是罕见的。（关汉卿一生创作杂剧60多种，但杂剧篇幅较短，远远比不上鸿篇巨制的传奇。）在同一地区同时出现如此众多的戏曲作家和作品，这是一个值得重视的文学现象。本文打算根据这些作家的作品并联系当时当地的历史状况，对苏州地区戏曲繁荣的社会原因，作一些初步的探讨。

---

① 明末苏州府下辖吴县、长洲、常熟、昆山、嘉定、吴江六县，领太仓州。清雍正二年（1724）始升太仓为直隶州，嘉定归之，又析长洲地置元和县，昆山地置新阳县，常熟地置昭文县，吴江地置震泽县，共领九县。此处所说的是明末清初的情况。（见乾隆《苏州府志》卷一《建置》）

一

历史上一批作家的崛起，总是由特定的时代所造成。苏州地区李玉、朱素臣等大批戏曲作家的涌现，也和当时的时代有密切的关系。

明清易代的社会变革，直接影响到知识分子的社会地位。清初的统治者对汉族知识分子存有敏锐的警戒心。为了统治中国的需要，清廷在入关前也用了一批北方的汉族知识分子，由于江南广大地区尚未平定，所以它对南方的知识分子一般是不信任的。苏州地区自古以来文化较发达，知识分子人数众多，这时只有极少数有名望有地位的如吴伟业、尤侗等人受到清政府的拉拢，或如袁于令那样主动卖身投靠，但他们也并没有得到重用，且常常受到怀疑和排挤，对清廷的不满情绪便借词曲来抒发。那些市井出身的知识分子更不会被理睬，而且他们由于地位低微，也不像上层士大夫阶级那样有许多个人利益需要保护，因此一般不愿主动投靠清朝统治者，于是便以词曲为业，打发岁月。如李玉曾在明末中举，但入清后即“绝意仕进，以十郎之才调，效耆卿之填词”①，自谓“数奇不偶，寄兴声歌”②。朱素臣、朱佐朝兄弟一生写数十种传奇，可见他们都是致力于戏曲创作的布衣之士。叶雉斐曾因剧本中写有过激语言，“下狱几死”，又曾写《后西厢》八折，因病中止，由朱云从补成③，也为作剧困顿终生。张大复曾寄居在寺院，丘园隐居在山庄，俱以词曲为事。薛旦迁居无锡，也是“怀才不遇，艳思绮语往往见于歌曲……以舒其愤懑之气”④。同时，由于地位低微，他们更直接地接触到社会的下层，更深刻地观察到人生的真相，更多地了解到人民群众的思想感情。这些作家和元初的关汉卿、纪君祥、杨显之等那班大都戏曲作家很相似，都是在遭到汉族统治被代替的巨大政治风暴的冲击之后，远离政治舞台，混迹于剧场梨园，把聪明才智交付于人民大众，把壮志豪情寄托于词曲生涯，把被压抑的愤懑化作慷慨悲歌。

---

① 《北词广正谱》吴伟业序。

② 《南音三籁》李玉序。

③ 焦循：《剧说》卷三。

④ 顾光旭：《梁溪诗抄》卷十八。

明清易代的社会变革，也使苏州地区受到猛烈的冲击。苏州一带江南地区物阜民丰，历来是统治者的必争之地，清兵南下时，为征服长江下游不惜工本，对汉族人民的镇压更为残酷。当时清兵所到之处，杀人如麻，“扬州十日”“嘉定三屠”是人所共知的大惨案。姑且不说这些，单看苏州地区，其惨象也目不忍睹。顺治二年（1645）闰六月十二日，清将李成栋率兵入苏州，欲屠城，土国宝力争得免，但到十六日，李成栋还是派出了三十六骑大杀一阵，“自北察院杀而南，及葑门，老稚无孑遗”①。吴县乡间亦遭兵祸，“沙溪横泾两所……杀人万计，鸡犬之属不胜算，积尸如陵。七浦塘一水，蔽流皆尸，水色黑而绿，行人以草塞鼻”②。昆山县城被清兵攻破时，“杀戮一空”，“昆山顶上僧寮中，匿妇女千人，小儿一声，搜戮殆尽，血流奔泻，如涧水暴下”。③ 在常熟，“但凡街上、巷里、河水、井中与人家屋里，处处都是尸首……大兵去后，严子张差人在西门外山脚下掘下几处千人坑，将死尸葬埋之”④。在军事镇压的同时，清政府还寻找借口对江南的知识分子频兴大狱，进行多次残酷打击，像在顺治年间江南发生的顺天科场案、奏销案、哭庙案，就是这种性质的政治事件，而每一次打击，苏州都有不少人罹祸。生活在苏州地区的作家对清朝统治者的种种暴行或耳闻或目睹，有亲身的感受，从严酷的现实中产生强烈的创作冲动并获取大量素材。他们所写的不少作品反映明清易代的社会现实，或借描写历史事件来表达反清的民族意识，更是那个特定历史时代的直接产物。

李玉的《万里圆》就是以清初的社会为背景的作品。它取材于当时的历史事实，描写苏州的黄向坚在清初到云南寻找父亲的故事，表面上是歌颂黄向坚的孝行，实际上，作者是通过这个孝子寻亲的故事揭露南明王朝的腐败和清朝征服者的暴政。剧中写福王的荒淫腐朽，马士英的贪婪专横，史可法的孤忠殉国，都表现了作者对时局鲜明的政治态度。剧中写黄向坚由于清朝“稽查前朝远任未回官员”的逼迫而不得不万里寻亲的遭遇，反映了清初尖锐的民族矛盾。作者还通过一个四川籍兵士的经历，控诉清兵的暴行。那个兵士在云南见到黄含美，谈到他所见到的苏州的情况时说：“乙酉年闰六月……清朝官府坐了苏

---

① 《研堂见闻杂记》。

② 《研堂见闻杂记》。

③ 《研堂见闻杂记》。

④ 《海角遗编》。

州，那些百姓一个个投顺了就罢了吓，(叹)谁想湖内多烽起，城外也焚烧……恼了清朝官府……发出兵马不管好歹烧杀砍杀，惨不可言……尽家资顷刻如风扫，好房廊烧得烟尘扰，满街衢杀得人如草。”①这里所谈的正是清兵占领苏州后人民的反抗和清兵残酷镇压的情形。作者正因为有现实生活的切身体会，才有这样刀光血影、生动形象的文字描述。

苏州地区戏曲作家的许多作品，取材于历史人物和历史事件，也常常是针对当时的时局有感而发的。李玉的《牛头山》，朱佐朝的《夺秋魁》，张大复的《如是观》，都描写了岳飞的事迹，通过歌颂这位宋代的抗金英雄，表达对清兵侵略的憎恨和对抗清爱国志士的期望与支持。为了更突出地表现这样的主题，张大复《如是观》还运用浪漫主义的手法，改变了历史真实，写出岳飞得胜还朝、秦桧夫妇被处死的情节。作者认为岳飞的历史应作如是观，显然是针对现实表现出的一种理想，剧本结尾处写道“论传奇可拘假真？借此聊将冤恨伸”，明白交代出作者的创作动机。李玉的《连城璧》写完璧归赵的故事，生动地塑造了一个不畏强暴、英勇捍卫国家利益的蔺相如的艺术形象，在明亡清兴的历史关头，作者希望出现蔺相如这样的人物来挽救危局。李玉《昊天塔》描写杨家将抵御辽兵、尽忠报国的光辉业绩，也含有同样的创作意图。

由于清初的统治者推行残酷的文化专制政策，严密防范和无情打击各种形式的反清思潮，当时知识分子的言论或著作，稍有违碍之处便会立即遭到惨祸，因此苏州地区的戏曲作家的作品常常采取曲折、隐晦的方式来表达反清的民族主义感情。他们描写的历史事件，有些并不是直接反映民族斗争的，而只是和清初的政治形势有某种联系，李玉的《千钟禄》、朱佐朝的《血影石》、丘园的《一合相》、叶雉斐的《逊国疑》等取材于明初“靖难之役”的传奇就属此类作品。因为“靖难之役”时，朱棣领兵南下占领南京，对建文朝的异己势力进行大规模屠杀，这和清初清兵南下时对江南一带进行大屠杀的历史事实有相似之处，生活在苏州地区的作家们对明朝的灭亡怀有深刻的伤痛，他们看到清兵的狂砍滥杀，感到无比愤恨，便通过揭露明成祖的暴行来表示对清朝统治者的不满。同时还因为在明清之际，明朝方面曾出现一股怀念建文帝及其忠臣的思潮，福王的弘光王朝和唐王的隆武王朝都曾追谥建文帝及靖难时殉国的方孝孺、黄观、

① 《万里圆》第十出。

黄子澄、齐泰、程济等人，并恢复建文年号，目的是维系人心，支撑残局，以期重振国家元气。当时一些不愿降清的爱国志士也都以靖难时尽节的忠臣为榜样来勉励自己，像明朝户部侍郎吴嘉允在清兵攻破南京时自缢于方孝孺祠，鲁王朱以海的侍郎陈函辉兵败自尽前作自祭文表示“今日为方正学”，都是这样。①明朝灭亡时，连崇祯帝想起建文时尽节诸臣也是怀念不已，他在煤山自缢之前曾叹道：“吾待士亦不薄，今日至此，群臣何无一人相从，如先朝靖难时有程济其人者乎？”②苏州地区的戏曲作家描写“靖难之役”的历史题材，正是顺应了当时的这种社会思潮。《千钟禄》《血影石》等剧对建文朝忠臣程济、黄观、牛景先、吴成学及他们的妻女进行歌颂和表彰，含有对抗清志士的勉励与希望，而剧中对陈瑛等依附明成祖的奸邪小人的揭露，是对降清的奸人如吴三桂、洪承畴、孔有德、李国栋等人的抨击，对建文帝的流亡生涯充满同情，写出建文帝最终归宫和忠臣们最终荣封的结局，则表现了作者希望明朝复国的幻想。

还有些作品取材于一般的社会生活，作者也常常穿插着民族矛盾的背景和情节，随处流露出歌颂抗争、谴责投降的思想意识。李玉《占花魁》在改编小说《卖油郎独占花魁》时，就更多地渲染了历史背景，剧中描写莘瑶琴的遭遇是由于金兵入寇，她在逃难时被坏人拐骗才沦为妓女，作者有意揭示出给人民带来灾难的社会根源。剧中还增加了刘豫父子降敌的情节，以此痛斥那些投降及为虎作伥的人。这样的改编，显然是渗入了作者在新的历史时期的民族感情。

通过戏曲创作表达在清朝统治下被压抑的愤懑，不仅李玉等平民戏曲作家如此，当时由明入清的一些著名士大夫也往往如此。吴伟业的传奇《秣陵春》和杂剧《通天台》《临春阁》也表现了对于时局变故的兴亡之感和在入清后不甚得志的苦闷心情。这种现象在清初相当普遍，到康熙年间出现的两大名剧《桃花扇》和《长生殿》仍然带有对故国的眷恋和对清朝统治的强烈不满。清朝统治建立初期的高压政策，迫使知识分子寻找一种可以躲开政治迫害而又可以曲折地抒情言志的合适的文学形式，清初的戏曲繁荣和元初的戏曲繁荣都说明了这一点。苏州地区的大批戏曲作家的涌现及他们的丰富作品的产生，时代的条件是一个重要的决定因素。

---

① 吴嘉允事见《小腆纪年》，陈函辉事见《浙东纪略》。

② 《明季北略》卷二十。

二

历史上文学的发展，固然取决于时代的条件，但在同一时代，不同地区的文学发展状况并不平衡，它会因各地区不同的政治和经济条件而显出不同的特点。清初的戏曲作家大量地集中出现在苏州，这与苏州地区的经济条件和政治条件有直接的关系。

苏州地区在明代商品经济发展得很快，首先是城市手工业比较发达。由于苏州具有合适的地理气候条件和传统的养蚕、缫丝、纺织等技术上的优势，所以这里最发达的手工业是丝织业，苏州是全国丝织业的中心。明代许多苏州人靠机杼起家，逐渐发财致富。张瀚说："大都东南之利，莫大于罗、绮、绢、纻，而三吴为最。即余先世亦以机杼起，而今三吴之以机杼致富者尤众。"①此外，还有各种各样的手工业作坊，像裱褙作、银作、铁作、锡作、铜作、木作、窑作等，都非常兴旺。② 其中铜作是很著名的，《苏州府志》中记载："铜作，昔木渎王家所制称精巧，常熟亦有之，今郡中西城业铜作者不下数千家，精粗巨细日用之物无不具。"③

手工业发展的同时，商业也日益发达。苏州人经商者逐日增多，城中商铺密布，生意兴隆。如《苏州府志》所记"金阊一带比户贸易，负郭则牙侩凑集"，"货物店肆充溢"。④ 由于土地赋役沉重，农村不少富户也弃农经商，"江南大贾，强半无田，盖利息薄而赋役重也"⑤。因此后来渐渐形成一种风气，即"吴中缙绅士夫多以货殖为急"⑥。苏州附近太湖中洞庭山的商人在全国都是有名的，称为"洞庭商人"，他们的足迹遍布各地。这里"土狭民稠，人生十七八即挟资出商，楚卫齐鲁，靡远不到，有数年不归者"。⑦

---

① 《松窗梦语》卷四。
② 《松窗梦语》卷四。
③ 乾隆《苏州府志》卷十二《物产》。
④ 乾隆《苏州府志》卷二《风俗》。
⑤ 谢肇淛：《五杂俎》卷四《地部》。
⑥ 黄省曾：《吴风录》。
⑦ 乾隆《苏州府志》卷二《风俗》。

不仅苏州人到外地经商，外地商人也往苏州会集。苏州的商业会馆设立得较早，如岭南会馆、三山会馆、打铁业公所等在万历年间就创立了。① 这种会馆的设立，反映了外地商人在苏州的活跃情况。明末的苏州，和恩格斯谈欧洲中世纪末期1453年的情况相似："由中世纪的市民等级所创立的工业生产和商业获得无限高度的发展，一方面，生产更加完备，更加多样化，规模也更大，另一方面，商业交往更加兴盛。"②工商业发展的结果是，城市不断扩大，而且越来越繁华。莫旦《苏州赋》描写了苏州繁华的盛况，从中也可以看出苏州商业发展的规模：

（苏州）拱京师以直隶，据江浙之上游，擅田土之膏腴，饶户口之富稠。文物萃东南之佳丽，诗书衍邹鲁之源流，实江南之大郡，信天下之无夻。……至于治雄三寝，城连万雉，列巷通衢，华区锦肆，坊市棋列，桥梁栉比，梵宫莲宇，高门甲第，货财所居，珍异所聚，歌台舞榭，春船夜市，远土巨商，它方流妓，千金一笑，万钱一箸，所谓海内繁华，江南佳丽者。③

由于经济的繁荣，苏州地区人口增长很快。从吴县来看，明初洪武九年（1376）统计，全县有六万一千八百五十七户，人口二十八万五千二百四十七人；嘉靖初年，全县有六万八千九百八十八户，人口三十三万九千零四十二人；到明末崇祯五年（1632），全县有十万零九百六十九户，人口六十万五千六百一十人。④ 由此可知，从明初到嘉靖初的150年间，吴县人口净增53795人，比原来增长约18%；而从嘉靖初到崇祯初的100年间，吴县人口净增266568人，增长约80%。这些数字虽不很准确，但可以说明苏州地区人口在明代后期增长的速度大大超过前期人口增长的速度。其中城市人口也相应得到迅速的增长。

在众多的城市人口中，除少数官僚士大夫等豪门贵族外，从事手工业和商业的人是城市市民的基本成分。市民还应包括在城市里定居或非定居的三教九流及百业游民，像顾禄《吴趋风土录》中所提到的"杂耍诸戏"（指以杂技、戏法、相扑、偶戏、器乐等为谋生手段的江湖艺人）和"测字、起课、算命"等江湖术

---

① 《江苏省明清以来碑刻资料选集》，生活·读书·新知三联书店1959年版。

② 恩格斯：《自然辩证法》，见《马克思恩格斯全集》第20卷，人民出版社1971年版。

③ 转引自乾隆《苏州府志》卷二。

④ 乾隆《苏州府志》卷八《户口》。其中记吴县崇祯五年人口为六万五千六百一十人。显然有误，应为六十万五千六百一十人。

士都属此类。随着城市的发展,城市市民阶层也日益壮大,形成一股不可忽视的社会力量。

苏州是我国最富庶的地区之一,古称“上有天堂,下有苏杭”,所谓“东南财赋之薮,唯吴中居饶”①,就是指这种情况。因而这里也是历代统治者重点掠夺的地区,人民受的压迫和剥削非常深重。明代丘浚曾指出:“韩愈谓赋出天下,而江南居十九。以今观之,浙东西又居江南十九,而苏松常嘉湖五郡又居两浙十九也。”②到清初仍是这样,董含也说:“江南赋役百倍他省,苏松尤重。”③城市工商业者在发展过程中,也受到封建统治者的限制和掠夺。朝廷常派太监以“采贡”为名,到苏州索取各种产品,就是掠夺的形式之一。明代万历年间大兴矿税,矿监税使所到之处,或公开夺取,或巧立名目,或层层设卡,以各种手段强行勒索,苏州地区也深受其害。新兴的城市市民阶层同封建专制统治的矛盾,在这里表现得非常尖锐。苏州多次发生反对封建掠夺的斗争。

早在明成化十九年(1483),苏州就发生一起反对太监王敬的事件。那年十一月,王敬带着左道医人王臣以购书采药为名来到江南,“所至纵暴,横索货财,担取奇玩,官民并受其害”④。到苏州后,王敬、王臣让府中生员抄书,为索求贿赂故意刁难,激怒了诸生。“有生员王顺等数十人大怒,适樵担至,遂各取一木,将击臣,臣惧避匿,其下人皆被殴。”⑤

嘉靖二年(1523),苏州又发生一次反对太监张志聪的斗争。⑥

万历二十九年(1601),苏州发生了更大规模的市民运动。当时太监孙隆任苏州织造,他一到苏州,就收罗一批市井流氓恶棍充当打手,在苏州六门,派人分管收税,不管肩挑步担,十取其一,各色店铺十取其二,机坊十取其三。群众忍无可忍,大家在织工葛成的率领下行动起来,纵火焚烧了孙隆衙署,把孙隆的爪牙黄建节乱拳打死,扔进火里,把税监徐成剥去衣服投于水中。愤怒的群众只惩办作恶的税棍,不伤害无辜百姓,他们“不挟寸刃,不掠一物,预告邻同里,

---

① 《江苏省明清以来碑刻资料选集》,生活·读书·新知三联书店1959年版。

② 《大学衍义补》卷二十四。

③ 《三冈识略》卷四。

④ 王世贞:《弇山堂别集·中官考三》。

⑤ 赵翼:《陔余丛考》卷二十“苏州击阉不始于颜佩韦”条,引《寓圃杂记》卷五。

⑥ 事见朱国祯《涌幢小品》卷十一“批内官”条。《明史·吴廷举传》及徐复祚《花当阁丛谈》卷二皆有记述。

防其延烧。殴杀窃取之人,抛弃买免之财……止破起衅之家,不及无辜一人"①,斗争进行得有声势、有秩序,显示了人民群众的强大力量。事后为防止官府的凶残报复,葛成挺身而出,自请系狱,说"愿即常刑,不以累众"②,表现了我国早期城市工人的英雄气概和自我牺牲精神。苏州的这次反税监斗争在晚明的城市民变中是具有代表性的一次,它对后来的人民群众的反暴政斗争产生了很大的影响。万历后期,松江华亭发生的"民抄董其昌"事件中,有个领头的人物金留就"当众夸许,自谓葛成"③。葛成的事迹广为传颂,一直受到后世人们的怀念。

市民运动频繁发生的同时,苏州地区在政治思想方面也表现得相当活跃。随着商品经济的发展,江南不少中小地主兼营工商业,这个阶层出身的知识分子在政治上反对大官僚大地主的专制,抨击朝政的腐败,提出一些能代表城市工商业者和市民阶层利益的主张。明末的东林党人就是这样的一派势力。苏州地区工商业发达,城市市民阶层的力量比较强大,这里也就成了东林党人活动的重要区域。其首脑人物顾宪成、高攀龙、薛敷教、史梦麟、于孔兼等人讲学的东林书院就在离苏州不远的无锡,东林书院的参与者也以"三吴士绅为多"④,东林党人"每月集吴越士绅会讲三日,远近赴会者数百人"⑤。崇祯以后,东林党人的继承者仍然以苏州一带为活动中心,崇祯六年(1633),复社的成立大会就在苏州的虎丘举行。东林党人在苏州地区具有较大的政治影响,他们在城市市民群众中也得到广泛的拥护。

天启六年(1626)苏州发生的为营救周顺昌而打死缇骑的斗争,就表现了城市市民阶层反对封建专制统治拥护东林党人的政治倾向。这次斗争的一个重要起因也是封建统治者对人民群众的掠夺。当时太监李实任苏州织造,此人"素贪横",他到苏州后"妄增定额,恣诛求"⑥,城市市民受到残害,心中早就蓄积着仇恨,当魏忠贤迫害东林党人周顺昌时,这种仇恨便一起爆发出来,形成一

---

① 《明神宗实录》卷三百六十一。
② 《明神宗实录》卷三百六十一。
③ 《民抄董宦事实》。
④ 《东林书院志》卷二十一。
⑤ 《东林书院志》卷七。
⑥ 《明史·周起元传》。

次声势浩大的市民运动。营救周顺昌那天，市内闹得轰轰烈烈，城外也发生了一场战斗。那是魏忠贤派往浙江逮捕黄尊素的缇骑乘舟路过苏州，向津吏和市人索取财物、食品，被市人“执而击之”，城内民众也蜂拥赶来，“焚其舟，沉其橐于河，缇骑泅水过西岸，岸多田父，复以耰锄逐之，北人不习水，抱片木，浮沉数里，至僻处，乃敢登……”①。统治者对市民运动是坚决镇压的，这次斗争中市内领头的颜佩韦等五人后来被捕，慷慨就义，市外领头的戴镛、杨芳、季卯孙、许尔成、邹应祯等五人也“皆捕得，论徒杖，而戴竟瘐死狱中”②。

上述苏州地区城市和市民发展的情况及这里发生的一系列政治事件，对明末清初的戏曲创作产生了直接的影响。商业的发展和流动人口的增加，大大促进了人们的交往，繁华的城市里传播着各地的奇闻逸事，给作家展示了广阔的生活领域；城市的丰富生活使作家有机会接触到形形色色的事件，从而熟悉各种不同的人物形象；这里发生的多次反对封建专制统治的市民斗争，直接给作家提供了大量的创作素材；东林党人的政治活动则使这里的作家受到较深的感染，使他们的作品表现出鲜明的政治倾向。苏州地区的经济、政治条件对戏曲创作的影响从这些作家的作品中可以明显地看出来。

首先，苏州地区作家的一些作品直接取材于本地发生的事件，反映城市市民的生活和斗争。李玉的《万民安》所描写的就是万历二十九年（1601）的苏州民变。剧本如今虽然已经失传，但从《曲海总目提要》的介绍中可知，此剧详细描写了这场斗争的起因和经过，作品命名《万民安》，即取“一人倡义，万民安枕”之意，高度评价葛成在反暴斗争中的贡献，热情赞扬他舍己为人、大义凛然的品质，塑造了一个具有强烈正义感的下层市民的英雄形象。李玉的另一名剧《清忠谱》，描写的是天启六年（1626）苏州市民的反阉斗争，展示了明末市民运动的宏伟场面，生动地刻画了颜佩韦等五义士的典型性格。剧中着重描写了东林党人周顺昌敢于同阉党斗争的反抗精神和崇高气节，同时深刻暴露了魏忠贤阉党专制的残暴与黑暗。《清忠谱》书成之后，付印前曾由朱素臣、叶雉斐、毕魏等共同参加编订，可见他们对描写本地发生的重大政治事件都十分关注。

其次，苏州地区的剧作家由于受到本地东林党人活动的影响，常根据东林

---

① 姚希孟：《开读本末》。

② 《明通鉴》卷八十。

党人同阉党斗争的情况来构思故事情节，并表现出同情和支持东林党人的政治立场。他们的许多作品描写历史上的忠奸斗争，但作者的本意是以古喻今，来反映明末的政治斗争。剧中的朝堂，实指明末的宫廷；剧中的权奸，实指明末的阉党；剧中的忠良，则是东林党人的化身。如朱佐朝《乾坤啸》写宋朝事，说皇帝不理朝政，让太监把守宫门，“百官本章，不许传入内廷”，以至于“各部科道本章案积如山”，①这种情况正是明万历时朝政的写照。剧中太监丙融擅权，指使锦衣卫拿人，揭露的正是明末阉官操纵厂卫打击东林党人的事实。丘园的《党人碑》写宋朝蔡京当权，指司马光、苏轼、程颐等一百二十人为奸党，让童贯于端礼门立“党人碑”，正是指魏忠贤造黑名单陷害东林党人的事件。盛际时《人中龙》写唐末李德裕和宦官仇士良的斗争，这个仇士良“自幼净身入宫，累官神策中尉，掌禁军之命，六官半属干儿”，正是指魏忠贤。因为魏的死党中有所谓“五虎”“五彪”，“号十孩儿”，许多大官僚也自投魏阉门下，称为“干儿”②，作者抨击的对象，正是明末的阉党专政。《党人碑》《人中龙》及《埋轮亭》（李玉、朱佐朝合著）、《御雪豹》（朱佐朝著）、《御袍恩》（丘园著）、《别有天》（朱云从著）等剧中都写有锦衣校尉拿人的情节，这种奸臣迫害忠良的方式和手段正是明末阉党害人的惯技。苏州地区的戏曲作家从东林党人的活动和遭遇中获取了大量的感性材料，并假托于历史人物，写出了许多反映忠奸斗争的作品。这些作品，可以说是明末政治斗争形势影响之下的产物。

另外，苏州地区戏曲作家的作品中较多地出现了城市市民各阶层的人物形象，这也是作家受城市市民阶层发展影响的重要标志。他们的许多作品描写历史上的反权奸斗争或同黑暗势力的斗争，常常有各种各样的市民人物活动于其中。除了前面提到的葛成和颜佩韦等五义士，还有如穿珠花的赵翠儿母女（朱素臣《翡翠园》）、平民赵豹（朱佐朝《乾坤啸》）、妓女梅墨云（朱佐朝《血影石》）、泥工秋爱川（盛际时《胭脂雪》）、木匠王少山（盛际时《人中龙》）、货郎侯五峰（丘园《御袍恩》）、相士万家春（朱佐朝《渔家乐》）、瞽目道人诸葛暗（朱佐朝《艳云亭》）等，他们虽然不是作品的主要人物，但都显出鲜明的个性。作者赞扬他们的正义感和善良、勇敢的品质，肯定他们的人格和在同邪恶势力的斗争

---

① 《乾坤啸》第八出。

② 见《明史·魏忠贤传》。

中所起的作用，也常常写出他们可以改变卑微身份、取得较高社会地位的结局，在一定程度上表现了城市市民阶层的思想意识。这些人物在作品中虽处于不同的朝代，但他们的思想状态及活动情况，反映着明末城市里下层市民群众的面貌。

还有许多作品常常写到商人，这也是城市市民中的一类人物形象。朱素臣《十五贯》和《未央天》描写的两对被冤陷的兄弟中，哥哥都是小商人：熊友兰资本很少，只是大商人的帮手，辛苦奔波，境况颇为艰难；米新国离家在南京一带经商，受到市井无赖的欺负，结果客死异乡。他们的社会地位不高，容易受到恶势力的打击迫害，生命和财产都没有保证，作者对他们的遭遇是同情的。《十五贯》中还描写了商人的生活和友谊。熊友兰在商人陶复朱船上当差，受主人差遣，以船载货来往于江南江北，和其他商人在船上相遇。众人说："我们往来商贩货物，侥幸在苏州相遇，就是旅邸骨肉了。"这些商人对自己的职业充满自豪，他们说："士农商贾，各执一业，我等虽居四民之末，每常放浪江湖，可怜他们半世辛勤，哪得似我们快活。"又一人说："就是为士的，也不比我们洒落。"①这表现了对士贵商贱传统观念的挑战。剧中商人陶复朱的形象很突出，他急人所难，仗义疏财，是作者肯定的正面人物形象。张大复的《快活三》仿照《初刻拍案惊奇》中《转运汉巧遇洞庭红》的情节，描写商人蒋珍偶然发财和最终显贵的离奇遭遇，反映了明代商品经济发展时期商人追求财富的心理状态和希图取得政治地位的社会要求。其他作品中，也多处表现出尊崇商人社会地位、维护商人利益的观点。作者在写到一些占山落草的起义者时，总要强调他们保护商人的政策。如朱素臣《锦衣归》中，鸣石山聚义者的女首领见部下抢劫商人绸缎，就说："这个不该取他的，那为商的涉水跋山，备受辛苦，多将性命换银，岂是贪污一例？今后遇有此等商人，只许验货抽分，不得恃强过取，如有违令，军法从事。"②叶雉斐《琥珀匙》中，金髯翁与部下约法三章，第三条便是"不许搬抢客商行李"③。张大复《金刚凤》中，钱婆留向江湖好汉顾三郎约法五件事的第三条也是"不许劫商人之物"④。作者这样的描写，实际上是城市商人的阶级意志在

① 《十五贯》第八出《商助》。
② 《锦衣归》第六出《舞花》。
③ 《琥珀匙》第九出《义令》。
④ 《金刚凤》第九出。

戏曲作品中的体现。

苏州戏曲作家大量描写城市市民阶层的人物形象并站在他们的立场上讲话，正是由于作者受到他们所生活的环境中市民阶层的影响。苏州地区的经济发展及城市的繁荣，为作家奠定了雄厚的生活基础。现实社会生活是文艺创作的真正源泉，它为作家开辟出广阔的创作道路。苏州戏曲作家正是植根于现实生活的土壤里，才取得了异常显著的创作成就。

三

明末清初苏州地区戏曲创作的繁荣，除了时代的原因和政治、经济等条件，还有其他种种社会因素。苏州地区社会风俗的奢侈、歌舞和戏曲演出的兴盛及其他文学形式的发展，都对戏曲创作起着重要的促进作用。

苏州的奢侈风俗是由来已久的。这里经济比较发达，物质生活比较富裕，而且天然佳丽的自然景色和山水风光造就了良好的游乐场所，因此游玩是奢侈风俗的首要表现。苏州地区具有悠久历史传统的歌舞，就是适应这种奢侈风俗的需要而兴盛起来的，它成了上流社会追求豪华生活享受的重要内容。《吴县志》记载吴人好游，因为这里有游地，有游具，有游伴，"游地则山水园亭多于他郡，游具则旨酒嘉肴画船箫鼓咄嗟而办，游伴则选妓征歌尽态极妍"①。不仅游玩需要声乐相伴，豪门富室平时宴客、聚会也必招声乐，夏季到湖上乘风纳凉，也要"争相斗曲，夜以继日"，或者"招盲女、瞽男弹唱新声绮调"。② 这时，豪门富室享受的声乐不仅是一般的歌舞，而且包括戏曲。明代官僚士大夫家庭所蓄家乐，就尽力罗致梨园名角，他们争强斗盛，互相夸耀，像万历时相国申时行家"梨园为江南称首"③，其他名门大族也是如此。苏州这种声乐极盛的社会环境，对剧作家的产生和成长起着重要的熏陶作用。如李玉曾当过申时行的家人，他早年较多地接触音乐戏曲，这对他后来成为戏曲名家肯定产生了很大的影响。

---

① 民国《吴县志》卷五十二上《风俗一》。

② 顾禄：《清嘉录》卷六"乘风凉"。

③ 郑桐庵：《周铁墩传》。

苏州地区的奢侈风俗也表现在迷信活动上。这里祠庙甚多，每逢过节祭祀迎神赛会总是要有演戏的内容。王稚登《吴社编》记云："凡神所栖舍，具威仪、箫鼓、杂戏迎之，曰会。优伶伎乐，粉墨绮缟，角觝鱼龙之属，缤纷陆离，靡不毕陈。"一年之中，这样的活动要进行多次，往往都要演戏。春季二三月间，居民在旷野之处，搭台演戏，叫"春台戏"，目的是"祈农祥"。① 四月十四日为神仙诞辰，这天要"招乐部伶人集厅事"②。四月二十八日为药王生日，这天也要"集众为会，有为首者掌之，醵金演剧"③。五月十三日为关圣诞辰，此日之前也要"割牲演剧"④。七月十五日为中元节，此日前后，也要"择日祀神演剧，谓之青龙戏"；"迤逦秋深，增演灯戏"。⑤ 吴地风俗好信鬼神，苏州及所属各县都有城隍庙，人们因经商或疾病等事，常到庙中祈祷许愿，每有应验，即招优伶演剧，这也经常不定期地进行。

苏州地区商业的发展也促进了演出的兴盛。来往流动的商人和本地富豪在奢侈享受方面有共同的要求，适应这种要求的，便是城中戏馆的创立。随着商业的兴盛，戏馆越来越多，戏班也渐渐打破豪门贵族私蓄的局面，而形成商业化的团体。《长洲县志》记载道："苏城戏园向所未有，间或有之，不过商家会馆，借以宴客耳，今不论城内城外，遍开戏园。"⑥顾公燮《消夏闲记选存》中《抚藩禁烧香演剧》亦记云："金阊商贾云集，宴会无时，戏馆数十处，每日演剧。"由于戏班和戏馆商业化，不论行商巨贾或本地豪富，利用起来也更为方便，只要出钱，戏班随叫随演。正如顾禄所记："居人有宴会，皆入戏园，为待客之便，击牲烹鲜，宾朋满坐。"⑦某无名氏的《新乐府》描绘了这种盛况："金阊市里戏馆开，门前车马杂遝来，烹羊击鲤互主客，更命梨园演新剧。"⑧戏班戏馆的商业化，使戏曲演出广泛地扩大了观众的范围。市民群众都是戏曲的热心看客，每逢戏馆演

---

① 顾禄：《清嘉录》卷二"春台戏"。
② 顾禄：《清嘉录》卷四"神仙生日"。
③ 顾禄：《清嘉录》卷四"药王生日"。
④ 顾禄：《清嘉录》卷五"关帝生日"。
⑤ 顾禄：《清嘉录》卷七"青龙戏"。
⑥ 《长洲县志》卷十《风俗》。
⑦ 顾禄：《清嘉录》卷七"青龙戏"。
⑧ 顾禄：《清嘉录》卷七"青龙戏"。

戏则群头攒动，在苏州被称为“戏蚂蚁”。[1] 迎神赛会演戏时，也是“哄动远近，男妇群聚往观，举国若狂”[2]。

戏曲演出的兴盛必然推动戏曲创作，演出的商业化也导致了创作的商业化。戏班和戏院众多，则要求不断更新剧本。观众爱看新本戏，戏班也要靠新本戏争胜。清初人沈朝初《忆江南》词云：“苏州好，戏曲协宫商。院本爱看新乐谱，舞衣不数旧霓裳，昆调出吴阊。”[3]新本从哪里来？这就需要从剧作者手中购买。朱素臣《秦楼月》剧中写到了这样的情况。陶吃子说：“我老陶近日手中干瘪，亏了苏州有几位编新戏的相公，说道：‘老陶，你近日无聊，我每各人有两本簇新的好戏在此，闻得浙江一路，也学苏州，甚兴新戏，拿去卖些银子用用。’”[4]剧本能卖出，这就使得许多文人可以以写剧本为生。苏州戏曲家的创作也反映了戏班争购新本的状况。李玉初编《人兽关》传奇盛行以后，“优人每获异稿，竞购新剧。甫属草，便攘以去”[5]。《眉山秀》剧前的题词中也说他“每一纸落，鸡林好事者争被管弦”。社会的迫切需要，是苏州地区戏曲作家创作丰富的直接原因。李玉、朱素臣、朱佐朝、张大复等人，每人都写了数十本戏，他们很可能就是以编剧为职业的。

值得提到的是，昆山腔的发展也是明末清初苏州地区戏曲创作繁荣的重要因素。本来，昆山腔就产生于苏州地区，这与该地区的经济发展有密切关系，而明中期昆山腔的改革及之后的进一步发展，更是直接受到城市和市民发展的影响。

由于昆山腔具有浓厚的地方色彩，而苏州地区出生的作家熟悉本地方言土语，了解城市市民大众的兴趣和要求，因此，他们按照昆山腔的特点进行创作就具有更多的有利条件。

同时，改革后的昆山腔由于运用吴音吴语，苏州的演员演起来最方便，而且能更好地表现昆腔的韵味，因此明末“争尚苏州戏，故苏人鬻身学戏者甚众”[6]。当时一些著名的演员像周铁墩、顾伶等都是苏州人。常熟钱岱归隐后家中蓄有

① 顾禄：《清嘉录》卷七“青龙戏”。
② 顾禄：《清嘉录》卷二“春台戏”一节之末引汤文正公(斌)抚吴告谕。
③ 顾禄：《清嘉录》卷七“青龙戏”一节之末引钱思元《吴门补乘》。
④ 《秦楼月》第十八出《得信》。
⑤ 冯梦龙：《墨憨斋重订〈永团圆〉传奇叙》。
⑥ 范濂：《云间据目抄》卷四。

女乐,其中的两个女教师沈娘娘和薛太太及女优中的几个主角如正旦罗兰姐、小生徐二姐、小旦吴三三和周桂郎等都是苏州人。① 许多外地的戏班也常到苏州来买男女少年做演员。这种状况一直延续到清初。吴三桂在云南时,特地"买吴伶年十五者四十人"组成戏班。② 徐树丕《识小录》说:"十余年来,苏城女戏盛行……不肖者习而不察,滔子皆是也。"清初汪钝翁还把苏州出戏曲演员说成是当地的土特产之一。③

苏州地区大量涌现戏曲作家和大量涌现戏曲演员一样,都是昆山腔在明末更加振作并继续发展的必然结果。事实上,明末清初苏州地区的一些主要戏曲作家如李玉等人最能代表昆山腔的正宗,他们是魏良辅一派的真正继承者。在魏良辅和李玉等人之间,著名曲师钮少雅起了承上启下的重要作用。钮少雅生于明嘉靖四十三年(1564)。他 20 岁时,听说娄东、魏良辅的名声,就特意前往访问,但当时魏良辅已去世,他便去谒见得魏良辅"衣拂之授"的曲家张云五[字铭盘,万历丁丑年(1577)进士],相谈非常投机。不久,钮少雅回到苏州又谒见张云五的得意上首吴芍溪,钮以事云五之礼事吴,吴也以"云五之道"教钮,二人"彼此相得,先后三年"。后来,吴芍溪去世,钮少雅又认识了任小泉、张怀仙,此二人"皆良辅之派",他与他们"晨夕研磨,继以岁月",共相处 20 年。经过这段学习与研究,钮少雅自谓"虽不能入魏君之室,而亦循循乎登魏君之堂"。以后,钮少雅遍读曲本,潜心研究,与华亭徐于室合作,编定曲谱。徐于室死后,他仍然发奋工作,前后经过 24 年,易稿九次,终于在清顺治八年(1651)88 岁高龄时,完成著名曲谱《汇纂元谱南曲九宫正始》。④ 钮少雅得魏良辅一派的真传,在当时苏州地区可称得上戏曲方面的权威,其他戏曲作家多和他交往并对他非常敬重。李玉和钮少雅关系密切,钮少雅的《汇纂元谱南曲九宫正始》就是李玉给命的名。⑤ 张大复与钮少雅相交甚厚,称他为"吾友同里钮少雅",在钮 78 岁时(崇祯十四年,1641)与他相识于苏州,自谓"倾盖论曲,颇为心折"。⑥ 张大复编

① 据梧子《笔梦》,见《虞阳说苑》甲编。

② 《清代通史》,转引自徐扶明《红楼梦与戏曲比较研究》,上海古籍出版社 1984 年版。

③ 钮琇:《觚剩续编》卷四《物觚》。

④ 此段材料见钮少雅《汇纂元谱南曲九宫正始》自序。

⑤ 《汇纂元谱南曲九宫正始》吴亮中序。

⑥ 张大复:《寒山堂曲话》,见《寒山堂重订南曲谱》附。

《寒山堂重订南曲谱》时，曾得到钮少雅的帮助，书中所引用的《唐伯亨》《开封府风流合三十》《席雪餐毡忠节苏武传》等曲本都是钮少雅借给他的。从这些有限的材料可以看出，李玉、张大复等与钮少雅对戏曲声腔格律等问题的看法是基本一致的，他们继承了魏良辅对昆山腔进行改革的成果并有所发展，取得了更大的成就。

至于明末清初苏州地区戏曲创作的繁荣受到其他文学形式的影响，主要是指明代话本创作的兴盛直接为戏曲提供了可供改编的现成故事。在苏州这样的繁华城市里，讲唱文学有很广阔的市场，许多故事平时在群众中广泛流传，经过文字加工写成话本小说。话本小说的通俗性和适合城市市民口味的特点与戏曲文学是一致的，这说明二者有一定的必然联系。因此，编撰话本小说卓有成就的冯梦龙、凌濛初同时也擅长戏曲，他们不仅改订别人的戏曲作品，而且自己也进行创作。冯梦龙本人就是苏州人，他和苏州的一些戏曲作家有来往。冯梦龙亲手改订李玉的《人兽关》《永团圆》两部传奇，很赞赏李玉的创作才能；他还为毕魏的《三报恩》传奇作序，称赞毕魏“年甫弱冠，有此奇才异识，将来岂可量哉”。凌濛初和苏州地区剧作家有无来往尚未发现具体材料，但他的《南音三籁》一书，李玉曾为之写序。冯梦龙、凌濛初二人编的话本小说集是苏州戏曲作家选材的重要来源。现在初步统计一下，“三言”和“二拍”中被苏州地区的戏曲作家改编成传奇的就有20种，不妨罗列如下：

话本	传奇
《蒋兴哥重会珍珠衫》(《喻世明言》)	《珍珠衫》(袁于令)
《羊角哀舍命全交》(《喻世明言》)	《战荆轲》(袁于令)(薛旦亦有《战荆轲》)
《滕大尹鬼断家私》(《喻世明言》)	《长生像》(李玉)
《临安里钱婆留发迹》(《喻世明言》)	《金刚凤》(张大复)
《张古老种瓜娶文女》(《喻世明言》)	《太平钱》(李玉)
《苏知县罗衫再合》(《警世通言》)	《罗衫合》(刘方)
《老门生三世报恩》(《警世通言》)	《三报恩》(毕魏)
《赵太祖千里送京娘》(《警世通言》)	《风云会》(李玉)
《桂员外途穷忏悔》(《警世通言》)	《人兽关》(李玉)
《卖油郎独占花魁》(《醒世恒言》)	《占花魁》(李玉)

《钱秀才错占凤凰俦》(《醒世恒言》)	《望湖亭》(沈自晋)
《苏小妹三难新郎》(《醒世恒言》)	《眉山秀》(李玉)
《张廷秀逃生救父》(《醒世恒言》)	《喜联登》(又名《双杯记》,薛旦)
《卢太学诗酒傲王侯》(《醒世恒言》)	《浮丘傲》(王鸣九)
《黄秀才徼灵玉马坠》(《醒世恒言》)	《天马媒》(刘方)
《十五贯戏言成巧祸》(《醒世恒言》)	《十五贯》(朱素臣)
《唐明皇好道集奇人》(《初刻拍案惊奇》)	《龙凤钱》(朱素臣)
《蒋震卿片言得妇》(《初刻拍案惊奇》)	《快活三》(张大复)
《占家财狠婿妒侄》(《初刻拍案惊奇》)	《双螭璧》(邹玉卿)
《小道人一着饶天下》(《二刻拍案惊奇》)	《一着先》(朱素臣)

当然,“三言”和“二拍”中的作品被改编为戏曲的远远不止这些,除了上面罗列的还有数十种。① 此外,其他的话本小说也有不少篇章被改编为戏曲。在明末清初,这种改编活动形成了一股风潮,而苏州地区戏曲作家的表现最突出。究其原因,正是由于苏州地区的话本创作也最为活跃的缘故。

综上所述,可知苏州地区在明末清初戏曲创作的繁荣不是偶然的,它是由当时当地特定的历史和社会条件造成的。遗憾的是,苏州地区戏曲作家的丰富作品大量失传了,如今可以见到的只是其中一小部分。这部分多为戏班演出用的手抄本,有的抄本中间的曲辞旁还标着工尺谱(如《千钟禄》《玉鸳鸯》等),有的本子前面标明每出出场的角色(如《麒麟阁》)。这说明他们的作品不是案头之作,而是当时盛行于舞台的场上之曲。后来随着历史条件的变化,花部戏曲逐渐兴起并日益壮大,苏州地区昆腔戏的创作和演出逐渐衰落,戏曲活跃的中心也转移至全国政治经济的中心北京等大城市。但是,苏州地区的戏曲创作毕竟活跃一时,它代表着戏曲发展的一个历史阶段。苏州地区戏曲作家在戏曲史上的地位应该受到足够的重视。

(原载《戏曲论丛》第二辑,兰州大学出版社 1989 年 11 月出版)

① 据初步统计,根据“三言”“二拍”中的故事改编的杂剧、传奇共 60 余种。

略论汤显祖的言情说

陈继儒《批点牡丹亭》题词中说："张新建相国尝语汤临川云：'以君之辩才，握麈而登皋比，何渠出濂洛关闽下？而逗漏于碧箫红牙队间，将无为青青子衿所笑！'临川曰：'某与吾师终日共讲学，而人不解也。师讲性，某讲情。'张公无以应。"程允昌《南九宫十三调曲谱序》中也记有此事。张洪阳问："君有如此妙才，何不讲学？"汤答曰："此正是讲学。公所讲者是性，吾所讲者是情。盖离情而言性者，一家之私言也；合情而言性者，天下之公言也。"不言性而言情，是汤显祖的一个重要观点。在他的诗文集中，有关"情"的议论是很多的。汤显祖后期的思想倾向和文学创作的主张，都与他的这一观点有密切联系。本文试图对此略作分析，并进而探讨他的思想发展和文学见解。

一

所谓"讲情"，是汤显祖对自己进行戏曲创作活动的简单概括。按封建时代的正统观念来看，读书做官是知识分子应走的正道，而戏曲被认为是低贱的行业。汤显祖本来已入仕途，但在万历二十四年(1596)，他的政治态度发生了重大变化，由积极用世转向消极避世。他主动辞官，隐居故里，一反世俗地致力于戏曲创作。从汤显祖思想发展的状况来看，他"讲情"观点的提出，有深刻的政治原因。

汤显祖自幼熟读儒家经典，希望通过科举入仕施展自己的政治抱负。他有诗云："弱冠精华开，上路风云出。留名佳丽城，希心游侠窟。历落在世事，慷慨趋王术。"①可见他年轻时是雄心勃勃的。他21岁中举后，于隆庆五年，万历二年、五年、八年，四次赴考皆不中，但并未因挫折而止步，终于在万历十一年(1583)34岁时考中进士。汤显祖为求得功名，在八股文上下了很大功夫，当时人们把他列为举业八大家之一。他虽然在万历五年(1577)曾动手写作《紫箫记》，但未完稿就中止了。

汤显祖中进士后，参与国家政治的欲望很强烈。在开始观政于北京礼部和后来被授为南京太常博士时，他都非常留意朝政的种种弊端，并在万历十九年(1591)上《论辅臣科臣疏》进行揭露。虽然这次受到被贬官的打击，但他在徐闻典史和后来的遂昌知县任上还是力求有所作为的。他创建书院、推行文教、奖励生产，采取一些兴利除害的措施等，都反映了他积极用世的态度。汤显祖也流露过厌弃官场、向往归隐的情绪，但这种思想在他十几年仕途生涯中未占主导地位。他在遂昌也遇到过一些不顺心的事，如万历二十三年(1595)赴京入觐时有人竟对他进行中伤，靠吏部文选郎中南企仲为他辩护才得以留任，但他在遂昌基本上是忠于职守的。直到万历二十四年(1596)春，他还无意辞官，这有他寄给孙世行、吕玉绳的诗为证："平昌四见碧桐花，一睡三餐两放衙。也有云山开百里，都无城郭凑千家。长桥夜月歌携酒，僻坞春风唱采茶。即事便成彭泽里，何须归去说桑麻。"②虽然屡经坎坷，汤显祖仍不肯轻易离开政治舞台。

促使汤显祖政治态度转变的直接原因是万历二十四年(1596)的大兴矿税。这年十二月，朝廷遣太监张忠往山西、曹金往两浙主管开矿。《明史·陈增传》记云："矿税由此大兴矣。其遣官自二十四年始，其后言矿者争走阙下，帝即命中官与其人偕往。天下在在有之。……通都大邑皆有税监，两淮则有盐监，广东则有珠监。或专遣，或兼摄，大珰小监，纵横绎骚，吸髓饮血，以供进奉，大率入公帑者不及什一，而天下萧然，生灵涂炭矣。"汤显祖对朝廷的矿税政策是不满的，曾写诗道："中涓凿空山河尽，圣主求金日夜劳。赖是年来稀骏骨，黄金应与筑台高。"③愤慨的心情，溢于言表。他对那些矿监税使的强取暴掠十分痛

---

① 《三十七》，见徐朔方笺校本《汤显祖诗文集》卷八，上海古籍出版社1982年版。

② 《即事寄孙世行吕玉绳二首》之一，见徐朔方笺校本《汤显祖诗文集》卷十二，上海古籍出版社1982年版。

③ 《感事》，见徐朔方笺校本《汤显祖诗文集》卷十二，上海古籍出版社1982年版。

恨，把他们称作"搜山使者"，说此辈一来，"地无一以宁，将恐裂"。① 矿税事件使汤显祖更加清楚地看清了统治者贪婪、残酷的本性，看清了他自己曾寄托着理想与抱负的仕途原来异常险恶。矿税事件从根本上动摇了汤显祖对朝廷政治的信任，也彻底击碎了他对官场的最后一丝留恋。本来，汤显祖素性耿直，他既想有所作为，又不肯随俗，和当时污浊的政治气氛难以相容，甚至被人骂为不可接近的"狂奴"。至矿税之兴，这种不能相容达到极点。邹迪光《临川汤先生传》云："而公倜傥夷易……又以矿税事……计偕之日，便向吏部堂告归。"②据此可知，矿税实为汤显祖辞官的重要因由。

汤显祖对"张新建相国"（即张位，字洪阳，江西新建人）作出"师讲性，某讲情"的回答，这件事本身也含有汤显祖对矿税政策不满的因素。因为张位正是朝廷实行矿税的参与谋划者。张位原为礼部侍郎，万历十九年（1591）改吏部侍郎，兼东阁大学士，预机务。万历二十四年（1596），他为相国。"至是新建张位秉政，以为利出于天地之自然，可益国，无病民，采之便。上遂从其言。"③张位关于借助采自然界之矿来富国利民的主张，今天看来在历史上是具有进步意义的，但在当时的实施过程中，矿税却成了内监及地方官吏勒索搜刮人民的手段。汤显祖未看到这一政策对社会产生任何有益的效果，而大量耳闻目睹的事实是其给百姓带来的灾难，因此，他对矿税采取了坚决反对的态度。汤显祖在万历五年（1577）初游南京太学时曾以张位为师，后来也不断来往，他对其师的政治主张是了解的。汤显祖晚年回顾他和张位的关系时曾对汤宾尹说："洪阳师是弟少年所瞻敬者。既贵，便自落莫。难后较与周旋。"④根据这段话可知，在张位为相国的那几年，二人的关系是疏远的。这疏远的原因，一方面是由于汤显祖具有不肯阿附权贵的骨气，另一方面是由于他不满于张位劝皇帝实行矿税的政治主张。辞官，反映了汤显祖政治态度的觉醒，他宁肯醉心于词曲，也不与统治者同流合污。他说"俳场得似官场好"⑤，所谓不讲性而讲情，其本意正是要

---

① 《寄吴汝则郡丞》，见徐朔方笺校本《汤显祖诗文集》卷四十五，上海古籍出版社 1982 年版。

② 见徐朔方笺校本《汤显祖诗文集》附录，上海古籍出版社 1982 年版。

③ 《明史纪事本末》卷六十五《矿税之弊》。

④ 《寄汤霍林》，见徐朔方笺校本《汤显祖诗文集》卷四十五，上海古籍出版社 1982 年版。

⑤ 《作紫襕戏衣二首》之二，见徐朔方笺校本《汤显祖诗文集》卷十九，上海古籍出版社 1982 年版。

在远离政治舞台的碧箫红牙队间保持自己清廉正直的品格。

二

汤显祖把“讲情”作为和“讲性”分庭抗礼的旗帜，在思想领域是对封建理学的挑战。宋代兴起的程朱理学，是以讲性理为特征的，这是传统的儒家思想在新时期的发展，其基本精神仍是维护封建社会的正常秩序，以利于地主阶级的政治统治。明代是很重视使用理学这个得力的思想工具的。明太祖和明成祖都非常尊崇程朱理学。明代的不少学者也以讲性谈理相标榜。从宋代理学到明代理学，其核心思想都是“存天理，灭人欲”。所谓“天理”，就是封建主义的正统观念，而“人欲”是指人的七情。明代理学家王阳明说：“喜怒哀惧爱恶欲，谓之七情。……七情有著，俱谓之欲。”①因而他主张要人们“只在此心去人欲、存天理上用功便是”。② 王阳明前后的不少思想家，都弹唱着这个调子，并倡导一种禁欲主义的修身养性的方法。如王阳明的嫡传弟子王畿主张“扫荡欲根，祛除杂念”③，后来的罗洪先宣扬“收敛枯槁”“内外两忘”④，聂豹鼓吹“寂然不动”⑤，等等，都是教人灭绝生理欲望、窒息真实感情以顺应天理，即符合封建思想的要求。

汤显祖关于“讲情”的观点和宋明理学家关于天理人欲的论述是不同的。他认为情是人本身所固有的自然属性，它的存在是合理的，它的表露也是正当的。他说“人生而有情”⑥，对人的感情不能否定，不能压抑，更不能灭除。他赞同其好友真可和尚（达观）的见解，认为“情有者理必无，理有者情必无”⑦，情与理是对立的。王阳明也承认情与理的对立，但他主张以理伐情，而汤显祖的意

---

① 王阳明：《传习录》下。

② 王阳明：《传习录》上。

③ 王畿：《松原晤语》，《龙溪全集》卷二。

④ 罗洪先：《答胡督学》，《念庵文集》卷三。

⑤ 聂豹：《答亢子益问学》，《双江聂先生文集》卷八。

⑥ 《宜黄县戏神清源师庙记》，见徐朔方笺校本《汤显祖诗文集》卷三十四，上海古籍出版社1982年版。

⑦ 《寄达观》，见徐朔方笺校本《汤显祖诗文集》卷四十五，上海古籍出版社1982年版。

思是要以情胜理，目的是破除封建礼教对人们的思想禁锢。汤显祖也不同意王阳明等人关于情为良知之障蔽的说法，而是认为情的存在是人的求知不可缺少的条件。他为汤宾尹的文集作的序中写道："以予所闻，霍林（宾尹），道心人也。道心之人，必具智骨；具智骨者，必有深情。"①这些关于情的见解，基本精神是承认人的天性的价值，反对理学传统对人性的扭曲和戕害，因而闪耀着进步的民主思想的火花。

汤显祖"讲情"的观点和明中期以后左派王学的思想家有密切的联系。左派王学虽然也是王阳明学派的后继者，但和王阳明的学说已有较大的区别，发展成为可以自成体系的新学派。对天理人欲这个核心问题，王艮（心斋）以后的泰州学派一些人的见解都和王阳明有所不同，他们提出一种"认欲为理"的观点，反对程朱理学的"人欲非道"的论调。颜钧（山农）、罗汝芳（近溪）这些思想最激进者也不同意王阳明等人的那一套修身养性的方法。王阳明常用佛家经典中的"扫浮云而见天日""磨镜去垢"等比喻，要人们在内心深处进行省、察、克、治等活动，克去心中的欲念，以恢复本来固有的良知。罗汝芳则认为这些"俱不为喻"，而赞同颜钧提出的"制欲非体仁"的观点，即认为克制欲念并不是使道德臻于完善的正确方法。② 颜钧还"率性所行，纯任自然，便谓之道"③。这些激进观点，对束缚人们头脑的理学无疑是一种猛烈的冲击。正如黄宗羲所说："阳明先生之学，有泰州、龙溪而风行天下……传至颜山农、何心隐一派，遂复非名教之所能羁络矣。"④清代陆陇其也指出："自阳明王氏倡为良知之说……龙溪、心斋、近溪、海门之徒从而衍之……至于荡轶礼法，蔑视伦常，天下之人恣睢横肆，不复自安于规矩绳墨之内而百病交作。"⑤和汤显祖同时代的东林党人顾宪成也说："愚谓近世如王泰州座下颜何一派，直打破这'敬'字矣。"⑥黄、陆、顾所谓的乖违名教、蔑视伦常、打破敬字，正说明了这种新思潮的特点。

左派王学是由王艮传徐樾，又传颜钧，再传至罗汝芳的。而汤显祖正是罗

---

① 《睡庵文集序》，见徐朔方笺校本《汤显祖诗文集》卷二十九，上海古籍出版社 1982 年版。
② 罗汝芳：《近溪子集》第五册。
③ 黄宗羲：《明儒学案·泰州学案》。
④ 黄宗羲：《明儒学案·泰州学案》。
⑤ 陆陇其：《学术辨》上，《三鱼堂文集》卷二。
⑥ 顾宪成：《小心斋札记》卷九。

汝芳的学生。他少年时随罗汝芳学习，直接受到泰州学派的思想熏陶。他说："十三岁时从明德罗先生游。血气未定，读非圣之书。"①后来他对罗汝芳一直十分感念，直到罗汝芳去世后还时有所思。汤显祖关于"讲情"的观点，与罗汝芳的思想是一脉相承的。罗汝芳的著作中，多处论及"生机"或"天机"，即认为人具有天性，它应和自然界里的生物之性一样按其固有的规律自由发展。这实际上是对"认欲为理"的反理学思想的发挥，和泰州学派的另一位思想家王襞（东崖）的"自然之谓道"的说法相近。王襞说："空中楼阁，八窗洞开，梧桐月照，杨柳风来，万紫千红，鱼跃鸢飞，庭草也，驴鸣也，鸡雏也，谷种也，呈输何限，献纳无穷。何一而非天机之动荡？何一而非义理之充融？"②罗汝芳进一步阐述道："独不观兹柏林之禽鸟乎？其飞鸣之相关何如也？又不观海畴之青苗乎？其生机之萌茁何如也？""盖人之出世，本由造物之生机；故人之为生，自有天然之乐趣。"③这种观点，是我国早期出现的个性解放的思想萌芽。汤显祖文集中多处谈到天机，正是从罗汝芳处学来的。《牡丹亭》中，也通过杜丽娘之口说出了与罗汝芳的论述相似的语言。罗汝芳说："方自知学，即泛观虫鱼，爱其群队恋如，以及禽鸟之上下，牛羊之出入，形影相依，悲鸣相应，浑融无少间隔，辄恻然思曰：何独于人而异之？"④杜丽娘读到《诗经》第一章的"关关雎鸠"时，便悄然废书而叹曰："圣人之情，尽见于此矣。今古同怀，岂不然乎？……关关的雎鸠，尚然有洲渚之兴，可以人而不如鸟乎？"⑤这种相似不是偶然的，它正说明汤显祖确实受到了罗汝芳思想的影响。

此外，汤显祖的思想还和李贽有一定的联系。李贽和罗汝芳及真可和尚都是汤显祖非常推崇的人物。汤显祖在答泰州学派的管东溟的信中说："如明德先生者，时在吾心眼中矣。见以可上人（真可）之雄，听以李百泉（贽）之杰，寻其吐属，如获美剑。"⑥李贽是明代著名的思想家，他的学说也属于左派王学的体系。顾炎武《日知录》中曾指出，王阳明的弟子王畿的学说，一传而为何心隐，

---

① 《秀才说》，见徐朔方笺校本《汤显祖诗文集》卷三十七，上海古籍出版社 1982 年版。
② 王襞：《题鹤州卷》，见《王东崖先生遗集》。
③ 罗汝芳：《会语续录》，见《罗近溪集》。
④ 罗汝芳：《会语续录》，见《罗近溪集》。
⑤ 《牡丹亭》第九出《肃苑》。
⑥ 《答管东溟》，见徐朔方笺校本《汤显祖诗文集》卷四十四，上海古籍出版社 1982 年版。

再传而为李卓吾。[①] 李贽把左派王学的激进思想进一步发展到了极端，比颜钧、罗汝芳更强烈地抨击封建理学。关于天理人欲这个问题，李贽更直接地提出“认欲为理”的观点，说“穿衣吃饭即是人伦物理……世间种种，皆衣与饭类耳”。[②] 汤显祖非常赞赏这种言论，他看到《焚书》，便称颂李贽为“畸人”。[③] 他的“讲情”之说和李贽所谓“声色之来……自然发于情性，则自然止乎礼义，非情性之外复有礼义可止也”[④]的看法是一致的。在对待男女追求爱情自由的问题上，二人的见解也不谋而合。卓文君私奔司马相如，封建卫道者皆骂为伤风败俗，李贽却说“归凤求凰，安可诬也”[⑤]，认为卓文君善择佳偶，是无可非议的。汤显祖有诗谈及此事，云：“知音偶一时，千载为欣欣。上有汉武皇，下有卓文君。”[⑥]认为卓文君从相如是知音相随，和汉武帝相比也无贵贱之分，这和李贽所言实为异曲同工。另外，再看看李贽对那些理学名家即所谓“濂洛关闽”及其追随者的评论吧。李贽的著作中，多处一针见血地痛斥理学家那种假道学的虚伪，认为周、程、张、朱（即濂、洛、关、闽）的吹鼓手们“可诛”，他们口谈性理，但是“心存高官，志在巨富”，“名为山人而心同商贾，口谈道德而志在穿窬”[⑦]，或者“平居无事，只解打恭（拱）作揖，终日匡坐，同于泥塑，以为杂念不起便是真实大圣大贤人矣”[⑧]，甚而“阳为道学，阴为富贵，被服儒雅，行若狗彘”[⑨]。因此李贽得出结论：“败俗伤世者，莫甚于讲周程张朱者也。”[⑩]如前所述，汤显祖把见到李贽的著作比为“如获美剑”，当然应是包括这些言论的。弄清汤显祖与李贽的思想联系，就不难理解，当张位劝汤显祖讲学、成为濂洛关闽那样的学者的时候，汤显祖为什么要作“师讲性，某讲情”的回答了：被李贽骂为狗彘的人，汤显祖怎能与之为伍？

---

① 顾炎武：《日知录》卷十八“心学”条。

② 李贽：《答邓石阳》，《焚书》卷一。

③ 《寄石楚阳苏州》，见徐朔方笺校本《汤显祖诗文集》卷四十四，上海古籍出版社 1982 年版。

④ 李贽：《说律肤说》，《焚书》卷三。

⑤ 李贽：《司马相如传》，《藏书》卷三十七。

⑥ 《相如二首》，见徐朔方笺校本《汤显祖诗文集》卷二十，上海古籍出版社 1982 年版。

⑦ 李贽：《又与焦弱侯》，《焚书》卷二。

⑧ 李贽：《因记往事》，《焚书》卷四。

⑨ 李贽：《三教归儒说》，《续焚书》卷二。

⑩ 李贽：《又与焦弱侯》，《焚书》卷二。

三

汤显祖"讲情"的思想在创作上表现为一种进步的文学主张。关于创作的宗旨、作品的内容与形式、文学的批评等问题,汤显祖的许多见解都是围绕着"情"字展开的。这些见解,对当时和后来的文学思潮,都发生过重要影响。

首先,汤显祖认为"有情"是作家进行创作的重要条件。这个"情"的概念的内涵,不单是指人的生理上的七情,而且包容着情感、情操和才情等多种因素。情蕴含在胸中,一定要表达出来,创作便是情的自然流泻。汤显祖说:"人生而有情。思欢怒愁,感于幽微,流乎啸歌,形诸动摇。或一往而尽,或积日而不能自休。"①这和现代文艺理论所谓创作需要激情的观点是很相近的。汤显祖认为,写诗需要这种真情,而写戏曲也同样需要有情,他说:"性无善无恶,情有之,因情成梦,因梦成戏。"②他自己就是"为情作使,劬于伎剧"③的。

关于作品的立意,汤显祖还明确提出讲情即言志的观点。他在《董解元西厢题词》中说:"志也者,情也。先民所谓发乎情、止乎礼义者,是也。嗟乎,万物之情各有其志。董以董之情而索崔张之情于花月徘徊之间,余亦以余之情而索董之情于笔墨烟波之际。董之发乎情也,铿金戛石,可以如抗而如坠;余之发乎情也,宴酣啸傲,可以以翱而以翔。"④这里,汤显祖认为戏曲的讲情和诗歌的言志具有同等的意义,这就把为封建正统观念所不齿的戏曲抬高到和被认为是正统文学的诗文同等的地位。由于讲情即言志,因此他的戏曲作品就不是饭后茶余的消遣之作,而是阐发思想观点、表达生活理想的手段。由于言志寓于讲情之中,因而就必然增大作品的思想容量,深化作品的主题。汤显祖还说:"予曲

---

① 《宜黄县戏神清源师庙记》,见徐朔方笺校本《汤显祖诗文集》卷三十四,上海古籍出版社1982年版。

② 《复甘义麓》,见徐朔方笺校本《汤显祖诗文集》卷四十七,上海古籍出版社1982年版。

③ 《续栖贤莲社求友文》,见徐朔方笺校本《汤显祖诗文集》卷三十六,上海古籍出版社1982年版。

④ 《董解元西厢题词》,见徐朔方笺校本《汤显祖诗文集》卷五十,上海古籍出版社1982年版。

中乃有讥托。”[①]讥,可以说是批判现实;托,则是寄托理想。所谓讥托,正是言志,而讥托是通过讲情实现的。《牡丹亭》集中表现了这种指导思想。此剧写杜丽娘伤春的苦闷和殉情而死,反映了封建礼教是如何严密地限制着青年男女的自由、摧残着人们的幸福,揭示了无情的现实和有情人的理想的矛盾,这是作者的所讥。同时,剧中还通过对杜丽娘死而复生的浪漫主义的描写,表达了以情胜理的愿望。这是作者的所托。汤显祖其他剧作也同样体现着讥托的宗旨,因而也都具有一定的思想价值和社会意义。

从《牡丹亭》等剧的创作可以看出,在内容与形式二者之间,汤显祖是特别重视作品内容的。他认为,音律、格调等只是作品的表现形式,应该为内容服务,不能因讲求音律而损害内容。汤显祖有一段名言:“凡文以意、趣、神、色为主。四者到时,或有丽词俊音可用,尔时能一一顾九宫四声否?如必按字摸声,即有窒滞迸拽之苦,恐不能成句矣。”[②]这是汤显祖戏曲创作理论中的一个重要观点。所谓意、趣、神、色,即作品的内容,它包括作品的主题思想、情节结构、人物形象等。他的《牡丹亭》在这四点上达到很高的境界,因此此剧一出即轰动四方,家传户诵,几令《西厢》减价。但当时的沈璟等人却认为它不合律而加以窜改,为此引起了一场众所周知的所谓临川派与吴江派的论争。对于二派之争,不少评论者总是认为汤、沈二家各走极端,一强调内容,一强调形式,分歧点在于创作方法的不同。这实际上忽视了根本问题。汤、沈分歧归根结底还在创作的指导思想上。汤显祖的宗旨是“讲情”,他的作品不是死的概念的图解,而是活的形象的塑造;不是单单铺叙传奇故事,而是描绘人物的性格和生命。因此,他笔下的人物传神、活脱、有血有肉,具有感人的艺术魅力。而沈璟等人墨守曲家的声腔、格律、牌调的陈套,不敢越雷池一步,因此,其作品内容呆板,形象干瘪,即使曲词完全合律又有何益?王骥德《曲律》中有个生动的比喻:汤显祖的《牡丹亭》“如新出小旦,妖冶风流,令人魂销肠断,第未免有误字错步”,沈璟等吴江派之作“如老教师登场,板眼场步,略无破绽,然不能使人喝采(彩)”。[③] 汤显祖的《牡丹亭》几百年来一直活跃于舞台,现在仍然被改编上演,而沈璟的作

---

① 《玉合记题词》,见徐朔方笺校本《汤显祖诗文集》卷三十三,上海古籍出版社 1982 年版。

② 《答吕姜山》,见徐朔方笺校本《汤显祖诗文集》卷四十七,上海古籍出版社 1982 年版。

③ 王骥德:《曲律·杂论第三十九下》,《中国古典戏曲论著集成》第四册,中国戏剧出版社 1959 年版。

品几乎湮没无闻。对二家创作思想的优劣，历史自然会作出公正的评价。

汤显祖评论其他作品时，也往往从“情”字着眼。他评《焚香记》，极力赞赏作者写情的成功，说此剧“入人最深，遂令后世之听者泪，读者颦，无情者心动，有情者肠裂。何物情种，具此传神手！”①真是仁者见仁，智者见智，情者见情，汤显祖自有与人不同的评价他人作品的标准。

汤显祖关于“讲情”的观点也影响到其他作家。和他同时或稍后的不少戏曲作者都效法他，作品描写人物着重刻画人的真实情感，主题思想多表现反对封建礼教和理学传统的倾向。受汤显祖影响较大的除被称为临川派的孟称舜、吴炳外，比较突出的还有朱素臣、周坦纶等人。朱素臣的《秦楼月》就是一例。吴绮为此剧写的序中指出：“作者不言性而情，此则玉茗文人夺烟花于南部、金荃才子擅月露于西昆者也。”朱素臣在剧中写道：“为多情开生面，何尝讲学让临川，少不得与濂洛心书一样传。”明确地自称是学汤显祖的。剧中陈素素对爱情忠贞不渝，坚信“只情字最难磨灭”。男主角吕贯也说“论人生只合情中死”，李渔在批语中称赞他：“始终不改初心，方为真正情种。”②此剧歌颂爱情，蔑视理学，思想倾向同汤显祖。朱素臣的另一剧《龙凤钱》更是模仿《牡丹亭》，剧中人崔白似柳梦梅，周琴心似杜丽娘。周琴心思念崔白，一病而亡，灵魂四处游荡，寻找崔白，也经历了生而死、死而生的过程。剧中情节安排也与《牡丹亭》多处雷同。周坦纶的《玉鸳鸯》传奇中有一段关于情与理的对话。书生谢珍之父大讲情欲即性理，谢珍便赞同地说：“爹爹所说情欲二字，原不曾讲错哟！大凡为圣为贤，忠臣孝子，也要有情之人才做得来，若说婚姻大事，若不从情字讲起，何以正人伦之始？”③这种议论，显然是从泰州学派的一些思想家及汤显祖的言论中脱胎而来的。

在晚明的文学思潮中，讲情的观点很突出。这股思潮也波及清初。这一时期的不少小说和戏曲中多处可见关于情与理的议论，对描写爱情和贬斥道学更是直言不讳。直到后来，曹雪芹创作《红楼梦》，在第一回里也明确指出，此书“大旨不过谈情”。汤显祖是比较早、比较系统也比较鲜明地阐发关于“讲情”

---

① 《焚香记总评》，见徐朔方笺校本《汤显祖诗文集》卷五十，上海古籍出版社 1982 年版。

② 《秦楼月》第二十五出《病捷》，第二十八出《诰圆》。

③ 《玉鸳鸯》第二出《溺爱》。

思想的重要作家。因此，对汤显祖在这股文学思潮中的地位及影响，都有进一步探讨的必要。认真总结汤显祖的创作思想，也可作为我们今天进行文学创作的借鉴。

（原载《文学论丛》第3辑，河南人民出版社1985年11月出版）

清代杂剧简论

我国古代的杂剧初萌于宋，渐炽于金，至元而臻于鼎盛，成为“一代之绝作”①。经明至清，杂剧创作从总体上看比不上元杂剧的光辉，但却显示出发展，体现着继承，也包含着创新。清代杂剧作家人数与作品的种数远远超过明代，也不次于元时。傅惜华《清代杂剧全目》著录了1300种，其中包括有姓名可考者550种，无名氏作品750种。这个数目比姚燮《今乐考证》和王国维《曲录》著录的多数倍，但实际上尚不止这些，近年又有不少散存于各地的清杂剧抄本或刊本陆续被发现，未被发现的一定还有不少。清杂剧中固然有不少平庸甚至低劣之作，但其中的一流作品在思想内容和艺术形式方面的成就，并不在元杂剧的优秀作品之下，二三流作品也有不少都各具特色。从数量到质量来看，清代杂剧创作可称繁盛，但从杂剧体制的发展趋势上看，清杂剧经过逐步衰变而最终归于消亡。

清代杂剧是我国戏曲发展史上的重要链环，它和元、明杂剧有密切的渊源关系，对当时及以后戏曲的发展也产生了很大影响，对同期的其他文学样式如诗、词、小说与通俗文学等也起过一定的促进作用。探讨清代杂剧，对于了解文学史、戏曲史的发展规律，继承和借鉴古代戏曲遗产，都是有意义的。

---

① 王国维:《宋元戏曲考》，见《王国维戏曲论文集》，中国戏剧出版社1984年版。

一

清代杂剧的发展过程，郑振铎先生认为应分四个时期，即顺治、康熙之际为始盛期，雍正、乾隆之际为全盛期，嘉庆至咸丰为次盛期，同治、光绪时为衰落期。① 若从清代杂剧作家在各阶段的分布情况及创作成就来考察，这样划分也无不可。但若从清杂剧的发展趋势来考察，分为三个时期则更合适些，即顺治、康熙、雍正三朝为清杂剧的全盛期，乾隆、嘉庆时为次盛期，道光至清末为衰落期。郑振铎先生把清杂剧的最盛期定于雍正、乾隆之际，笔者则认为，清杂剧的最盛期应在清初。

清初的戏曲创作延续了明末所形成的戏曲繁荣的局势，依然非常活跃。这时的许多著名文人在诗文词之外都兼作剧曲，如吴伟业、尤侗、龚鼎孳、冒襄、曹寅、张韬、余怀、孔尚任、洪昇、万树等，连著名的思想家和学者王夫之、傅山等也有杂剧作品传世。他们之中不少人是清代第一流的文学家，也是第一流的剧作家。单就杂剧而论，他们的作品思想深刻，艺术精湛，是清代杂剧中的珍品，也是我国古代文学遗产中的珍品。清代中、后期的剧作家只有杨潮观、蒋士铨等极少数人可以与清初大家媲美。清初杂剧代表着清代杂剧的成就和水平，也反映着清代杂剧的基本特点。

在思想内容上，清初杂剧多反映当时比较突出的民族矛盾。正如德雷顿所指出的："每一个时代都有一种普遍的时代精神。"②在清初，广大汉族士民不满于清朝统治而表现出来的民族意识，就是当时的时代精神。这时的不少杂剧作家都是由明入清的知识分子。他们亲身经历了时代的动乱，耳闻目睹了清朝征服者的暴行和人民的苦难，有的还直接参加了反清斗争。因此，他们的作品常常选择历史上那些与民族斗争或两朝更替有关的题材，借以表达民族情绪，抒发兴亡之感。陆世廉的《西台记》写南宋文天祥、张世杰抗击元朝最终兵败殉国的故事，全剧气氛悲壮，分明带着作者个人的激情。陆世廉原为南明弘光朝光

① 《清人杂剧初集》序言。

② 《论剧艺》，转引自《戏剧与电影的剧作理论与技巧》，中国电影出版社 1979 年版。

禄卿，入清后不仕，他感慨南宋的覆灭，实则是痛惜南明的败亡。吴伟业的《临春阁》写陈隋之际的谯国夫人冼氏和陈后主的宠妃张丽华，赞扬了她们的文武才能，斥责了陈朝那些误国的幸臣和庸劣的武将。全剧结尾说："毕竟妇人家难决雌雄，但愿你决雌雄的放出个男儿勇。"这实际上是对南明那些怯懦无能的臣僚的嘲讽。作者将被压抑的民族感情化作浅吟低唱，于绮丽婉约的文辞之间寄托着深沉的黍离之悲和亡国之痛。王夫之《龙舟会》取材于唐人李公佐的小说《谢小娥传》，突出表现了谢小娥的复仇精神和气节。剧中谢小娥"为大唐国留一点生人之气""不似大唐国一伙骗纱帽的小乞儿"等语，分明以唐国指明朝，反映出作者对降清的明朝权臣的憎恶和对故国忠贞不渝的信念。尤侗的《吊琵琶》和薛旦的《昭君梦》都取材于昭君出塞的故事，但其写法和元代马致远《汉宫秋》有所不同。《吊琵琶》增加了蔡文姬凭吊昭君的情节，《昭君梦》写了昭君在匈奴时梦回汉宫的幻想，都含有深刻的寓意。他们笔下的昭君，不单是作为一个普通的历史人物来描写的，而是一个代表着民族屈辱的象征和反映着民族矛盾的可感知的概念，因而被涂上了新的时代色彩。哀叹昭君身入异域的身世，本是作者对自己由明入清的遭遇抒发感慨之情，虚构昭君的幻梦，也正是作者思明心绪的流露。

由于清初统治者推行民族歧视政策，许多汉族知识分子大都是不得志的，他们有的自负异才而不为清廷所用，有的虽得官职而不被信任，有的不满于清朝统治而又不敢公开反抗，希望有所作为却不愿与清统治者合作。因此，他们常常负载着沉重的精神痛苦，在坎坷的人生途程上奔波，于是内心的烦闷、愤激与牢骚常常借助于词曲来发泄。吴伟业《通天台》即是如此。剧中沈炯流落西魏在通天台凭吊汉武帝时的自言自语，可以看作作者的内心独白。沈炯追慕汉武帝的宏伟业绩、哀悼梁武帝的凄凉结局，正是作者对明朝盛衰的追思。沈炯在梦中固辞汉武帝的挽留、不愿为官的态度，正是作者对自己在清初被迫出仕的真实思想的解释。沈炯说："臣炯负义苟活之人，岂可受上客之礼，以忘老母哉？""沈炯国破家亡，蒙恩不死，为幸多矣。陛下纵怜而爵我，我独不愧于心乎？""臣一望家乡，心如摧割，求陛下速加矜允，早就归程。"①我们联想到吴伟业在清初被迫征召至京任职的情况，把这些话理解为作者自己的言辞，也是十

① 吴伟业：《通天台》第二折。

分恰当的。尤侗《读离骚》写屈原被放逐后行吟泽畔的生活，声泪毕现，怨恨交织，个人感情非常强烈。剧中【混江龙】一段曲词，铺排《楚辞》诸篇诗意，酣畅淋漓地倾吐了胸中不平之气。嵇永仁的《续离骚》是作者遭耿精忠之乱时写于狱中的，更直接地发泄内心的牢骚，他说："歌哭笑骂，皆是文章。仆辈遭此陆沉，天昏日惨，性命既轻，真情于是乎发，真文于是乎生。虽填词不可抗骚而续其牢骚之遗意。"①这毫不掩饰地道出他的写作动机，即以歌哭笑骂形之于词曲，为自己遭受的厄运鸣不平。徐石麒《大转轮》和嵇永仁的《续离骚·愤司马梦中骂阎罗》同一题材，写传说中司马貌闹阴司的故事，以剧中人之口，揭露"天下士子不遵正道，俱以贿赂取官，文章一道贱如泥土"的社会现实，这正是清初无出路的知识分子愤懑的呼声。张韬《续四声猿》仿徐渭《四声猿》的体例，自叙中也明言是发牢骚："猿啼三声，肠已寸断，岂更有第四声，况续以四声哉？但物不得其平则鸣。胸中无限牢骚，恐巴江巫峡间，应有两岸猿声啼不住耳。"其中《杜秀才痛哭霸亭庙》一折写杜默落第后痛哭于项羽庙的故事，与嵇永仁的《续离骚·杜秀才痛哭泥神庙》相似，表达文人失意的愁苦最为动人。裘琏《明翠湖亭四韵事》写四则唐人故事，他在剧前题词中声言"用此自娱"，实则用此自伤。裘琏出身于官宦世家，但他在清初却穷愁潦倒，教书糊口，71 岁才中乡举，72 岁始成进士。他在剧中赞赏古人的得意，正是伤感自己的落拓，寄托侘傺不遇的情怀。叶承宗的《孔方兄》《狗咬吕洞宾》等也是愤世嫉俗的佳作。

清初这类自抒胸臆的杂剧作品，较突出的还有廖燕的《醉画图》《诉琵琶》《续诉琵琶》《镜花亭》四种。四剧都是以作者的真实姓名作为剧中主人公的名字，出场时直书为："小生姓廖名燕，别号柴舟，本韶州曲江人也。"通篇内容是述说个人的处境、志向和种种烦恼。《醉画图》只有作者一个人物，他独坐于自己的书房"二十七松堂"中饮酒，看着壁上挂的《杜默哭庙》《马周濯足》《陈子昂碎琴》《张元昊曳碑》四幅图画，与画中人交谈并持酒劝饮，对古人或同情，或欣羡，或愤然，并联系自己的境况加以评论。《诉琵琶》《续诉琵琶》中对自己穷愁生活的嘲谑，《镜花亭》中对人生的彻悟与厌弃，都是作者"纯然自述之作。以负不羁之才，困顿风尘，抑郁无聊，故所作直抒其胸臆也"②。此外，邹兑金《空堂话》

---

① 《续离骚》引。

② 傅惜华：《清代杂剧全目》，人民文学出版社 1981 年版。

与廖燕《醉画图》相类似，剧中只有书生张敉一人，他在空堂中虚设唐寅、祝允明二人在场，彼此交谈，张敉不过是作者的替身，他所说的“只那风尘落拓中大有人在，恨煞那红颜无主，青衫欲湿”及“只是古今才子，原没有两副肚肠”等语，原是作者自甘困窘而不愿投靠清朝的心声。

上述作品，构成清初杂剧创作的主流，也反映着清杂剧的一个重要特点，即主观化倾向。所谓主观化，是指作品的内容重在表现作者的内心思想与主观意识。这和元杂剧有明显的不同，元杂剧描写历史的或现实的题材，重在反映作者所面对的客观世界，表现作者对社会的态度和观点。清杂剧常常选取那些与作者本人的身世、遭际及心理状态有一定联系且便于表达个人情感的题材，描写的人物常常带有作者的影子，甚至如廖燕那样直接登场。作者的主要目的不是再现社会生活，而是披露个人内心世界，表现自己对社会与人生的深刻思考，并求得自身情感的被人理解。这样的杂剧作品在反映现实的问题上由外向的形式转为内向的形式。元杂剧在描写历史人物和客观事物时也带有作者的感情色彩，但二者总是紧密结合的，个人情感融会于剧中人物的情感之中，塑造的形象是反映着作者的是非爱憎及审美观念的典型形象。清杂剧的不少作品倒置了作品的客观思想内涵与作者主观意识的主宾关系，把设置的人物作为作者个人的传声筒，这些作品塑造的形象往往是作者的自我形象。表现自我并不能简单地看成是作品反映的生活面狭窄，而是在反映生活时变换了角度，也达到了新的深度，这使作品增强了真情实感和浪漫色彩，因而更富于抒情性，也更鲜明地表现了作者的创作个性。尽管清初的许多杂剧作家在创作时多从个人感受方面立意，但透过他们的作品，我们依然能窥见清初政治及社会情况之大端，尤其是能据此较具体地了解到清初知识分子的政治态度、社会地位、思想感情与心理状态等，作者在剧中表现的历史观是他现实的政治观与人生观的折射，剧中流露的个人情绪是社会与政治的压力在作者心中的投影。这些作品本身的容量也常常超出作者个人感受的范畴，触及社会生活的各个领域。因此，清初杂剧自抒胸臆并不等于脱离现实，它和同时期的传奇、诗文、小说等文学作品一样，都具有鲜明的时代特征。当然，这时期有不少作品所表现的个人情绪含有悲观、消极、落后的一面，也是应该指出并加以具体分析的。清初杂剧出现的这种主观化倾向在清代中期和后期也严重存在，如乾隆、嘉庆间徐爔作《写心剧》就明确提出以“原以写我心也”①为宗旨。

清初也有直接取材于现实生活的杂剧作品。如青霞寓客的《北孝烈》写康熙时发生在浙江西安县（今衢州市）的一件真实的冤案，虽然作者意在表彰烈妇，但通过对案情的描述，揭露了地方豪强凶横残暴和官府贪赃枉法、草菅人命等黑暗现象。徐石麒《拈花笑》写当时社会某家庭妻妾争风的纠纷，反映了封建伦理道德在家庭结构中的动摇与瓦解。妾敢于同嫡妻争风斗口，说明她已不甘心处于妾的地位，开始力争自主的人权。家庭是封建社会的一个细胞，它内部的动荡是封建社会走向末世的先兆，从这个意义上看，《拈花笑》具有一定的现实意义。可惜这样的反映当时生活的作品，在清初杂剧中数量不多。

清初杂剧还反映了清杂剧的另一个重要特点，即案头化倾向。这是指清杂剧同元杂剧相比，其文学性相对增强，而戏剧性相对减弱，更适合案头阅读，而不太适合实际演出。出现这种现象，与清杂剧作家队伍的状况大有关系。从清初一些主要杂剧作家来看，他们不像元代关汉卿、王实甫、郑廷玉等杂剧作家那样，一生的主要活动是创作杂剧，而是在诗、词、文章或学术研究等方面都有突出的成就，具有高深的文学造诣，写杂剧只是他们文学活动中的一项。而且，他们的作品也不以多取胜，像王夫之写了大量的学术著作却仅有一个杂剧《龙舟会》。傅惜华评论说：“盖其人气节学问，照耀当时，仅此一剧，足光艺林，不必以多为贵也。”②因此，他们写杂剧时总要表现出渊博的知识和深厚的文字功夫，曲词也反复锤炼，刻意求精。如吴伟业的《临春阁》就充分显示了作者的学问、才华和功力，使全剧“竟体精湛夺目，无瑕可改”③，但它不如元人杂剧作品活泼。若供阅读，它是优秀的文学剧本，而若临场演出则效果未必佳。事实上，清代许多作家写杂剧并不是为了上演，而是把杂剧这种文学体裁作为抒情言志的手段。有的作品已不讲究戏曲的基本规律，它可以无情节、无冲突，仅仅交代一个事件或由一个角色发表大段的议论。这些作品严格说来已不是原来意义上的戏曲，它只是保留了杂剧的外壳，而其内容则相当于抒情散文或讽刺小品。清代杂剧作家还受到同期考据之风的影响，写杂剧时也爱搬弄经史，堆砌典故，

---

① 《写心剧》自序。

② 傅惜华：《清代杂剧全目》，人民文学出版社 1981 年版。

③ 姚燮：《今乐府选》批语。

因而他们的作品多藻丽典雅而不够通俗晓畅。如同宋代人“以文字为诗,以议论为诗,以才学为诗”①一样,清人是“以文字为剧,以议论为剧,以才学为剧”的。这种风气,一直延续到清末。

二

乾隆至嘉庆是清杂剧发展的第二阶段。这一时期的创作仍然非常活跃,著名剧作家有杨潮观、蒋士铨、桂馥、曹锡黼、崔应阶、张照、厉鹗、唐英、舒位等。从创作数量来看,这一时期的杂剧也可称为繁盛,在思想内容方面则同前一时期有明显的区别。杂剧的题材已不再选取历史上民族斗争和朝代更替的故事,也很少再见到表现民族意识和抒发兴亡之感的作品。虽然仍有感伤个人身世、哀叹怀才不遇等自抒胸臆的作品,但同前一时期相比也减弱了思想锋芒。如桂馥的《后四声猿》通过写白居易遣素、陆放翁题壁、苏轼谒府帅、李贺诗被毁四则故事,表现个人遭际中的某些烦恼,其情感深沉、笔力老练固然可以使它算得上清杂剧中的佳作,但若同清初尤侗、嵇永仁等人的作品相比,则明显地使人感到它缺乏犀利明快的锐气和喷薄澎湃的激情。描写历史上名人韵事的作品也同前一时期格调迥异。曹锡黼的《四色石》、蒋士铨的《四弦秋》、舒位的《瓶笙馆修箫谱》等,大都写历史上的名人逸事,作者的态度主要是追慕与欣赏,不像裘琏《明翠湖亭四韵事》那样充满感伤的苦味。因为这一时期作者的社会地位与清初不同。乾隆时,汉族知识分子在处境与待遇方面有所改善,他们对清朝的统治基本上能够适应并表示拥护,愿意通过科举求得功名为朝廷效力。因此,这一时期的杂剧思想内容较突出的有两大类:其一为劝惩类,内容不外是警诫世人,针砭时弊;其二为颂圣类,即为统治者粉饰太平,歌功颂德。

劝惩类的作品以杨潮观的《吟风阁杂剧》为代表。杨潮观活动的时代正当乾隆盛世,他曾先后在山西、河南、云南等地任知县,在四川简州等处任知州,所至多惠政,一生经历无大挫折。他熟知儒家经典,笃信封建礼教,同时在多年的仕宦生涯中,对官场内幕、人情世态有深入广泛的了解。他的杂剧正是他政治

① 严羽:《沧浪诗话·诗辨》。

理想的表达,仕途风波的体会和人生经验的总结。《吟风阁杂剧》题词云:"有晨钟暮鼓送君边,听清切。"可见作者本意是要通过自己的作品劝善惩恶,使人警醒。杨潮观继承了我国古典戏曲"广教化,美风俗"①的传统使命并加以发扬,把杂剧作为宣传儒家思想和封建伦理道德观念的工具。

《吟风阁杂剧》中的32个短剧,都是杨潮观在四川做官时写的。其中反映仕宦业绩、歌颂清官廉吏的作品占很大比重。较突出的如《汲长孺矫诏发仓》写汉武帝时黄门给事汲黯在未得君命许可的情况下赈济河南灾民的故事,赞扬封建官吏在解民倒悬的紧急关头能够通权达变、敢于承担风险的精神。《东莱郡暮夜却金》写东汉杨震在赴东莱太守之任途中拒绝下属贿赂的故事,歌颂了正直无私、廉洁清白的官风。《寇莱公思亲罢宴》写寇准拜相后生活奢侈,通过老婢女回忆他幼年的贫苦而深受感动遂辞客罢宴的故事,意在说明为官者应有忌奢华、尚俭朴的美德。《夜香台持斋训子》写汉代京兆尹隽不疑受母亲教诲而平反了一件冤案,告诫为官者要明察善断、慎用刑罚。《下江南曹彬誓众》写曹彬约束部下爱惜百姓,《诸葛亮夜祭泸江》写诸葛亮痛悼阵亡将士并抚恤其家属,也都从不同的方面表现了儒家的民本与仁政的主张。这些作品描绘的清官廉吏,集中地体现着作者的政治理想,为现实中的官僚阶层树立起效法的楷模。作者在赞颂清廉的同时也暴露了官场的种种腐败和罪恶,在一定程度上反映了人民群众的疾苦。如《东莱郡暮夜却金》中写王密的行贿,《汲长孺矫诏发仓》中写河南的灾荒,都包含着作者的亲身阅历和见闻,因而一些作品在客观上显示出一定的现实意义。但作者的本意不在于反映现实,而在于表达理想。杨潮观和曹雪芹同时期,而他的剧作却不像《红楼梦》那样深刻地揭示封建盛世的衰败和危机,他写杂剧和他多年从政的辛劳一样,都是在为封建社会做补罅弥漏的工作。因此《吟风阁杂剧》的进步的思想性是有限的,它的主题不过是表面隆盛而暗伏危机的历史背景下正直的知识分子的一种良好愿望而已,并不能挽回封建社会的殿堂必将崩毁的颓势。至于《动文昌状元配瞽》《感天后神女露筋》等描写义夫节妇的作品,竭力宣扬封建道德,不仅迂腐,而且带有浓重的唯心宿命及迷信色彩,反映了作者思想上消极落后的一面。尽管如此,杨潮观仍不失为清代中期的杂剧大家,他的作品在当时及后世都有一定的影响。

---

① 高明:《琵琶记》开场。

颂圣类的杂剧指那些铺排祝福祝寿、喜庆祥瑞故事专供统治者欣赏的作品。此类杂剧在康熙时已出现了,如张大复的《万寿大庆承应杂剧》6种,即《万国梯航》《万家生佛》《万笏朝天》《万流同归》《万善合一》《万德祥源》。至乾隆时,统治者陶醉于四海升平的形势,需要吉庆轻松的喜剧供其享受,一些文人也自觉迎合统治者的欲望以邀恩宠,这是颂圣杂剧大量涌现的社会背景。这类作品,有的规模相当大,如张照的《九九大庆》包括40余种杂剧,《月令承应》包括20种,《法宫雅奏》包括30余种。其他的还有蒋士铨的《西江祝嘏》、吴城的《群仙祝寿》、厉鹗的《百灵效瑞》、王文治的《迎銮乐府》、吕星垣的《康衢乐府》等。这类作品的内容,"皆不外神仙故事及颂扬词句,只其场面力求煊赫,砌末力求辉煌,行头力求都丽而已"①,但却缺乏现实生活气息,因而其社会价值不大。它们和当时出现的《鼎峙春秋》《忠义璇图》《升平宝筏》《劝善金科》《昭代箫韶》等大型传奇一样,都表现出形式化、宫廷化的倾向,这是戏曲发展史上的一段支流。

在杂剧的形式和体制方面,这一时期的作品同前期相比发生了较大变化。元代形成的杂剧体制在相当长的时期内是固定的,即保持着每剧四折或四折一楔的格局。剧中人物的出场、结构的安排、曲牌的使用及常见的套语等都有一定的程式。这种传统的形式到明代后期开始被打破,清初时又有较显著的演变。首先是随着曲律的逐步解放,杂剧与传奇出现了某些融合,杂剧的曲牌不再单用北调,而兼用南曲。其次是每剧的折数由原来的四折变为一折至十余折不等,这使杂剧和传奇之间有时不易划清界限。如王墅的《拜针楼》只有8出,却标为传奇,黄钺的《四友堂里言》共12出,却是杂剧。杂剧的南曲化和传奇化,从根本上动摇着杂剧的旧体制。到了乾隆时期,花部更加兴盛。弋腔在同昆腔的争胜中壮大了势力,并且在北京演变为京腔,受到广泛的欢迎,以至于出现了"六大名班,九门轮转"的"极盛"局势。② 接着,秦腔又异军突起,与京腔争胜。乾隆四十三、四十四年间(1778—1779),魏长生带秦腔戏班入京而使秦腔进一步扩大了影响,甚至京腔也效法秦腔。于是,不同的声腔之间也出现了融合现象。乾隆五十五年(1790),高朗亭率三庆班(徽调)入京师,更加丰富了在

① 周明泰:《续剧说》。

② 杨静亭:《都门纪略·词场门·亭序》。

京活动的剧种，壮大了花部的声势。嘉庆年间，京城各个剧种在竞争中融合，在融合中竞争，虽遭禁令而不衰。花部的蓬勃发展必然影响到杂剧创作，促使杂剧体制发生根本性的变化。乾隆时在宫廷里演出的《九九大庆》《月令承应》中的杂剧，每种就未限定四折，而是一至十几折不等，并且采用昆弋合奏，这都是杂剧体制变化的实例。这时期的杂剧作品最集中地反映体制变化情况的是唐英的《古柏堂传奇》。

唐英卒于乾隆二十年（1755）左右，他的剧作都是他后半生在江西任职时写的，因此可以看作乾隆时期的作品。《古柏堂传奇》共 17 种，名为传奇，实际上其中 13 种是杂剧。剧中虽然也用旧曲牌，但它已不是旧曲牌的曲调。如《面缸笑》结尾处的【清江引】："好笑好笑真好笑，梆子腔改昆调。床底下坐晚堂，查夜在面缸里吵，把一个王书吏活活的烧胡了。"此曲句数、每句字数、每字平仄都显然未按【清江引】原曲调谱写，而是"梆子腔改昆调"，即采用了梆子腔的调式填写旧曲牌之词。有的地方干脆连旧曲牌也不再标出，而直接标为"梆子腔"，如《梁上眼》第八出：

（副）我来哉！（梆子腔）（副唱）打算摘茄花先采，浓紫深红到手开。蜂狂蝶浪成双对，烈火干柴春满怀。怕又爱，肯还推，油盐酱醋暗香催。铁刷铜锅秋打混，破磨瘸驴呆打孩。今日团圆君莫笑，都向掐包剪绺来。

《面缸笑》《十字坡》等剧中也有与此相同的情况。这样的唱词完全摆脱了旧曲牌格律的束缚，而采用梆子腔的七字句式。它说明这一时期的杂剧作家，已受到各种地方戏艺术形式的启发，注意从民间艺人的创作中吸取营养，对杂剧的呆板程式进行革新。唐英的杂剧不仅形式上改变了旧传统，而且在内容上也从地方戏剧目中选取题材进行再创作。如《梅龙镇》和《面缸笑》分别是根据梆子腔的《戏凤》和《打面缸》改编的，而《戏凤》和《打面缸》后来都收入《缀白裘》中，成为梆子腔的传统剧目。《梅龙镇》和《面缸笑》兼有传统杂剧和梆子腔两种艺术的特点，是它们演变时期的一种过渡形式。《古柏堂传奇》的出现，预示着杂剧发展的趋势和前途：它或者为日益兴盛的梆子腔所代替，或者死守着旧的模式而走向绝路。

三

嘉庆末至道光初，中国戏曲史上出现一个重要事件，这就是原来在京的三庆班和后来入京的四喜、春台、和春三班齐集会演。梁绍壬记云：“余壬午年初至京，当遏密八音之际，未得耳聆目赏。”①壬午为道光二年(1822)，此时正是四大名班在京活跃的时期。这次会演的重要后果是，原来流行于安徽的徽调与湖北的汉调进行融合，形成了以西皮、二黄为主体的声腔系统。皮黄腔的形成，是戏曲发展史上一个重要的里程碑。从此，以皮黄腔为基础的京剧初步产生并迅速发展，逐渐成为在全国剧坛上居盟主地位的剧种。其他地方戏也与京剧互相影响，竞相繁荣。在这种形势下，传统的杂剧与传奇的创作已无力与各地方剧种争衡，衰败之势不可挽回了。

道光至清末，正是清杂剧的衰落期。这一时期的作家有石韫玉、梁廷楠、许鸿磐、周乐清、张声玠、黄燮清、陈栋、吴藻等，虽然他们也作了很大努力，但其成就远远赶不上前期和中期。

这一时期的作品从选材上看仍不外是历史故实或名人逸事，作者的动机也不外是追慕古人风度或借以抒发个人的幽思，突出的新意并不多。这不仅因为从元至清已经出现了众多的剧作家和大量的作品，中国历史上各个朝代的重大事件、重要人物几乎都被描写过，清后期作家再选取历史题材，常常跳不出前人作品的选材范围，而且，这些作家多是思想陈旧的儒家学者，他们的思想无新创见，题材也必然因循守旧，作品形式也沿袭传统杂剧旧规。因而其作品总是给人以题材陈旧或雷同的印象。作品的案头化倾向也更加明显，几乎完全丧失了舞台的生命。像石韫玉的《花间九奏》和张声玠的《玉田春水轩杂出》就是这样的作品。石韫玉思想僵化，极力维护封建纲常名教，是嘉庆至道光初著名的大儒。他曾自出资金搜求自认为是离经叛道的小说，尽行烧毁。这样一个封建卫道者所写的杂剧不免带有呆板迂腐的道学气。《花间九奏》包括9个短剧，取材于历史名人逸事，间以封建伦理道德的说教。如《伏生授经》写汉代伏生将自己

---

① 《两般秋雨庵随笔》卷三《京师梨园》。

的经书、学问传授于晁错一事,剧终明显点出"圣贤事业今相付,不枉却朝廷求取,分付那子子孙孙勤读书"的主题。显然,作者是希望封建主义的"圣贤事业"能世代相传,并以伏生自居的。其他作品或写陶渊明、白居易,或写贾岛、康海,都是借古人来表现他仕宦生涯中的某些感受,以此劝诫世人。这些作品雕章琢句,简洁隽雅,是供案头品玩的"纯粹之文人剧"①。张声玠的《玉田春水轩杂出》与石韫玉的《花间九奏》类似,也以9个短剧合为一组,各剧的内容互不相同,但与前人作品有颇多相似之处。《讯翂》写梁朝吉翂击鼓鸣冤救父,拒绝表彰孝行,此为常见之主题。《题肆》写南宋时于国宝题词于酒肆而遇宋孝宗,与徐石麒《买花钱》题材相同。《碎胡琴》写陈子昂故事,亦曾见于廖燕《醉画图》中。《琴别》写南宋末年汪水云弹琴饯别旧宫人王清惠事,《画隐》写宋宗室后裔赵孟坚以画自隐事,都表现了一种国破家亡的民族伤痛之情,这在清初作品中是较普遍的,而在此期的作品中出现,时代气息并不强烈。从总的倾向来看,张声玠的杂剧基本上属于封建文人的消愁遣闷之作,是《花间九奏》一类的案头清品。此外,严保庸的《盂兰梦》、梁廷楠的"小四梦"、许鸿磐的《六观楼北曲六种》、陈栋的《北泾草堂外集》(包括杂剧3种)等皆属此类,其中许鸿磐改编《红楼梦》而成的《三钗梦》在所有从《红楼梦》改编的戏曲中较有特色,余者多为平庸之作,影响不大。

这一时期的杂剧佳作不多,值得提及的较突出的作品有吴藻的《乔影》、周乐清的《补天石传奇》和严廷中的《秋声谱》。

吴藻是道光年间著名的女作家。《乔影》(又名《饮酒读骚图》)与廖燕的《醉画图》颇相似,主人公谢絮才实即作者化名,她博学多才,怨恨自己生为女身,不能施展抱负,于是对着自己改着男装的自画像朗诵《离骚》,狂饮痛哭,表现了对封建社会中重男轻女观念的不满和要求摆脱封建礼教束缚、寻求个性解放的呼声。吴藻是我国古代为数不多的女戏曲作家中具有代表性的人物,她的作品从女性的角度反映了被压迫的苦难命运和忧愤心情。吴藻本人爱好文学,工诗词曲,而丈夫却是一个孜孜于利的商人,她被禁闭于家庭的樊笼中,得不到相同才调的伴侣,豪爽高傲的性格与寂寞苦闷的环境之间存在着尖锐的矛盾,于是满腔的哀怨便化作剧中的愤激之词。其他女戏曲作家也有类似的遭遇和

① 郑振铎:《清人杂剧初集》题跋。

情绪。明末叶小纨的《鸳鸯梦》,清代张令仪的《乾坤圈》和《梦觉关》杂剧、王筠的《繁华梦》传奇,都是表达女性呼声的作品。尤其是王筠的《繁华梦》传奇,写主人公王梦麟恨自己身为女子不能和男子一样参加社会活动,于是在春日昼寝时做梦变为男子,读书做官,历尽荣华,因而不胜感慨,悲泣一场。吴藻显然直接受到王筠作品的影响和启发,写作手法非常相似,而表达的感情更为强烈。吴藻之后,何佩珠的杂剧《梨花梦》更模仿《乔影》,写主人公杜兰仙戏为男装小生,梦见一女子持梨花求她题诗,并写小影以供慰藉,后又梦见神仙指迷,知二人原为姊妹,于是聚首同游。清末东海女子刘清韵著有《小蓬莱仙馆传奇》十种,其中《千秋泪》《镜中缘》二种为杂剧,写法虽与吴、何不同,但都是女性自抒心曲之作。

周乐清是道光、咸丰时人,其《补天石传奇》实为八种杂剧,写历史上八个故事皆采用翻案手法,把史实的悲剧结局改为喜剧结局。如《定中原》写诸葛亮灭吴、魏而使蜀统一天下,《琵琶语》写王昭君由匈奴返回汉朝,《纫兰佩》写屈原回生并为楚王所用,《碎金牌》写秦桧伏诛、岳飞灭金,等等。这类翻案作品明末以来曾出现过不少,如研雪子的《翻西厢》,张大复的《如是观》(即《翻精忠》),夏纶的《南阳乐》及无名氏的《翻千金》《翻七国》等。作者本意是匡扶正义、抨击邪恶,表现出一种主观的历史是非观念或感情倾向。但由于剧情乖违历史常识,而给人以荒诞不经的印象,因而作品达不到作者预想的社会效果。周乐清把这种戏曲创作中的翻案手法发展到顶点,其目的或许是以故作之新奇来挽救杂剧的衰落,但它离开现实生活和舞台演出实际而乞灵于空想,这正暴露出杂剧的创作已渐近穷途。

严廷中与周乐清为同时期人,且二人交往甚密,但其杂剧作品的格调与《补天石传奇》截然不同。《秋声谱》包括三种杂剧:其一为《判艳》,写武则天死后于地狱发放风流怨鬼的故事;其二为《谱秋》,写名妓沈媚娘年高色衰之际的感伤;其三为《洛城殿》,写武则天开科取才女士子时科场舞弊的情况。三剧突出的特点是借传说或虚构的古代事件,辛辣地嘲讽现实的人情世态。《洛城殿》最为典型,剧中对科场上试官与举子种种丑态的描画,表现了作者对科举制度的憎恶。从《洛城殿》中讽刺的运用可以看出作者受到《儒林外史》的某些影响,它和晚清出现的谴责小说在批判现实方面也有某种联系。

咸丰以后,杂剧创作更加不景气。同治、光绪间虽有黄燮清、陈栋、陈烺、俞樾、袁蟫诸家,但其作品殊少新意,杂剧形式方面的嬗变也更显著。此时京剧已形成了独立而完整的体系,并吸引了越来越多的观众。同时,西方小说、戏曲及文艺思潮的传入,也对杂剧的创作产生影响,这主要表现在曲律的进一步解体、场次的安排更自由、宾白增多且更趋于通俗化、口语化等。在内容方面,杂剧的选材也扩大了范围。和梁启超取材于意大利当代生活创作的《新罗马传奇》相仿,袁蟫也取日本诗人近藤道原事迹作《一线天》杂剧,又取日本女子爱哥故事作《望夫石》杂剧。尽管如此,这时的杂剧终究已成为僵死于书面上的文学形式。郑振铎说:“六七百年,杂剧一体屡经蜕变,若由蚕而蛹而蛾,已造其极,弗复能化。同光一期,杂剧成蛾之时也。”①至民国时期,虽还有吴梅等作家在写杂剧,但这只不过是杂剧最后的回光返照而已。

清杂剧体制与形式的消亡并不等于清代杂剧作品的泯灭,也不是戏曲艺术发展的终结,它只是意味着中国古老的戏曲艺术由旧的艺术形式转化为新的艺术形式。这一发展是历史的必然。作为戏曲发展史上的一个时代,清杂剧完成了它的历史使命。这份重要的文化遗产,值得永远珍视。

(原载《中国古代戏曲论集》,中国展望出版社 1986 年 4 月出版)

---

① 郑振铎:《清人杂剧初集》序言。

清代戏曲的雅俗并存与互补

在中国文学史上,雅与俗的共存与互补是普遍的现象,也是文学发展过程中一条重要规律。所谓雅,指文人士大夫所创作的各种文学作品,其思想内容较为深邃,形式严整,辞章规范,讲究辞藻和文采;所谓俗,是指民间的创作,其内容表现大众的生活与情感,形式灵活,词语通俗,符合大众的情调与趣味。雅文学固然是文学发展的主流,代表着各个历史时期的文学成就与水平,然而俗文学原是雅文学的源头并总是给雅文学以经常的和丰富的营养补充。清代文学从总体来看,正如郭绍虞先生所指出的,"是包罗万象兼有以前各代的特点的"①。对于清代的戏曲作品来说,其内容和形式在继承前代的基础上,更呈现出多元、多样、多变的趋势,雅与俗两种倾向的并存与互补也是突出的特点。对此,本文拟从雅中雅、雅中俗、俗中雅、俗中俗四个方面进行一些概略的考察。

雅中雅:文人剧作的案头化倾向

古代戏曲作品的雅化经历了同诗词相似的过程。诗歌本来是民众口头歌唱的小调,在人民大众的社会生活中广为流传,东周时经孔子改订而形成《诗经》,诗歌便被雅化为经典,此后到了文人士大夫手中便成为抒情言志的文学样式,其歌唱的属性则退化至次要的、可有可无的位置。词在开始的时候不过是流行歌曲,至北宋时文人填词便着重把它作为和诗一样的抒情言志的工具,作为一种"长短句式"的诗体。戏曲在宋金官本杂剧和元杂剧阶段基本上都是供

① 郭绍虞:《中国文学批评史》,上海古籍出版社 1979 年版。

演出的，它的生命在戏台、氍毹之上和勾栏之中。到了明代，这种情况发生了变化，有些文士的杂剧作品已不再是专为演出而作，而是成为一种像抒情言志的诗词那样的文体形式。

较早反映这种雅化趋势的作品，是汪道昆的《大雅堂杂剧》。既称为“大雅堂”，就首先标示了一个“雅”字。沈德符评论说：“曾见汪太函四作，为《宋玉高唐梦》《唐明皇七夕长生殿》《范少伯西子五湖》《陈思王遇洛神》，都非当行。”① 胡应麟评论说：“《大雅堂》四剧，虽文采翩翩而精严密丽工极人间，自当为南音绝唱。元人第长本色耳，稍入繁华，即关、郑、王、高，不无冗长之累，视明公才情奕奕，而峻洁清泠，一尘靡染者，竟代寥寥。”②沈德符批评汪作不够当行，即说它不适合于场上演出；胡应麟赞扬汪作文采绮丽，即肯定其辞章雅致，适于阅读欣赏。吕天成《曲品》把《大雅堂杂剧》列为“上品”，祁彪佳《远山堂剧品》把《大雅堂杂剧》列为位居第二的“雅品”，都反映了汪作确实具有高雅的格调。潘之恒曾说“太函公仕楚，托以自况”③，指出《大雅堂杂剧》是汪道昆任襄阳知府或郧阳巡抚时所作，其本意原不是供场上演出，而是用来自我抒发、自我玩赏的。明代杂剧发生案头和场上的分化，《大雅堂杂剧》是明显的开端。

明代杂剧雅化的实例，除汪道昆作品外还有许潮的杂剧《泰和记》等。王骥德论及村俗曲本和文人曲本的差异时说：“庸下优人，遇文人之作，不惟不晓，亦不易入口。村俗戏本，正与其见识不相上下，又猥鄙之曲，可令不识字人口授而得，故争相演习，以适从其便。以是知过施文彩，以供案头之积，亦非计也。”④这里首先使用了“案头”一词，即后世所谓“案头之曲”提法的由来。王骥德注意到了这种现象，但他对此是持批评态度的。王骥德在戏曲理论上赞同沈璟的“本色论”，认为杂剧和传奇都应当适合场上演出，因而戏曲的曲词应当使唱者易唱、听者易懂，如果只供案头存放，那是不符合戏曲宗旨的。但是，王骥德的理论批评并未能改变这种倾向，明代后期杂剧创作的雅化更加明显，如王衡、叶宪祖、沈自征等人的杂剧作品都是如此。

---

① 见《万历野获编》卷二十五“杂剧”一节。

② 胡应麟：《杂柬汪公谈艺五通》，见《四库全书》本《少室山房类稿》卷一一三。

③ 潘之恒：《楚骚品序》，见《续说郛》卷三十九。

④ 王骥德：《曲律·杂论第三十九上》，见《中国古典戏曲论著集成》第四册，中国戏剧出版社1959年版。

入清以后，从吴伟业、尤侗等作家开始，明代中后期已经出现的杂剧雅化倾向逐渐发展到极致。吴伟业的杂剧《临春阁》《通天台》即典型的文人剧，其抒情之浓郁，文词之工丽，充分展示了作者的才华与学问，并强烈地表达了作者的自我情感。吴伟业在清初属于"贰臣"之列，他虽然顺从了清朝统治，但却负载着沉重的精神痛苦，于是内心的烦闷、愤激与牢骚便借助于词曲来发抒。《临春阁》写陈后主亡国之际谯国夫人冼氏的悲苦与无奈，《通天台》写南朝梁时沈炯流落西魏期间对汉武帝的凭吊，都分明体现着作者的主体意识。与主体身份相应的写作态度，也促使作者在文词上刻意雕琢。姚燮评论《临春阁》说"竟体精湛夺目，无瑕可改"①，对它极力称赞。这样的作品是不适合舞台演出的，作者的本意也不在于供给优人演出，事实上也未见到《临春阁》被演出过的记载。它以精美、雅致的文学性，成为文人捧读激赏的案头佳品，但它却以戏曲演出价值的缺失为代价，使杂剧作品脱离了舞台。尤侗的杂剧《西堂乐府》6 种，与吴伟业的作品异曲同工。其中《读离骚》写屈原的悲愤，作者的情感流露非常强烈，剧中文词极其华美，以至于顺治皇帝"读而善之，令教坊内人播之管弦，为宫中雅乐，闻者艳之"②。这里虽然提到此剧曾被演出，却只是"宫中雅乐"，民间戏班恐怕是难有演者。尤侗的其他作品如《吊琵琶》《黑白卫》《清平调》等同样都是格调高雅之作，吴梅评论说："曲至西堂，又别具一变相。其运笔之奥而劲也，使事之典而巧也，下语之艳媚而油油动人也，置之案头，竟可作一部异书读。"③此评语明确肯定了尤侗杂剧的案头之曲的特点。

康熙之后，像吴伟业、尤侗的杂剧那样的案头化作品层出不穷，这成为清代传统杂剧创作的主流。嵇永仁的《续离骚》是作者遭耿精忠之乱时写于狱中的，是患难之中对于命运的抗争与呼喊，他说："歌哭笑骂，皆是文章，仆辈遭此陆沉，天昏日惨，性命既轻，真情于是乎发，真文于是乎生，虽填词不可抗骚而续其牢骚之遗意。"④这里自云他以写作杂剧来进行自我抒发的动机与尤侗相似，而且也和尤侗的《读离骚》一样借屈原《离骚》抒其愤懑。张韬的《续四声猿》仿明作徐渭《四声猿》体例，其自叙中也明言是发牢骚与鸣不平。裘琏的《明翠湖亭

---

① 见姚燮《今乐府选》中《临春阁》批语。

② 《西堂年谱》，见《西堂全集》附。

③ 吴梅：《中国戏曲概论》，见《吴梅戏曲论文集》，中国戏剧出版社 1983 年版。

④ 嵇永仁：《续离骚》引。

四韵事》四剧，借唐代四位文人的故事加以发挥，剧前题词中声称“用此自娱”。这些作品的立意与辞章都达到非常高雅的境界，也都堪称是案头佳作。杨潮观以其《吟风阁杂剧》而被称为清代中期杂剧大家，但是吟风阁的32种杂剧中能够被演出的只有《罢宴》等很少几个，大多数作品则未见上演，若进行阅读则令人击节不已。后来到了乾隆后期至道光年间，又不断涌现出精致的案头杂剧作品，其中以桂馥和石韫玉的杂剧最为突出。郑振铎评论桂馥的作品说：“《后四声猿》四剧，无一剧不富于诗趣。风格之遒逸，辞藻之绚丽，盖高出自号才士名流之作远甚。似此隽永之短剧，不仅近代所少有，即求之元明诸大家亦不易二三遇也。”①郑振铎又评论石韫玉的《花间九奏》说：“……胥为纯粹之文人剧。其所抒写，亦益近于传记，而少所出入。盖杂剧至此，已悉为案头之清供，而不复见之红氍毹上矣。”②可以说，清代杂剧至石韫玉的作品已把案头化的倾向发展到极点，成为雅中之雅的精品。

清代杂剧作品中着力表现作者的主体意识，这是清代戏曲作品案头化的一个重要特征。明代杂剧已有这样的先例。叶小纨的《鸳鸯梦》所写三位女主角蕙百芳、昭綦成、琼龙雕实即小纨（字蕙绸）与姐姐纨纨（字昭齐）、妹妹小鸾（字琼章）三人化名。清代一些杂剧作品更直接用作者原名，廖燕《柴舟别集》中的4种杂剧都是这样，主人公上场自报家门云：“小生姓廖名燕，别号柴舟，本韶州曲江人也。”《醉画图》写廖燕在自己的书房“二十七松堂”中饮酒观画并自言自语地同画中古人交谈，以类似疯癫的述说倾吐郁闷；《诉琵琶》《续诉琵琶》写廖燕对自己穷困的生活现状予以嘲谑；《镜花亭》写廖燕以游镜花水月村的见闻，表达对人生的彻悟与厌弃。这一组作品“纯然自述之作。以负不羁之才，困顿风尘，抑郁无聊，故所作直抒其胸臆也”③。徐爔《写心杂剧》中的18种杂剧都是这样的思路，其中《徐种缘游西湖》《徐种缘湖山小隐》及《哭弟》《祭牙》等剧的主角徐种缘即作者本人，各剧所写即作者亲历之事，其《自序》云：“写心剧者，原以写我心也。心有所触则有所感，有所感则必有所言，言之不足，则手之舞之足之蹈之而不能自已者，此予剧之所由作也。”④徐爔自述的作剧宗旨，反映了

---

① 郑振铎题《四声猿》编后记，见《清人杂剧初集》。

② 郑振铎题《花间九奏》编后记，见《清人杂剧初集》。

③ 见傅惜华《清代杂剧全目》中廖燕小传，人民文学出版社1981年版。

④ 见蔡毅编著《中国古典戏曲序跋汇编》丁编，齐鲁书社1989年版。

这一类作品作者的共同心态。历代诗人以诗为心声,徐爔等剧作家则以曲为心声,杂剧和诗一样成为作者主观情感的载体和表达方式,也和诗一样成为案头欣赏的纯文学作品。这种现象一直延续到清末。同治年间出现的杂剧《醉吟秋》题“同治戊辰仲夏醉吟乡里人自序于支风借月楼”,作者姓名未详,其号为醉吟乡里人,而剧中主角登场时自云醉吟先生,他独坐于支风借月楼中自叹飘零并自述艳遇,这与前述廖燕等以真实姓名登场实际上是同一手法。

清代文人剧作的案头化倾向主要表现在杂剧创作方面,而在清代传奇方面也有所显示。清代不少传奇作品的自序及题记中,常见作者自言“以古人之酒杯,浇胸中之块垒”,即借作传奇来自抒胸臆的。周皑《黄鹤楼》剧前凡例中说:“此剧是填词,不是演剧。风雅名家,自能辨之。”这里把“填词”和“演剧”加以区分,值得注意,可见作者自认为撰作此传奇是同作诗填词一样的案头行为,而不是为场上演出而作。因此,《黄鹤楼》传奇也就和吴伟业、尤侗、石韫玉等人的杂剧同一性质。方成培的《双泉记》、顾森的《回春梦》都是以作者本人为剧中主角,徐爔的《镜光缘》中主角名为余羲,是“徐爔”二字去其偏旁,实即作者本人,这些作品也和廖燕的杂剧同一性质,兹不赘述。

雅中俗:杂剧与传奇的大众化趋势

清代杂剧与传奇在文人创作中不断被雅化,以至于在清代中期梆子腔日渐兴盛的情况下,梆子腔及各种乱弹戏曲被称为“花部”,而传统的杂剧与传奇则被称为“雅部”。所谓花部与雅部是相对的概念,雅部中有俗的一面,花部中也有雅的一面。所谓雅中俗,即指传统的杂剧与传奇在清代戏曲的演变过程中,大众化的本质并没有完全丧失,而且在一定程度上有进一步发展的趋势。

本来,戏曲在产生之初就是大众化的艺术。优伶当场演出,应该使观众能够当场听懂,因此其曲词必须是明白易晓的。元杂剧突出的特点(也是优点)即自然本色,这正是戏曲自身大众性的要求。明代的杂剧与传奇在雅化的过程中,不少戏曲名家一直在提倡“本色论”,如徐渭、沈璟、王骥德等,其中王骥德主张戏曲家撰作曲词必须像白居易作诗那样,使老妪能够听懂,他说:“作剧戏,亦须令老妪解得,方入众耳,此即本色之说也。”又说:“世有不可解之诗,而不可令有不可解之曲。”①这样的认识是非常深刻的，对明代后期诸家以至于清代的许多戏曲作家都有重要的影响。

然而在传奇创作实践中真正能够体现“本色论”的，当数明末清初苏州地区涌现出来的李玉、朱素臣等一大批戏曲作家，他们在当代学术界被称为“苏州派”。其中李玉堪称苏州派的代表作家，他的传奇特别适合舞台演出，因而非常受戏班欢迎。如他的《人兽关》传奇盛行以后，每有新作即被优人争购，冯梦龙说“优人每获异稿，竞购新剧。甫属草，便攘以去”②，钱谦益也说他“每一纸落，鸡林好事者争被管弦，如达夫昌龄声高当代，酒楼诸妓咸歌其诗”③，都反映了李玉作品在当时的戏曲艺人中间颇受尊崇。戏班演出新剧是非常重视观众效果的，受戏班欢迎应当是戏曲作品大众化的重要标志。从如今存世的苏州派的作品来看，其大众化的特征除了作品的内容多写吴地发生的故事、剧中多有社会下层小人物形象、多表现大众的平民意识，在艺术形式上则主要是唱词通俗化、说白口语化与方言化。明代传奇作家常在作品中大量使用典故，铺排华丽辞藻，甚至搬弄经书语句，以“掉书袋”逞才炫学，苏州派戏曲作家的作品则较少用典，曲词述事言情皆能流畅自然，临场演唱时普通观众也容易明白。剧中人物的说白则多用市井俗语，而且多用苏州地区的方言词汇，这样的作品在当地演出时，观众会感到非常亲切。而且，现存的苏州派戏曲作家的不少作品都是梨园抄本，有的本子中间还标有工尺谱（如《千钟禄》《玉鸳鸯》等），有的剧本之前还标示出角色的分配（如《麒麟阁》等），这也可说明他们的作品在梨园及大众中得到广泛传播的情形。

清代的戏曲理论对明代的本色论也有进一步的发展。李渔在他的《闲情偶寄》中提出了“贵显浅”的观点，他说：“诗文之词采贵典雅而贱粗俗，宜蕴藉而忌分明；词曲不然，话则本之街谈巷议，事则取其直说明言。凡读传奇而有令人费解，或初阅不见其佳、深思而后得其意之所在者，便非绝妙好词。”④他从诗文

---

① 王骥德：《曲律・杂论第三十九上》，见《中国古典戏曲论著集成》第四册，中国戏剧出版社1959年版。

② 冯梦龙：《墨憨斋重订〈永团圆〉传奇叙》。

③ 《眉山秀》题词，见蔡毅编《中国古典戏曲序跋汇编》戊编，齐鲁书社1989年版。

④ 李渔：《闲情偶寄・词曲部》，见《中国古典戏曲论著集成》第七册，中国戏剧出版社1959年版。

与戏曲的区别进行分析，并以元杂剧的优秀作品同汤显祖的《牡丹亭》相比较，指出“贵显浅”是词曲家应当遵循的重要原则。李渔的剧作《笠翁传奇十种》即实现了他的“贵显浅”的见解。杨恩寿评论说：“笠翁十种曲，鄙俚无文，直拙可笑。意在通俗，故命意、遣辞力求浅显。流布梨园者在此，贻笑大雅者亦在此。”①杨恩寿对李渔剧作是持批评态度的，反映了他关于传奇创作不可丧失典雅的认识。但是李渔自有道理，他坚持“贵显浅”的原则正是对于元明以来戏曲本色论的张扬，也是对明清之际苏州派等戏曲作家创作风格的肯定。从这个意义上说，李渔的十种曲是清代传奇大众化趋势的代表性作品，反映了清代戏曲雅中之俗的一面。与李渔同时，黄周星论曲则明确提要“雅俗共赏”，他说：“曲之体无他，不过八字尽之，曰‘少引圣籍，多发天然’而已。制曲之诀无他，不过四字尽之，曰‘雅俗共赏’而已。”②后来，黄图珌则又提出“化俗为雅”的原则，他说：“宋尚以词，元尚以曲，春兰、秋菊，各茂一时。其有所不同者：曲贵乎口头言语，化俗为雅；词难于景外生情，出人意表。”③这些论述，与李渔的表述互相映衬，其基本观点是主张雅中有俗、雅俗结合的，都是对于杂剧传奇大众化趋势的理论支持。

清代中期梆子腔兴盛之后，一些杂剧传奇作品中夹用梆子腔唱段，这也是雅中之俗的表现之一。唐英的部分作品即属此类，其剧作《古柏堂传奇》17种中，杂剧《芦花絮》《三元报》《英雄报》《十字坡》《梅龙镇》《面缸笑》和传奇《梁上眼》《双钉案》《天缘债》《巧换缘》共10种都是由梆子腔剧本改编的。梆子腔剧本多是戏班中通晓文墨的班主或优人编写，同文人创作的杂剧、传奇相比，其文词是较粗糙的，艺术性是较低俗的，但却是更贴近大众的。唐英赞赏这些梆子腔剧目质朴风趣的格调，但对其文词低劣感到不满，于是就依据梆子腔剧本原作的题材与情节重新改作为杂剧或传奇。唐英的做法，是对梆子腔剧本的雅化，把俗品改制为雅品，但他的改制未能彻底。剧中唱词虽然大都改为南北曲的曲牌，但仍然保留了一些梆子腔的唱段。如《面缸笑》第四出《打缸》有一支

---

① 杨恩寿：《词余丛话》卷二，见《中国古典戏曲论著集成》第九册，中国戏剧出版社1959年版。

② 黄周星：《制曲枝语》，见《中国古典戏曲论著集成》第七册，中国戏剧出版社1959年版。

③ 黄图珌：《看山阁集闲笔·文学部》，见《中国古典戏曲论著集成》第七册，中国戏剧出版社1959年版。

【梆子腔】【排律】，这是梆子腔剧本中常见的七字调句式，同南北曲曲牌中的长短句式显然不同。《面缸笑》第一出与第四出中还有四支【清江引】，但是它没有受原有曲牌格律的限制，而是像梆子腔唱词那样，选词用字有极大自由，如结尾处的一支【清江引】云："好笑好笑真好笑，梆子腔改昆调。床底下坐晚堂，查夜在面缸里吵，把一个王书吏活活的烧胡了。"这样的唱词完全是口语化、通俗化的，保留了梆子腔剧本的大众化特征。

清代文人撰作的杂剧传奇中，还常见插入民间俗曲或民歌，这是清代戏曲雅中之俗的又一表现。尤侗的杂剧《读离骚》第二折中男巫唱的渔歌"枫岸纷纷落叶多呀一个低都呀一个低都……"，以及女觋唱的渔歌"巫岭迢遥天地重呀一个丁冬呀一个丁冬……"，还有第四折中众人划龙船祭奠屈原时唱的渔歌"浩浩沅湘吊屈也原，划龙船，划彩船……"，这是模仿徐渭《四声猿》中《狂鼓史》一剧中阴司女乐唱的"低打都、打低都"三段。《读离骚》全剧是文雅古奥的案头作品，中间嵌入这样通俗的唱段，显然增加了许多鲜活与生动的内容。朱佐朝的传奇《双和合》（一说无名氏作）第十六出中有船家唱的一段《山歌》："我是【牧羊关】外老艄公，【夜行船】快活赛仙翁。麻绳胜似【金络索】，铁锚强似【混江龙】……"歌词是民歌体，其内容表现渔家生活，而每句中都嵌入一个曲牌的名称，形式新鲜，富于幽默意味。蒋士铨的《雪中人》第十三出《赏石》写吴六奇招待查培继，让男女优人唱《蛮歌》，演刘三妹故事。小生扮白鹤秀才唱道："思想妹，蝴蝶思想也为花。蝴蝶思花不思草，我思情妹不思家。"旦扮刘三妹唱道："妹相思，不作风流到几时。只见风吹花落地，不见风吹上花枝。"相传刘三妹是唐代女子，她的事迹在岭南一带广为流传（后世或称她为刘三姐），她所唱的山歌脍炙人口，为当地民众所喜爱。《雪中人》是高雅的文人剧作，蒋士铨把刘三妹唱的《蛮歌》写入剧中，生动地反映了当地的风土人情，使剧情增加了通俗的成分，也增加了引人入胜的新鲜感。

俗中雅：文士创作对地方俗曲及花部戏曲的提升

所谓俗中雅，主要是指地方俗曲及花部戏曲雅的方面，这是清代戏曲多元性与丰富性的又一道亮丽景观。具有较高文学素养的文士不仅撰作杂剧与传奇，他们中间的有些人也参与地方俗曲及花部戏曲的写作，这对于提升通俗戏曲的文学品位起到了重要作用。

首先应当提起的是蒲松龄的《聊斋俚曲》。蒲松龄主要是以文言小说《聊斋志异》而名垂文学史册，但是他在戏曲方面也有重要成就。蒲松龄撰作的杂剧作品今知有《闹馆》《钟妹庆寿》《闱窘》（包括《考词九转货郎儿》）共 3 种，都是可以称为雅品的案头之曲。而他的《聊斋俚曲》具有独特的形式，是通俗戏曲作品。《聊斋俚曲》今知共有 14 种，其中《富贵神仙》（后变《磨难曲》）和《姑妇曲》《慈悲曲》《翻魇殃》《寒森曲》《禳妒咒》是根据《聊斋志异》中的故事改编的，《墙头记》等其他 8 种是根据社会现实生活或历史故事重新创作的。当代学者对《聊斋俚曲》的题材来源、思想内容及艺术特点等已有较多论述，本文重提这一组作品，意在着重从清代戏曲雅俗互动关系的角度，重新认识其价值和意义。

《聊斋俚曲》的体制与传统的杂剧、传奇不同，与地方戏曲的梆子腔剧本也有区别。它采用的是民间讲唱文学那种说唱结合的形式，类似于弹词或宝卷。蒲松龄对旧的形式加以创造，其中也设置人物，分派角色，并有完整而连贯的情节。因此，聊斋俚曲的体裁应当属于戏曲剧本。既然称为“俚曲”，其主要特征便是俚俗。剧中的唱词使用了少量旧体宫调曲牌，如【西江月】、【耍孩儿】、【劈破玉】等，多数则是地方俗曲中的曲牌，如【银纽丝】、【哭皇天】、【呀呀油】等。其唱腔既不属于南北曲，也不是梆子腔，而是杂采当时流行的一些时调小曲和山东地区的土腔杂调。其唱词非常口语化，风格诙谐幽默，引人发笑。如《俊夜叉》写张三姐因丈夫宗亓人赌博输钱而造成家庭生活困难，她以唱诉说道：“俺一日吃了一碗菜汁子，拾了一把烂棘子，着咱家里小妮子，借把盐来炒虱子，章邱的话头好日子。”这种每句都带语尾词“子”字的句式，后来在地方戏曲中的‘数板”中常见，而它在清代康熙时期已在俗曲中流行并被蒲松龄采用了。俚曲的说白更贴近山东地区民众的口味，剧中人物多用淄川一带的方言土语，并多用当地流行的谚语与歇后语等。由于这些特点，聊斋俚曲在当时广泛流传，为山东的民众所喜闻乐见，其中《墙头记》等作品又被地方戏曲改编，传播到全国各地，产生了较大影响。聊斋俚曲出自蒲松龄这样的大文学家之手，形式是俗曲而其文词却是规范而精练的，俗而不粗，俚而不野，俗中含雅，雅俗共赏，具有较高的文学档次。当代陈玉琛先生评论说：“聊斋俚曲乃是融合了多种艺术形式的特点而又独树一帜，它不拘一格而又自成一体，成就了用俗曲讲唱大型故事的崭新事业，成为集我国历代说唱、戏剧之大成者。”①这里的评价并不过分。蒲松龄对民间文学形式的喜爱与接受并在原有基础上进行天才的创造，在戏曲史及文学史上都是非常卓越的贡献。

清代中期花部戏曲逐渐兴盛，梆子腔剧目的内容与形式引起文人学者的高度重视。乾隆年间钱德苍编辑的《缀白裘新集》，就收录了不少梆子腔、乱弹腔等花部剧本。《缀白裘》在民国年间的整理本刊行时，胡适为之作序说：“《缀白裘》的编者也很能赏识当时流行的俗戏，所以这十二集里居然有很多的弋阳腔、梆子腔、乱弹腔的戏文，使我们可以考见乾隆以前的民间俗戏是个什么样子。这是《缀白裘》的一个很大的贡献。”②胡适肯定了《缀白裘》编者的眼光和功绩，也是肯定了当时花部戏曲的总体成就，这些通俗的花部戏曲剧本的出现，在戏曲发展史上确实具有划时代的意义。后来，焦循在其所著《花部农谭》中说：“花部原本于元剧，其事多忠孝节义，足以动人；其词直质，虽妇孺亦能解；其音慷慨，血气为之动荡。”③这里对花部戏曲的内容评价甚高，并且指出其文词直质的特点。然而，从《缀白裘》中收录的花部剧本来看，其文词毕竟是较为粗糙的，剧本的文学性需要进一步加强，这就在客观上需要具有较高文学素养的文士介入花部剧本的创作。

乾隆年间，吕公溥的《弥勒笑》是较早的文人创作的梆子腔剧本。《弥勒笑》是据张坚的《梦中缘》传奇改编的，今存作者手稿本。《梦中缘》为《玉燕堂四种曲》之一，是典雅的文人传奇作品。吕公溥在稿本自序中说：“窃尝谓诗变为词，词变为曲，至于曲，几无可变矣。关内外优伶所唱十字调梆子腔，真嘉声也，或即曲之变也欤？歌者易歌，听者易解，不似听红板曲辄思卧也。但嫌说白俚俗，关目牵强，不足以供雅筵。余乃取《梦中缘》为蓝本，改为之。”吕公溥对梆子腔的声腔大加赞扬，但却不满于梆子腔流行剧本的俚俗，他改作的目的是既要使用梆子腔剧本的形式，又要使其文词更宜于“供雅筵”。《弥勒笑》的故事情节基本上同《梦中缘》，只是人物姓名与某些细节稍有变化，重要的不同是用

---

① 陈玉琛：《聊斋俚曲》，山东文艺出版社 2004 年版。

② 蔡毅：《中国古典戏曲序跋汇编》乙编，齐鲁书社 1989 年版。1955 年中华书局版《缀白裘》未收胡适序文。

③ 《花部农谭》，见《中国古典戏曲论著集成》第八册，中国戏剧出版社 1959 年版。

梆子腔的曲调写唱词，除少数曲词使用旧曲牌如【满庭芳】、【小蓬莱】外，其他绝大多数唱词全是十字调句式。吕公溥工诗，其诗作曾受到袁枚赏识，他以如此才华撰写的十字句式的曲词也显示出诗性，同时也使剧本的结构排场足称当行。今见存世稿本之末有卧云子题记云："无一句不自然，无一语不雅趣，善用疑阵，喜作诙谐，笔笔生动，字字玲珑，埋伏照应处细针密线，出自天然。"对此剧给予好评。若从改编《梦中缘》的角度来看，《弥勒笑》属于雅中之俗；而若从梆子腔剧本的写作来看，它又属于俗中之雅。因此，《弥勒笑》在清代戏曲史上具有一定的典型性和代表性。

清代后期，随着地方声腔剧种的蓬勃发展，文士参与通俗剧本创作的情况也越来越多。比较典型的有瀛海勉痴子的《错中错》传奇、观剧道人的《极乐世界》传奇和余治的《庶几堂今乐》。《错中错》今存道光九年(1829)怀清堂刊本，署"瀛海勉痴子"撰，作者姓名未详，其字或号为荫田，是一位有才华的文士。此剧和吕公溥的《弥勒笑》一样，不用传统的宫调曲牌，而是用当时已流行的二黄腔撰作剧本，这是如今可以见到的最早的二黄剧本，是俗曲中的雅品。刊本有应锡介跋云："荫田先生深识此义，慨俗剧之失其旨，因于箕颍兴思，寄情高蹈。适著《错中错》传奇一集，其立义也新，其取义也正，其构思也巧以丽，其类情也雅以则；道不越乎伦理之常，事则尽乎物情之变。"评语对此剧的文词甚为赞赏。《极乐世界》今存光绪年间刊本，署观剧道人(或称惰园主人)撰，有道光二十年(1840)作者自序，这也是较早出现的文人撰作的皮黄剧本。余治的《庶几堂今乐》又称《劝善乐府》，包括作者于咸丰、同治年间撰作的戏曲作品 28 种，其内容都是以推行封建教化为宗旨。余治是封建正统思想非常强烈的文士，他看到日益兴盛的地方戏曲对于民众思想意识的巨大影响，就主动运用通俗戏曲的形式以救世。《庶几堂今乐》中的各剧作，其内容大都是选取历史上或现实中的典型人物事迹或故事，宣扬忠孝节义或善恶有报的思想。作者的意图重在说教，并不在弘扬通俗戏曲，但是作者注意到这些戏曲演出时的观众是普通百姓，因而其作品不用传统杂剧、传奇体裁，而是完全采用当时已经流行的京腔皮黄调。作者例言云："坊本《缀白裘》所选多系昆曲，久已风行海内，惟阳春白雪赏雅不能赏俗。兹刻原为劝喻愚蒙起见，皆系皮簧(黄)俗调，习之既易，听者亦入耳便明。词白粗鄙，明知不足以登大雅，识者当能谅之。"因此，余治的剧作是京剧形成早期文士专为京腔创作的剧本，郑振铎评论说"这是他的足以自立于戏曲史上的一端"①。后来到了光绪年间,京剧进一步兴盛并广泛流传,更多的有才有识之文士进行京剧剧本的写作,通俗戏曲的雅品又提升到一个新的层次,体现了新的时代精神。

俗中俗：地方戏曲中的市井趣味

清代中期以后兴盛起来的地方戏曲,其剧本文词风格的发展有两个方向。一方面是文士的创作使其文学品位得以提升,另一方面是戏班中末流剧作者为迎合市井观众而使通俗戏曲的低级趣味泛滥。所谓俗中俗,即指后者。

戏曲的文词与表演重视趣味,这本是中国古代戏曲的重要传统之一。汤显祖论曲提出以意、趣、神、色为主,其中的"趣"即指曲词应有趣味。李渔在《闲情偶寄》中又提出"重机趣"的观点,他说:"'机趣'二字,填词家必不可少。机者,传奇之精神;趣者,传奇之风致。少此二物,则如泥人、土马,有生形而无生气。"②黄周星也说:"制曲之诀,虽尽于'雅俗共赏'四字,仍可以一字括之,曰'趣'。古云'诗有别趣'。曲为诗之流派,且被之弦歌,自当专以趣胜。今人遇情境之可喜者,辄曰'有趣!有趣!'则一切语言文字,未有无趣而可以感人者。"③这些论述,都强调了有趣是戏曲的重要属性。但是,有趣应当是有层次的,有雅趣,有俗趣,也有恶趣。由于观众的身份及文化程度的不同,戏曲欣赏的艺术格调不同,对戏曲有趣的要求与理解也有所不同。文人剧作引经据典,或多述历史故事,幽默诙谐之处,满腹才学的文人雅士会觉得颇有雅趣,但识字或读书甚少的普通民众会因听不懂历史典故而不能通晓其意,也就感觉不到有趣。戏曲演出时剧中人物的插科打诨,或表现社会下层小人物的幽默诙谐言行,普通民众观看时也会觉得有趣,这可称为俗趣。如果插科打诨过于低级下流,则流于恶趣。

花部戏曲作品中的有趣,主要是市井之趣。《缀白裘》第十一集中收录的一

---

① 郑振铎:《文学大纲》第四十四章。

② 李渔:《闲情偶寄·词曲部》,见《中国古典戏曲论著集成》第七册,中国戏剧出版社 1959 年版。

③ 黄周星:《制曲枝语》,见《中国古典戏曲论著集成》第七册,中国戏剧出版社 1959 年版。

些花部作品最具代表性。《缀白裘》胡适序中提到其中的《卖胭脂》《打面缸》《打花鼓》《探亲相骂》《时迁落店》《游龙戏凤》《李成龙借妻》,并说:“但大多数是打诨的热闹戏,最可读的是《看灯》、《闹灯》两出梆子腔。”①这些作品大多写的是社会下层普通民众的生活,表现的是普通民众的世俗之情,剧中人物的语言也是非常风趣的市井俗语。如《看灯》演的是开封城里元宵节夜晚市民上街观看花灯的景象,其中王大娘带着外甥女上场,唱的是民间流行的《灯歌》:“正月里,正月里,闹花灯,同了外甥女儿去看灯。男男女女人无数,汴梁城中人挤人。”这样的唱词完全是市井白话。又有胡老汉带着他的儿子阿狗去看灯,阿狗唱的是【寄生草】:“这几日街坊上出了一班的小促寿,他在人前人后嚼他娘的舌头。……他说我眼大眉粗嘴又臭,我那当家的拿我当做心坎儿上的肉。你看我行动说话那有一点儿的不风流?那些二八强儿,想我到手也不能个。”【寄生草】虽然是杂剧曲牌,但从阿狗嘴里唱出则纯然是市井小厮口吻,粗俗不堪。这样的花部小戏,唯其粗俗才能在市井演出时博得大众笑乐。此剧前有编者提示云:“此出虽系游戏打诨,然脚色不多,不能铺张,须旦多面多,随意可以增入,并各样花灯俱可上场,令观者悦目喝采(彩)也。”这里道出《看灯》编演的意图,正是要投合市井观众的兴趣。还有《兄妹串戏》,写书生孔亨进京求取功名,其妻在家受婆婆虐待,每日被罚在磨房推磨,孔亨之弟孔怀和妹子一同瞒着母亲到磨房帮助嫂子推磨,孔怀又和妹子分串角色演戏逗乐,让嫂嫂高兴。孔怀兄妹的善良、幽默与同情心通过生活化的场景得到淋漓尽致的表现,喜剧气氛非常浓厚。此剧又名《十八扯》《小磨房》,在民间演出妙趣横生,最能反映世俗之曲的特色。

恶趣是比俗趣更等而下之的内容。古代戏曲作品中本来也常见有恶趣掺杂其间,即使一些优秀的作品也不能完全避免。《西厢记》中写莺莺同张生欢会一场戏中,张生的唱词即有淫秽描写,因此使《西厢记》被封建卫道者视为诲淫之作。汤显祖的《牡丹亭》中也有类似的段落,如第十七出中石道姑的说白以嵌入《千字文》而成为表现色情内容的隐语,并对石道姑的生理缺陷予以嘲弄,这使《牡丹亭》全剧的价值和美感受到一定的损伤,成为引起当代学者批评的瑕疵。李渔的传奇《笠翁十种曲》中也有类似的片段。但是,这些例子毕竟只是个

---

① 蔡毅:《中国古典戏曲序跋汇编》乙编,齐鲁书社1989年版。

别的现象，它们在整个作品中占的比重很小。然而，在清代花部戏曲中，古代杂剧传奇作品中间的恶趣成分得以膨胀和发展。尤其是清代后期，地方戏在全国各地的流行与普及过程中，许多民间戏班为了自身的生存而争夺观众市场，有意地编演一些内容与曲词过分低俗的小戏，或在一些传统剧目中过分渲染凶杀、鬼怪、色情的情节，以此博取市井观众的喝彩。这样的剧目恶趣充斥，是俗中之俗的下等之作。徐珂《清稗类钞》中把此类戏剧称为“秽剧”，并概括为四种类型①。第一种“专尚情致”，如《闺房乐》《得意缘》等，描摹男女风情，还不至于淫秽。第二种“专尚淫凶”，写那些因奸杀人或被杀的故事，如《杀皮》《十二红》《双钉计》《南通州》等，淫荡而凶残可怖。第三种“以口白见长”，如《坐楼》《翠屏山》《闯山》《查关》等，剧中多诙谐调笑语句，内容品格较高，稍加改良尚能使人满意。第四种“以身段取胜”，如《马上缘》《小上坟》等，在玩笑剧中别为一类，无伤大雅。《马上缘》剧演出时有“脸儿相偎”的表演，有些过分。所谓秽剧，即含有淫秽或污秽内容之剧，尽管不是戏曲发展的主流，也是应当予以关注的。

总之，清代戏曲的内容丰富并具有复杂的层次，雅俗两类作品、两种倾向的并存与互补贯串于清代戏曲发展的始终。其根本原因是由于社会上的人员构成是复杂的并有不同的层次，戏曲的创作与观赏也必然是复杂的并具有不同的层次。回顾清代戏曲的这一状况，对于认识中国文学发展的普遍规律，也许会提供一些有益的思考。

（原载《东南大学学报（哲学社会科学版）》2008 年第 3 期）

---

① 徐珂：《清稗类钞·戏剧类》。

明清女戏曲作家生平资料补正

我国明清两代的女戏曲作家现已知有20余人，她们创作杂剧、传奇共30余种。近几年来，她们受到古代戏曲研究者的重视。周妙中先生发表了《明清剧坛的女作家》(见中山大学学报编辑部编《古代戏曲论丛》第1辑，1983年7月出版)，徐扶明先生撰写了《明清女剧作家和作品初探》(见《元明清戏曲探索》，浙江古籍出版社1986年出版)，对她们的生平和创作进行了认真的研究，搜集了不少有价值的材料，提出了一些启人思索的问题。但对这些女戏曲作家的生平事迹的考述，尚有不够完备及值得商榷之处。笔者根据读书所得，对明清部分女戏曲作家的生平资料作一些补正，就教于周、徐二位先生及同行们。

一、马守真

徐扶明先生的文章说马守贞(真)“生于明万历二十二年(1604)，卒于清顺治六年(1649)”①。这里排印可能有误，因万历二十二年应是1594年，若为1604年，则是万历三十二年。但无论是万历二十二年还是三十二年，都与马守贞(真)实际生年不符。

马守真，字湘兰，又字月娇，小字玄儿，因同母姊妹四人，她排行第四，故又被人称为四娘。钱谦益《列朝诗集小传》中马湘兰传云：“万历甲辰秋，伯谷(王稚登)七十初度，湘兰自金陵往，置酒为寿，燕饮累月，歌舞达旦，为金阊数十年

① 《元明清戏曲探索》，浙江古籍出版社1986年版。

盛事。归未几而病，燃灯礼佛，沐浴更衣，端坐而逝，年五十七矣。”①甲辰为万历三十二年(1604)，马守真去世即在此年，由此可推知她生于嘉靖二十七年(1548)。

马守真为嘉靖至万历间人是不会有错的，因为她与王稚登的交情尽人皆知。沈德符《顾曲杂言》记郑之文作《白练裙》杂剧嘲屠隆的事，发生在“顷岁丁酉，冯开之年伯为南祭酒，东南名士云集金陵”之时。剧中写“马(湘兰)年已将耳顺，王(稚登)则望七矣，两人尚讲衾裯之好”。② 丁酉为万历二十五年(1597)，此时马湘兰50岁，王稚登63岁，沈德符所言有些夸大，但与实际情况基本符合。

余怀《板桥杂记》云：“余生万历末年……崇祯庚辛以后，曲中名妓如朱斗儿、徐翩翩、马湘兰者，皆不得而见之矣。”③因为崇祯时马湘兰已去世多年，余怀当然见不到她了。

蒋瑞藻《小说考证》引《拭瓢》云：“《板桥杂记》言郑应尼公车下第，游金陵，时南曲中马湘兰负盛名，与王百谷为文字饮，遇应尼不以礼。应尼作《白练裙》杂剧，极其谐谑，召湘兰观之，微笑而已。应尼轻薄儿，思欲染指禁脔，宜不直湘兰一哂。”④如果考察一下当时马、郑二人的年龄，马湘兰对郑之文的态度就很好理解了。郑之文和钱谦益于万历三十八年(1610)同榜中进士，后来二人时有来往。《列朝诗集小传》中郑之文传云：“应尼官南部郎，稍迁至某郡太守，免归。崇祯末，余作长歌寄之，有曰‘子弟犹歌白练裙，行人尚酹湘兰墓’。应尼亦次韵相答，是后寂不相闻矣。”⑤崇祯十七年(1644)钱谦益63岁，郑与钱相差不会太大，假定这一年郑之文不超过70岁，那么他的生年当在万历三年(1575)以后。由此可推知，郑之文比马湘兰要小27岁以上。即是说，郑之文游南京时不过20来岁，而马湘兰已过50岁，对他“不以礼”也不足为怪。郑之文对马湘兰怀有非分之想，甚至在目的达不到时就写剧进行嘲弄，这种举动不仅轻薄，而且

---

① 钱谦益:《列朝诗集小传》闰集，上海古籍出版社1983年新1版。

② 沈德符:《顾曲杂言》，今收入《中国古典戏曲论著集成》第四册，中国戏剧出版社1959年版。

③ 余怀:《板桥杂记》，见张潮辑《虞初新志》卷二十。

④ 蒋瑞藻:《小说考证》卷三《白练裙第四十八》。

⑤ 钱谦益:《列朝诗集小传》丁集上，上海古籍出版社1983年新1版。

有些可恶了。马湘兰观《白练裙》演出时仅以微笑置之，可见她是不失长者身份的，岂能和年轻后辈一般见识？沈德符《顾曲杂言》还记云："余后于都下遇郑君，誉其填词之妙，郑面发赤，嘱余勿再告人。"①可见，郑之文中年以后当别人再提起他年轻时的孟浪行为时，自己也感到脸红了。

关于马湘兰的逸事，褚人获《坚瓠集》三集卷四还记述两件。其一是："金陵名妓马守真，字湘兰，以豪侠得名。能诗，有'酒是消愁物，能消几个时'之句。有坐监举人请见，拒之。后中甲榜，授留都礼部主事，适有讼湘兰者，主事命拘之。众为居间，不听，既来见，怒曰：'人言马湘兰徒虚名耳。'湘兰应曰：'唯其有昔日之虚名，所以有今日之实祸。'主事笑而释之。"其二是："吴中王百谷生日，湘兰造吴捧觞，诗酒唱和，穷山水之胜而返。湘兰死后，哀挽成帙，百谷有诗十二首，走金陵奠之。或谓张宾王（榜）曰：'闻君作湘兰祭文甚佳。'张曰：'我乃仿《赤壁赋》作者。'其人使诵之。张但举一语云：'此固一世之雌也，而今安在哉？'闻者绝倒。"这两条材料不仅可以作为马湘兰生活时代的旁证，而且对了解马湘兰的处事为人也具有一定的参考价值。

吴骞《拜经楼诗话》云，马守真的故居在金陵板桥西，清初改为佛寺，名孔雀庵。宜兴人史元颖游览此地，曾赋诗一首："长板桥西路，名蓝俯碧流。垂杨明落照，清磬散芳洲。为忆南朝事，因寻北里游。望中何历历，依约旧红楼。"雪樵居士《秦淮闻见录》记江宁顾与治同杜于皇饮眺孔雀庵，作五律一首，诗后自注："孔雀庵，左为马湘兰故居，右为徐府东园，今皆废为野圃蔬畦。"这两条材料为考察马守真故居提供了一些线索。

二、林以宁

林以宁，字亚清，浙江钱塘人，是清初一位重要的女作家。有关书籍介绍其事迹都很简略，现略补如后。

林以宁事迹，《撷芳集》《正始集》《清代闺阁诗人征略》等书均有介绍。其

① 沈德符：《顾曲杂言》，今收入《中国古典戏曲论著集成》第四册，中国戏剧出版社 1959 年版。

父林纶，进士出身，曾在山西等地做官。其丈夫钱肇修（杏山）是《长生殿》作者洪昇的表弟。肇修字石臣，其父即顺治十四年（1657）江南科场副主考官钱开宗，字绳庵，案发后被处死，家属籍没，流放宁古塔，肇修顺治十六年（1659）被放还。肇修之母顾之琼，字玉蕊，浙江仁和（今杭州）人，有文才，著有《亦政堂集》。肇修兄元修曾中进士，弟来修由明经官贵阳郡丞。

林以宁生于顺治十二年（1655）五月十一日。由《杭城坊巷志》引《郭西小志》可推知："稗畦表弟钱杏山与妇林亚清，亦中表结姻者也。钱长林三岁，俱五月十一日生，至康熙甲戌（1694），稗畦夫妇五十，亚清亦四旬……"以宁所著《墨庄文集》自序云："少从母氏受书，取古贤女行事，谆谆提命，而尤注意经学，且愿为大儒，不愿为班左。"足见其幼时即有大志。

林以宁结婚后，生活在一个文学趣味浓厚的书香家庭中，她的才华得到了施展。《正始集》云："亚清能文章，工书善画，尤长墨竹。与同里顾启姬姒、柴季娴静仪、冯又令娴、钱云仪凤纶、张槎云昊、毛安芳媞，倡蕉园七子之社，艺林传为美谈。"

蕉园七子中，林亚清为首。其他人的情况均见《清代闺阁诗人征略》。顾姒，字启姬，诸生鄂曾妻，著有《静御堂集》《当翠园集》。柴静仪，字季娴，举人柴云倩次女，沈镠妻，能诗善画，著有《北堂诗草》《凝香室诗钞》，其子沈用济（字方舟）后亦成名士，其姊柴贞仪（字如光，诸生黄介眉妻）亦能诗。冯娴，字又令，冯仲虞女，诸生钱廷枚妻，亦工绘事，著有《和鸣集》《湘灵集》，林以宁曾为她的《和鸣集》题跋。钱凤纶，字云仪，即肇修姊，嫁贡生黄式序，著有《古香楼集》《散花滩集》。张昊，字玉琴，号槎云，孝廉张坛女，张祖望妹，举人胡大潆妻，著有《趋庭咏》《琴楼合稿》，其妹张昂，字玉霄，亦著有《承启堂集》。毛媞，字安芳，毛先舒女，徐邺妻，其词作与丈夫所作合刻，名《静好集》。① 从林以宁等七人的情况来看，当时在苏州形成了一个女诗人集团，她们结社来往，创作互相促进，彼此影响，当时很有名气。蕉园七子除张昊、毛媞外，又称蕉园五子，五人诗作有合刻本。

林以宁的著作有《墨庄文集》《墨庄诗钞》《墨庄诗余》《凤箫楼集》。其中《墨庄诗钞》2 卷并附《词余》1 卷、《文钞》1 卷，有康熙三十六年（1697）刊本，卷

---

① 《清代闺阁诗人征略》卷二。

前有林云铭、钱二白序，后有徐德音女史后序。卷首题“同里钱冯娴又令氏、沈柴静仪季娴氏评”，包括诗2卷，散曲11套，文15篇。林以宁的诗作被《正始集》《妇人集》《国朝杭郡诗辑》《西泠闺咏》等书选入。《名媛诗话》卷一评林以宁的诗作云：“亚清诗笔苍老，不愧大家。”如其五言诗《忆父禹都》云：“晓登百尺楼，遥望中条山。天际有白云，日夕自往还。去来何寥邈，引领难追攀。谁云生女好，少长违亲颜。岂不眷庭闱，安能事闲关？……”诗意婉顺，清新可读。为其集作后序的徐德音，字淑则，也是浙江钱塘人，漕运总督徐旭龄女，中书许迎年妻，著有《渌净轩诗集》。《国朝杭郡诗辑》云：“林亚清倡蕉园吟社，时渌净未与。阅十余年相遇京华，亚清曰：得子之诗，正复后来居上。”由此亦可知林以宁后来曾随丈夫居住在北京。

林以宁所著传奇名《芙蓉峡》。焦循《剧说》卷四、梁廷楠《藤花亭曲话》卷一皆提及，《曲海目》《今乐考证》《曲录》等并见著录。庄一拂《古典戏曲存目汇考》云已佚，实际此剧残本尚存，姚燮《今乐府选》(浙江图书馆藏抄本)第一百一十二册中录有此剧七出，即第十七出《缔盟》、第二十出《定计》、第二十四出《飞剑》、第二十六出《露机》、第二十八出《闹婚》、第三十一出《设饯》、第三十三出《双隐》。由残本可窥知全剧梗概：穆双清父女被冤入狱，穆氏丈夫金友石为报仇，投奔草寇昝大法，率兵与朝廷对抗，朝廷命李辛夷为关西招讨前往征剿，而李恰为金之好友。金友石之妾小涛本是剑客，她从狱中救出穆氏，又为李辛夷送信给金，劝他反正。时昝大法欲僭号称帝，金友石劝之不听，小涛飞身入营，杀死昝大法，将其首级和李辛夷的书信交给金友石，金下令让全军归顺朝廷。穆氏又被地痞乜端欺负，小涛归来除掉地痞，救出穆氏，使她和丈夫团圆。之后，小涛拒绝接受朝廷封赏，飘然而去，临行约金、穆二十年后芙蓉峡中相会。二十年后，金友石当了宰相。他记起小涛之言，遂弃官带穆氏前往芙蓉峡相寻。穆氏之父双清及李辛夷也欲辞官归隐。剧中所写穆家被冤遭遇似与钱家因科场案株连而颠沛流离的经历有关，而金友石似指钱肇修(其字石臣)。林以宁或许是目睹了官场风波险恶，欲劝丈夫急流勇退，特作此剧寓意，亦未可知。姚燮所抄残本题“钱石臣撰”，也可能是林以宁夫妇二人共同创作的。

林以宁还曾为吴吴山三妇评点的《牡丹亭》刊本题序。序中说：“治世之道，莫大于礼乐，礼乐之用，莫切于传奇。愚夫愚妇每观一剧，便谓昔人真有此事，为之快意，为之不平，于是从而效法之。……君子为政，诚欲移风易俗，则必自删正传奇始矣。”这段话强调戏曲的社会作用，主张以戏曲作为推行封建教化的工具，观点虽不新鲜，但反映了林以宁对戏曲这一文学形式的重视。

三、李怀和曹鉴冰

李怀和曹鉴冰是母女俩。母女同为戏曲作家，这是现已知的古代戏曲史上仅有的一例。徐扶明先生的文章把她们排在女作家名单的最后，并说：“自孔继瑛以下四人，只知道她们都是清代女剧作家，但其生卒年代不详，尚待考。”①愚以为，李、曹二人的具体生卒年份虽难考知，但她们生活的时代是能够大体上确定的。

李怀事迹见于《众香词》：“李怀，字玉燕，华亭人，瑞金县令李灏女，文学曹尔垓室。垓为顾庵学士从弟，字十经，高风真隐，诗画亦时所珍。构第黄歇浦，所谓‘刚被世人寻讨着，又携茅屋到深居’也。四方显者访之，每具浊醪山蔬，纵谈千古。……栉沐之外，亦点染云林，花花草草无不合法宋元。教女苇坚继其神采，集有《问花吟》，并《系连环乐府》行世。”②苇坚即曹鉴冰，《众香集》亦云：“曹鉴冰，字苇坚，十经先生女，蓼怀学士从妹，适华亭张孝廉寿孙之孙张殷六，与祖母吴朏、母李怀有一门唱和之乐，四方名流，无不重其笔墨。所著有《绣余试砚稿》并《瑶台宴》传奇。”

李怀丈夫曹尔垓即曹尔堪从弟。曹尔堪，字子顾，号顾庵，浙江嘉善人，顺治九年(1652)进士，由编修历官至侍讲学士，曾受诏和吴伟业同注唐诗。其事迹见于《两浙輶轩录》卷一等处。曹尔垓的年龄略小于曹尔堪，也必在顺治前后在世。由此可知，李怀亦是清初时人。

曹尔垓的母亲(即李怀婆母)吴朏亦是女作家。《众香词》有其小传，云：“吴朏，字凝真，又号冰蟾子，华亭人。别驾惺宇公孙女，文学叔纯女，七岁能读书盈寸，过目不忘。长而端静明慧，女工之隙，靡不综览若史汉离骚文选及李杜集。虽当操作，未尝释手，归嘉善曹允明茂才，相夫子，孝舅姑，内外共称其贤。

---

① 《元明清戏曲探索》，浙江古籍出版社 1986 年版。

② 《众香词·乐集》。

而为诗词俱工。允明居半亩构小酉阁，梅花绕屋，与吴朏绣咏其间。尤善绘事，烟云花鸟，笔墨生趣，人争宝之。福清魏惟度、新城王西樵皆不远千里邮乞其诗词入选，有桓少君之风。王瑞卿、薄西真、莫慧如香闺酬唱，启、祯间称一时之盛。嗣子十经文学、妇李玉燕俱能继之。所著有《忘忧草》《采石篇》《风兰独啸》三集行世。”《嘉善县志》卷二十九《列女·才媛》云：“吴朏字云恒，号冰蟾子，通判丕显女，诸生曹煜妻。工诗词绘事，与进士张讷庵夫人文如子唱和，一时几社前辈皆极叹赏。著有《风兰集》《独啸集》《采石篇》。”上两处记述稍有出入，但关于其生活时代却是清楚的。由此我们可以知道这几点事实：一是吴朏在明末天启、崇祯年间已以文才出名，二是她曾受到几社成员的赞赏，三是其诗作被王西樵（即王士禄）选入诗集。又据《正始集》云：“顺治乙酉，金山兵乱，曹君被害，冰蟾甘贫守志，以诗书画自遣，时称三绝。”可知，吴朏丈夫死于顺治二年（1645）兵乱，而吴朏入清后还生活了一段时期。

《嘉善县志》卷二十九《列女·才媛》记李怀云：“李玉燕，瑞金知县灏女，考选社师曹重室，能诗，夫妇合撰《双鱼谱》传奇。”据此，知曹尔垓又名曹重，其剧作名《双鱼谱》，但此剧与《众香词》所记《系连环乐府》是否为一种，尚待考。

《嘉善县志》同处记曹鉴冰云：“曹鉴冰，字苇坚，适张曰瑚，能诗善画。著有《绣余试砚稿》，与祖母吴朏、母李玉燕合刻诗稿曰《三秀集》。”张曰瑚应即张殷六。又据《江苏诗征》卷一百六十六云，曹鉴冰有号为月娥，籍贯为金山县，夫张殷六为娄县人。各书所记曹氏籍贯互不一致，可能是曹家本为嘉善人，后经明清易代之际的动乱，迁居松江府的华亭、金山等地。或者曹家原籍为嘉善，而吴朏、李玉燕父家原籍为华亭。《江苏诗征》又记云：“殷六家贫，鉴冰授学徒经书以自给。能书善绘，造请者咸称苇坚先生。”《清诗备采集》亦选有鉴冰之诗，并云：“月娥工诗词，善丹青，惜张君不遇时，半世青毡，而太君和气怡怡，同赓偕老，其诗词皆清新婉转，媲美古人。”

李怀与曹鉴冰和封建时代其他知识妇女一样，由于平时足不出三门四户，很少接触外界社会，生活面较窄，因此她们的诗词多描写身边景物或与闺阁诗友唱和。从《众香词》所选她们的词作来看，母女二人作品内容颇多相似。如李怀词的题目有《蝶》《却燕》《咏发》《咏目》等，曹鉴冰词题则有《蝶影》《却燕》《春水和母》《咏发和母》《咏目》《咏口》《咏腰》等。这里将她们母女的题目相同的两首《咏目》词录出，可见一斑。

李怀《沁园春·目》云：

认是悬珠，映取遥峰，嫣然媚生。叹茶铛杠斗，如鱼如蟹，髻云难掩，为电为星。闲劈红丝，针桃丹凤，始信双睛漆点成。风流处，有桃花朵朵，别样轻盈。　　端溪小砚光莹，空惹得相思石上名。记蚕眠远眺，春晴柳放，雁回低盼，秋冷波凝。似醉还愁，因羞带俏，炯炯常含一种情。无聊甚，把鹅钱偷比，暗卜归程。

曹鉴冰《沁园春·目》云：

烁烁清光，低映眉山，桃花是名。惯深遮团扇，背灯角睐，潜回落月，对影斜凝。欢定含娇，醉还送俏，懊恨难禁玉箸零。无人处，把鸳巾轻拭，妆出多情。　　日长何事瞢腾，凭案叠残编展未曾。喜才临碧涧，盈盈秋水，乍开青镜，点点春星。吟倦窗前，绣慵楼上，瞥见归舟带笑迎。风流样，怕端溪鸲鹆，输与精莹。

这两首词的体制，皆是模仿元邵亨贞《沁园春·咏目》①词。虽然其内容无社会意义，但词意构想巧慧，可见作者才情。李怀与曹鉴冰的剧作，惜已失传。

四、张令仪

张令仪，字柔嘉，自号蠹窗主人。徐扶明先生文章谓其生活在清康熙、雍正间。胡文楷先生《历代妇女著作考》亦未言及其生卒年份。其实，张令仪的生卒年可以考知。

《国朝闺阁诗钞》卷八、《名媛诗话》卷二、《安徽通志》集部十六皆云令仪为大学士张英第三女，少詹事张廷瓒妹，大学士张廷玉姊。今存张令仪所著《蠹窗诗文集》卷首有作者父张英“题辞”，云：“余第三女未尝学诗，幼从余宦京华，随其母夫人受句读……”此集亦有作者弟张廷玉序，云“三姊蠹窗夫人……”，序后署“二弟廷玉拜撰”。② 今据《清史稿》知张廷玉生于康熙十一年（1672），那么令仪生年必在1672年以前。

---

① 见元陶宗仪《辍耕录》卷十五。

② 张令仪：《蠹窗诗文集》，今存上海复旦大学图书馆，包括《蠹窗诗集》和《蠹窗文集》。

胡文楷《历代妇女著作考》引《清代闺阁诗人征略》谓张令仪为张英长女，显然有误。不仅张英、张廷玉言令仪为第三女，而且《蠹窗诗文集》卷二中有《丁酉秋寿长姊夫人六十初度》诗，可知令仪有长姊。此长姊在康熙五十六年丁酉(1717)60岁，可推知她当生于顺治十五年戊戌(1658)，令仪二姊的情况不详。那么，令仪的生年必在1658年以后。

据《清史稿》知张英卒于康熙四十七年戊子(1708)。《蠹窗诗文集》卷五中有令仪在父亲去世时所作《慈大人见背触处伤心杂言六章用以当哭》诗六首，其中第六首有二句云："四十无成累老亲，每怜弱女最艰辛。"可知此年张令仪40岁。那么，她的生年为康熙八年己酉(1669)。

又据王贞仪《姚母张太夫人传》中所云"享年七十有九"①，可知张令仪卒于乾隆十二年丁卯(1747)。

因此，张令仪的生卒年便可记作"1669—1747"。

现在，我们依据有关资料，可以略述张令仪生平如下：

张令仪于清康熙八年(1669)出生。其父张英，安徽桐城人，于康熙六年(1667)中进士，选庶吉士，在京中供职，令仪幼年即随父母住在京城。康熙十六年(1677)张英为词臣，入值南书房，圣祖赐第西安门内(今北京府右街北)，令仪当即在此处生活。她七岁能通《孝经》，九岁熟《列女传》诸书。"幼即庄重习礼，知为诗。举动合仪则，闺门之内，不苟言笑。""就傅宗宫，与诸弟昆共读。"②康熙二十八年(1689)张令仪21岁，与姚士封结婚。士封字玉笥，号湘门，县学生。父姚文熊，康熙六年(1667)进士，与张英为同乡。士封在兄弟五人中排行第三，长兄士在字玉璇，二兄士陛字玉阶，及弟士陆、士对，被人称为"姚氏五虎"。③ 姚家清望旧族，财富不充裕，而好宾客，令仪亲自操持酒肴饭菜，料理井然有序，受到全家称赞。士封科场不利，生活陷于贫困，遂放弃举业，致力于收集古代图籍、字画、器玩之类，令仪参与品鉴，她善于辨伪，显示了渊博的学识。后士封离家游于四方，令仪在家理事，教二子读书，"攻辩审问，有老学宿儒所不

---

① 王贞仪：《姚母张太夫人传》，见胡文楷选编《历代名媛文苑简编》卷下，注云引自《德风亭文集》。

② 王贞仪：《姚母张太夫人传》。

③ 《桐城续修县志》卷十六《人物志》。

可及者”①。此时，令仪已开始创作戏曲。

康熙五十六年(1717)中秋，令仪在写诗祝其长姊60岁生日的同时，为其所著杂剧《乾坤圈》写题记，内中云：“蠹窗主人偶于长夏翻阅唐诗，因感黄崇嘏之事。……叹崇嘏具如此聪明才智，终未竟其业，卒返初服。宁复调朱弄粉，重执巾栉，向人乞怜乎？故托以神仙，作闲云高鸟，不受乾坤之拘缚，乃演成一剧，名曰《乾坤圈》。使雅俗共赏，亦足为蛾眉生色，岂不快哉。”②此剧写黄崇嘏事，惜今已不传。

士封即在此年后不久卒，终年50岁。③ 康熙六十年(1721)，令仪作《辛丑元夕悼夫子》④诗，可知此时士封已卒。雍正二年(1724)，《蠹窗诗文集》14卷编订刊行⑤，卷前有其父生前所写“题辞”及方正玉、张廷玉序。方正玉是姚士封姐丈。此集题“龙眠张令仪柔嘉氏著，侄女姚仲芝嗣徽校字，表兄马凤翥恒斋选，同怀弟廷璐约斋、廷玉砚斋、廷瑑思斋订”。龙眠指龙眠山，康熙二十年(1681)张英乞假归家葬父，筑室龙眠山，令仪题龙眠表示祖籍。姚仲芝是令仪长姊的次女，字嗣徽，著有《畹香阁诗集》。令仪为《蠹窗诗集》写了《自叙》，叙中记述了她出嫁后的艰难生涯及丈夫死后的种种苦况：

> ……予自弱龄于归吴兴，先太傅太夫人作宦京师，弟兄皆随侍，而予独留故国。瞻望燕云，寄声北雁，情难当已，涕泪因之。先舅翁阶州公(指姚文熊，曾任陕西阶州知州)为清白吏，壁立萧然。夫子湘门怀才不偶，糊其口于四方者几四十载。予索居穷巷，形影相依……乃昊天不吊，夫子以屡踬锁闱，赍志而殁。儿子銮、铉衣食于奔走。予寂寞孤帏，风雨之悲，门闾之望，无可抒发，或歌以当哭，或诗以代书，丛杂无章，尤不自修饰，岂得自附于风人之末哉？……蠹窗主人书于澄碧楼。大清雍正二年岁次甲辰清和月朔三日。

这段叙文对于了解这位女作家的经历与生活，很有价值。因《蠹窗诗文集》难以见到，笔者特作较多摘录。叙中提到儿子銮、铉即姚孔銮、姚孔铉，他们也

---

① 王贞仪：《姚母张太夫人传》。

② 《蠹窗诗文集》卷十三。

③ 《桐城续修县志》卷十六《人物志》。

④ 《蠹窗诗文集》卷十。

⑤ 或谓有澄碧楼原刊本，亦称《蠹窗诗文集》，今未见。

参与了此集的编订。而在此年，令仪长子孔鋆仍在外地奔走，次子孔铉在京中，令仪曾作《甲辰元夕忆儿鋆客次途中儿铉留寓都下》①诗表示怀念。第二年，孔鋆又前往中州开封，令仪作《送长男之大梁》②诗，其中有“行年五十七，衰病日相促”二句，可见此时令仪已到了体弱多病的晚年。

雍正六年(1728)，令仪次子孔铉得官至通州任职，令仪前往儿子任所，途经京师，与诸弟相聚，曾作《寓居澄怀园记》③记此行踪。

乾隆二年丁巳(1737)，令仪所著《蠹窗二集》刊行。此集共6卷，卷前有二弟廷玉、三弟廷璐序，书名见于《贩书偶记》著录，原书笔者未见。第二年(1738)，令仪70岁，亲戚朋友共议为她祝寿，令仪以“礼云妇人无夫称未亡人，凡吉凶交际事不与”为由谢绝了。亲友皆赞她守礼之正，“咸以敬姜比之”。④实际上，这是因为令仪多年的艰难清寒生涯养成了俭朴之风，故而不赞成排场铺张。此时，她更加乐善好施，扶贫救苦，同时读书作诗文不倦，人们都尊称她蠹窗先生。她的另一杂剧《梦觉关》大概即晚年所作。此剧系据无名氏小说《归莲梦》改编，作者自题云：“见其痴情幻境，宛转缠绵，几欲随紫玉成烟，白花飞蝶。忽而明镜尘空，澄潭心彻，借老僧之棒喝，挽倩女之离魂，得证无上菩提，登彼觉岸。于是芟其芜秽，编为剧本，名曰《梦觉关》。”⑤据题记之意，作者是在经历了人生的磨折与苦难之后，萌发了超凡脱俗之思和皈依佛门之念。这是许多古代戏曲作家常有的思想状态，张令仪也通过其剧作表达了这种情绪。

张令仪号蠹窗，取其终日于窗前苦读、有如蠹鱼之意，足见其平生好学。她有《蠹窗》诗云：

> 沉水香中夜漏余，月痕冷浸一床书。百城未敢夸南面，且乞闲身作壁鱼。⑥

张令仪的著作除《蠹窗诗文集》14卷、《蠹窗二集》6卷外，还有《锦囊冰鉴》若干卷，《桐城县志》卷二十一、《安徽通志》集部十六皆著录。今未见。

---

① 《蠹窗诗文集》卷十二。
② 《蠹窗诗文集》卷二。
③ 《蠹窗诗文集》卷十四。
④ 王贞仪：《姚母张太夫人传》。
⑤ 《蠹窗诗文集》卷十四。
⑥ 《蠹窗诗文集》卷四。又见《国朝闺阁诗钞》卷八。

五、何佩珠

何佩珠是道光前后在世的女戏曲作家,字芷香,号天都女史。诸书介绍其事迹皆很简略,并小有失误。

胡文楷《历代妇女著作考》卷九谓何佩珠为"张子元妻",徐扶明先生的文章《明清女剧作家和作品初探》进而写为"张子元之妻"①,皆有误。胡、徐二位先生的根据是佩珠所著《津中小草》王勋序,原文是:"而余独取张子元配何芷香女史之诗,足以见其性情之正,为可钦也,尝读其《津云小草》而知之矣。"这里"张子元配"并非说其夫名张子元,而是仅知其姓张,"张子"为当时习惯的称呼,"元配"当是"结发之妻"的意思。严敦易先生《何佩珠的〈梨花梦〉》一文中说:"序中称何氏为'张子元配',唯未述其夫之名。"②这个判断是正确的。

《国朝闺秀正始续集》卷十介绍何佩珠时仅云:"字芷香,秉棠四女,著有《环花阁诗钞》。"同处介绍何佩芬云:"字吟香,安徽歙县人。盐知事秉棠次女,范志全室,著有《绿筠阁诗钞》。"又介绍何佩玉:"字琬碧,秉棠三女,祝麒室,著有《藕香馆诗钞》。"③据此可知,何佩珠二姐即何佩芬,三姐即何佩玉,皆以诗著名。何佩芬传后按语云:"秉棠字子甘,深于诗学。诸女习闻庭训,各擅才名。方之张氏七女、袁家三妹,何多让焉。"这里所记秉棠的情况甚简略,他到底有几个女儿亦未言明。

笔者在北京图书馆善本部发现何秉棠《桐花书屋诗草》抄本,从中得到一些线索。集中诗篇大都为道光时作。《中秋夜舟中望月述怀》诗有"焚香近喜亲移塔"句,后自注云:"六女喜弄塔灯。"另有《庚寅元旦用浣碧韵》及《又次蕙生六女韵》诗。据此知何秉棠有六女,三女佩玉之字本作"浣碧",六女字蕙生。庚寅为道光十年(1830)。此年其第六女既已能诗,那么其第四女佩珠年龄不会太小。假定此年六女蕙生十三四岁,佩珠至少也十六七岁。那么,佩珠生年当在

---

① 《元明清戏曲探索》,浙江古籍出版社1986年版。

② 严敦易:《何佩珠的〈梨花梦〉》,见《元明清戏曲论集》,中州书画社1982年版。

③ 《国朝闺阁诗钞》卷九介绍何佩芬,"琬碧"作"婉碧","祝麒"作"祝麟"。

嘉庆十九年(1814)前后。严敦易先生推测佩珠在道光二十三年(1843)最大25岁左右,那么她的生年当在嘉庆二十四年(1819)左右,这显得稍晚了些。因为,若按严先生推断,佩珠在道光十年仅12岁左右,而蕙生最大不过10岁,此时使其父作诗依其韵有点不太可能。

为了说明这一点,还有旁证。笔者在上海图书馆还看到过何佩珠所著《竹烟兰雪斋诗抄》,此书在《历代妇女著作考》中注明"未见"。集内收有佩珠于道光十年庚寅所作之诗多首,其中《喜接家君手书口占一律》云:

> 青天无际碧云流,尺素新看雁使投。眠食急从书里问,温寒难免客中愁。黄花笑日须倾盏,白浪翻风莫进舟。每至夜凉清不寐,心随明月到高邮。

这样的诗不像是12岁女孩子所作。因此说此年佩珠为十六七岁或者更大一些是可信的。

据《竹烟兰雪斋诗抄》还可以说明一个问题。佩珠所作杂剧《梨花梦》,写少妇杜兰仙和夫婿一同北上途中戏为男装小坐,是有生活依据的。《竹烟兰雪斋诗抄》中有《题三姊藕香馆集》四首,句后小注云:"姊喜装男服。"可见,剧中人杜兰仙既是作者的自我写照,又以其三姐何佩玉为模特儿。或者是佩珠平时受三姐的影响,亦曾"喜装男服"。剧中杜兰仙说:"回忆邗江与东邻诸女伴,斗草评花,修云醉月,曾有愿余为男子身作添香捧砚者。"这句话实际上是作者对在扬州时的少女生活的回忆。当时何家姊妹与邻家的姑娘们在一起嬉戏,无忧无虑,天真烂漫,《竹烟兰雪斋诗抄》中有佩珠《呈三姊》《呈二姊》诗,都反映了那时的生活情形,可以作为理解杂剧写作背景的参考。《竹烟兰雪斋诗抄》中还有《问春》七律诗一首云:

> 底事年年费送迎,回黄转绿判枯荣。于人岂有炎凉意,入世何多旖旎情。未必易园双燕语,竟能催得百花生。漫天匝地红无数,可是君才长养成。

这首诗被选入《国朝闺秀正始续集》卷十中,它可以代表佩珠诗歌创作的风格。

笔者所见《竹烟兰雪斋诗抄》,与《津云小草》《梨花梦》同刻,览辉堂藏版,卷前有"宝生庞钟璐题七绝二首"和"丙申秋七月八七老人黄钺寄题七绝二首"。庞钟璐题诗后有"丁未探花"之印,丁未是道光二十七年(1847),庞氏于此年一甲第三名进士及第。这说明《竹烟兰雪斋诗抄》的刊行必在道光二十七年以后。严敦易先生文章中说他所购得的《津云小草》的原稿本后附《红香窠小草》,并云:"《红香窠小草》中诗,悉为香奁无题诗之和作,不将其付刊,恐即是这个原由。"①据此,可知《竹烟兰雪斋诗抄》不是《红香窠小草》,而是作者另选的诗集。而且,由此也可以断定,《梨花梦》的刊行亦在道光二十七年丁未(1847)之后,这和严敦易先生所谓"《梨花梦》之刊成,应在癸卯年(1843)之后"的说法是一致的。

(原载《戏曲研究》第34辑,文化艺术出版社1990年9月出版)

① 严敦易:《何佩珠的〈梨花梦〉》,见《元明清戏曲论集》,中州书画社1982年版。

台湾女学者华玮的中国古代女戏曲作家研究

台湾著名学者华玮女士在2003年中取得了可喜的收获。她的《明清妇女戏曲集》于7月在台北出版，接着，她的《明清妇女之戏曲创作与批评》又于8月在台北出版。两本皇皇巨著，总计70余万字，这是华玮女士近期关于中国古代妇女戏曲作家研究的新成果，也是包括大陆和台湾在内的整个中国古代文学研究界的新成果。我收到华玮女士寄来的这两册新著，作为从事中国古代戏曲研究的同行，感到无比的欣喜和激动。

华玮的名字对于大陆的中国古代文学研究圈并不陌生。她于1977年在台湾大学外文系毕业，获学士学位；1978年至1991年在美国加州大学柏克莱校区先后获得比较文学硕士、博士学位，其间曾在美国加州大学圣塔芭芭拉校区的德语斯拉夫语及东语系任讲师。后她又在美国华盛顿州太平洋路德大学外语系任助教、副教授；再后来她回到台湾，在"中央研究院中国文哲研究所"任研究员。她研究的重点在明清文学，尤其是对明清两代女戏曲作家的研究用力甚深，已发表的学术论文如《"世间只有情难诉"——试论汤显祖的情观与其剧作的关系》《〈才子牡丹亭〉作者考述——兼及〈笠阁批评旧戏目〉的作者问题》等，在学术界产生了一定的影响。她还多次应邀到大陆参加学术会议，并在暨南大学等大学的文科院系发表演讲，受到好评。

从1995年起，华玮和王瑷玲女士一起负责主持"明清戏曲主题计画(划)"研究课题，后于1997年在台北召开了一次"明清戏曲国际研讨会"，中国大陆、台湾、香港，以及日本、韩国、新加坡、美国、荷兰等地学者共250人参加，其中中国大陆方面研究古代戏曲的著名学者有孙崇涛、周育德、吴书荫、吴新雷、齐森华诸先生与会。会后出版了一册《明清戏曲国际研讨会论文集》，汇集了这次研讨会的学术成果，由华玮和王瑷玲共同主编。此后，华玮同大陆方面的同行学者有了更多的来往并相互了解，她在学术上的成就也更加为世人所瞩目。

华玮女士多年来踏踏实实，潜心学术，用功甚为勤苦，积累也日趋丰厚。而且积之愈厚，钻之弥深，其成果也就越显得精良。关于明清女戏曲作家的研究，华玮着手较早，其中关于清末女戏曲作家刘清韵生平的研究及《小蓬莱仙馆传奇》思想与内容的研究，关于《才子牡丹亭》的研究，关于吴吴山三妇评点之《牡丹亭还魂记》的研究，她都发表过论文，披露了她的一些观点。但是，那些论文是分散地发表于学术刊物的，只是华玮在这个研究领域的初步成果。现在，关于明清女戏曲作家的研究形成了两册专著，其规模与分量，资料的完备性和研究的系统性，以及将会产生的影响，都是原来的单篇论文不可比拟的。

《明清妇女戏曲集》为海内外第一部明清女戏曲作家的戏曲选集，共收录了晚明至清代共5位女戏曲作家的完整剧作10种，其中有叶小纨的《鸳鸯梦》，王筠的《繁华梦》《全福记》，吴藻的《乔影》，何佩珠的《梨花梦》，刘清韵的《鸳鸯梦》《英雄配》《镜中缘》《拈花悟》《望洋叹》。而《拈花悟》《望洋叹》二剧不在刘氏原来的《小蓬莱仙馆传奇》10种之内，其手稿本于1990年才被发现，至今还没有以刊本的形式面世，因此非常珍贵。华玮对这些作品详加校点，另附上相关的序跋、题词作为附录，这就为当今中国古代戏曲史研究者提供了一册重要的文献。

《明清妇女之戏曲创作与批评》分上、下二编。上编探讨明清女戏曲作家的创作，从情欲书写、拟男表现、性别反思、男女平权、家国关怀等角度，阐述明清女戏曲作家剧作的思想内容与艺术特色，其中对刘清韵的作品有专章论述。下编探讨明清女戏曲作家的戏曲批评，除概论其特点外，主要论述了清初吴吴山三妇对《牡丹亭》的评点及清中期程琼、吴震生夫妇对《牡丹亭》的评注在中国古代戏曲批评史上的突出表现。全书分十章，作者通过对古代女戏曲作家生平遭际和历史背景的探究，并着重透过文本分析，揭示明清女戏曲作家在创作和批评两个方面所表现出来的突出成就和特点。关于明清女戏曲作家的研究，原来在海内外曾有过不少单篇文章，但系统性的专著还没有出现，华玮的研究成果无疑填补了这方面的空缺，在资料考证和理论分析方面都在原来研究的基础上向前推进了一步。

首先来看华玮在资料考证方面的成就。

中国古代由于封建礼教的束缚，妇女的写作被认为是闺阁余事，得不到社会的提倡与支持；同时，中国古代的文学传统一直是重诗文而轻词曲的，撰作杂剧或传奇更被认为是“小道”。因此，古代的女戏曲作家蒙受着双重轻视，她们的事迹文士们不屑于记载或提及。清初王士禄编《然脂集》著录历代妇女著作，只把女戏曲作家的作品“附录于四部之末”①。于是，当代学者在对古代女戏曲作家的生平与创作进行探讨时，常常感到资料匮乏，寻幽探微的过程中困难重重。然而华玮女士知难而进，她在搜罗资料、考辨本末方面用功甚勤，并取得了有价值的成绩。

最可喜的一点是华玮对晚清女戏曲作家刘清韵的研究在资料上有新突破。刘氏的戏曲作品原知有10种，收入其《小蓬莱仙馆传奇》中，今存有光绪末年的石印本。刘氏的生平事迹，现有的工具书或古代戏曲研究专著在介绍她的时候都比较简略。尤其是刘氏的生卒年，诸说不一。如庄一拂《古典戏曲存目汇考》记作“约光绪元年前后在世”②；梁淑安、姚柯夫记刘氏的生卒年为“1841—1916”③，《中国文学通典·戏剧通典》“刘清韵”条采用此说。华玮亲赴刘氏家乡进行考察，访得有关刘氏的重要资料，对刘氏的生平作了详细的考证。她根据新发现的《沭阳县钱氏族谱》（刘清韵丈夫钱德奎家族谱），亲自查阅其中有关刘清韵的部分，确切判断出刘清韵生于清道光二十二年壬寅（1842），卒于民国4年乙卯（1915）三月初十，终年74岁。对于刘清韵的家庭、子女、交往及其他生平事迹，也发现了一些有价值的资料，这对于深入了解刘氏进行戏曲创作的背景及思想发展都是有意义的。

更可贵的是华玮新发现了刘清韵的两种戏曲作品《拈花悟》和《望洋叹》，使今天的研究者能看到的刘清韵的作品达到12种。关于刘氏戏曲作品的数量，俞樾在为《小蓬莱仙馆传奇》作的序中说她共撰作传奇24种，《小蓬莱仙馆传奇》收录10种，另外14种在水灾中丢失。因此，当代学者也就认为已失不可复得，只有深感遗憾了。如今华玮发现的2种，当是那已遗失的14种中的2种，甚为可贵。华玮对它们进行校勘整理，收入《明清妇女戏曲集》中，定会受到当代古典戏曲研究者的重视。而且，华玮在《明清妇女之戏曲创作与批评》一书

---

① 《然脂集·部署》。
② 庄一拂：《古典戏曲存目汇考》（中册），上海古籍出版社1982年版。
③ 梁淑安、姚柯夫：《中国近代传奇杂剧经眼录》，书目文献出版社1996年版。

中，对刘清韵的这12种戏曲作品进行全面论析时，特别指出这新发现的2种作品的独特价值。华玮根据她所掌握的材料，认为《望洋叹》和《拈花悟》二剧约作于1900年或1901年。《拈花悟》乃悼念婢女之作，剧中女主角刘三妹实即作者自己，婢女芒儿或即曾侍奉过刘清韵的一名婢女的化名。刘氏怀念这位不幸早逝的婢女，作此剧表示伤悼之情。《望洋叹》一剧较为晚出，为怀念友人、感叹人世沧桑之作。此剧中人物全为男性，主角王诩曾是作者的老师，剧中涉及清朝末年的时事及当时一些文士面对国家危乱却深感报国无门的困惑，其内容颇有时代气息。华玮在书前导言中指出："二剧无论在内容或形式上，均标志刘氏剧作之新发展与方向。她开始写时人时事，描绘自己生活周遭环境里的友人及其命运，一方面为现实补恨，另一方面也为名不见经传的家乡人物留下了生命的轨迹与生命价值的见证。"扼要地表述了她对此二剧的基本概括与评价。

关于《才子牡丹亭》，华玮也在资料方面有新的发现。《才子牡丹亭》是清雍正年间出现的一种对汤显祖《牡丹亭》的评注本，又名《笺注牡丹亭》，署名为"阿傍"，然而阿傍的姓名却未明言。邓长风在《〈笠阁批评旧戏目〉的文献价值及其作者吴震生》一文中考证出"笠阁渔翁"就是吴震生，并指出《笺注牡丹亭》和《笠阁批评旧戏目》"极有可能"是吴震生和他的妻子程琼合作的①。邓长风的考证是下功夫的，但他为了慎重，在表述时采用的是推测的语气。如今，华玮则肯定地指出，《才子牡丹亭》的作者就是程琼和她的丈夫吴震生。华玮在美国加州大学柏克莱校区读博士时，在该校区的东亚图书馆见到了《才子牡丹亭》的影本，后来她又见到北京图书馆善本部所收藏的傅惜华原藏《笺注牡丹亭》、上海图书馆所收藏的《笺注牡丹亭》及中国社会科学院文学所图书馆所收藏的袁枚评《牡丹亭传奇》，将四种本子对照比勘，她发现柏克莱藏本最早出，并据其中避"胤"字讳而不避"弘历"讳的这一细微特征确定其刊刻时间为雍正年间。在此基础上，华玮参照史震林《西青散记》及《笠阁丛书》中的其他资料，断定《才子牡丹亭》的评注者即程琼和吴震生。在这个考证的过程中，可以看出华玮是个有心人，她利用在柏克莱校区学习的机会，不放过对那里所藏资料的考察和研究；同时她又是个苦心人，在有了初步的发现之后即紧追不舍，从美国的加利福尼亚到中国的北京、上海，万里奔波，数年搜求，这才产生了后来的重要发现

① 邓长风：《明清戏曲家考略》，上海古籍出版社1994年版。

和判断。她的结论是建立在充分的资料依据和周密的逻辑分析基础之上的,因此是可信的,并且是以理服人的,其中所表现出来的精神和学风也是非常可贵的。

然后来看一看华玮关于明清女戏曲作家创作与批评的研究中,在思想观点方面所显示的特点及所达到的深度。

我在阅读华玮女士的著作时,总是不由得联想起大陆方面关于古代戏曲研究的一些相关的著作和文章,分明感到华玮女士的研究有两个突出的特点:

第一,华玮身为女性学者,研究古代的女性戏曲作家,性别的相同或许是一种潜在的因素,因而她对古代的女戏曲作家其人其作也就能够理解得较深,思考得较细,议论也就更显得中肯。大陆学者原来研究古代女戏曲作家的文章和著作,较具代表性的有严敦易的《何佩珠的〈梨花梦〉》《刘古香的〈小蓬莱传奇十种〉》①、徐扶明的《明清女剧作家和作品初探》②和姚柯夫论刘清韵的文章《女作家刘清韵生平考略》③等,这些男性学者研究古代的女戏曲作家,虽然竭力进行深入分析,但终究未免显得有些隔膜,难以从较深的层面揭示古代女作家的内心世界。相比之下,当年冯沅君女士论述吴藻的文章《吴藻》倒能切中肯綮,但又有些失之过简。④ 周妙中女士的《清代戏曲史》⑤中对清代女戏曲作家张蘩、王筠、吴藻等都列有专节论述,其中也有些深刻的论断,但她是从讲史的角度来进行介绍的,对某一位女戏曲作家不可能展开分析。因此,我觉得,在研究古代女戏曲作家的问题上,同研究女性其他方面的问题一样,也是"只有女人更能了解女人"。如今,华玮女士的著作又进一步证明了这一点。

第二,华玮在研究明清女戏曲作家时,主要是从人文的角度论述女戏曲作家在进行创作和批评时所表现的人性与人格,以此作为视点,考察她们的生活、思想、性格、心理与社会的关系。大陆学者研究古代女戏曲作家的生平与创作时,常常是较多地关注当时的社会政治背景对她们创作的影响,关注封建意识形态对她们的束缚与压抑,从时代与政治的角度切入来探讨其作品的思想内容

① 严敦易:《元明清戏曲论集》,中州书画社1982年版。
② 徐扶明:《元明清戏曲探索》,浙江古籍出版社1986年版。
③ 《文献》第18辑,书目文献出版社1983年版。
④ 冯沅君:《古剧说汇》,人民文学出版社1956年版。
⑤ 周妙中:《清代戏曲史》,中州古籍出版社1987年版。

与社会意义。这样的研究思路，与大陆学术界自20世纪50年代以来的政治思想背景有关。华玮身在台湾，又长期在美国学习和工作，同大陆学者相比，她在从事中国古代文学研究时，思路更为开阔，较少有思想束缚，论及古代女戏曲作家其人或其作品中的人物时，较多地关注人的本体命运和自身要求。华玮多次到大陆查阅资料并同大陆学者交往，也非常了解大陆学术界在中国古代文学研究领域里的主要观点，因此她在论述古代女戏曲作家作品的思想内容时，也注意到她们在封建社会的政治思想背景下的被压迫地位和在封建礼教束缚之下的扭曲人格。这样的认识反映在她的文章和著作中，就是她从对古代女戏曲作家的人本分析出发，同时兼顾女戏曲作家的社会地位及与社会政治思想的关系，进行综合的探讨。因此，华玮对古代女戏曲作家及其作品的认识就达到了一个更高的层次，表现出她独到的学术认识和思想深度。

上述两个特点显示在华玮的著作中，在论述明清女戏曲作家的创作和批评时，多有精辟的分析和闪光之见。如在对古代女戏曲作家进行总体概括时，华玮指出："戏曲之代言体角色扮演、情节结构与社会感染力，对明清女性作者具有某种程度的解放意义。戏曲为她们提供了较为自由与开放的欲望想象空间，成为她们表现与完成自我、想象权力、介入社会、针砭现实及寄托理想之重要媒介，同时也或多或少成为她们消解欲望的管道。"①这里，我注意到了作者使用的"欲望"一词。古代女戏曲作家也是人，同古代男性戏曲作家一样，也有欲望，可是，在大陆许多著作和文章论及明代中期以后的个性解放思潮，论及李贽等人对儒家"存天理，灭人欲"的批判，常见指出男性的欲望被压抑的状况及渴求解放的问题，而很少提到女性；在论及女戏曲作家时或有意或无意地回避这一点。其实，在论及女性作家及其作品中的女性形象时，捅破这一层窗户纸或许更有助于探讨本质问题。华玮女士从古代女戏曲作家的客观现实出发，直截了当地指出女性的欲望在其作品思想内容中的地位和作用，这对于明清女戏曲作家创作和批评的研究，必然是一个可喜的突破。能够有这样的认识，反映了女性学者对古代女戏曲作家的深层理解，也反映了她在理论思考方面的勇气和创新精神。

---

① 华玮：《明清妇女之戏曲创作与批评》，台北"中央研究院中国文哲研究所"《明清文学研究丛刊》2003年版。

关于明清女戏曲作家剧中所表现的情欲问题，华玮在书中有专章论述。她在肯定明清戏曲一贯具有的言情传统的基础上，进一步指出："就明清妇女现存的剧作来看，'以女性作为欲望主体的想象与建构'，的确是她们许多作品中的重要关怀。"①她通过对具体作品的系统分析，认为明清女戏曲作家在作品中书写欲望时所产生的焦虑，以及伴随着焦虑而至的种种表现，特别值得重视。因为，恰恰就在这些欲望与焦虑之处显示出明清文化中，心理与社会、个人与体制间如何交涉互动的紧密关联。她说："明清二代戏曲盛行，作为一种文化机制，戏曲提供了居于社会边缘的文人与女性作者，一个想象的舞台，以及一个被注视关怀的中心，在其中他们得以自言其志，自抒其情，建构出与现实人生不同的主体位置，这个现象本身就蕴含着对抗的姿态。"②华玮分析了女戏曲作家在作品中表现情与欲的独特形式，并指出在这个问题上同男性作家的差异。她指出："她们在剧作中之情、欲书写，特别着重女性作为'欲望主体'的想象与建构，整体表现出女性主体性的凸显、权力的想象、知己的追求、情与义、亲情与爱情的并重、梦境与扮装的越界、女子情妒与怀才不遇之怨的心理刻绘、写'出'情欲的收结等特点。与男性相比，明清女性书写男女情爱，婉转内敛；她们淡化肉欲、避开身体、扬情轻欲的倾向颇为明显。对于私人欲望是否能在现实中满足实现较为悲观，也较常考虑到自我实现的欲望与性别、婚姻、家庭或宿命间所蕴含之各种冲突。这些现象应与女性在现实中受到抑制、不能自主之主体位置有关。"③这些分析都是非常中肯的，不仅对于认识明清女戏曲作家的思想内容，而且对于认识其他戏曲作品中的情欲书写，都是一种理性的深化。

由于女戏曲作家在表现被压抑的女性欲望时，往往采取"梦境"或"拟男"的书写策略，因此，华玮还着重探讨了明清女戏曲作家的一个普遍性的表现——易装（即"拟男"）问题。叶小纨的《鸳鸯梦》、王筠的《繁华梦》、吴藻的《乔影》、何佩珠的《梨花梦》、嬴宗季女的《六月霜》都写到女主角改换为男装登

---

① 华玮：《明清妇女之戏曲创作与批评》，台北"中央研究院中国文哲研究所"《明清文学研究丛刊》2003年版。

② 华玮：《明清妇女之戏曲创作与批评》，台北"中央研究院中国文哲研究所"《明清文学研究丛刊》2003年版。

③ 华玮：《明清妇女之戏曲创作与批评》，台北"中央研究院中国文哲研究所"《明清文学研究丛刊》2003年版。

场，表现她们不甘心于生为女身、渴望取得和男性一样的生活权利与社会地位的心态。“拟男”一词原见严敦易《何佩珠的〈梨花梦〉》一文，华玮女士沿用了严敦易提出的概念，并给予了重新定义，着重分析了这些作品中的“自我与性别”主题与“拟男”表现间的关系。她指出：“‘拟男’一词，在笔者的定义中，系指女作者将自我戏剧化，成为剧中女主角时，保留女性身份，然却以男子外形出现，由生角担纲演出，用男子声口抒情与叙事的表现方式。”①她通过对这些女作家创作的文本的分析，得出结论说，作品中的“拟男”表现，其主要意义在于：(一)就女作家的书写层面而论，改扮成男子发言，具有隐私解禁、悬想补偿、不甘雌伏与自我定义等多重的意义或作用。(二)就剧作之主体呈现的层面而言，妇女剧作中，女性意欲解除传统性别角色束缚，以求自我完成的主题，透过“拟男”的表现方式而得以更加凸显。(三)就社会文化的层面而论，这些妇女剧作都可能因其中“拟男”所涉及之“换性”或“换装”的情境，而使人们开始质疑、反思所谓男女性别异质的定见和女性角色的社会规范。(四)就戏曲传统与美学的层面而言，“拟男表现”开发了戏曲呈现里“双重人格”的人物之美，为戏曲塑造出“美人、名士一身兼处”(刘清韵语)的突出女性形象。这里所表现的思考紧紧扣住女作家及其所写女性形象的性别特点，联系影响女性的诸种社会因素进行分析，其理论含量远远超出严敦易先生涉及的范畴，体现出华玮在古代女戏曲作家研究问题上自成系统的理论建构和学术品位。

关于明清女戏曲作家的个案研究，华玮对其中每一位都有全面而深入的分析，而对刘清韵的研究用力最大。除了对刘氏的生平事迹有新的发现，华玮对刘氏剧作的思想性研究也有独到见解。值得提及的是，华玮借鉴了当代美国一位文学批评家的理论，即认为在解读女性叙述时，应该采取“心理的、政治的诠释”(psycho-political hermeneutics)。因为，女作家在想要说话与保持沉默这两者之间，往往有意、无意地作出妥协，经由“文本的伪装”(textual disguise)，时隐时显自身因外在压迫与内在压抑而无法直言或明言的欲望。因此她指出：“要分析了解刘清韵的作品，必须考虑到中国传统父权社会对她的外在压迫(oppression)，以及旧礼教对她所产生的内在压抑(repression)作用，有必要仔细考

① 华玮：《明清妇女之戏曲创作与批评》，台北“中央研究院中国文哲研究所”《明清文学研究丛刊》2003年版。

量‘文本的伪装’问题。”用这一观点来分析刘清韵的剧作，华玮认为：“刘清韵的《小蓬莱仙馆传奇》，表面看来，抒写的是中国传统的情感道德，上演的是中国戏曲里习见的人物（诸如忠臣孝子、英雄豪杰、义夫节妇和才子佳人）；细心看去，却在传统的旧调之中，掺糅着现代的新声。女作家自觉或不自觉地在其作品中反复质疑中国传统的性别意识与等级观念，召唤着新的、平等的人际（包括男女）关系。然而或因她身处弱势，在直面强势时，难免自行压低了声音，用了曲笔（“文本的伪装”），以致在其剧作中，对传统尊卑等级观念的破除与性别角色定位的颠覆显得有始无终，只出现了短暂的背离，结尾又复归到与传统妥协的基调之中。”①可以看出，华玮在研究中国古代妇女戏曲作家时，发挥了她通晓英语和西方文学理论的优势，指出这些女作家在表现被压抑的欲望时采用“文本的伪装”这一特点。她的分析既切合这些女戏曲作家的实际，又显示出中西结合的理论色彩，给人以耳目一新的感觉。在分析嬴宗季女的《六月霜》传奇时，华玮也特别关注“性别议题”，她指出，《六月霜》里作者的思考不再局限于个人意义上的男女平等，而且涵盖了群体畛域的男女平权，亦即女性与男性一样，同样肩负着国家、民族兴亡的神圣义务和责任。因此，剧中所写的秋瑾就是一个“双性”人格的理想女性，这样的形象完成了从先前妇女戏曲中常见的潇洒女才子到慷慨救世之女英雄的转型。华玮的分析，已超出《六月霜》文本本身，揭示出人物形象在近代文学史乃至在近代历史中的时代意义。

关于明清妇女戏曲批评的研究，也同样体现着前面所述的两个特点。华玮考察了明清两代一些传奇、杂剧刊本中女作家的序、跋、题词，尤其是重点探讨了吴吴山三妇评点的《牡丹亭》和程琼注评的《才子牡丹亭》。古代女性戏曲批评家对古代戏曲作品批评的角度常见“女性观（关）照”，其表现在重视妇女戏曲形象、关怀女性人物命运、思索女性创作等方面，其批评的深意为借题发挥以自抒胸臆，批评的重心往往重“人情”甚于重“辞章”，批评的风格则是对批评对象多为同情的理解。这些都深刻地概括了明清妇女戏曲批评的基本特点。在探讨程琼关于《才子牡丹亭》的评论时，华玮特别对其中关于“情”与“色”的见解作了详细阐释。她指出，程琼的有些批语“其出发点无疑是高度重视女性情

① 华玮：《明清妇女之戏曲创作与批评》，台北“中央研究院中国文哲研究所”《明清文学研究丛刊》2003 年版。

欲需求的满足的”,“从中可以明白看出批者认同女性作为人,与男性有同等的价值”。① 这里只是略举数语,我们便不能不赞赏清代的女士程琼,也同样不能不赞赏当代的学者华玮,她们的深知灼见真使当今学人有振聋发聩之感。

(原载《殷都学刊》2004 年第 2 期)

① 华玮:《明清妇女之戏曲创作与批评》,台北“中央研究院中国文哲研究所”《明清文学研究丛刊》2003 年版。

清代河南戏曲作家吕履恒、吕公溥年表

吕履恒(1650—1719),字元素,号坦庵,河南新安人。康熙三十三年(1694)进士。官至户部右侍郎,著有《洛神庙》传奇。吕公溥（1727—1805)①,吕履恒孙,字仁原,号寸田,别号髯痴。平生未曾做官,稳居读书,著有《弥勒笑》传奇。

吕氏祖孙二人的戏曲创作具有明显不同的特点。《洛神庙》传奇和《桃花扇》同时,内容是以男女爱情为线索,反映明清之际的政治斗争现实,艺术形式则运用了旧传奇的格律宫调和传统的体例。《弥勒笑》传奇产生于花部勃兴之后,内容主要写男女恋情,形式上则打破了旧格律的束缚,采用十字调梆子腔来唱词,这是现今流传最早的十字调梆子腔剧本,因而它在戏曲史上具有特殊的意义。吕氏祖孙一个生活于清初,一个生活于清中期的乾隆盛世,其戏曲创作的不同特点,正反映了戏曲发展的两个不同的历史阶段的状况。笔者另有专文评述,此文仅将吕氏世系及吕履恒、吕公溥生平活动年表简列如后。

吕氏远祖追至宋代宰相吕蒙正第六子吕居简,后传数世到明初的吕俊,此时其家由山西洪洞迁至河南新安。自吕俊之后,吕氏家族世系是:

吕俊—吕献—吕鉴—吕思聪—吕玄(元)—吕景阳—吕乡—吕孔学—

吕宪曾

吕维祺—吕兆琳—吕履恒—吕宣曾

吕守曾—吕公溥②

---

① 作者今注:此文原发表时吕公溥生卒年记为(1726—?),后来又发现了新的碑刻资料,证实吕公溥生于雍正五年丁未(1727),卒于嘉庆十年乙丑(1805),这里予以改正。详见拙稿《明末至清代新安吕氏家族世系与支派考略》,《中州学刊》2012年第1期,今收入本书中,即后篇。

② 田从典:《吕少司农志铭》,见乾隆《新安县志》卷十二《艺文四》。此县志为乾隆三十一年(1766)知县邱峨修、吕宣曾纂。因吕宣曾为吕履恒之子,因而此县志中记载吕氏家族资料较多。

吕维祺是吕履恒的祖父，生于万历十五年（1587），万历四十一年（1613）进士，明末官至南京兵部尚书，崇祯十四年（1641）正月李自成攻破洛阳时被起义军处死。①

吕兆琳是吕履恒之父，清顺治十八年（1661）进士，官至都察院左佥都御史。②

吕兆琳共有四子，长子吕赍恒，字文启，过继与吕兆琳胞兄吕兆璜为嗣子，曾官武昌知县。③ 次子即吕履恒。三子吕谦恒（1653—1728），字天益，号涧樵，康熙四十八年（1709）进士，官至光禄寺卿，著有《青要集》13 卷，今存。④ 四子吕复恒，字敦甫，康熙二十五年（1686）拔贡，著有《字学析疑》《清壑亭诗集》。⑤

吕履恒生母王氏，系明末大学士孟津王铎长女，清初济南道参政王无党、太常寺卿王无咎之妹，内阁中书舍人王无愆之姊。⑥ 后来，吕履恒妻为王无党长女，吕谦恒妻为王无咎之女。吕王二族世代互婚，络绎不绝。

清顺治七年庚寅（1650）

夏历九月十一日（以下月、日均为夏历），吕履恒生。⑦

是年，王铎五十九岁，王铑四十四岁，吴伟业四十二岁，洪昇六岁，孔尚任三岁，查慎行一岁。⑧

清顺治十年癸巳（1653）

吕履恒四岁，其弟吕谦恒生。⑨

---

① 《明史·吕维祺传》。

② 乾隆《新安县志》卷十二《艺文四·吕少司农志铭》，又见乾隆《新安县志》卷十《选举》。

③ 乾隆《新安县志》卷十《选举》。

④ 张汉：《吕光禄传》，见《新安县志》卷十二《艺文四》；方苞：《光禄卿吕公墓志铭》，见《方望溪先生全集》卷十。

⑤ 乾隆《新安县志》卷十《选举》、卷十三《艺文六》。

⑥ 吕履恒：《先孺人状》，见《冶古堂文集》卷五。

⑦ 乾隆《新安县志》卷十二《艺文四·吕少司农志铭》。

⑧ 见《历代名人年里碑传综表》。

⑨ 方苞：《光禄卿吕公墓志铭》，见《方望溪先生全集》卷十。

顺治十八年辛丑(1661)

吕履恒十二岁,其父吕兆琳中第三甲第九十二名进士。①

康熙六年丁未(1667)

吕履恒十八岁,补弟子员。妻王氏生一女。

按:王氏为吕履恒舅父王无党长女,生于顺治五年(1648)八月初十,长履恒两岁。②

康熙八年己酉(1669)

吕履恒二十岁,首次参加乡试,不中。③

康熙九年庚戌(1670)

吕履恒二十一岁。五月初六,朝廷敕封其父吕兆琳为文林郎,授陕西汉中府西乡县知县。④ 吕履恒随父亲至任所读书。

康熙十年辛亥(1671)

吕履恒二十二岁,由陕西西乡东归,返回河南新安应科试,得为廪生。⑤

是年王铣卒。王铣(1607—1671),字子陶,号大愚,河南孟津人,王铎之弟,著有《秋虎丘》《双蝶梦》《华山缘》《司马衫》《大孝子》《拟寻梦曲》等传奇。其《双蝶梦》描写男女爱情故事,以明末社会为背景,并插入李自成起义军攻破开封的情节。此剧内容及写法对《洛神庙》传奇的创作有一定的影响。⑥

---

① 《明清进士题名碑录》作吕兆麟。

② 吕履恒:《先室王氏状》,见《冶古堂文集》卷五。

③ 吕履恒:《先室王氏状》,见《冶古堂文集》卷五。

④ 乾隆《新安县志》卷十二《艺文一·诰敕》。

⑤ 吕履恒:《先室王氏状》,见《冶古堂文集》卷五。

⑥ 康熙《孟津县志》卷二《人物》。又参见王铣《大愚集》卷首吴伟业序。

康熙十一年壬子(1672)

吕履恒二十三岁,参加乡试落榜。其妻王氏又生一女。①

康熙十三年甲寅(1674)

吕履恒二十五岁,其父吕兆琳奉内诏将赴京,履恒与其妻陪护母亲自西乡县返河南新安。②

康熙十四年乙卯(1675)

吕履恒二十六岁,第三次参加乡试,又落榜。③

康熙十五年丙辰(1676)

吕履恒二十七岁。三月二十九日,其妻王氏卒(二十九岁)。④

吕履恒对此深表哀痛,撰《先室王氏状》记述他与王氏的情谊。《洛神庙》传奇第十七出《病诀》写巫友娘病逝前夕的情景,凄恻缠绵,似含有作者个人的深切感受。

康熙十七年戊午(1678)

吕履恒二十九岁,乡试中举。⑤

康熙二十年辛酉(1681)

吕履恒三十二岁。是年十二月二十四日,朝廷敕封履恒父兆琳为文林郎、福建道监察御史。⑥

---

① 吕履恒:《先室王氏状》,见《冶古堂文集》卷五。

② 吕履恒:《先室王氏状》,见《冶古堂文集》卷五。

③ 吕履恒:《先室王氏状》,见《冶古堂文集》卷五。

④ 吕履恒:《先室王氏状》,见《冶古堂文集》卷五。

⑤ 乾隆《新安县志》卷十《选举》。

⑥ 乾隆《新安县志》卷十二《艺文一·诰敕》。

康熙二十八年己巳(1689)

吕履恒四十岁,周稚廉为他编辑《梦月岩诗集》,并作序。序后署"康熙己巳仲秋云间周稚廉冰持氏拜题"。周稚廉,字冰持,号可笑人,江苏华亭(今上海市松江)人,约生于康熙元年(1662),著有《元宝媒》《珊瑚玦》《双忠庙》三部传奇。周稚廉对吕履恒的诗极其赞赏,其评语云:"寓斋挑灯讽读佳咏,有仲默之秀练而去其弱,有空同之沉雄而避其粗,真饭颗山头嫡传也。中州近贤林立,自朝宗(侯方域)、觉斯(王铎)外,罕见先生之匹矣。"①

是年,周稚廉与正在淮扬治水的孔尚任过从甚密。孔尚任《湖海集》中《己巳存稿》里有三篇诗写到周稚廉。其一为《周向山招集洪衍堂消暑,兼送周冰持、张允臣还云间,即席分赋》,首句云"高堂六月似烟汀",可知是年六月,周稚廉从扬州归江南,孔尚任为他送行。其二为《竹窗对雨同周冰持、俞陈芳分韵得贮清馆三字三首》,其三为《同王武徵、乔东湖、朱其恭、俞陈芳集周冰持寓馆,作问菊诗,每拈一字即吟一韵,韵完诗成,共三十六韵》。这两篇诗俱写秋景,可知是年秋周稚廉又寓居扬州,与孔尚任诗酒相交。周稚廉为吕履恒诗集作序,即在此年秋。

康熙二十九年庚午(1690)

吕履恒四十一岁。其父吕兆琳卒,家道不振,经济拮据。履恒离家至豫东游历,其弟谦恒亦离家去秦陇谋生,兄弟二人分手,泫然泣下。②

周稚廉卒于是年,吕履恒得知消息,作《忆周冰持》。诗前小序云:"周子云间人,投分自广陵,别有年矣。或传其死,未忍遽信,用是志忆焉。"据此,吕履恒曾在扬州会见周稚廉,或许就在前一年的秋天。此时吕履恒是否也在扬州会见了孔尚任,尚待考。诗云:"云间有奇士,日月为双睛。当其顾盼时,万古谁日成?开怀抵雪白,落笔疑飙惊。与我一相见,解佩分香蘅。坐君秋月下,使我形神清。囊中千万轴,一一要我评。廓然捐所爱,刊落存菁英。高义同虚谷,江海不能盈。契阔历岁时,不知君死生。我发已种种,位望尘埃轻。谁肯视伧父,亲

---

① 《梦月岩诗集》卷首。

② 《青要集》吕履恒序。

爱如弟兄？大块鼓元气，万汇发其荣。天壤惟予汝，何惜一合并。生当寄书札，死当讣分明。庶几梦见之，惟君能告情。”①诗中，吕履恒对周稚廉的才华非常赞赏，所述二人的友情甚为深厚。

康熙三十二年癸酉（1693）

吕履恒四十四岁。其弟谦恒四十一岁，乡试中举。②

康熙三十三年甲戌（1694）

吕履恒四十五岁，赴科考中第二甲第二十九名进士。③

康熙三十八己卯（1699）

吕履恒五十岁，除汾州府宁乡（今山西中阳）知县，二月十三日到任。④

是年七月，吕履恒撰《洛神庙》自序。《洛神庙》传奇或写成于是年。序云："……曲也者，委曲以达其所感之情。情莫切于五伦，夫妇其一也。乐府之传失矣，宋词元曲，或庶几焉。庶谓贞臣孝子之情有异于思妇劳人者乎？昔人云：使人闻之，增伉俪之重。知此者，可与读吾曲矣。”⑤由此可窥见吕履恒作剧的意旨。

《洛神庙》自序署"青要山樵自述"。青要山樵为吕履恒之号，盖因其原籍新安县境内有青要山。乾隆《新安县志》卷一《封域》记云，青要山在"县西北七十里黄河南岸，壁立数十仞，《山海经》称为帝之密都"。吕履恒对此山印象颇好，他曾写有《青要山石坞记》《青要山石坞后记》等文章⑥，又有《青要山行》诗云："黄河南岸临山巅，青要名山山经传。乱石惊涛一线路，群峰东走如飞仙……"⑦吕履恒家中的读书处即命名为"青要山堂"，他有《鹧鸪天·青要山堂自述》四首，其四云："青要山峰峰最奇，主人行乐四时宜。倦游南北东西路，好

---

① 《梦月岩诗集》卷三。
② 方苞：《光禄卿吕公墓志铭》，见《方望溪先生全集》卷十。
③ 乾隆《新安县志》卷十《选举》。又见《明清进士题名碑录》。
④ 吕履恒：《祛除积弊碑记》，见《宁乡县志》卷九《艺文》。
⑤ 《洛神庙》传奇今存清康熙刊本，已收入《古本戏曲丛刊五集》。
⑥ 见吕履恒《冶古堂文集》卷一。
⑦ 《梦月岩诗集》卷六。

咏风花雪月词。今已矣，欲何之，苍生未必与吾期。偶然觅得清新句，自有厨边老妪知。”①由此词可知吕履恒“青要山樵”命名的缘起，同时亦可知他早已很爱词曲。

《洛神庙》传奇康熙刊本署“烟波钓徒批点”。此烟波钓徒即查慎行。梁绍壬《两般秋雨庵随笔》卷四“烟波钓徒”一则云：“圣祖幸海昌，捕鱼赐群臣，各赋诗谢恩。查初白先生末句云：‘笠檐蓑袂平生事，臣本烟波一钓徒。’词意称旨。忽内侍传语云：‘宣烟波钓徒查翰林。’”查慎行，字夏重，又字悔余，号初白老人，浙江海宁人。他生于顺治七年（1650）②，与吕履恒同岁，所著除诗文外，有《阴阳判》传奇。

是年张坚十九岁，作《梦中缘》传奇。③ 此剧即后来吕公溥写《弥勒笑》所依据之蓝本。

康熙四十一年壬午（1702）

吕履恒五十三岁，主持修撰《宁乡县志》成。是年秋写《宁乡县志》序。参与此事的有本县儒生易道人、王显晋、刘佶、王纯元等。其中易道人被吕履恒称为“西河耆旧”，他曾为《洛神庙》传奇作序。

是年，吕履恒《梦月岩诗集》与其弟谦恒《青要集》在宁乡刊行。吕履恒为《青要集》作序，后署“时康熙壬午孟夏，兄履恒元素甫题于离石之捡心堂”④。后来《青要集》再版，吕履恒之子吕宣曾于乾隆十三年戊辰（1748）秋为之题跋云：“叔父（谦恒）诗《青要集》刻于晋之宁乡，先司农（指履恒）序而订之，与所为《梦月岩诗》同时并出。”⑤亦可证。吕履恒诗集之所以名为《梦月岩诗》，是因为其原籍新安县横山村有处地名为梦月岩。相传吕履恒祖父吕维祺生时，其母曾梦见明月堕于庭中，吕维祺生后，其家在山岩前建祠，题额曰“梦月”，于是此地便名梦月岩。

吕谦恒《青要集》卷十一中有《赠孔东塘诗》：“东山沂水溯回思，遗老于今

① 见《梦月岩诗集》卷末附《梦月岩诗余》。

② 方苞：《翰林院他山查公墓志铭》，见陈敬璋《查他山年谱》卷前附。

③ 见《梦中缘》自叙。

④ 见乾隆版《青要集》卷首附。

⑤ 见乾隆版《青要集》卷末附。

见羽仪。门拥蓬蒿飞暮雨，径余松菊对清卮。文章久播宫墙志（东塘曾修《阙里志》），金石能谐郊庙诗（东塘特精音律，曾序次乐章）。信识天心留硕果，蒲轮蚤晚到茅茨。”孔东塘即孔尚任，可见吕谦恒与孔尚任是相识的。吕履恒是否也和孔尚任相识，未见诸诗文。但吕履恒《梦月岩诗集》卷十二有《饮衍圣公府兼赠储公兄弟四首》，其四云：“玉树中原秀，金镛雅乐存。风林吹羽籥，瀑水泻琴樽。阙里仍前址，宫墙辟后昆。重来知旧径，赋别讵销魂。（旧宅即今之诗礼堂，今府在东）”卷十八中又有《阙里谒先师庙呈衍圣公》诗。据此二诗，可知吕履恒曾到过山东曲阜，谒过孔庙，会见过当时袭封衍圣公的孔毓圻。而且据诗意，亦可知吕履恒来孔府不止一次，他来孔府时是否也会过孔尚任，尚待考。上述吕谦恒、吕履恒诗写作时间不详。姑系于此。

吕履恒《梦月岩诗集》卷末所附《梦月岩诗余》，有《念奴娇·题〈秣陵春〉传奇》一首，词云：“六朝如梦，谁解道野老江头歌哭？海思云愁还寄托，旧部《霓裳》法曲。瑶水筵前，翠微宫里，夙世仙缘卜。非空非色，个中人自如玉。
争奈身作虚舟，心同明镜，形影交相逐。劫火虽烧莲性在，不怕罡风颠扑。拨尽鹍弦，挝残羯鼓，泪断声难续。曲终人远，数峰江上犹绿。”焦循《剧说》卷六收录了这首词。由此词可知吕履恒对《秣陵春》传奇及其作者吴伟业是相当推崇的。

康熙四十二年癸未（1703）

吕履恒五十四岁，行取入都，赴阙御试。奏对考选中试，旋拜广西道察御史。之后的几年间，其官职不断升迁，先内升为奉天府府丞，后改通政司右通政。①

康熙四十七年戊子（1708）

吕履恒五十九岁。长子吕宪曾中举，后授官为溆浦（今属湖南）知县。②

按：吕履恒原配王氏卒后，续娶江西德兴县知县渑池县徐叔雅之女徐氏为妻，宪曾即徐氏所生，方数岁时，徐氏即卒，终年二十三岁。③

---

① 乾隆《新安县志》卷十二《艺文四·吕少司农志铭》。

② 乾隆《新安县志》卷十《选举》。

③ 乾隆《新安县志》卷十二《艺文四·吕少司农志铭》。

康熙四十八年己丑(1709)

吕履恒六十岁。其弟吕谦恒五十七岁,赴科考中第二甲第四十八名进士。①

康熙五十二年癸巳(1713)

吕履恒六十四岁。是年三月十八日,朝廷敕赠吕履恒之父及吕履恒本人中宪大夫,赐其母诰命,同时敕赠吕履恒之妻王氏为恭人,继妻王氏为恭人。②

按:吕履恒继妻徐氏卒后,又娶洛阳岁贡王用俭女为妻,王氏亦二十三岁卒。后来,吕履恒再娶新安县处士王养林女为妻。是年敕封恭人者,即原配孟津王氏及继妻新安王氏。③

是年,吕履恒升任宗人府府丞④,再迁都察院左佥都御史⑤。

康熙五十三年甲午(1714)

吕履恒六十五岁,其官职改为总督仓场户部侍郎。⑥

是年,吕履恒子吕宣曾中举,后官江华(今湖南江华瑶族自治县)知县、靖州(治所在今湖南靖州苗族侗族自治县)知州。⑦

按:吕履恒继妻洛阳王氏卒后,曾纳孟津王氏为侧室,生宣曾。孟津王氏卒年三十七岁。⑧

康熙五十四年乙未(1715)

吕履恒六十六岁,其转为户部右侍郎,任此职至康熙五十六年(1717)。⑨

---

① 方苞:《光禄卿吕公墓志铭》,见《方望溪先生全集》卷十。又见《明清进士题名碑录》。

② 乾隆《新安县志》卷十二《艺文一·诰敕》。

③ 乾隆《新安县志》卷十二《艺文四·吕少司农志铭》。

④ 乾隆《新安县志》卷十二《艺文四·吕少司农志铭》。

⑤ 《清代职官表·部院汉侍郎年表》。

⑥ 乾隆《新安县志》卷十二《艺文四·吕少司农志铭》。又见《清代职官表·部院汉侍郎年表》。

⑦ 乾隆《新安县志》卷十《选举》。

⑧ 乾隆《新安县志》卷十二《艺文四·吕少司农志铭》。

⑨ 《清代职官表·部院汉侍郎年表》。

康熙五十七年戊戌(1718)

吕履恒六十九岁。是年春,罢官归乡里。①

是年,孔尚任七十一岁,卒于山东曲阜。②

康熙五十八年己亥(1719)

吕履恒七十岁,五月十九日卒。③

康熙五十九年庚子(1720)

十月二十二日,吕履恒被安葬于新安县城西北之原。④

吕履恒著作有《冶古堂文集》5 卷,《梦月岩诗集》20 卷,今存。戏曲著作今知仅有《洛神庙》传奇,而民国《新安县志》卷十三《艺文》录《洛阳庙》传奇,释文云:“……履恒传奇之作共四种,此其一也,有版,宣化杭州俱经串演,又曾扮演于长沙湖南各处。据洪阳山叟杨坤《静慎斋杂钞》补录。”但另外 3 种传奇的名目不详。

雍正元年癸卯(1723)

吕履恒死后的第五年,其子吕守曾中举。⑤

按:吕守曾为吕履恒第三子,继妻新安王氏所生。⑥ 守曾字松坪,后于雍正二年(1724)中进士,后官四川盐驿副使道、山西布政使。⑦ 著有《松坪诗集》。⑧

吕公溥即吕守曾子,民国《新安县志》卷十一引《中州先哲传》云:“公溥字仁原,号寸田,守曾子,为诗严守唐宋之界,词从己出,不以剽窃为能。与张开东、童钰、张九钺、何经愉酬唱,袁枚称为诗中雄伯。诗工言情,真挚凄惋,入人

---

① 方苞《光禄卿吕公墓志铭》中云:“戊戌春,司农罢归。”见《方望溪先生全集》卷十。

② 袁世硕:《孔尚任年谱》,齐鲁书社 1987 年版。

③ 乾隆《新安县志》卷十二《艺文四·吕少司农志铭》。

④ 乾隆《新安县志》卷十二《艺文四·吕少司农志铭》。

⑤ 乾隆《新安县志》卷十《选举》。

⑥ 乾隆《新安县志》卷十二《艺文四·吕少司农志铭》。

⑦ 乾隆《新安县志》卷十《选举》。

⑧ 乾隆《新安县志》卷十三《艺文六》。

心脾。于书无不窥，家藏万卷，日坐一楼，手披口吟，朱墨灿然。素无宦情，依土坞辟别墅曰‘掌园’，饶亭馆水木之盛，逍遥其中。日命童子磨墨数升，操笔挥翰，神气飞舞。巡抚某遣人侍侧年余，所书片纸尺缣悉取去。兼工篆刻。著《寸田诗草》四卷。晚主阕乡荆山书院。殁后子孙不能守，图书零残，半归宝丰杨淮。”

雍正五年丁未(1727)

吕履恒死后第九年，吕公溥生。①

是年，张坚四十七岁，张九钺九岁，《歧路灯》作者李绿园二十一岁。

乾隆二年丁巳(1737)

吕公溥十一岁。三月初六日，朝廷敕赠吕守曾之父吕履恒为资政大夫，对守曾前母王氏、前母徐氏、亲母王氏及本身妻王氏赐予诰命。②

乾隆十五年庚午(1750)

吕公溥二十四岁。张开东首次来新安，吕贲恒之子吕法曾带病接待了他。吕公溥和张开东相识，陪他往游洛阳龙门，因洛河涨水未能如愿。吕公溥《寄怀张白莼五首》其一诗后注云：“庚午春，由嵩岳达横山，欲游龙门，以洛涨不果。”③又《遥哭白莼兼怀令嗣耘溪八首》其二诗中有注云：“庚午白莼来横山家，力园伯病相见。”④力园即吕法曾，字宗则，号力园，吕宣曾、吕守曾及吕复恒之

---

① 作者今注：本文原发表时，文中把吕公溥的生年系于雍正四年丙午(1726)，根据是吕公溥《寸田诗草》卷五有《戊申初度日，郭中孚有诗来祝，感而赋此》诗二首，其二中有“节届回阳初一度(昨日长至)，人经周甲第三年”二句，戊申即乾隆五十三年(1788)，此年吕公溥六十三岁，可推知其生于雍正四年。如此推断有误，因为诗中“周甲第三年”不应理解为六十三岁，而应是其六十岁之后的第三个年头，即吕公溥当是生于雍正五年(1727)，其六十岁(周甲)为乾隆五十一年(1786)，第三年即乾隆五十三年戊申(1788)。后来，笔者见到了吕田所撰《诰封奉政大夫江苏通州直隶州知州寸田吕公墓志铭》碑文，其中记云：“……遂以脾病殁，时嘉庆十年乙丑八月初八日巳时，距生雍正五年丁未十一月二十六日丑时，享寿七十有九。”这是确凿的依据。为此，如今笔者在这里郑重检讨，并予以更正。以下记述吕公溥行年事迹，均按他生于雍正五年(1727)重新叙述。关于吕公溥的生卒年，参见后篇《明末至清代新安吕氏家族世系与支派考略》。

② 乾隆《新安县志》卷十二《艺文一·诰敕》。

③ 《寸田诗草》卷四。

④ 《寸田诗草》卷四。

子吕循曾等少时曾受学于他，攻举子业。张开东，字白莼，蒲圻人。此后吕公溥与他频相往来，友谊甚笃。

是年暮春，唐英为张坚《梦中缘》传奇作序。由序中可知，此年张坚的《玉燕堂四种曲》即《梦中缘》《梅花簪》《怀沙记》《玉狮坠》已写成，唐英也已写出《笳骚》《转天心》《虞兮梦》等传奇。唐英剧作已大量采用梆子腔的七字句写唱词，如《天缘债》《面缸笑》《梁上眼》《十字坡》等。① 吕公溥后来作《弥勒笑》，其内容受张坚《梦中缘》影响，其形式则显然受到唐英的影响。

乾隆二十一年丙子（1756）

吕公溥三十岁。是年其伯父吕宣曾任靖州知州，宣曾次子吕公滋（字树村，号硕亭）在靖州随父就学。当时张开东为鹤山书院院长，公滋与他诗酒往还（见吕公滋《硕亭诗草》卷上《酬张白莼先生五世进士歌》诗序）。吕公溥游靖州，九月九日与公滋等登飞山（靖州城西）赋诗，《硕亭诗草》卷下有《九日随家伯平、寸田两兄暨众友登飞山二首》（伯平即吕宣曾长子吕公路，字伯平）。吕公溥自靖州归来时，在洞庭湖边候张开东，未相遇。他有《寄怀张白莼五首》其四诗后注云："丙子余归自靖州，候白莼湖南北岸，却于湖中相左。"②

乾隆二十六年辛巳（1761）

吕公溥三十五岁，纳妾韩氏，为之取名为二黄。吕公溥自撰《新安吕忠节公元孙、侍御公曾孙、司农公孙、方伯公子公溥字仁原号寸田之亡次侧室韩氏二黄墓志铭》（以下简称《侧室韩氏二黄墓志铭》）云："余妾韩氏，洛阳人。……辛巳，余年三十有五，尚无子，因劝纳焉，名之曰二黄。"③因为吕公溥原来曾纳妾黄氏，故为韩氏取名二黄。

是年夏，黄河水涨，倒灌于汜水，造成灾害。吕公溥有《匏村述辛巳水患即以寄令兄雅尚》诗记其事，诗云："……为说岁辛巳，淫雨当七月。河涨遏汜流，城阓半湮没。轰雷杂水声，俯仰浑然一。龙吟如马嘶，萧萧惊耳聒。初闻人哭

---

① 见唐英《古柏堂传奇》。

② 《寸田诗草》卷四。

③ 此碑今存，参见后篇《明末至清代新安吕氏家族世系与支派考略》。

号，俄听屋崩裂。城中千百家，沉沦势倏忽。终夜三鸡鸣，寂静归澌灭。……”①

乾隆二十七年壬午（1762）

吕公溥三十六岁，子吕书根生。吕公溥有《将赴阌乡县作八首》，其三云："行年三十六，才得一儿子。今年八岁初，见书颇心喜。学爷无不为，狼藉弄墨水。哦吟当歌曲，安知经与史？有时把椽笔，横斜写满纸。问字羞不知，最爱说故事。居然当门户，博欢北堂里。"②可知书根生于是年。

吕公溥自撰《侧室韩氏二黄墓志铭》云："辛巳，余年三十有五，尚无子，因劝纳焉，名之曰二黄。明年，生儿书根。"这里明记书根生于此年。

是年，李绿园游历至开封。吕公溥亦至开封，二人会于旅舍，又匆匆分别。《绿园诗抄》吕公溥序云："绿园李君，负诗名……岁壬午，晤于大梁旅舍，匆匆别，迄今二十年矣。"③

乾隆三十二年丁亥（1767）

吕公溥四十一岁，游陕西华山，七月归途中经过阌乡（今河南灵宝西）访冯葵乡。吕公溥《鹦鹉冢》诗小注云："余丁亥华游，归途埋鹦鹉处在曲沃镇，去灵宝西二十里。"④又见《秋柳四首》（和王士禛《秋柳》诗）序云："渔洋《秋柳》，海内和者不啻千百家，丁亥七月过阌乡，冯葵乡有追和之作，嘱余为之，未遑也。"⑤由此可知吕公溥此年行踪。

乾隆三十三年戊子（1768）

吕公溥四十二岁。妾韩氏所生女儿名叶者，三岁，夭亡。吕公溥自撰《侧室韩氏二黄墓志铭》云："丙戌，生女叶。戊子五月八日，叶女暴殇，哭泣得瘕症。"可知此女生于乾隆三十一年丙戌（1766），此年方三岁。韩氏失女，十分悲痛。

---

① 《寸田诗草》卷二。
② 《寸田诗草》卷二。
③ 见《绿园诗抄》残卷卷首，又见苏源生《国朝中州文征》卷二十。
④ 《寸田诗草》卷四。
⑤ 《寸田诗草》卷五。

乾隆三十四年己丑(1769)

吕公溥四十三岁,冬,作《己丑仲冬一日有感》诗:"叶落林空又一年,朔风飒飒倍凄然。中郎有女难成史,伯道无儿欲问天。万事总归驹过隙,九原不羡醉如仙。离鸿叫断天津路,省听哀声哭杜鹃。"①

乾隆三十六年辛卯(1771)

吕公溥四十五岁。正月初七,吕公滋离家赴京,公溥作《辛卯人日送舍弟硕亭公车北上》诗相送。②

是年,吕公溥作《秋柳四首》(和王士禛《秋柳》诗)。序云:"辛卯闱后,何小山以《秋草四律》来慰,余即和之。因念葵乡三年之诺,不可以虚,爰赋《秋柳》,韵步渔洋。"由此序可知是年公溥参加乡试落第。葵乡即冯葵乡,曾同吕公溥约定作追和《秋柳》诗,见乾隆三十二年处所记。

是年除夕,张开东至新安访吕公溥,公溥作《辛卯除夕,喜张白莼来访》诗:"柏酒介慈亲,爆竹弄儿子。歌我除夕词(注云:余旧有除夕曲,儿子书根拍手作歌以娱老母),一堂喧然喜……"③吕公滋《酬张白莼先生五进士歌》亦云:"一轮车载诗百卷,至我家园岁已晚。有兄有兄曰寸田,剪蔬炊黍共流连……"④此时吕公滋已在京师,未得与张相见。

乾隆三十七年壬辰(1772)

吕公溥四十六岁。正月初七日,公溥与张开东、李元章同游阳岩,题诗于石。公溥《阳岩题石》诗序云:"阳岩即唐之石门,先司农公有《阳岩五古》诗,盖谓此也。夙心游观二十年矣。辛卯除夕,蒲圻张白莼乘独轮车来访,夜半抵余门,壬辰人日,同游于此。北冶李元章携其子……来时儿子书根欲随行,不果。今反憾失此佳会,将让元章之豪且雅矣。"⑤

---

① 《寸田诗草》卷五。
② 《寸田诗草》卷五。
③ 《寸田诗草》卷二。
④ 《硕亭诗草》卷上。
⑤ 《寸田诗草》卷一。

按：李元章，新安马行沟人，业农，未读书，而能吟咏，立能成章，妙语环生，与吕公溥、吕公滋友善。①

是年，吕公滋中进士。②

乾隆三十八年癸巳（1773）

吕公溥四十七岁。是年吕公滋得官为山西临县知县。③

乾隆四十一年丙申（1776）

吕公溥五十岁。是年吕公滋调任介休知县。④ 吕公溥来介休，结识茹纶常（字容斋）。公溥向茹纶常谈到自己四十年前的一次旧梦，茹纶常非常惊异，次日就取出张坚的《梦中缘》传奇给他看。公溥方知自己的梦与《梦中缘》所写之梦很相似，于是初步产生了改写《梦中缘》的愿望。⑤

是年，张开东亦至山西，公溥与之相见，不久于汾阳分手，吕公溥《辛丑仲冬白莼之子耘溪来访横山留五日送其游晋临别赠诗四首》，其一诗后注云："丙申与白莼汾阳城南分手时曰：'万里之行，千秋之别，此一时也。'相与流涕。"⑥

是年，吕公溥离介休时作《将去定阳留别舍弟硕亭》诗，和吕公滋告别，诗云："为人子弟易，为人父兄难。行年当五十，此义时茫然。同堂八弟兄，半已归黄泉。……荷惟季弟才，侥幸得一官。并州桑梓地（吾吕始迁至洪洞），四代宦绩传（先叔祖佥宪公任乐平，先伯曾祖判解梁，先祖司农公宰宁乡，先君任方伯）。受我先世德，谓为后人贤。安舆迎母来，怡养阅两年。三度入官署（临县、阳曲、介休），再听颂声喧。团团依膝下，孺慕承欢颜。念我家中人，分俸助饔餐。相聚虽云乐，能无离别叹。……"⑦

---

① 见民国《新安县志》卷十一《人物》。

② 见杨淮《国朝中州诗钞》卷二十，又见《明清进士题名碑录》。

③ 吕公滋：《寄赠临邑士庶》诗序，见《硕亭诗草》卷下。

④ 吕公滋：《寄赠临邑士庶》诗序，见《硕亭诗草》卷下。

⑤ 吕公溥：《弥勒笑》传奇自序。

⑥ 《寸田诗草》卷四。

⑦ 《寸田诗草》卷二。

乾隆四十二年丁酉(1777)

吕公溥五十一岁。春,吕公溥游泰山。归来时,适逢李绿园来新安,得以相见。公溥作《赠李孔堂》二首,其一云:“吾乡风教至今醇,万里归来一故人。流水高山清以越,太羹元酒淡而真。忘言沕穆欣相对,得句推敲妙如神。惟我兄君君弟我,悬榻更解讵嫌频。”其二云:“云岭虚悬待叩钟,谁寻逸响蹑高踪?两斋弟子何须问,五柳先生未易逢。剩有通家孔文举,愁无仙侣郭林宗。南阳耆旧知存几,最爱躬耕老卧龙。”①

是年六月,李绿园来横山,携带所作诗稿送吕公溥阅,二人洽谈数日,相处亲融。七月,吕公溥为《绿园诗抄》作序,中云:“岁壬午,晤于大梁旅舍,匆匆别,迄今二十年矣。绿园与余叔父向山先生同年生,今年七十一,精神矍铄,健谈终日不倦。厥族邀之课子侄,适余游泰山归,往候之,相见洎如也。六月来横山,出向所为诗示余,复与剧谈数晨夕,相乐无间云。”②序中所谓“叔父向山先生”即吕仰曾(1707—1779),字宗企,号向山,吕复恒之子,吕公溥的叔辈。

乾隆四十三年戊戌(1778)

吕公溥五十二岁。春节前不久,吕公溥为儿子书根毕姻。书根年方十六岁,所娶即胡蕖船女。胡蕖船当时监修华岳庙工,亲自送女至新安横山。正月初七日,李绿园来访,吕公溥及胡蕖船与之畅谈。李绿园有《戊戌春正月坐横山惜阴斋与中牟胡蕖船吕廿二寸田话山水》诗记此事,诗中“有客新从秦川回”一句后注云:“胡蕖船监修华岳庙工,因寸田为子书根毕姻,蕖船送媛至横山。”③

吕田所撰《诰封奉政大夫江苏通州直隶州知州寸田吕公墓志铭》(以下简称《寸田吕公墓志铭》)云:“韩氏生子嗣溱,娶中牟胡氏,山西解州知州、推升云南楚雄府知府名龙光公女。”嗣溱即书根。可知上文诗中所谓胡蕖船名龙光,蕖船当是其字。

吕公溥自撰《侧室韩氏二黄墓志铭》云:“丁酉,娶妇胡。”可知书根与胡氏

---

① 《寸田诗草》卷五。又见杨淮《国朝中州诗钞》卷十五。

② 见《绿园诗抄》残卷卷首,又见苏源生《国朝中州文征》卷二十。

③ 见《绿园诗抄》残卷。

成婚是年前的事,此年春节刚过,胡龙光也来到吕家,与亲家吕公溥及李绿园同相见。

是年九月,吕公溥侄吕燕昭于春和堂邀集“九老诗会”,公溥作《戊戌九老诗会》记其事。诗云:“乾隆四十三年秋,九老会我横山头。九人六百六十二,形则矍铄神则遒。维我舅氏属第一(舅氏王庆卜先生七十六),同宗小阮年齿侔(王象山亦七十六)。皤皤白发者难弟,问年相距差一筹(王肃公七十五)。再其次者宜公李,中虚一座为君留(李宜公七十四,列名而未与会)。又有两人书亥字,徐陵孟浩同优游(孟大山、徐显则皆七十三)。吾家阿叔七十二,绿园同庚胶漆投(叔父向山先生与李孔堂皆七十二)。就中敏庵最年少,才过七十不扶鸠(孟敏庵七十一)。四千四百八甲子,冬夜夏日相周流。从此耄耋期颐寿,年年岁岁观无休。”①

按:吕燕昭是吕谦恒的曾孙,吕耀曾孙,吕肃高次子。字仲笃,号玉照,乾隆三十六年辛卯(1771)举人,由知县擢通州知州、江宁府知府,著有《福堂文集》《福堂诗集》等。②

乾隆四十四年己亥(1779)

吕公溥五十三岁。此年前后,梆子腔空前活跃。著名秦腔演员魏长生于乾隆四十年(1775)入京,演出他拿手的梆子腔剧目《滚楼》《铁莲花》等,轰动京师。③ 至此年,魏长生再次赴京,进一步扩大了秦腔的影响。当时京都已有六大名班,轮番演出。杨静亭《都门纪略 · 词场序》云:“我朝开国伊始,都人尽尚高腔,延及乾隆年,六大名班,九门轮转,称极盛焉。”而魏长生到京后,梆子腔占了优势。吴太初《燕兰小谱》云:“己亥岁,(魏长生)随人入都……《滚楼》一剧,名动京城,观者日至千余,六大班为之减色。”而且,秦腔到京后,竟使“六大班伶人失业,争附入秦班觅食,以免冻饿而已”。④ 梆子腔的活跃,对当时的舞台演出产生如此显著的影响,对戏曲的创作也必然会产生影响。

是年前后,正是吕公溥创作《弥勒笑》的时候。此剧不用传统的宫调格律,

---

① 《寸田诗草》卷三。

② 见民国《新安县志》卷十一《人物》。

③ 见小铁笛道人《日下看花记》及昭梿《啸亭杂录》等。

④ 戴璐:《藤荫杂记》卷五。

而用十字调梆子腔，这与当时梆子腔的兴盛有直接关系。

乾隆四十六年辛丑(1781)

吕公溥五十五岁。是年《弥勒笑》传奇写成，自作序。此剧依据张坚《梦中缘》传奇改写，唱词基本上采用十字调梆子腔，即整齐的十字句式。此序记述了《弥勒笑》的写作过程及作者关于戏曲创作的见解。序云："……《梦中缘》填词四十六出，结构天然，发情止义，雅炼铿锵，堪称后劲。《长生》补恨，托之神仙，犹是无可奈何之思，何如宜以弥勒一笑容之？山居落拓，无以为娱慈亲计，每即境为词，教儿童拍手清歌，以当登场。顾北人鲜解南音，阳春白雪，竟弗获使北地流传，亦大憾事。窃尝谓诗变为词，词变为曲，至于曲，几无可变矣。关内外优伶所唱十字调梆子腔，真嘉声也，或即曲之变也欤？歌者易歌，听者易解，不似听红板曲辄思卧也。但嫌说白俚俗，关目牵强，不足以供雅筵。余乃取《梦中缘》为蓝本，改为之。"《弥勒笑》未见刻本，吕公溥此序由其子吕书根草书，置于《弥勒笑》稿本卷首。

是年秋，张开东之子张耘溪自两千里外至新安横山访吕公溥，到门相见已是初冬。吕公溥以所著《弥勒笑》传奇相示，耘溪为《弥勒笑》题跋，跋云："予慕寸田先生十余年矣，未得见。辛丑秋，走二千余里访于横山之下，初冬九日抵门，先生喜相迎，下榻惜阴斋，即以所作《弥勒笑》见示。披阅之，心即异焉。次夜复阅至三更后，油尽灯灭，解衣就寝。梦至一山下，千峰耸秀，万壑争奇，白云缥缈中似有歌舞声……忽闻门外车声辚辚，既而寤。噫嘻！先生以梦成曲，予见曲而成梦，皆情也。入于梦寐而通乎鬼神，情之真也，亦情之至也。敬还以质之先生。楚蒲圻张兆骞耘溪氏拜题。"

《弥勒笑》稿本有卧云子题记云："《弥勒笑》翻陈出新，直臻化境，函天盖地，学问渊博。结构文章，无一句不自然，无一语不雅趣。善用疑阵，喜使诙谐，笔笔生动，字字玲珑。埋伏照应处，细针密线，出自天然，而一起一结，尤羽化登仙，非复人间凡响。此虽词曲之变，将与《琵琶》《西厢》并传不朽矣。"此题记对《弥勒笑》评价甚高。

吕公溥友人茹纶常有题诗二首，亦附于《弥勒笑》稿本卷末。其一云："一笑黄粱梦境谙，只应弥勒可同龛。移商换徵浑闲事，好向声闻断处参。"其二云："别有风流寄老禅，底须更问梦中缘。吴歈且莫轻相笑，伫看旗亭画壁传。"

是年冬，张耘溪在横山逗留五日，将游山西，临别时，吕公溥赠诗四首相送，题为《辛丑仲冬白莼之子耘溪来访横山留五日送其游晋临别赠诗四首》。①

乾隆四十七年壬寅（1782）

吕公溥五十六岁。九月九日，再次邀集九老诗会。乾隆四十三年（1778）九老诗会的参加者中，公溥之叔向山先生已去世，李绿园已于乾隆四十四年离新安返宝丰。此次九老诗会，公溥作《壬寅重九歌为□拟薛作》记其事，诗中小注列举与会的九人是："首王汉帜，次舍侄腾万，次两家兄慰先、铋源，次李元章、孟朴存，次两舍侄中一、如山，而寸田亦得附于末，共计九人。"②

乾隆四十九年甲辰（1784）

吕公溥五十八岁。五月，其子吕书根死，大悲痛。吕公溥撰《侧室韩氏二黄墓志铭》云："甲辰，根儿猝夭，乃大恸……乙巳五月，根儿死日，号哭竟夕……"可知书根之死在此年五月。吕田所撰《寸田吕公墓志铭》云："甫八岁，嗣溱以疾亡，无子，胡氏守节，事舅姑以贤孝闻。"书根与胡氏从结婚的丁酉年算起至今为八个年头，实际其成婚刚六年半，无子女，书根卒时仅二十三岁。

乾隆五十年乙巳（1785）

吕公溥五十九岁。吕公滋所著《硕亭诗草》由蒲圻张开东、宛平蔡必昌编辑而成，吕公溥及李绿园、茹纶常、吕肃高、吕公路等参与订正。吕公溥为此诗集写有评语云："诗古体较难于近体，近体五绝又较难于他体。今观硕亭全集，近体中五绝最胜，而古体又胜于近体，是其天分过人处。"③此集次年夏刊行于苏州。集中卷下有《送二十二兄寸田之阌乡二首》，可知此时吕公溥已到阌乡荆山书院讲学。

乾隆五十一年丙午（1786）

吕公溥六十岁。闰七月，其妾韩氏死。吕公溥撰《侧室韩氏二黄墓志铭》

---

① 《寸田诗草》卷四。
② 《寸田诗草》卷三。
③ 《硕亭诗草》卷下。

云："乙巳五月，根儿死日，号哭竟夕，乃复病，日益笃，遂至于死。……生于乾隆七年壬戌九月十五日亥时，卒于乾隆五十一年丙午闰七月二十八日丑时，享年四十五岁。"书根于前年甲辰（1784）去世，去年即乙巳（1785）五月书根周年忌日，韩氏是其生母，彻夜痛哭，伤心过度，以至于一病不起。挨至今年的闰七月，竟然与世长辞。

乾隆五十三年戊申（1788）

吕公溥六十二岁。十一月生日，作《戊申初度日郭中孚以诗来祝感而赋此》诗二首。① 其二云："不作公卿关福命，欲逃仙佛少因缘。梦中歌哭浑无谓，醉里逍遥别有天。节届回阳初一度（昨日长至），人经周甲第三年。迩来学得长生诀，懒读诗书只爱眠。"诗中明显流露出老年心态，特别重视修身养性了。吕田所撰《寸田吕公墓志铭》云："晚年……文字外惟事偃息，自称爱眠道人。"从此诗中可窥知他取此自号的缘起。

是年，吕公溥所著《寸田诗草》编成，袁枚为之作序，序中对公溥之诗给予了好评。序后署"钱塘袁枚拜序，时年七十有三"。按袁枚生于康熙五十五年（1716），可推知此序作于是年。

乾隆五十四年己酉（1789）

吕公溥六十三岁。正月初七日，吕公溥访张九钺，作《己酉人日访张紫砚于周南书院》诗。②

按：张紫砚即张九钺（1719—1803），字度西，号罗浮花农，晚号紫砚，湖南湘潭人。曾任南丰、始兴等县知县，乾隆四十八年（1783）被罢官。著有《六如亭》《双虹碧》两种传奇。《六如亭》传奇嘉庆刊本卷首其侄孙张家栻所题七言绝句八首，其八小注云："乾隆癸卯，从祖以解组薄游太行嵩洛间……"吕公溥正是于此时与他结识的。二人有诗唱和。

乾隆五十五年庚戌（1790）

吕公溥六十四岁，所著《寸田诗草》将付刊刻，其族侄吕燕昭当时任江宁知

---

① 《寸田诗草》卷五。

② 《寸田诗草》卷五。

府，为《寸田诗草》题跋。跋云："吾家诗自先忠敬公以来代有专集。曾伯祖司农公著《梦月岩诗》，叔祖方伯公著《松坪诗》，皆严唐之分，一归风雅，久为海内词人传诵。寸田从父司农之孙方伯之子也，昭少随吟唱，见其恪守前型不逾尺寸。今年春寄来诗二册，命昭刊校，昭受而读之……"末署："乾隆岁在庚戌，受业第二十三侄燕昭敬跋于崇川官舍。"①跋后附《寄呈家叔寸田先生》诗后注云："时设帐阌乡。"可知此年吕公溥仍在阌乡荆山书院讲学。跋中所谓《梦月岩诗》即吕公溥之祖父吕履恒的诗集，《松坪诗》即吕公溥之父吕守曾的诗集。吕燕昭是吕谦恒的曾孙、吕耀曾之孙、吕肃高之子，是吕公溥的晚辈，故称吕履恒为"曾伯祖"，称吕守曾为"叔祖"，称吕公溥为"从父"。

嘉庆十年乙丑（1805）

八月，吕公溥卒于家，终年七十九岁。今河南新安县横山村吕氏旧宅遗址存有吕公溥的墓碑，碑文为吕氏家族后裔吕田所撰，题为《诰封奉政大夫江苏通州直隶州知州寸田吕公墓志铭》，其中云："……越数月，遂以脾病殁，时嘉庆十年乙丑八月初八日巳时，距生雍正五年丁未十一月二十六日丑时，享寿七十有九。"碑文之末并记立碑的时间是嘉庆十四年（1809）十一月二十八日。此碑文是吕公溥生卒年的最准确、最可信的证据。

吕公溥的著作除《寸田诗草》和《弥勒笑》传奇外，还有《寸田文稿》8卷及《寸田赋稿》《寸田拟招》《寸田集陶》《寸田集唐》等各若干卷。②《弥勒笑》传奇今存有稿本，私家收藏，甚为珍贵。

（原载《河南戏曲史志资料辑丛》（九），1987年8月出版；其中前半部分又单独成篇，题为《清代河南戏曲作家吕履恒年表》，发表于《中华戏曲》1988年第4期）

① 《寸田诗草》卷末附。

② 见民国《新安县志》卷十三《艺文》。

明末至清代新安吕氏家族世系与支派考略

明末至清代前期，以吕维祺为代表的河南新安县吕氏家族和以王铎为代表的孟津县王氏家族，都是豫西著名的大族。其中新安吕氏从明末的吕维祺到清初的吕兆琳及吕履恒、吕谦恒，祖孙三代的地位甚为显赫，其著述也相当多。到清代中期，新安吕氏支系繁衍，各代不乏著名文士。笔者在探讨河南文学史、戏曲史的过程中，曾经撰作《清代河南戏曲作家吕履恒、吕公溥年表》，主编《河南文学史·古代卷》时也写了吕履恒、吕公溥的相关内容。但是这些论著中对于新安吕氏的介绍还不够详细，而且有些地方的表述也不够准确。后来，笔者陆续见到一些新的传记资料，尤其是碑刻资料，并查阅有关文献，对新安吕氏有了更多的了解，于是对新安吕氏家族的世系与支派再进行一番综合考察与梳理，形成此文。其中的内容，对于本人曾经发表过的吕氏年表来说，也是重要的补充或纠正。

一、吕氏先世至吕维祺

根据吕维祺、吕履恒、吕谦恒等人的传记材料，可知新安吕氏的远祖是北宋宰相吕蒙正的第六子吕居简。查《宋史》卷二六五吕蒙正传及相关资料可知，吕蒙正字圣功，河南（今洛阳）人，太平兴国二年（977）状元，历官中书侍郎、户部尚书、平章事、太子太师，封蔡国公，谥文穆。吕蒙正有七子，长子从简，次子惟简，三子承简，四子行简，五子务简，六子居简，七子知简。其中第六子居简曾官殿中丞、广州知府。吕居简后代的主系居住在山西，传若干代至明朝初年的吕俊，其家从山西洪洞迁到河南新安。自吕俊之后，其家族世系是：

吕俊—吕献—吕鉴—吕思聪—吕玄(元)—吕景阳—吕乡—吕孔学—吕维祺等

吕维祺(1587—1641),字介孺,号豫石,万历四十一年(1613)进士,崇祯时官南京兵部尚书,崇祯十四年(1641)李自成起义军攻破洛阳时被杀,终年五十五岁,谥忠节。著作有《明德堂文集》《孝经大全》等。《明史》卷二六四有传,清初有张鼎延编撰的《明德先生年谱》和施化远编撰的《吕明德先生年谱》。关于吕维祺的事迹及遇难经过,吴伟业的《太傅兵部尚书吕忠节公神道碑铭》记述最详,此碑原在新安县城东关,今存新安县文管所①。另有王铎的《兵部尚书豫石吕公墓志铭》,见于《拟山园选集》卷六十七。吕维祺的著作,民国《新安县志》卷十三《艺文》记录还有《存古约言》6 卷、《四礼约言》4 卷、《音韵日月灯》70 卷。根据有关吕维祺的各种传记资料,可知吕维祺的祖父名吕乡,祖母牛氏;父名吕孔学,母孟氏。

吕维祺的祖父吕乡,事迹见明末王以悟撰《处士吕公暨元配牛氏状》,文存《王惺所先生集》卷五,有明天启年间洛阳王氏重刊本,笔者未见。据《明人传记资料索引》可知吕乡的生卒年为 1542—1572 年,字信夫,未出仕,卒时年仅三十一岁。②

吕维祺的父亲吕孔学,事迹见王铎《绍中吕公传》,据此知吕孔学字尚文,号绍中,妻孟氏,继妻田氏。③ 又据乾隆《新安县志》卷十《选举九 · 命妇》,可知吕维祺祖母牛氏、母孟氏和继母田氏都受到朝廷褒封。

吕孔学之弟名孔教。清代中期吕田所撰《明经历吕孔教墓碑》记其事,其文云:"公讳孔教,字绍文,始祖讳俊公八世孙,明赠资政大夫、户部右侍郎、谥敦懿公乡公次子也。配毛氏。子二……乾隆五十七年岁次壬子二月谷旦,受业第十一侄孙田顿首撰。"④据此知吕乡有二子,长子即吕孔学,次子吕孔教,即吕维祺的二叔。

吕孔学原配孟氏生二子,长子即吕维祺,次子名维祜;继室田氏生一子,名

---

① 此文又见于吴伟业《梅村家藏稿 · 文集》卷十六,民国《新安县志》卷十三《金石》亦收录。

② 《明人传记资料索引》,中华书局 1987 年版。

③ 乾隆《新安县志》卷十二《艺文四》。此《新安县志》为乾隆三十一年(1766)知县邱峨修、吕宣曾纂,下同。本文收入王铎《拟山园选集》卷四十四,题为《吕太公传》,文字稍异。

④ 吕田撰文的《明经历吕孔教墓碑》,今存新安县文管所。

维禔。吕维祜,字泰孺,由贡生选为乐平知县,崇祯十四年与其兄同殉难,《明史》有传,附于吕维祺传后。吕维禔,明末为庠生。民国《新安县志》卷十三《艺文》记吕维祜和吕维祺合著有《切法正指》1 卷,吕维祜自撰有《孝经翼》1 卷。

吕维祺有堂兄名维祚,即吕孔教的长子。今见《明廪监生吕维祚墓碑》:"公讳维祚,明经历孔教长子也。……配李氏、杨氏,庶张氏,生长子,又继张氏,生子三。……长子兆瑞,次生员兆饧,三生员兆琫,四吏员兆珄。孙:乾恒、随恒、兑恒、震恒、泰恒、咸恒,吏员纯恒、德恒、人恒,庠生丽恒,监生仪恒。嘉庆九年岁次甲子冬谷旦。"①这是新安吕氏家族中吕维祺之外的"吕乡—吕孔教—吕维祚—吕兆瑞等—吕乾恒等"的一支,兹不赘述。

吕维祺还有同族兄弟名吕维熊,吕维熊的父亲吕国安是吕维祺之父吕孔学的同辈兄弟。今见有《处士素翁吕公配王氏之墓碑》,其碑文云:"新邑吕氏者,自始祖讳俊公由洪洞来居新安县城,迁转至八世祖讳国安始迁花沟,即曾祖也。九世庠生公维熊,公祖也。公父讳兆璇,配郭氏,继李氏,生公兄弟四人,长律恒,次互恒,季务恒,公其三子也。现恒字素翁……子三,孙四。光绪九年二月二十六日立石。"②碑文后面罗列的子孙之名有:长子福曾,次子恭曾,三子坟曾;孙升高、功高、襄高、公擢;曾孙嗣望、嗣杰、嗣向、嗣孟、嗣蘧、嗣珍、嗣尚。据此碑文可知,墓主名吕现恒,是吕兆璇的第三子。另外,今还见有吕兆璿的第三子吕务恒的墓碑,为《处士吕公配张氏合葬墓碑》,其碑文云:"公讳务恒,生于康熙四十六年吉月吉日吉时,卒于吉月吉日吉时。母张氏生于康熙四十五年十一月十四日子时,卒于乾隆四十九年十一月十五日。……嘉庆十五年岁次庚午仲春谷旦立石。"③碑文后面罗列的子孙之名有:长子尚曾,次子习曾,三子顺曾,四子舞曾;孙全高、忠高、公湖、公翔、公圭、公王、公炳、公简、公拔、公招、公举、公贤;曾孙嗣信、嗣禄、嗣恒、嗣魁、嗣寅、嗣萦、嗣变、嗣颜、嗣孔、嗣程、嗣苏、嗣归、嗣胡、嗣唐、嗣欧、嗣迁、嗣邵、嗣光、嗣舜、嗣禹、嗣尧、嗣汤、嗣武。这是新安吕氏家族中吕维祺之外较远的"吕乡同辈兄弟某—吕国安—吕维熊—吕兆璿—吕律恒、吕现恒、吕务恒等—吕福曾、吕恭曾等—吕升高、吕功高等—吕嗣望、吕

---

① 此碑存新安县南李村乡花沟村东地吕氏茔区内。
② 此碑存新安县南李村乡花沟村东地吕氏茔区内。
③ 此碑存新安县南李村乡花沟村后洼茔区内。

嗣杰等”一支，兹亦不赘述。

吕维祺有一妹名吕大家。吕维祺《郭孺人吕氏大家墓志铭》云：“年十七归郭伯子应琦，今年丙寅得年三十而以疾殒。”①可知其生卒年为1597—1626年。

吕维祺原配郭氏，生二子，长子名兆璜，次子名兆琳；又生育有四个女儿。吕维祺又有一妾杨氏。吕履恒《祖庶母节慈杨太君状》记其事，谓其生于明万历四十七年十月，卒于清康熙二十七年十二月，即1619—1689年1月，终年七十岁，生一女，早殇。②

吕维祺长子吕兆璜，原名兆环，后改名兆璜，字伯玉。据吕履恒《先兄素园先生行状》，知吕兆璜于明崇祯八年乙亥（1635）由拔贡被选用，后来官至广东化州知州。其妻鲁氏，无子，吕兆琳长子贲恒过继给他为嗣子。③ 民国《新安县志》卷十三《艺文》记吕兆璜著作有《孔门七十二贤考》1种。

吕维祺次子吕兆琳（1619—1690），字叔玉，顺治五年（1648）举人，顺治十八年（1661）进士（《明清进士题名碑录》作吕兆麟，中第三甲第九十二名，当即吕兆琳），初授陕西西乡县知县，后擢福建道监察御史。其传记见于《中州先哲传·名臣》。又有刘青藜《吕御史兆琳传》，见《碑传集》卷五十二。吕履恒《先府君行状》云：“府君生万历四十七年己未十月十一日辰时，卒康熙二十九年六月二十七日戌时，得寿七十有二。”④据乾隆《新安县志》卷十《选举八》，吕兆琳因其子吕履恒贵显，被朝廷赠中宪大夫；又因其孙耀曾贵显，被朝廷赠资政大夫、总督仓场户部右侍郎。吕兆琳的著作有《镜蚩集》2卷、《忠节公年谱》4卷，《中州艺文录》卷二十三著录。吕履恒《先府君行状》记吕兆琳的著作有《文庙崇祀考》《西乡志过录》《疾呼草》等。⑤

吕兆琳妻王氏是孟津王铎长女。吕履恒《先孺人状》记云：“先孺人姓王氏，家世礼部尚书赠太傅文安公讳铎长女，济南道参政无党、太常寺卿无咎之妹，内阁中书舍人无回、正一品官荫无忝之姊也。”⑥据此知王铎之子名无党、无咎、无

---

① 吕维祺：《明德先生文集》卷十七。
② 《祖庶母节慈杨太君状》，见吕履恒《冶古堂文集》卷五。
③ 《先兄素园先生行状》，见吕履恒《冶古堂文集》卷五。
④ 《先府君行状》，见吕履恒《冶古堂文集》卷五。
⑤ 《先府君行状》，见吕履恒《冶古堂文集》卷五。
⑥ 《先孺人状》，见吕履恒《冶古堂文集》卷五。

回、无慾，吕兆琳妻王氏的排行在无党、无咎之后，无回、无慾之前；其生卒年为1620—1680年；生育五子四女。长子升恒，生于崇祯十一年（1638），早夭，其他四子即吕贲恒、吕履恒、吕谦恒、吕复恒。

二、吕贲恒、吕履恒及其以下支派

吕兆琳长子吕贲恒，字文启，号素园。《中州先哲传·文苑》有传。吕履恒《先兄素园先生行状》所记更详，谓贲恒生于顺治丙戌，卒于康熙庚寅，即1646—1710年，享年六十五岁。吕兆琳因兄兆璜无子，便将贲恒过继给兆璜为嗣子。吕贲恒于康熙二十一年壬戌（1682）以明经选官，任长葛县教谕，十四年后升任湖北武昌知县。① 其著作有《鄂渚小吟》1卷，《中州艺文录》卷二十三著录；民国《新安县志》卷十三《艺文》记吕贲恒还著有《素园文集》1卷。

据吕履恒《先兄素园先生行状》可知，吕贲恒妻常氏，生六男五女。长子继曾，监生，早卒，其子名从高。次子续曾，岁贡生，其子名祖高、希高、显高，皆为儒生。第三子纶曾，早夭。第四子缵曾，增广生，妻即王铎之子王无党的孙女，其子衎高。第五子统曾，增广生，其子名熠高。第六子绾曾，妻即王铎之侄王无忝的孙女。又据民国《新安县志》记述，吕缵曾字慕斋；其子衎高，字顾夫，雍正年间举才能，乾隆二年丁巳（1737）举孝廉方正，赐六品服，其著作有《藏山集》2卷；吕衎高之子名甲，岁贡生，著有《钧堂诗草》。②《中州艺文录》卷二十四亦著录有吕衎高的《藏山集》并有其小传，同卷又著录有吕绪曾之子吕祖高的《半山园诗草》1卷。民国《新安县志》卷十三《艺文》记吕祖高有《掌园诗草》1卷。

吕兆琳次子吕履恒（1650—1719），字元素，号坦庵，康熙十七年（1678）中举，康熙三十三年（1694）进士及第，曾官山西宁乡知县、广西道监察御史、奉天府府丞、通政司右通政、宗人府府丞、都察院左副都御史、总督仓场户部侍郎转户部右侍郎。《中州先哲传·文苑》有传，另有田从典《吕少司农志铭》所记更

① 《先兄素园先生行状》，见吕履恒《冶古堂文集》卷五。

② 民国《新安县志》卷十一《人物上》引王玉华《采访册》。

详①。吕履恒的著作有《梦月岩诗集》20卷，附《梦月岩诗余》1卷，有雍正三年（1725）刻本；《冶古堂文集》5卷，有乾隆十五年（1750）刻本。《中州艺文录》卷二十三著录，今俱存于《四库全书存目丛书》。又有《使滇草》1卷，刊行于康熙四十九年（1710），今河南省图书馆收藏为善本，《中国古籍善本书目·集部》著录。另有《洛神庙》传奇，今存康熙年间刊本，卷前有作者康熙三十八年（1699）自序，已影印收入《古本戏曲丛刊五集》。

关于吕履恒的家属与子女，《吕少司农志铭》记云：吕履恒原配孟津王氏为王铎长子王无党之女，二十九岁卒；继娶渑池徐氏，二十三岁卒；再继娶洛阳（或谓宜阳）王氏，二十三岁卒；侧室孟津王氏，三十七岁卒；后来又再娶新安王氏，与吕履恒相伴至老。有子三人，长子宪曾，继妻徐夫人生；次子宣曾，侧室孟津王氏生；三子守曾，继室新安王氏生。有女儿五人，其名未详。其中两个女儿是原配王氏生，其他三个女儿的生母为谁未详。

关于吕履恒的原配王氏，吕履恒曾自撰《先室王氏状》云："先室王氏者，予舅氏济南道参政讳无党长女也。……丁未，予补弟子员，妻举一女。辛亥予东归，应科试，明年乡试复被落，妻又举一女。……丙辰三月二十九日寅时，妻遽告终，距生时戊子八月初十日辰时，得春秋二十有九。"②据此知其原配王氏生卒年为1648—1676年，比吕履恒年长两岁，生了两个女儿。

关于吕履恒再娶的新安王氏，方苞《少司农吕公继室王夫人墓志铭》记云："始归，宪曾将冠，而宣曾生五龄，女子、子五人。未逾旬而司农之官宁乡。"③据吕履恒《（宁乡）祛除积弊碑记》中谓"卑职于康熙三十八年二月十三日到任"④一语，可知新安王氏归吕履恒的时间为康熙三十八年（1699）正月。

吕履恒的长子吕宪曾，字章范，号舒亭，康熙四十七年（1708）举人，官湖南溆浦知县。《中州先哲传·文苑》有传。又据乾隆《新安县志》卷十《选举八·封赠》，吕宪曾被朝廷"授文林郎、岳池知县"。吕宪曾著作有《舒亭诗草》1卷，《中州艺文录》卷二十三著录，又名《四勿堂诗稿》，有民国7年（1918）活字排印本，今天津图书馆有收藏。

---

① 田从典：《吕少司农志铭》，收入乾隆《新安县志》卷十二《艺文四》。

② 《先室王氏状》，见《冶古堂文集》卷五。

③ 见《方望溪先生全集》卷十一。

④ 吕履恒：《祛除积弊碑记》，见《宁乡县志》卷九《艺文》。

吕宪曾的长子名公迁，字孟擢，雍正年间附贡生，《中州先哲传·文苑》有传。其著作有《见山亭集》1卷，《中州艺文录》卷二十四著录。宪曾次子名公泽，字仲延，号畏五，乾隆元年（1736）举孝廉方正，《中州先哲传·文苑》有传。其著作有《拙堂集》1卷，《中州艺文录》卷二十四著录。宪曾第三子名公诒，后来过继给吕复恒之子吕法曾为嗣子，详见后文。

吕履恒的次子吕宣曾（1695—1765），字扬祖，号伊蔚，又号柏岩，康熙五十三年（1714）中举，年近五十时，选任湖南永兴知县，后升靖州知州，因年老致仕。《中州先哲传·文苑》有传。其著作有《柏岩文集》4卷，今存乾隆十四年（1749）刻本，又有乾隆五十年（1785）金陵望柏堂刻本，河南省图书馆收藏，《贩书偶记》和《中州艺文录》卷二十四著录；《柏岩诗集》12卷，有乾隆刻本，《中州艺文录》卷二十四著录，今未见；其他还有《仪礼笺》《读礼说》《古乡饮图考》《文庙从祀表》《吕氏宗谱齿谱祭规》等，俱见《中州艺文录》卷二十四著录；《中州先哲传·文苑》记其著作还有《古宫室名制考》1卷、《瑶民两案便略》1卷。另外，吕宣曾在湖南做官期间，还曾主持修纂《永兴县志》12卷，有乾隆十四年（1749）刊本；《靖州志》14卷，有乾隆二十六年（1761）刻本。

吕宣曾的长子名公路，字伯平，号介亭，由县丞发广西署太平州同知，借补罗城县武阳司巡检，甫抵官即卒。《中州先哲传·文苑》有传。著作有《介亭诗草》1卷，有乾隆五十一年（1786）望柏堂刻本，《中国古籍善本书目·集部》著录，民国年间中州文献征辑处征辑有刻本一册。《中州诗征》卷十五收其诗8首。

吕宣曾的次子名公滋，字树村，号硕亭，又号兰圃，乾隆三十七年（1772）进士，曾官山西介休知县，不久以疾告归。《中州先哲传·文苑》有传。其著作有《硕亭诗草》2卷，今存乾隆五十一年（1786）刊本，刻于姑苏。今河南图书馆有藏本，卷前有乾隆五十年乙巳（1785）十二月蔡必昌叙；参与“选定”者为“钱塘袁枚简斋、夏邑彭冠六一”，可知吕公滋和袁枚有交往；参与“订正”者有其族兄吕肃高、吕馨高，胞兄吕公路，堂兄吕公辅、吕公溥，以及《歧路灯》的作者李绿园。吕公滋与李绿园的交往尤为密切，《硕亭诗草》中有李绿园的批语。杨淮《国朝中州诗钞》收其诗6首，《中州诗征》收其诗3首。吕公滋所著还有《春秋本义》12卷，有乾隆五十六年（1791）孟冬望柏堂刻本，孙殿起《贩书偶记》著录。另有《文庙礼乐图考》和《续家谱》，《中州艺文录》卷二十四著录；《掌园吟余》，

《中州艺文录》卷二十四著录。另外，吕公滋还曾于嘉庆五年(1800)题“梦月岩”三字，刻于新安县横山村吕氏梦月祠内，今存于此祠。

吕履恒的第三子吕守曾(1700？—1740)，字待孙，号松坪，雍正元年(1723)举人，雍正二年(1724)进士，曾官河北完县知县，后擢宣化知府，累官至山西布政使。晚年主讲于阌乡荆山书院。《中州先哲传·文苑》有传。陈浩《祥符教谕吕君法曾墓志铭》中有“戊寅，余游大梁，松坪殁已十有八年”①一语，戊寅为乾隆二十三年(1758)，据此可知吕守曾卒于乾隆五年(1740)。其著作《松坪诗草》12卷，有乾隆刊本，今复旦大学图书馆有收藏，卷前有陈浩序。袁枚《随园诗话》曾称赞其诗。《中州艺文录》著录《松坪诗草》的抄本为14卷，民国年间中州文献征辑处征辑到此抄本2册。

吕守曾之子吕公溥，平生未出仕，晚年曾主持阌乡书院，《中州先哲传·文苑》有传。另有吕田撰《诰封奉政大夫江苏通州直隶州知州寸田吕公墓志铭》(以下简称《寸田吕公墓志铭》)所记最详，其文云：“叔祖寸田先生讳公溥，字仁原，寸田其号也，又号髯痴。系出宋文穆公第二十五代裔。……嘉庆元年，恭逢覃恩，以从游从子燕昭贵，诰封奉政大夫、江苏通州直隶州知州。原配董氏，诰封宜人。……晚年，酷爱右军兰亭帖暨外氏王文安公书法，终日挥毫不为疲也。文字外惟事偃息，自称爱眠道人。一日，病中召田曰……越数月，遂以脾病殁。时嘉庆十年乙丑八月初八日巳时，距生雍正五年丁未十一月二十六日丑时，享寿七十有九。考方伯公讳守曾……妣王夫人，仪封教谕讳鹏公女。”②据此知吕公溥的生卒年为1727—1805年。吕公溥的著作有《寸田诗草》8卷、附《诗余》1卷，《宗祀祭规》1卷及《寸田文稿》，《中州艺文录》卷二十四著录。《寸田诗草》有乾隆五十五年(1790)其侄吕燕昭刻本，河南省图书馆有收藏，《中国古籍善本书目·集部》著录。卷前有袁枚所作序，署“钱塘袁枚拜序，时年七十有三”，可知是袁枚于乾隆五十三年(1788)所作。刊本之末又有吕燕昭跋，后署“乾隆岁在庚戌受业第二十三侄燕昭敬跋于崇川官舍”，可知是吕燕昭于乾隆五十五年(1790)所作。另据民国《新安县志》卷十三《艺文》，吕公溥还著有《寸田赋稿》

① 见《碑传集》卷一百一十一。

② 吕田撰《诰封奉政大夫江苏通州直隶州知州寸田吕公墓志铭》所刻之碑，今存新安县仓头乡横山村吕氏旧宅中。

《寸田拟招》《寸田集陶》《寸田集唐》,今俱未见。吕公溥最重要的著作是梆子腔剧本《弥勒笑》传奇,今存作者手稿本,私家收藏,极其珍贵。卷前有作者自序云:“窃尝谓诗变为词,词变为曲,至于曲,几无可变矣。关内外优伶所唱十字调梆子腔,真嘉声也,或即曲之变也欤?歌者易歌,听者易解,不似听红板曲辄思卧也。但嫌说白俚俗,关目牵强,不足以供雅筵,余乃取《梦中缘》为蓝本,改为之。”此剧本及序文是研究梆子腔发展史的重要资料。剧情是据张坚《梦中缘》传奇改编,稿本之末附有卧云子题记,以及吕公溥的友人茹纶常题诗2首。吕公溥与《歧路灯》的作者李绿园交往密切,乾隆四十二年(1777)为李绿园撰作《绿园诗序》。

《寸田吕公墓志铭》中记述吕公溥的家属情况,云:“嫡配董宜人,洛阳辛酉拔贡讳万育公女。侧室黄氏、韩氏。韩氏生子嗣溱,娶中牟胡氏,山西解州知州、推升云南楚雄府知府名龙光公女。甫八岁,嗣溱以疾亡,无子。”关于董宜人,吕田所撰《诰封宜人董氏墓志铭》记云:“宜人卒于嘉庆十四年己巳九月二十五日亥时,距生于雍正五年丁未七月一十一日巳时,享寿八十有三。”①据此,知董宜人与吕公溥同年生,晚公溥四年卒,生卒年为1727—1809年。

《寸田吕公墓志铭》中说韩氏生子嗣溱,即吕公溥的儿子书根。吕公溥自撰《新安吕忠节公元孙、侍御公曾孙、司农公孙、方伯公子公溥字仁原号寸田之亡次侧室韩氏二黄墓志铭》(以下简称《侧室韩氏二黄墓志铭》)记述更详:“余妾韩氏,洛阳人。……辛巳,余年三十有五,尚无子,因劝纳焉,名之曰二黄。明年,生儿书根。丙戌,生女叶。戊子五月八日,叶女暴殇,哭泣得瘕症。……根儿……丁酉,娶妇胡……甲辰,根儿猝夭,乃大恸……乙巳五月,根儿死日,号哭竟夕,乃复病,日益笃,遂至于死。……生于乾隆七年壬戌九月十五日亥时,卒于乾隆五十一年丙午闰七月二十八日丑时,享年四十五岁。今于六十年二月十日祔葬于县城西原夫人墓次余所应入之茔也。……寸田老人泪笔。嗣孙吕琦泣血稽颡上石。”②据此知,韩氏生于乾隆七年(1742),小吕公溥十五岁;吕公溥于乾隆二十六年辛巳(1761)三十五岁纳韩氏,其时韩氏二十岁,因吕公溥原已

---

① 吕田撰《诰封宜人董氏墓志铭》所刻之碑,今存新安县仓头乡横山村吕氏旧宅中。

② 吕公溥撰《新安吕忠节公元孙、侍御公曾孙、司农公孙、方伯公子公溥字仁原号寸田之亡次侧室韩氏二黄墓志铭》所刻之碑,今存新安县文管所。

娶妾黄氏，故名之为“二黄”；次年即乾隆二十七年（1762）书根出生；乾隆三十一年丙戌（1766）女儿叶出生；乾隆三十三年戊子（1768）女儿叶两岁夭亡；乾隆四十二年丁酉（1777），书根十六岁娶妻胡氏；乾隆四十九年甲辰（1784），书根死，年仅二十三岁；乾隆五十一年丙午（1786），韩氏死，终年四十五岁。

关于吕书根，他是吕公溥唯一的儿子，吕公溥对他十分钟爱。吕公溥于乾隆三十四年（1769）四十三岁时有诗《将赴阌乡县作八首》，其三云：“行年三十六，才得一儿子。今年八岁初，见书颇心喜。学爷无不为，狼藉弄墨水。哦吟当歌曲，安知经与史？有时把椽笔，横斜写满纸。问字羞不知，最爱说故事。居然当门户，博欢北堂里。”①诗中表现的爱子之情溢于言表。后来书根长大，勤学好问，吕公溥对他寄托着希望，这在《寸田诗草》中也有反映。今见吕公溥传世的《弥勒笑》传奇稿本卷首附吕公溥所作自序，即吕书根书写的草书。

《侧室韩氏二黄墓志铭》碑文之末题“嗣孙吕琦”，即吕书根的嗣子，这在《寸田吕公墓志铭》中有记述：“胡氏守节，事舅姑以贤孝闻。公举蒙旌取从兄之子琦为嗣。琦娶孟津王氏太学生名起发公女……继汜水禹氏……又继邑城郭氏太学生名东木公女。琦将卜宅兆，择于嘉庆十四年十一月二十八日，安厝县西方伯公旧茔之次。述遗言礲石命田为志。”可知吕琦是吕书根从兄之子，从兄为谁今未详。吕琦操办了吕公溥安葬之事，也算是尽到了从孙的责任。《中州先哲传・文苑》吕履恒传后附吕守曾传，谓守曾有曾孙嗣东，字位青，著有《晓霞诗草》，这位嗣东可能是吕琦之子。

《寸田吕公墓志铭》中提及的“从游从子燕昭”，是吕公溥之侄，即吕谦恒之孙吕肃高之子，详见后文。《寸田吕公墓志铭》和《诰封宜人董氏墓志铭》的作者吕田，是吕复恒的玄孙，亦详见后文。

三、吕谦恒、吕复恒及其以下支派

吕兆琳第三子即吕谦恒（1653—1728），字天益，号涧樵，康熙三十二年（1693）四十一岁时中举，康熙四十八年（1709）五十七岁时进士及第，由翰林改

① 吕公溥：《寸田诗草》卷二。

御史，选给事中，迁鸿胪大理寺，再迁光禄寺卿，世称吕光禄。《中州先哲传·文苑》有传。又有张汉《吕光禄传》、方苞《光禄卿吕公墓志铭》所记更详。① 吕谦恒所著《青要集》12卷，雍正十三年（1735）刊行，《中州艺文录》卷二十三、《中国古籍善本书目·集部》著录，今存，已收入《四库全书存目丛书》。又有《青要山房诗选集》12卷，是其门人张人崧于乾隆六年（1741）重刻，是将原刊《青要集》加以删订而成。后来吕谦恒之孙吕肃高于乾隆十五年（1750）重刻此集，改分为13卷，仍名为《青要集》。另著有《四书制艺》若干卷。

吕谦恒之妻王氏是其舅父王无咎之女。方苞《皇清诰授中议大夫光禄寺卿吕公诰封宜人待赠淑人王氏合葬墓志铭》云："宜人姓王氏，孟津王文安公讳铎之孙、太常寺少卿讳无咎之女，明大司马忠节公之孙妇，监察御史赠佥都御史讳兆琳之子妇，光禄卿讳谦恒之妻，承曾、光曾、耀曾之母也。"②吕谦恒的三个儿子承曾、光曾、耀曾皆王夫人所生。

据方苞《光禄卿吕公墓志铭》，吕谦恒的长子承曾，雍正二年甲辰（1724）举人（按：本年无秋试，当是雍正元年癸卯），拣选知县；次子光曾，康熙四十七年戊子（1708）举人，曾官陈留教谕。

吕谦恒第三子耀曾，字宗华，号朴岩，康熙四十四年（1705）举人，四十五年（1706）进士，由中书舍人迁礼部主事，历任袁州知州，四川按察使、布政使，左佥都御史，奉天府尹，入为左副都御史、吏部右侍郎、仓场侍郎兼顺天府尹，官终仓场侍郎。《中州先哲传·名臣》吕兆琳传后附其传。其著作有《横山诗草》1卷、《白燕诗集》1卷、《使黔草》1卷，俱见《中州艺文录》卷二十四著录。其中《使黔草》1卷，有雍正十三年（1735）刻本，孙殿起《贩书偶记续编》著录，今未见。吕宣曾《青要集》跋云："朴岩兄奉使古州，又随志风土邮传，及宣布对扬各事迹，名曰《使黔草》。朝野嘉叹，与先司农《使滇草》并称，可不负叔父庭训矣。"杨淮《中州诗钞》收其诗7首，《中州诗征》收其诗5首。今又见沈德潜《皇清诰授资政大夫户部总督朴岩吕公墓志铭》（以下简称《朴岩吕公墓志铭》）云："公卒于

---

① 张汉《吕光禄传》、方苞《光禄卿吕公墓志铭》俱附于吕谦恒《青要集》卷首，乾隆《新安县志》卷十二《艺文四》亦收录；方苞《光禄卿吕公墓志铭》又见于《方望溪先生全集》卷十。

② 方苞《皇清诰授中议大夫光禄寺卿吕公诰封宜人待赠淑人王氏合葬墓志铭》所刻之碑，今不详存于何处，有拓片藏河南省文物考古研究所。此碑文又见《方望溪先生全集》卷十一，《四部丛刊》本，题作《光禄卿吕公宜人王氏墓志铭》。

乾隆癸亥七月十八日，距生康熙己未九月十七日，享寿六十有五。诰授资政大夫，赠祖父考妣如其官。”①由此知吕耀曾的生卒年为1679—1743年。

据沈德潜所撰《朴岩吕公墓志铭》，吕耀曾妻孟氏，诰封夫人，生二子，长子肃高，次子翼高；吕耀曾有孙五人，名燕征、燕应、燕昭、燕标、燕谋，今仅知燕昭为肃高之子，其他四人谁为肃高之子、谁为翼高之子未详。民国《新安县志》卷十三《金石》所收录的沈德潜《皇清诰授资政大夫总督仓场户部右侍郎吕公墓志铭》碑文，谓耀曾“孙男四，燕征、燕应、燕喜、燕标”，与今所见碑文不同。

吕耀曾长子肃高，字幼恭，号南村，康熙五十九年庚子(1720)举人，曾官江西吉安、湖南常德、长沙知府。娶妻董氏，继妻胡氏。其传记见《中州先哲传·名臣》吕兆琳传后附及《中州先哲传·文苑》吕谦恒传后附。吕肃高的著作有《南村诗草》1卷及《孝睦田规则》，《中州艺文录》卷二十四著录。在任长沙知府期间曾主持纂修《长沙府志》50卷，今存乾隆十二年(1747)刻本。

据沈德潜所撰《朴岩吕公墓志铭》，吕耀曾的次子翼高，二品荫生，修选主事，娶程氏，继妻顾氏。

吕肃高次子燕昭，字仲笃，号玉照，乾隆三十六年(1771)举人，由知县升任通州知州，累迁江宁知府。《中州先哲传·文苑》有传。其著作有《福堂文集》《福堂诗集》，《中州艺文录》卷二十四著录。杨淮《中州诗钞》收其诗17首，《中州诗征》收其诗5首。任江宁知府时，纂修《新修江宁府志》56卷(姚鼐主纂)，有嘉庆十六年(1811)刻本；还曾主持重刻明代吕坤的《呻吟语》《实政录》《小儿语》《闺戒》《明职》诸书。吕燕昭与《歧路灯》的作者李绿园有交往，乾隆四十三年(1778)九月李绿园和吕仰曾等在新安横山参加的“戊戌九老诗会”，即吕燕昭邀集的；吕燕昭是李绿园的小说《歧路灯》稿本及《绿园诗抄》最早的读者之一，《歧路灯》的传世抄本中有吕燕昭的批语②。

吕兆琳第四子吕复恒，字敦甫，号清壑，十六岁为诸生，年过二十岁就绝意仕进，不治举业。康熙二十五年丙寅(1686)拔贡，曾官仪封县教谕。《中州先哲传·文苑》有传。其著作有《清壑亭诗集》1卷及《字学析疑》1卷，《中州艺文

---

① 沈德潜《皇清诰授资政大夫户部总督朴岩吕公墓志铭》所刻之碑，原存新安县文管所；碑文又见于民国《新安县志》卷十三《金石》，标题及文字略有差异。

② 见栾星编《〈歧路灯〉研究资料》，中州书画社1982年版。

录》卷二十三著录。吕复恒之妻傅氏，封孺人，未生育；继妻萧氏，新安县人，封孺人，生三子，名法曾、循曾、仰曾。《中州先哲传·列女》介绍有“吕法曾母萧氏”。

吕复恒长子吕法曾，康熙五十二年癸巳(1713)举人，曾官祥符县教谕，《中州先哲传·文苑》有传。其生平事迹，陈浩《祥符教谕吕君法曾墓志铭》记述更详：“君姓吕氏，讳法曾，字宗则，号力园，余同年友松坪方伯之从兄也。戊寅，余游大梁，松坪殁已十有八年，其子公溥偕其世父靖州刺史伊蔚之子公滋从余学，因持刺史所述力园行状而乞铭于余。……而君则拔贡生仪封教谕讳复恒之长子也。前母傅孺人无出，母为萧孺人，生君及两弟循曾、仰曾。……君以康熙癸巳科举于乡，将选县令，以母老不欲远仕，请改选，得祥符教谕。……君生于康熙某年月日，卒于乾隆十五年月日，年六十有七。”①由此可知吕法曾的生卒年为1684—1750年。吕法曾著作有《毛诗可》、《古唐诗可》12卷，《韵可》106卷，《力园诗草》10卷并附《集古诗》1卷，《力园诗草二集》2卷，《力园文稿》1卷，《力园谈医》1卷，俱见《中州艺文录》卷二十四著录。又有《阐微录》1卷，有乾隆六年(1741)刻本，孙殿起《贩书偶记续编》著录。又编有《宋金元诗》，附《古唐诗可》之后并行，又与《集古诗》结集并行，有乾隆十一年(1746)刻本，河南省图书馆有藏本，卷前有汪士锽序，《河南省中文古籍书目·集部》著录。其所著《力园诗草》，《中国古籍善本书目·集部》著录，今河南省图书馆有藏本，全书10卷，集古诗、乐府五言律等附于卷末，有吕宣曾乾隆戊午(1738)秋日跋，跋文云：“予自就傅时率两弟循曾、守曾同受学于从兄力园先生，攻举子业，未暇及诗律。”可知吕宣曾、吕守曾和吕循曾年幼时都曾以吕法曾为师。杨淮《中州诗钞》选收吕法曾诗8首。

据陈浩《祥符教谕吕君法曾墓志铭》云，吕法曾“娶郭氏，无子，以从兄章范之子公诒为之后。公诒中乾隆辛酉科举人，后公三年殁，有子中君”。章范即吕宪曾，宪曾之子公诒过继给了吕法曾。公诒于乾隆六年辛酉(1741)中举，乾隆十八年癸酉(1753)卒。

吕复恒次子吕循曾，字宗率，号戆庵，雍正四年(1726)举人，年仅二十九岁而卒。《中州先哲传·文苑》有传。其著作有《戆庵诗草》1卷，今未见，《中州诗

---

① 陈浩：《祥符教谕吕君法曾墓志铭》，见《碑传集》卷一百一十一。

征》收其诗5首。又有《嵩坪吟》,《中州艺文录》卷二十四著录。民国《新安县志》卷十三《艺文》记吕循曾还著有《尚志斋遗文》2卷。

吕循曾的子孙及后代中,著名的人物是曾孙吕田,字砚平,一字心斋,号春圃,道光元年(1821)恩贡。其传记见《中州先哲传·文苑》中吕肃高传附。著作有《澹成轩文稿》《四书书仁汇集》《读书摘要》《诗韵辨字正讹》《切己录》《瘟病条辨摘要笺》《天花精言绪余》,以上7种见于《中州艺文录》卷二十四著录。杨淮《中州诗钞》收其诗38首,《中州诗征》收其诗7首。民国《新安县志》卷十三《艺文》记吕田还著有《澹成轩诗稿》3卷。吕田曾受吕公溥的临终嘱托,撰作《寸田吕公墓志铭》,又为吕公溥撰作《诰封宜人董氏墓志铭》。

吕复恒第三子吕仰曾(1707—1779),字宗企,又号向山。乾隆年间岁贡生,能诗,会篆刻,制印二百余方,卒后其门人私谥曰贞文。《中州先哲传·文苑》有传。其著作有《学山集》12卷,《古文》1卷,《紫岩诗草》1卷,《立亭诗草》2卷,《芝堂学吟》1卷,《向山拟古》1卷,《向山摘句》1卷,又曾笺注明代吕坤《呻吟语》为《呻吟语笺》,俱见《中州艺文录》著录。杨淮《中州诗钞》收其诗13首,《中州诗征》收其诗6首。吕仰曾与《歧路灯》作者李绿园同年出生,交情深厚。吕公溥《绿园诗序》云:“绿园与余叔父向山先生同年生,今年七十一,精神矍铄,健谈终日不倦。”①此诗序末署“乾隆四十二年岁次丁酉七月横山吕公溥寸田书”,即1777年所撰,可知吕仰曾与李绿园俱生于康熙四十六年(1707)。吕公溥又有《戊戌九老诗会》诗云“吾家阿叔七十二,绿园同庚胶漆投”,后有注曰“叔父向山先生与李孔堂皆七十二”②,戊戌为乾隆四十三年(1778),亦可为证。吕公溥还有《壬寅重九会歌为王拟薛作》,中云:“芝堂仙去已三载(先叔向山先生),孔堂归卧南阳庐(李绿园归宝丰)。”③壬寅为乾隆四十七年(1782),可知吕仰曾去世在乾隆四十四年己亥(1779),终年七十三岁。

清中期以后,新安吕氏家族中的著名者或有著作传世者较少。见于民国《新安县志》卷十三《艺文》著录的还有:吕嗣关,乾隆乙酉(1765)举人,历官直隶知县、霸州知州,著有《半园诗草》1卷、《裕堂初稿》1卷、《裕堂八续诗稿》1

① 《绿园诗抄》残卷卷首,见《〈歧路灯〉研究资料》,中州书画社1982年版。

② 吕公溥:《寸田诗草》卷三。

③ 吕公溥:《寸田诗草》卷三。

卷、《雪村再续诗草》1卷、《烟郊纪事》1卷，皆未付梓；吕申撰《以约堂诗草》2卷，吕新撰《古愚堂诗钞》无卷数，吕雍撰《竹轩诗文稿》4卷，吕嗣闵撰《文门诗草》2卷，吕得撰《凭鲁诗草》1卷，亦皆未付梓。吕嗣关等属于吕氏家族的哪一支系，已难查考。

（原载《中州学刊》2012年第1期）

万树评传

在清初的剧坛上，万树不能说是戏曲作家群中最拔尖者。他的戏曲作品，数量方面赶不上比他早的李玉、朱素臣、张大复等人，质量方面不如比他晚些时的洪昇、孔尚任，但是应该承认，万树是当时一位颇有特点的剧作家。他的创作显示出不平常的才气与灵气，他的一生充满坎坷且带有悲剧性，他多方面的文学成就受到后世的称道，他在戏曲史、文学史上都应占有一定的地位。

万树是明末著名戏曲作家吴炳的外甥。这有两点证据。其一是《宜兴吴氏宗谱》中的《石渠公传》，末署"甥万树百拜传"，文中云："公，予舅也。于少育于母家，故知公之始末也特详。"①其二是《念八翻》吕洪烈序云："何其酷似我私淑之粲花耶？讯之，则粲花实先生之舅氏。"万树与吴炳同籍，亦江苏宜兴人。他字红友，晚年号山翁。他以"红友"为字是有来历的。罗大经《鹤林玉露》卷八记云，苏东坡南迁北归时，路过宜兴，有一天与一位姓单的秀才来到黄土村，当地的主人携酒招待他们，说："此红友也。"东坡答道："此人知有红友而不知有黄封，可谓快活。"周亮工《书影》卷四亦云："酒名红友，好对黄娇。"据此可知，红友是宜兴出产的一种酒的名称，万树取以作字，他的故里或许就在黄土村一带。

有关书籍提及万树皆未详其生年，今据有关资料，可断定他的生年在明天启末至崇祯初。万树《词律自叙》说他于康熙二十四年（1685）入吴兴祚幕，此时他的年龄大约不会超过六十岁，由此上推，他应生于明天启六年（1626）以后，又万树与侯文灿之父侯杲有极深的交情（见后文），他当是侯文灿的父辈，其年龄应比侯文灿大，假定大十岁以上，今知侯文灿生于清顺治四年（1647）②，那么

① 《宜兴吴氏宗谱》第三十六册卷十，吴诚一等续修，民国丙寅年（1926）刻本。

② 陆楣：《亦园居士传》，见《铁庄文集》卷五。

万树当生于明崇祯十年(1637)以前。

万树少年聪慧,学识明达,曾"以国子生游都下"①,而更多的时间住在宜兴,与本县文士交游,诗词唱和。宜兴城南八里有处名胜叫西石亭,当地出产鲜梅,枝干奇古,万树每年都和文友来此处游览。万树曾作《忆石亭梅》词,中云"一年一度,共几辈诗豪,同访花坞……春花下,谁留新句……"②即指此事。可见,当时万树的文才在本县已经初露头角。

万树早年和无锡侯杲、侯文灿父子交往。侯杲字霓峰,是无锡望族,他在无锡城东映山河建造一处私人园林,名叫亦园。其家蓄有家乐,亦园中有戏台名百尺楼,经常演戏,所演昆曲名噪大江南北。万树和侯杲交情深厚,据侯文灿后来所撰其父行述记云:"先大夫于缟纻谊最笃而生平终始称道义交者,尤推红友云。"③可知侯杲对万树的才华和人品都很看重。万树是亦园的常客,得以观看许多昆腔剧目,这是促使他从事戏曲创作的一个重要因素。

康熙五年(1666),万树制成《璇玑碎锦》100种。这是一种诗词文字游戏,将各种形式的回文诗,填入连环、屏风、如意、串珠、宝塔等图形中,纵横回环依法读之,皆成诗。它构思巧妙,文采绮丽,值得欣赏、玩味。这年夏天,侯文灿、侯文耀兄弟邀请万树来无锡,万树也正要请侯杲为《璇玑碎锦》作序,就欣然应邀。④《璇玑碎锦》今存光绪十四年(1888)秋似静斋重刊本,前有乾隆五年(1740)江昱序,序中谓原作有百种,散失若干,仅存60种。初刻本早已失传,侯杲是否为此书写了序,如今已难查考。

万树早就留心于词学的研究。康熙七年、八年间(1668—1669),他和陈维崧曾谈论此事,决计编一部《词律》。⑤ 侯文灿也爱钻研诗词格律,与万树志趣相投,于是二人商定合作。侯文灿后来回忆说:"予自甲寅(康熙十三年,1674)奉侍先大夫,与荆溪万子红友日坐亦园,始共事词律。"⑥但工作刚开始不久就中止了。因为第二年侯杲病故,万树离开了亦园。康熙十五年、十六年间

---

① 重刊《宜兴县旧志》卷八《人物志·文苑》。
② 重刊《宜兴县旧志》卷九《遗址》。
③ 转引自侯镜昶《关于〈词律〉的作者》,见《江海学刊》1963年第6期。
④ 《璇玑碎锦》宏伦序。
⑤ 万树:《词律自叙》。
⑥ 侯文灿:《名家词集自叙》。

(1676—1677)，万树又来侯家一次，但从这时起，侯文灿也离家至外地任职，先后为浙江海盐、山西稷山等处知县，无暇顾及此事了。接着，万树妻子因病去世，他生活更加贫困，孤身无所牵挂，就离家出外游历。

自康熙十六年(1677)起，万树开始了漂泊无定的流浪生活。他身着破旧青衫，四处奔波，尝遍了饥寒苦辛，历尽了风霜劳碌，正如他自己所云："北辕燕晋，南棹楚闽，兴既败于饥驱，力复孱于孤立。"①他有《石州慢·青衫叹》词，描述了当时的狼狈境况：

> 一领青衫，着绽又缝，缝了还缀。悬来鹑结裘称，凤尾却惭貂敝。燕辕楚棹，已经几许风霜，关山尘土江湖水。犹有滴残痕，为灯前清泪。　　襜初意。壮游归去，会郡帷，茂陵车骑。宁料葛衣如故，绨袍谁遗？青衫休怨，但看着的人儿，年来骨瘁筋枯矣。何况这青衫，是布儿缝底。②

大约六年后，万树回到故乡，他购得吴氏鹦鹉园旧址加以修葺，定居下来。他在园子周围种植了杨树，命名为"堆絮园"，又把他读书的轩堂命名为"萝隐"。③ 但过了不久，他就接受了吴兴祚的邀请，又动身前往广东。

吴兴祚，字伯成，本是浙江山阴人，后加入汉军正红旗籍，顺治七年(1650)由贡生得官为江西萍乡知县，后曾任无锡知县多年，和侯杲有交往，因而认识了万树，很赏识他的才学。后来，吴兴祚参与平定耿精忠叛乱，因军功于康熙二十年(1681)擢升为两广总督。当时总督府设在端州(今广东肇庆)，万树大约是康熙二十四年(1685)春来到这里的。《词律自叙》有"丑春在端署蕉窗"语，丑春即康熙二十四年乙丑(1685)之春，此时万树已在端州。他身为幕僚，总督府里起草文书奏议等皆由他承担，公务之余则集中精力继续进行原定的编纂《词律》的工作。吴兴祚的公子吴秉钧(字琰青)正有志于声律之学，吴秉钧的叔父吴棠祯(字伯憩，号雪舫)也喜好词曲，此二人得知万树的计划，极力赞助。经过两年的努力，终于在康熙二十六年(1687)把《词律》编成了。此书分20卷，收调660种，体式1800余种。这年正月十五日，万树为《词律》写了"自叙"，详述了编纂此书的艰辛。吴兴祚审阅了全书，并写了序．序中赞它"考究精严，无微不

---

① 万树：《词律自叙》。

② 万树：《香胆词》，见《百名家词钞》卷二十。

③ 重刊《宜兴县旧志》卷八《人物志·文苑》。

著”。之后吴兴祚又出资赞助，使《词律》得以刊行。印出后，万树立即邮寄给千里之外的侯文灿，告诉他当年两人合谋商定的《词律》，如今已经问世了。①

万树的《词律》在词学研究史上占有重要地位，它汇集广博，选例精当，审音辨体，考订详明，后来被采入《四库全书》。即使在今天，它对研究古代词的格律仍有很大参考价值。

万树对词学的研究和他的戏曲创作有密切关系。他关于词学声律的见解，含有他戏曲曲词写作的体会；反之，他的戏曲曲词的写作，也得益于他关于词律的研究。二者相辅相成，使他在词学研究和戏曲创作方面都取得了显著的成就。

万树的戏曲创作活动早已开始，康熙十四年(1675)前他和侯杲聚会于亦园时很可能已写出了杂剧或传奇。有学者认为，当时侯家的昆曲班，很可能常是万树所创新声的试演者。② 这一推断是有道理的。今知万树的《风流棒》传奇写成于《词律》定稿的前一年(1686)，《风流棒》吴秉钧序云："丙寅春，饮红蕉花下，客有言某闺词之伪者，余谓此可入剧，作筵前一粲，索山翁填之，不半月而《风流棒》曲成。"吴序中提到的万树的剧作已有传奇《风流棒》《念八翻》《空青石》《锦尘帆》《十串珠》《黄金瓮》《金神风》《资齐鉴》和杂剧《珊瑚球》《舞霓裳》《藐姑仙》《青钱赚》《焚书闹》《骂东风》《三茅宴》《玉山庵》等 16 种。这时他到端州不过两年，且主要致力于编纂《词律》，因此这 16 种戏曲作品应多半作于他去广东之前。如前所述，万树在康熙二十四年(1685)之前在故乡安居的时间不长，流浪期间写出多种戏曲作品亦不大可能，而更早些的与侯杲亦园聚会倒正是创作戏曲的有利环境。但是，前列 16 种作品中哪些是亦园聚会时所作，哪些是到端州之后所作，已难全部考察清楚。

可以肯定，万树在端州所作戏曲不止《风流棒》一种。《宜兴县旧志》中万树小传云："暇则制曲为新声，甫脱稿，大司马即令家伶捧笙按拍高歌以侑觞。"可知吴兴祚有家庭戏班，且对演戏极有兴致。每当演出万树所作新剧时，众人边看边评，一致赞赏，正如吴秉钧说"观者神撼色飞，相与叫绝"，并说自己得到

---

① 侯文灿：《名家词集自叙》。

② 侯镜昶：《关于〈词律〉的作者》，见《江海学刊》1963 年第 6 期。

教益，“由是更进”，也操笔作剧，成《电目书》1 种。[①] 受到万树影响的除吴秉钧外，吴棠祯创作了杂剧《赤豆军》《美人丹》2 种，同在吴兴祚总督府中做幕僚的山阴人吕洪烈（号药庵）创作了传奇《回头宝》《状元符》《双猿幻》《宝砚缘》4 种，吕洪烈之叔吕师濂（号守斋）创作了传奇《金马门》1 种。于是，在两广总督的幕府中，形成了一个以万树为中心的戏曲作家集团。万树与众人互相研讨，乐此不倦，创作的欲望很强烈。吕洪烈说：“先生（指万树）即令雪舫与余亦效之而作，雪舫遂成四种，余不自量，强颜勉作三种，先生则又得五种并散剧数曲，余又不觉失声而叹。”[②]由此可知，万树在端州创作的戏曲至少为 5 种。

万树在广东时还编订了他的词集《香胆词》。余怀对其词评价甚高，他说：“红友锦心绣肠，嵌奇琐碎，言情绘景，别出新声，俱前人所未经道。”[③]《香胆词》后来被聂先编入《百名家词钞》卷二十，聂先对它推崇备至，说：“选词将竟，忽得《香胆词》付钞，不觉狂喜，当以生平从未赠人‘绝妙好辞’四字相赠。但词中有纤新妙句，极类涪翁，足见文人锦心绣口。吾闻昭中称先生词如初日芙蕖，光艳夺目，如天衣无缝，自然成章，信然。”[④]《香胆词》中有些篇章反映了作者在广东的生活和思想状况，是我们今天了解这位作家的重要资料。如《浪淘沙·啖荔枝》云：

> 四载岭南游，未理归舟，闲身只为荔枝留。但得日尝三百颗，长住端州。　惟有水晶球，能解馋喉。谁言内热且须休？若为荔枝成了病，也是风流。

此词语句流畅，风趣传神，描述嗜啖荔枝的情态活灵活现。又如《水调歌头·揽镜》云：

> 斋几乏明镜，不自识吾颜。偶然惊见，谁道形影自相怜？少亦灯青竹简，壮亦尘红玉勒，酣啸划秋烟。蓄缩乃如此，僵蛹与喑蝉。　眼生花，牙启窦，耳鸣弦。古人四十强仕，如我尚中年。便不门盈车骑，竟至储空儋石，揽镜竟茫然。起把镜椎破，拔剑舞龙泉。

这首词应是万树晚年时所作。此时他已眼花齿落耳鸣，出现了老态，这是

---

① 《风流棒》吴秉钧序。

② 《念八翻》吕洪烈序。

③ 《香胆词》后附评语，见《百名家词钞》卷二十。

④ 《香胆词》后附评语，见《百名家词钞》卷二十。

因为他多年穷困潦倒，身患疾病，身体已较虚弱，所以过早地衰老了。在端州时，他又因写作过度劳神而加剧了病情，服用药物已不能奏效。他给无锡的朋友宏伦和尚的信中说："迩来腕如枯荻，心如燥泥，非参苓所能疗。"康熙二十八年（1689），吴兴祚降调将离任，万树病势沉重，既不能继续在端州生活下去，又不能随吴兴祚转移，于是抱病启程，打算终老故乡。不幸行至中途，就在西江的船上瞑目而逝，结束了他坎坷不得志的一生，终年六十岁左右。

万树的著作除《词律》《璇玑碎锦》《香胆词》外，还有《堆絮园集》《花农集》《左传论文》3种①，俱已失传。其剧作据《宜兴县旧志》云"所填乐府凡二十余种"，除前文所引《风流棒序》提到的16种外，《笠阁批评旧戏目》还著录《玉双飞》1种。其余剧作名目不详。今仅存《风流棒》《念八翻》《空青石》，有康熙间刊本，题"阳羡万红友编次，粲花别墅藏板"，合称《拥双艳三种》。

所谓拥双艳，指剧作是写一位书生与两名才女相爱并以同娶二女为妻的结局。三剧所写故事皆出于虚构，关目安排思路相似，都是男主角遇到两名才女，彼此钟情，中间穿插朝廷之中忠奸两种势力的斗争，并有一名劣生从中捣乱，使一生二旦的爱情经过许多波折，最后正义得胜，奸邪失败，书生登第得官，与二女完婚。明代中期以来不少传奇作品在人物设置和情节结构方面常遵循这样的路子，万树蹈袭前辙，显得有些落套。由于三剧都写一男娶二女，因而学术界谈及万树剧作常指责他宣扬一夫多妻制，于是批评者多，肯定者少。② 但是，今天若以客观态度审视万树及其同时代作家的作品，仅以作者赞美"拥双艳"就对作品予以否定，未免太简单了。封建时代，现实中存在着以纳妾蓄姬为合法的多妻制，它必然会在文学作品尤其是小说戏曲中有所表现。仅以戏曲来说，明末清初的许多传奇都有一男娶二女甚至娶多女的情节，如朱佐朝一人的剧作写了娶双妻者就有《吉庆图》《双和合》《寿荣华》《锦云裘》《血影石》《宝昙月》《璎珞会》7种，石琰据小说改编的传奇《锦香亭》写了一男娶三女，无名氏的传奇《小金钱》写了一男娶五女，这些作者热衷于如此着笔，意在强化男主人公得意至极的大团圆气氛，借以表现失意文士的生活幻想。万树受同时期作品的影

① 重刊《宜兴县旧志》卷八《人物志·文苑》。

② 《辞海》"万树"条下释文说《拥双艳三种》"都是美化一夫多妻制的作品"。王力主编《中国古代文学词典》"万树"条云："三剧皆美化一夫多妻制，对后世戏曲产生了不良影响。"《中国大百科全书·戏曲曲艺》"万树"条云："三剧都以'拥双艳'为主旨，美化了一夫多妻制。"

响，也采用了这种已成惯例的剧情构思方法，但他并不是始作俑者。赞美一夫多妻固然是今天应予以指出的作者的思想局限，但这并不是万树剧作的中心思想，若从总体来把握，“拥双艳”三剧的思想内容也有值得肯定的地方，而且其中也有些闪光的精华。

万树剧作中所表现的作者的自我意识比较明显，作品的主人公可以说就是作者的化名。如《念八翻》中的虞柯，字上枝，《曲海总目提要》分析说：“按《百家姓》云，虞万枝柯，其中藏万字，又柯与枝即树也，盖虞柯即影万树二字。”《风流棒》中荆瑞草，字茶郎，因万树是宜兴人，其县有荆溪，故取为姓；又因万树字红友，红友为酒名，瑞草即茶（杜牧诗有“茶为瑞草魁”之句），用作剧中人之名，取唐诗中“寒夜客来茶当酒”之意。故荆瑞草即指万红友。《空青石》中钟青为钟情谐音，作者自谓钟情，故取此名。万树终生不得志，地位低下，胸中郁结着一股愤激不平之气，通过剧中人之口尽情抒发，并表现出对邪恶的憎恨、对现实的不满和对美好理想的追求。因此，万树的自我意识实际上代表了当时社会下层知识分子的思想情绪，他的戏曲作品是从下层知识分子的心理出发看待社会与人生而形成的映象，这对于今天的人们了解清初下层文士的思想状况，当具有一定的认识意义。

《拥双艳三种》在描写男女爱情时，承袭了汤显祖以来关于“以情胜理”的思想，并有所发展，赞美敢于冲破封建礼教束缚、追求婚姻自主的爱情观。如果说《牡丹亭》揭露程朱理学对人们的思想戕害、肯定青年男女个性解放的要求尚且比较含蓄和隐晦，那么在万树剧作中这一思想就表现得相当直露和鲜明。三剧的男主角都明确地以“情”来自我标榜。《空青石》中，钟青与其友石谷城有一段关于“情”的对话，实际上正是作者的观点。石谷城说：“大丈夫要干天下第一等事业，岂区区关情儿女乎？”钟青答道：“自古多情者方为大丈夫，便是为圣为贤，忠臣孝子，定要是个有情之人方做得来。”①基于这样的认识，钟青自视为情种，他说：“天既生我这个情种，难道便这般伶俜牢落、过此一生不成？”②《风流棒》中，荆瑞草竟然在考卷上写情诗，置功名于度外，难怪谢林风感动地说：

① 《空青石》第二出《协石》。
② 《空青石》第二出《协石》。

"为我一诗，至于写坏试卷，丢弃科场，真是人间情种。"①《念八翻》开场诗即标明"衣冠优孟善言情"②的宗旨，剧中虞柯向阮霞边表明心迹时说："小生自称情种，亦负侠肠，蒙卿如此深情，我岂敢为薄幸。"③无须过多地引证，已可以看出，万树接过了汤显祖"不言性而言情"的旗帜，为情字大唱赞歌，在作品中表现了与《牡丹亭》一致的思想倾向。三剧中有情人皆成眷属，明确肯定了情战胜理的必然性。

为了更深刻地揭露理学的害人本质及虚伪外衣，万树在《念八翻》剧中特意描写了一位劣生。他名程宗伊，字道脉，正是中州理学祖师程颐、程颢的后代，以继承道学自命。他嘴上高谈性理，批评虞柯说："上枝兄，你所说只靠着情字一边。你不知甘食悦色，人之情也。情最易于放纵，必要省察存养节制此情，渐渐复还我天命之性，到工夫纯熟，自得豁然贯通了。"④而他自己却言行不一，大干坏事，他有一段自供道："本是光棍徒，强作斯文客。既不会诗词，又未读史册。只假道学名，要把时人吓……形状似端方，做事最狼藉。好色更贪财，暗地多诡谲。名为陈仲子，实是柳盗跖。"⑤此人假冒虞柯之名诱娶才女祝凤车，又欲骗奸阮霞边，恶贯满盈，最后被祝凤车杀死，落个可悲的下场。特别有趣的是，剧中写程宗伊和尼姑月多私通，作者有意以此影射理学家朱熹曾娶两个尼姑为妾的事实。万树通过刻画这个人物，对程朱理学的抨击可谓入木三分。吕洪烈批点此剧说："一部书骂尽假道学。"⑥可见万树剧作中的反理学的精神表现得是非常突出的。

而且，《拥双艳三种》中的男女主人公在婚姻爱情问题上还显示出独立的人格和新的审美标准。他们择偶的着眼点，摆脱了门阀、地位、财富等封建伦理观念的影响，着重强调对方自身的价值。荆瑞草对谢林风，虞柯对祝凤车，钟青对步珊然，开始都未见面，亦不甚了解对方的家庭条件及相貌妍媸，只是见对方写的诗词或批点的文章就产生了爱慕之情。钟青曾误以为步姗然是曲家小姐，他

---

① 《风流棒》第八出《疑妄》。
② 《念八翻》第一出《翻案》。
③ 《念八翻》第八出《惊别》。
④ 《念八翻》第二出《闻艳》。
⑤ 《念八翻》第九出《商骗》。
⑥ 《念八翻》第二十八出《双成》中"尾声"处眉批。

明知其父曲随封是他所憎恨的奸臣，也仍然痴情地爱她，说："他若肯时，便做权奸的门婿也说不得了。"①这里，钟青的爱情观不仅超越了一般的门第观念，也超越了政治派系的藩篱，把爱情放在了高于一切的位置上。《念八翻》中的阮霞边本是妓女，虞柯并不因为她的地位低贱而看不起她，最后虞柯同娶祝、阮二女，并未分嫡庶主次，这显然是关于婚姻问题上的平等思想的反映。另一方面，剧中的女主人公择偶也一反世俗的目光，把才与情作为首要的条件。谢林风听舅舅说荆瑞草"举止虽然可笑，才情委系风流"②，才对他萌发爱心。祝凤车和阮霞边看到虞柯所作《玉壶乐府》，说"这人负才狂逸，不专是富贵中龌龊人"③，因而对他产生思念。步珊然见了钟青的和词，夸他"情文双擅，不愧才人"，于是说"我便铁石心肠，也为你感叹沉吟一晌时"④。她们按照自己的标准选择配偶的行为，是封建正统思想所不容许的。在封建礼教的禁锢之下，婚姻讲求"父母之命，媒妁之言"，统治者对自由恋爱总是要加以限制，甚至扼杀，从而导致无数幕梁山伯祝英台式的悲剧。恩格斯指出："当事人双方的相互爱慕应当高于其他一切而成为婚姻基础的事情，在统治阶级的实践中是自古以来都没有的。至多只是在浪漫事迹中，或者在不受重视的被压迫阶级中，才有这样的事情。"⑤万树所赞赏的爱情观正是以当事人的相互爱慕为基础，以才情的彼此吸引为前提，它带有现代性爱的主张个性解放的特征，因而具有反封建的性质。清初时，封建理学的旧观念受到普遍的冲击，明中期以后出现的人文主义思想更加活跃，万树剧作的思想倾向体现了新的社会思潮。

《拥双艳三种》在描写男女爱情的同时，还涉及社会生活的各个方面，展示了封建社会的黑暗现实，由此表现了作者的是非观念和爱憎情感。《念八翻》中的寇源是一个集众恶于一身的封建官僚的典型。他接受奸商敖贡的贿赂许开边市，借机弄权谋利（这里姑且不考虑边市政策的是非），只是封建官场丑恶内幕的一角。寇源把持的监狱，"绷爬吊拷，整整有三千样非刑；冻饿啼号，活活像

---

① 《空青石》第四出《鹊和》。

② 《风流棒》第七出《赚札》。

③ 《念八翻》第四出《借史》。

④ 《空青石》第七出《屏觇》。

⑤ 恩格斯：《家庭、私有制和国家的起源》，见《马克思恩格斯选集》第四卷，人民出版社 1972 年版。

十八层地狱”①，这和李玉《清忠谱》等剧所描写的明天启年间魏忠贤阉党专制的情形相似，都反映了封建政治的残酷性。《空青石》中，危有倚靠着曲随封的私人保荐得任边将，但他“素无堵御之谋，复少折冲之略，平昔惟恣情淫酗，克蚀军需，有事之秋，疲军解体”②，这正是封建时代某些边将腐败无能的写照。关于科举制度弊病及其对读书人的毒害，作品中也有所表现。万树参加过科考但遇挫折，他特别鄙弃那些仅会写八股文而无真才实学的假名士，因而在剧中时时流露出愤慨的情绪。《念八翻》剧中高龙头考过十八科，七十二岁才中进士，《空青石》剧中陈儒探花及第时也七十余岁，这两个人物反映了封建时代知识分子醉心于科举的事实，今天的读者也觉得他们确实迂腐而可悲。

《拥双艳三种》在思想内容方面也是有缺陷的，但其主要的方面不在于写了一夫二妻，而在于以下两点。其一是因果报应观点突出，摆脱不了旧传奇描写人物命运的框架。如《念八翻》写了功翻罪、罪翻功、邪翻正、正翻邪、贫翻富、富翻贫等二十八番变化，作者意在揭示命运难料、世态往复的复杂现象和人生遭际的物极必反的普遍规律，但剧中的描写缺乏哲理性的光彩，而简单地以报应来归结，观念未免陈腐。其二是作品中的封建思想和反封建意识并存。作者受的是封建传统教育，同时又对封建礼教有所不满，因而世界观方面存在着矛盾。表现在创作上，剧中人物的言行虽然有反传统的性质，但他们最终跳不出封建思想体系的圈子。作者赞美对婚姻自主的追求，但剧中男女主人公的正式结合又不得不求助于封建礼教限定的规程；作者对科举制度表示厌弃，但剧中主人公又不得不倚仗科举的成功来实现其婚姻理想。这是古代戏曲作家常有的心态，万树也是如此。另外，作品中有些情节或科诨流露出低级趣味，如《风流棒》中写童同绰与鬼女调情，《念八翻》中写程宗伊与月多的私通等处，下笔涉秽，有损全剧的美学格调。

《拥双艳三种》在艺术性方面有较高的成就。万树明显地效法汤显祖和吴炳，他重视文采和意趣，剧本结构有些地方仿照《牡丹亭》。在关目安排上多用巧合及误会手法，这又与阮大铖及李渔的作品有些相似。万树才情充溢，其作品文辞华美，描情述景自然本色。梁廷楠把他和吴炳相比较，说：“红友为吴石

① 《念八翻》第十二出《代僵》。

② 《空青石》第三出《聋误》。

渠之甥，论者谓其渊源有自，其实平心论之：《綮花》三种，情致有余，而豪宕不足；红友如天马行空，别出机杼，宗旨固不同也。”又说：“红友关目，于极细极碎处皆能穿插照应，一字不肯虚下，有匣剑帷灯之妙也。曲调于极闲极冷处，皆能细斟密酌，一句不轻放过，有大含细入之妙也。”①万树作剧，有他自己遵循的艺术原则，与一般俗手不同。他提出音、情、理三要素，说：“曲有音，有情，有理。不通乎音，弗能歌；不通乎情，弗能作；理则贯乎音与情之间，可以意领不可以言宣。悟此，则如破竹、建瓴，否则终隔一膜也。”②据笔者理解，所谓音，当是指戏曲的声音表现形式，即声腔、曲牌格律及宾白语调等观众听觉能接受的内容。所谓情，当是指戏曲所表现的人的感情，作者受情的支配产生创作冲动，这样才能以己之情激发世人之情，使观众领略到剧中之情而产生共鸣。所谓理，当是指戏曲内在的逻辑关系，它体现在人物、情节、结构、声律之中，使各种因素和谐统一，成为人们可以感知的艺术整体。万树的剧作是实践了他的这一理论的。梁廷楠还说：“今观所著，庄而不腐，奇而不诡，艳而不淫，戏而不虐，而且宫律谐协，字义明晰，尤为惯家能事。情、理、音三字，亦惟红友庶乎尽之。”③这段赞语，指的正是《拥双艳三种》。

梁廷楠对万树的评价是相当高的。可是除梁氏外，万树的剧作未受到更多人的重视。近世周贻白先生论及万树，仅推崇他最讲声律，说：“在‘昆腔’渐呈寥落的清初，对于音律肯下细密工夫者，一时尚无人可与抗手。”④其他学者论及万树，常常只评述他的词和《词律》。对于万树剧作的研究，尚有待于深入。

（原载《中国古代戏曲家评传》，中州古籍出版社 1992 年 7 月出版）

① 《曲话》卷三，《中国古典戏曲论著集成》第八册，中国戏剧出版社 1959 年版。
② 《曲话》卷三，《中国古典戏曲论著集成》第八册，中国戏剧出版社 1959 年版。
③ 《曲话》卷三，《中国古典戏曲论著集成》第八册，中国戏剧出版社 1959 年版。
④ 《中国戏剧史长编》，人民文学出版社 1960 年版。

洪昇评传

清代康熙年间，曲坛升起两颗明亮的新星，当时被称为“南洪北孔”。其中的“南洪”即指《长生殿》的作者洪昇。

在中外历史上，文学的巨匠常常并不是命运之神的宠儿。享有盛名的洪昇，一生中也饱经艰辛与坎坷。康熙四十三年（1704），洪昇乘船时不幸失足堕水而死，其好友王蓍《挽洪昉思》诗写道：“家从破后常为客，名到成时转累身。归老湖山思闭户，何期七尺付沉沦？”①这首诗对洪昇的生平遭遇作了简明的概括。

一

洪昇，字昉思，号稗畦，又号稗村、南屏樵者，浙江钱塘（今杭州市）人。其远祖即宋代洪皓，徽宗政和时进士，曾出使金国，被金邦扣留十五年之久，始终不屈，回朝后被赐为徽猷阁直学士，并赐第钱塘葛岭，死后谥号忠宣。洪皓有三个儿子，长子洪适（字景伯）、次子洪遵（字景严）、三子洪迈（字景庐）先后皆中进士，其中洪迈即《容斋随笔》《夷坚志》等书的作者，文名誉满海内。南宋时，洪氏家族颇为兴旺，元代时一度中落，到明代宪宗时的洪钟又再度兴盛。洪钟为成化十一年（1475）进士，累官至太子太保、刑部尚书兼都察院左都御史。洪钟之后，洪氏的家族世系是：

---

① 《两浙輶轩录》卷四。

洪钟
- 洪澄—洪椿—
  - 洪××—洪×—洪起鲛
  - 洪瞻祖
- 洪涛—洪楩

洪起鲛，字武卫（或作“卫武”），即洪昇的父亲。他生于明天启七年（1627），明末时娶妻黄氏，即洪昇之母。清顺治二年（1645）夏天，清兵南下，浙江震惊，洪起鲛携妻到山中逃难。当时正逢酷暑，瘟疫流行，黄氏怀着足月的身孕，即将临盆，一个姓费的农民的妻子收留了他们，借给他们一间破旧的茅屋，把门拆下来当床铺，用席子挡在门口作门扇。七月初一早晨，太阳从东方升起，破屋里弥漫着金黄色的朝晖，一个婴儿呱呱坠地，这就是洪昇。逃难途中，生活是极其艰苦的，洪昇出生后，母亲竟找不到一块布给他做衣裳，也没有乳汁喂他。好容易熬到满月，听说清兵占领了杭州，局势初步安定，洪家夫妇才抱着洪昇返回城里。谁知进城门时受到清兵盘查，一个兵卒竟想把孩子夺走，黄氏吓得说不出话来。洪昇长大后听母亲讲述这段乱离生活，曾写诗记述道：

> 母氏怀妊值乱离，夙昔为余道其苦。一夜荒山几度奔，哀猿乱啼月未午。鬼火青青照大旗，溪风飒飒喧金鼓。费家田妇留我居，破屋覆茅少完堵。板扉作床席作门，赤日黄云梁上吐。是时生汝啼呱呱，欲衣无裳食无乳。乱余弥月还郡城，门卒持戈猛如虎。见汝含笑思攫之，口不能言怆心腑。①

洪家本是旧族，虽经战乱但家产损失不大，经济条件比较优裕。洪昇是长子，又生得聪明伶俐，很受父母疼爱。洪昇受书香门第的家庭熏陶，自幼即爱读书，童年时已能作诗。读书之余，他常带着弟弟妹妹到虞氏水香居游玩，儿时的生活无忧无虑，充满欢乐。

洪昇十岁时，父亲为他聘请一位老师陆繁弨教他诗文。陆繁弨，字拒石，其父陆培是明崇祯时进士，明亡后不降清，清兵攻陷杭州时殉节而死。陆繁弨继承父志，誓不仕清，他的学问和气节对幼年的洪昇曾产生一定的影响。洪昇十五岁时又拜毛先舒为师。毛先舒精通韵学，著有《韵学通指》一书。洪昇得其真传，十八岁以前便著《诗骚韵注》，毛先舒亲自为之作序，说它“穷极元古，旁参博

① 《燕京客舍生日怀母作》，见《啸月楼集》卷二。

稽”①，给予了很高的赞誉。毛先舒和同乡人陆圻、柴绍炳、丁澎、孙治、张丹、吴百朋、沈谦、虞黄昊、陈廷会合称“西泠十子”，他们不仅以诗文相交，而且以意气相许，以志节互勉。洪昇和他们中的一些人有来往，在他们的影响下，才学进步很快，在政治思想倾向方面也受到他们的感染。

在洪昇的少年时代，有两件事与他的思想观点的形成有一定关系。第一件事是顺治十四年(1657)的江南科场案。这年十一月，给事中阴应节劾奏江南闱舞弊情形，清廷震怒，传旨将主考官方猷、副主考钱开宗二人斩首，同科考官叶楚槐等十八人除已死的卢铸鼎外，十七人都处以绞刑。钱开宗即洪昇的表丈，他被杀后，家产妻子俱籍没，钱开宗之子即洪昇的表弟钱肇修年方八岁，也被逮系入京，不久被释放还乡。洪昇和肇修关系密切，他对钱家的灾祸怀有同情之心，对清廷借题镇压汉族知识分子的暴行有深切感受。第二件事是康熙元年(1662)的庄廷鑨明史案。庄廷鑨是湖州富户，他招聘宾客增补朱国桢未完成的《明史稿》，改名为《明书》。庄廷鑨在书编成后病逝，其父付梓刊刻。康熙元年七月，前归安知县吴之荣揭发此书有不利于清朝的文字，清廷遂兴大狱，庄氏家族及有关人员七十余人皆被处死。“西泠十子”之一的陆圻(字讲山)受到株连，陆圻之子陆寅是洪昇的挚友，陆圻之侄即洪昇的启蒙老师陆繁弨，皆被逮系入狱。经审查，陆圻及族人虽然都被释放，但陆圻受到这次打击，对世事心灰意冷，就离家出游，不知所终。洪昇对陆家的遭遇非常关心，对陆圻的人品非常敬重，曾作《答友人》诗云：“君问西泠陆讲山，飘然一钵竟忘还。乘云或化孤飞鹤，来往天台雁荡间。”②诗中显然流露了对陆圻的艳羡和敬意。

康熙三年(1664)七月初一，是洪昇二十岁的生日，就在这天，洪昇和表妹黄兰次举行了结婚大礼。黄兰次的祖父黄机字次辰，号雪台，是洪昇的外祖父，原籍也是钱塘，他顺治二年(1645)乡试中举，顺治四年(1647)成进士，官运颇好，康熙帝即位后对他很信任。黄兰次的父亲黄彦博，字公路，号泰征，即洪昇的舅舅，他在康熙三年春天刚进士及第，选官为庶吉士。说来甚巧，黄兰次生于顺治二年(1645)七月初二，与洪昇仅差一天。因为洪、黄两家原是姻亲，洪昇和兰次在孩提时代早就相识，那时两小无猜，青梅竹马，非常亲密。后来黄家迁居北

① 《诗骚韵注》序，见《潠书》卷二。
② 金埴：《不下带编·杂缀兼诗话》卷二。

京，他们的接触中断了，但就在兰次十三岁入京之前，两家的父母已为他们缔结了婚约。黄兰次生长在书香家庭，自幼受到良好的文化教育，不仅能诗善文，还工书法，会弹琴，爱绘画，晓音律。洪昇和兰次有深厚的感情基础，彼此认为是理想的伴侣，家长和亲友对他们二人同年同月同日出生（只差一天，可视为同庚）感到惊奇，都认为是天作之合。成婚那天，宾客盈门，非常热闹，前来贺喜的文士们各以“同生曲”为题，赋诗一首赞美这段好姻缘。这些诗篇结成一集，仍以“同生曲”命名，蒙师陆繁弨用骈体文写了一篇序。于是，诗集和佳话不胫而走，很快传遍了杭州城。

洪昇结婚后，夫妻感情更加密切。新婚第七天是七月初七乞巧节，夫妻俩回忆起少年时代的友情，议论着牛郎织女的传说，沉浸在蜜月的幸福中。洪昇有诗云：“忆昔同衾未有期，逢秋愁说渡河时。从今闺阁长携手，翻笑双星惯别离。”①此诗表述了他当时的心情。不久，兰次随父回北京，洪昇难抑对妻子的留恋之情，写诗倾吐离别之苦：“……邂逅结大义，情好新相知。春华不再至，及此欢乐时。尔我非一身，安得无别离？念当赋归宁，恨恨叙我思。屏营寂无语，徙倚恒如痴。长叹卧空室，恍惚睹容辉。咫尺不可见，何况隔天涯？一日怀百忧，踟蹰当告谁？”②洪昇夫妻情深，由此可见一斑。他后来能写出《长生殿》中的李、杨之间的深厚爱情，大概与他自身的爱情体验有一定的关系。

黄兰次北归后，洪昇在钱塘家中用力攻读，为日后应考作准备。第二年，岳父黄彦博在北京病逝，洪昇非常悲痛，作《遥哭黄泰征妇翁七首》表示哀悼。他以学业为重，并未去北京奔丧。这年秋天，洪昇三弟（名不详，字中令）随父亲进京，洪昇和二弟洪昌（字殷仲）借寓南屏山僧舍读书。一同读书的还有陆寅，他们或研讨诗文经史，或遨游山中胜景，间有同学好友来访，相处非常欢洽。洪昇和“西泠十子”之一的沈谦，《今世说》的作者王晫，以及胡大濚、俞珣等，交往尤为密切。他曾作《秋日南屏怀王丹麓（晫）》套曲，表达他和王晫之间的友谊，同时显现了他作曲的才华。洪昇交往的文士中，陆圻、沈谦、李式玉、张国柱、赵瑜等都曾写过戏曲作品，洪昇和李式玉的交往尤为密切，他的《啸月楼集》《稗畦集》中有给李式玉的赠答诗多首。洪昇以后走上戏曲创作的道路，或许是受到

① 《稗畦集》，《七夕，时新婚后》。
② 《啸月楼集》卷一《寄内》。

了他的这些朋友的影响和启发。但是,青年时期的洪昇,并没有立即开始戏曲创作,他和当时的许多读书人一样,试图通过科举或其他门路进入官场,施展政治抱负。康熙七年(1668)初春,洪昇离开杭州前往北京,开始体验漫长而艰难的仕途风波。

二

洪昇第一次进京的起因是岳父召他前往去做国子监生。他得到消息,欣喜若狂。他知道国子监是有希望被朝廷选拔而获得功名的地方,况且有外祖父在朝做官的关系,以为一去京师就可得到官职。他的朋友恽格《送洪昉思北游》诗中有"遥知鼓箧初观礼,绵蕞诸生欲拜郎"①等语,这"欲拜郎"正是洪昇赴京的主要目的。另一位朋友张竞光《送洪昉思北上》诗更生动地描述了他的欢欣之态:"……仗剑辞南郡,看花赴上林。题诗留古驿,挟弹落残禽。延览皆成赏,兴思属所钦。怜余若有问,嘉树听清音。"②此诗后附缪树中的评语说:"昉思豪迈之态,跃然纸上。"可见洪昇是如何的踌躇满志了。他的这种心情和唐代李白在将赴长安时吟诵"仰天大笑出门去,我辈岂是蓬蒿人"那种神态颇为相似,都表现出书生初涉世事的幼稚与单纯。

洪昇到京后,果然按照自己的幻想,留心寻找和利用一切可以获取功名的机会。不久,这样的机会来了。康熙八年己酉(1669)春四月,康熙帝亲至国子监祭奠孔子,行礼祭拜已毕,驾幸彝伦堂,跟随在皇帝身边的是王公大臣和内侍近卫,洪昇这样的普通监生根本无法接近。他写了《恭遇皇上视学,释奠先圣,敬赋四十韵》诗,对皇帝驾临的盛举作了生动的描绘和热烈的赞颂,并写道:"盛世真多幸,儒生窃自思。凌云无彩笔,向日有丹葵。"③明确表示了对皇帝的忠心。祭孔的第二天,衍圣公孔毓圻率领祭酒、司业、学官、五经博士、五氏子孙及监生代表入宫恭进谢表,洪昇被选为代表随同前往。康熙皇帝传谕,赐衍圣公、

---

① 《瓯香馆集》卷二。

② 《宠寿堂集》卷二十四。

③ 《啸月楼集》卷四。

祭酒以下等官宴于礼部，并赐袍服，对助教监生分别赐给若干银两。洪昇得到一份赏赐，十分高兴，他写了《太和门早朝四首》《午门颁御赐恭纪三首》等诗，其中“儒生一何幸，得问圣躬劳”“青袍能伏谒，一日即千春”等句①，表现了他受宠若惊和感恩戴德的心情。

但是，洪昇歌功颂德的诗篇和效忠清廷的忠心却无法上达圣聪。康熙祭奠孔子不过是以此为手段笼络汉族知识分子，并不是真正关心每一位普通监生的政治前途。洪昇在经过数日的感恩、庆幸的激动之后，发现自己并没有丝毫被重用、被提拔的迹象，于是开始陷入烦闷和苦恼，产生了惶惑不安的失落感。他在诗中写道：

> 男儿读书亦何补，破帽羊裘困尘土。编荆织荻能几时，倏忽今年二十五。……我思此语真痛伤，身滞长安空刺股。潦倒谁承菽水欢，悔不当年学稼圃。苍天为我亦泪流，一夜空阶滴秋雨。②

此诗表现的凄凉孤独的感受、牢骚惆怅的情绪和他当初入京时的得意神态恰成鲜明的对照。洪昇原来那种青年士子的浪漫和狂热，在无情的现实面前很快冷却，初步觉察到世途的艰难和生活的苦味。他对国子监生的身份感到厌弃了，产生了回乡的念头，他给好友俞瑚的诗中说：“羡尔幽居学隐沦，惭予落魄走风尘。丈夫何用逐升斗，牧豕耕田亦养亲。”③明确表现出归隐思想。于是，洪昇于康熙八年（1669）秋天离京南下，沿途经过涿州、郑家口、武城、临淮等地，写了不少诗分别寄给母亲及好友毛玉斯、沈丰垣、张台柱等人，诗中都弥漫着失意的情绪。

洪昇回乡不久，第二年正月、二月间，他的两位好朋友柴绍炳和沈谦先后去世，他非常悲痛，作诗文表示敬悼和怀念。这年夏天，二弟洪昌离家去了北京，洪昇在家颇觉寂寞，也于秋季出外游历。他先游天雄，再往济宁、张秋，自秋冬至康熙十年（1671）春，往来于冀鲁豫的恩县、大名、长垣、滑县、浚县、淇县等地，所到之处，观览风光圣地，凭吊名胜古迹，写诗抒发古今兴亡之思。游历使他开阔了胸襟，增长了见识，也了解了一些民生疾苦。

---

① 《啸月楼集》卷三。

② 《燕京客舍生日怀母作》，见《啸月楼集》卷二。

③ 《与俞璋伯》，见《啸月楼集》卷二。

康熙十年(1671)夏秋之际,洪昇结束了北游,返回杭州,住了不久,又南下游严州,旋即从严州返杭州,紧接着又游越中,在山阴和戏曲作家吴棠祯订交。从越中归来,在杭州稍作停留,又前往中州开封。这一年,洪昇的旅游活动相当频繁,他的《行役》诗曾自叹:"一岁四行役,栖栖何太劳。"①然而他为何不顾劳碌、到处游历呢?他自己未曾明言。实际上,这与他的"家难"有直接的关系。

"家难"指洪昇家中发生的变故。王士禛说:"(昇)遭家难,流寓困穷,备极坎壈。"②金埴亦云:"渔洋山人云:昉思遭天伦之变,怫郁坎壈缠其身。"③但这"天伦之变"究竟是什么变故,惜王、金二人俱语焉不详。今人考证此事,诸说不一。有人认为,"家难"指洪昇父亲谪戍一事。其实不然,因为洪起鲛遭谗言诬害而被谪戍一事在康熙十四年(1675),而洪昇的"家难"在康熙十年(1671)就开始了。魏坤诗云:"足践清霜怨伯奇,十年惘惘去何之?黄金台外瞻云恨,泣补《南陔》束皙诗。"④诗中用了伯奇《履霜操》的典故,人们据此推断洪昇的"天伦之变"是指失欢于父母而为家所弃,不得不"流寓困穷"。这是比较符合实际的,我们从洪昇的其他诗中可以找到佐证。他的《颍考叔庙》诗云:"一拜先贤庙,凄然泪满缨。……小人空有母,何处可遗羹?"⑤颍考叔是春秋时著名的孝子,洪昇由景仰其人联想到自己的遭遇,似有难言的隐痛。他在开封所作《客中秋望》诗中有"南望乡园意总违""一身多难远庭帏"等句⑥,似显示出与父母关系不谐、有家难回之意。他另有《大梁客夜寄舍弟殷仲》诗云:"空桑城外鹳鸰飞,中夜凭楼泪满衣。尔已一身聊寄迹,吾今八口欲何依?"⑦品此诗意,可知其弟前一年离家赴京亦是由于家难。但洪昇兄弟同失欢于父母又同被迫离家,究竟是因为什么,仍然费解。

王蓍《挽洪昉思》诗序云:"予与昉思交差晚,读其旧稿《幽忧草》,乃知昉思不得于后母,罹家难;客游京师,哀思宛转,发而为诗。"⑧这里的"不得于后母"

---

① 《啸月楼集》卷三。
② 《香祖笔记》卷九。
③ 《不下带编·杂缀兼诗话》卷一。
④ 《倚晴阁诗钞·赠洪昉思》。
⑤ 《啸月楼集》卷三。
⑥ 《啸月楼集》卷五。
⑦ 《啸月楼集》卷五。
⑧ 《两浙辅轩录》卷四。

之说,与前引魏坤诗意相合,但洪昇生母黄氏在康熙十五年(1676)仍健在,这有洪昇此年所作《送父》诗(之二)可证。生母既在,何来后母?因此章培恒先生推断说:“则昉思实为不得于生母而非不得于后母。”①此说亦觉可疑。因为洪昇生母黄氏对洪昇极疼爱,洪昇对母亲亦极孝敬,他在客居京师及旅游途中有忆母、寄母诗多篇,表达的感情真挚而深厚,若说他为生母所恶乃至于见弃,似不可能。孟繁树先生据王嗣槐《洪氏寿宴序》中“吾友洪武卫及其原配钱夫人四秩初度”一语,认为这“原配钱夫人”是洪昇父亲的正妻,而洪昇母亲是“侧室”,王著所说的“不得于后母”当是“不得于大母”之误。② 此说更难以置信。因为洪起鲛在顺治二年(1645)得长子洪昇时年方十九岁(孟繁树认为洪起鲛生于1627年),他与黄氏结婚不过十八岁,在这之前他不可能已先娶正室钱氏;而且,黄家是有一定社会地位的书香门第,黄机将孙女许人为侧室似不大可能。但是,孟繁树提出了一个重要问题,即洪昇的父亲确有一妻为钱氏。不仅王嗣槐那么说,洪昇的蒙师陆繁弨的《洪武卫双寿序》亦云“贤配钱孺人”③。然而,《同生曲》陆繁弨序又说:“及门洪子昉防思,暨妇黄氏;两家亲谊,旧本茑萝。二姓联姻,复称婚媾,婿即贤甥,仍从舅号。侄为新妇,并是姑称。”④这分明是说洪昇之母是黄兰次之姑,当然是姓黄了。陆繁弨对洪家情况相当熟悉,他忽而说洪起鲛之妻姓钱,忽而说洪昇母亲姓黄,其中必有缘故,尚待进一步考证。但是,即使有这么一位钱夫人,她是不是洪昇“家难”的制造者,仍需有新的材料来证实。

另外,洪昇的《行役》诗中有“冥冥避缴者,失侣又哀号”⑤等语。这里,洪昇自喻为“避缴者”,即逃避罗网捕捉的孤雁,其意似针对“施缴者”而发。章培恒先生分析说,这“施缴者”当是洪昇家庭中的成员,他不会是关心疼爱洪昇的母亲黄氏,不是同遭嫌弃离家出走的二弟,也不是年少的三弟和小妹。洪昇《己卯冬日代嗣子之益营葬仲弟昌及弟妇孙,事竣述哀四首》其一云“同父三昆弟,伤

---

① 《洪昇年谱》,上海古籍出版社 1979 年版。

② 《洪升(昇)及〈长生殿〉研究》,中国戏剧出版社 1985 年版。

③ 《善卷堂四六》卷四。

④ 《善卷堂四六》卷五。

⑤ 《啸月楼集》卷三。

哉仲已殂”①，诗中特言“同父”，可见三人原非同母，洪昇之父可能娶有姬妾，三弟中令即妾所生，谗构昉思、殷仲兄弟者，或许即其父的姬妾。当然，这也仅仅是一种推测而已。

尽管洪昇家难的详情现在尚未能考察清楚，但有一点是可以肯定的，这就是家难确实给洪昇的生活带来了不幸，使他的心灵蒙上一层阴影。他在外漂泊，生活不安定，经济相当拮据。康熙十一年(1672)春，他和表弟钱肇修同游芜湖，不久肇修北上赴京，他亦离开芜湖再次前往开封。他在开封投靠何人已不可考，但从他的诗中可以看出他的处境：“寂寞梁园客，秋来百感生。依人甘陋巷，寄食厌荒城。衣桁尘空积，书帷月自明。邻家有思妇，砧杵急三更。”②此诗极写他穷愁落魄的苦况。在开封熬到年底，不得已又回到杭州家中。此时家难愈益严重，他的日子更加难过，除夕夜晚，他独坐一室，孤灯如豆，百感交集，遂将幽戚之情化作含泪的诗句：

一岁已除夕，孤灯四壁间。到家翻似客，有妇却如鳏。柏叶谁能醉，荆花不可攀。梦魂寻觅处，大雪满燕关。③

洪昇满怀忧愁在家中住了一年多。这期间，他因家难已与父母别居，穷困潦倒，以至于有时断炊。康熙十三年(1674)早春，他在家里实在待不下去了，就决定再次前往北京。但是，人生多艰，仕途茫茫，等待着他的只能是新的坎坷。

三

洪昇第二次进京不像第一次进京那样充满幻想。几年来的生活磨炼，销蚀了他的豪气，他对前程不敢再存奢望，只求能有一个栖身之地，休息一下奔波得颇为疲惫的身躯。绝望之际，他听友人说起在吏部任职的李天馥是位正直、惜才的官员，就抱着试一试的心情把自己的诗稿托人转呈。李天馥看后拍案叫绝，他称赞洪昇有杜甫遗风，派人把他接到家中，待为上宾，安排馆舍给他住，出

---

① 《稗畦续集》。
② 《客夜书感》，见《啸月楼集》卷五。
③ 《壬子除夕》，见《啸月楼集》卷三。

同车、食同席，闲时一同谈诗论文，非常投机。洪昇受到李天馥的知遇，非常高兴，他的《旅次述怀，呈学士李容斋先生》等诗，表达了他的感激之情。

李天馥的赏识与关照不仅使洪昇的困苦生活得到好转，也使洪昇昔日求取功名的念头重新复苏。洪昇的封建文士的疏狂性格又得到了表演的舞台。这年七月，李天馥宴请知名文士，邀洪昇入座，席间洪昇乘着酒兴，赋诗一章，虽然受到李天馥的称赞，但难免引起在座的某些人的嫉妒。九月九日重阳节那天，李天馥又在城南别墅设宴，洪昇在座间更是豪兴大发，竟然酒酣落帽，浩然长啸，满座宾客感到吃惊，都侧目而视。李天馥对洪昇的狂态表示了宽容，但洪昇的行为确实遭到不少人的非议。

李天馥虽有惜才之心，但由于人事复杂，却不能对洪昇的政治前途提供切实有效的帮助。这时的政治形势也比较动荡。吴三桂已于前一年在云南起兵反清，此年三月，袭爵靖南王的耿精忠在福建起兵响应，挥军攻掠江西、浙江，杭州震动。洪昇惦记着家中的母亲，昼夜不安，遂于康熙十四年（1675）春离京返杭。临行时，李天馥写诗相送，从诗中“南国烽烟萱草梦，西陵雨雪竹枝词”①等句，可以看出洪昇此次南还的动机主要是牵挂母亲，同时可以看出李天馥对洪昇的理解。

洪昇回到杭州，五月间编订了他的第一本诗集《啸月楼集》。此时，其外祖父黄机以迁葬故乞假归，洪昇请他作序，他欣然应允。黄机序中赞扬了他的这位外孙兼孙婿的才华，同时勉励他作诗要本于“兴观群怨之旨，温柔敦厚之义”，希望他在这“海宁清晏”的太平盛世，以“歌咏功德”为己任。黄机此序表现效忠于清廷的思想非常明显，但洪昇《啸月楼集》所收诗篇，并非全是符合外祖父要求的粉饰太平之作，其中不少赠答、述怀、记游一类的诗，真实地记录了他的曲折经历，表达了愤世嫉俗的情绪和对人情世态的感慨。这本诗集对后人了解洪昇青年时代的生活和思想，具有重要参考价值。

洪昇在杭州住了不长时间，这年秋天又到北京投靠李天馥。李天馥把他的诗送给当时的诗坛巨匠王士禛看，王士禛也很欣赏，同意收洪昇做弟子。这对洪昇来说，当然是一个难得的好机会。他恭敬地拜王士禛为师，频频登门请教，王士禛也为得到一位有才华的弟子而高兴。但是，王士禛同样不能帮助洪昇登

---

① 《送洪昉思南还》，见《容斋千首诗》。

上仕途。洪昇看不到有什么出路，落寞愁烦的心情日益沉重。就在他悲观困苦的时候，新的变故又向他袭来。

洪昇的父亲洪起鲛入清后曾援例得官，因不乐意与清廷合作屡次要求退隐，他不合时宜的态度终于遭到别人弹劾。他于康熙十四年（1675）至京师辩冤，寓居萧寺，洪昇与二弟同去看望，父子相见却不敢畅所欲言，只有相对叹息。不久，父亲由二弟陪同，离京返杭，洪昇滞留北京，备感孤独。他的《送父》诗云："牵衣跪膝下，哽咽已吞声。举头瞻亲颜，欲言泪纵横。……便恐死他乡，旅魂泣茕茕。哀哉复哀哉，拜罢辞行旌。"①诗中表现的哀伤之情，痛切感人。

从此以后两年间，洪昇一直客居北京。这期间，清廷忙于对付三藩之乱，社会动荡。洪昇耳闻民众遭受的战乱之苦，目睹清军官兵的骄横凶残和豪门贵族的腐败，忧世伤时的情绪时常见诸诗篇。他的《征兵》诗写道："万里妖云气，千家野哭声。朝来羽书下，主将又征兵。"②《送沈亮臣归榇》诗写道："嗟嗟长安内，往来多高轩。俳优厌粱肉，士不饱饔飧。后房曳罗纨，短褐无人存。"③这些诗都在一定程度上反映了社会现实。康熙十六年（1677）夏天，洪昇生活更加困难，又染病在床，酷暑逞威，蚊蝇肆虐，洪昇避居禅房养病，痛苦难耐。这时，他的妻子黄兰次一直住在杭州家中，夫妻分别已久，仅靠书信传递消息。这年秋天，洪昇得到女儿夭折的噩耗。此女约生于康熙九年（1670），这年七八岁，正是活泼可爱的时候，洪昇特别喜欢她，爱女的死使他痛不欲生，他写了《遥哭亡女四首》倾诉悲悼。经过这次打击，洪昇决计不在北京滞留了，于是在这年冬天取道开封南返。临行时，王士禛、方象瑛、曹贞吉等人作诗送行。南下途中，洪昇亲眼看到战争给百姓造成的灾难，写下了"钓台堆骨白，剑津流血红。荆棘万家长，鸡犬千村空"④的诗句，记述了乱离景象。

洪昇回到杭州，家难仍未消除。他为了摆脱家难的困扰，就携带妻子和幼女洪之则（生于康熙十二年）到武康（今属德清县）居住。二弟洪昌也同时迁居此地。他们住在城中县学附近，和本县教谕郑兰谷（字在宜）结成好友，过从甚密。郑兰谷常以自己种的蔬菜相赠，洪昇作诗表示感谢。他们住的地方比较空

---

① 《稗畦集》。
② 《稗畦集》。
③ 《稗畦集》。
④ 《伴城书所见》，见《稗畦集》。

阔，近处的草地、树林和远处的溪流、青山相映成画，每逢月明风清之夕，洪昇夫妇带着孩子在松荫下散步，别有一番情趣。远离都市的喧嚣，避开家庭的纠纷，洪昇郁闷的心情稍觉宽舒。

但是，平静的生活并不能持久。康熙十七年（1678）春夏之际，清廷下诏开博学鸿词科，将于明年举行首次考试。各地官员纷纷荐举候选人才，不少汉族士子跃跃欲试，觉得这是一次进身的良机。洪昇得知这个消息，对未来的政治前程又萌生一丝希望。这一年的春深蚕眠之际，他携带家眷再次来到北京。

开设博学鸿词科是清廷笼络汉族知识分子的一种手段。当时确有一些学者名流如傅山等不肯投效清廷，清廷以开博学鸿词科为他们提供一个台阶，吸引他们为清朝统治服务。应试的程序是必须先经过达官显贵的推荐，才有资格报考。洪昇虽然富有才学，并且已有不小名气，但在朝中无得力的关系，李天馥、王士禛虽然很看重他，但是，是李、王二人不具备推荐的资格，还是他们认为洪昇不具备被推荐的资格，已难查考。实际的结果是，这一次的博学鸿词科选中朱彝尊、汪楫、乔莱、尤侗、毛奇龄、陆次云、阎若璩等50余人，洪昇未能沾边。他自己非常失望，他的朋友陆次云也感慨地说："有才如此，良足黼黻盛时，而当右文之际，未膺荐举，可胜沧海遗珠之叹。"①

于是，洪昇再一次被冷落了。政治上不得志，生活上也更加贫困。这时他的女儿洪之则已经六岁，儿子之震也已降生，有妻子儿女的数口之家常为衣食担忧。他有诗写道："大地春回日，羁人泪尽时。七年身泛梗，八口命如丝。"②洪昇没有经济来源，只好靠卖文为生。他的朋友冯廷槐诗中说他"卖文堪作活"③，陈订诗中说他"卖文供贳酒"④，都记述了他的穷困之状。吴雯也有诗说他"有时烟火寒朝昏"⑤，可见他已穷到有时没饭吃的地步。即使如此，洪昇狂傲的习气依然如故，"交游宴集，每白眼踞坐，指古摘今"⑥，或者"卑己延三益，狂言骂五侯"⑦。他的这种性格也愈来愈为虚伪冷漠的人情世态所不容。这

① 《皇清诗选》卷五洪昇《黄大司农御前作字歌》末附陆次云评语。
② 《己未元日》，见《稗畦续集》。
③ 《送洪昉思归武林》，见《冯舍人遗诗》。
④ 《寄洪昉思都门四首》，见《时用集》。
⑤ 《贻洪昉思》，见《莲洋诗钞》卷二。
⑥ 《长生殿》徐麟序。
⑦ 《怀昉思》，见《莲洋诗钞》卷五。

时，洪昇曾想到归隐，但他对京师似乎还有一丝留恋和一种隐约莫名的期待，因而犹豫不决。他的【中吕】【粉蝶儿】套曲中有“山中尚少三间屋，待归休转又踌躇，不能做白鸥江上新渔父，只混着丹凤城中旧酒徒”①数句，就是他这种矛盾心理的写照。

康熙十八年（1679）冬天，洪昇父亲洪起鲛被人诬告一案，经有司审定，被判为遣戍，其母连坐，亦同往戍所。据后来朱溶记载，当时洪昇听到父亲获罪的消息，十分焦急，他“徒跣号泣，白于王公大人”，但无人肯与解难。洪昇哭告无门，只得昼夜兼程，赶回杭州，因长途奔波，风吹日晒，变得又黑又瘦，乡邻们见他这副模样，皆哀叹不已。② 洪昇自己有诗云“长途四千里，一步一沾衣”③，记述了这次南下奔波之苦。在家中略作停留，洪昇就陪侍父母北上，行至中途，忽然传来朝廷大赦的消息。原来这年十二月太和殿火灾，康熙下诏对全国罪人减刑，于是洪昇之父被赦免。第二年春天，洪昇送父母回到杭州，安置已毕，洪昇自己又北上赴京。

自康熙十九年（1680）起，以后的几年间洪昇仍在北京居住，间或回杭州探视父母，又曾至开封、衡阳等地游历，结识一些新的诗文朋友。这期间，他仍然不断遇到家庭变故带来的痛苦的袭击。康熙二十一年（1682），他的二弟洪昌逝世，他忆起昔日兄弟手足之情，十分悲痛。原来家难造成的精神创伤也因二弟的去世变得麻木。洪昇随着年龄的增长，阅历的增加，对世事的看法渐趋老练，对人生的追求逐渐由虚幻变得现实，由狂热转为宁静。康熙二十年（1681），洪昇结识了高僧智朴，二人意气相投，对禅机亦有所领悟，他由对现实的积极进取转为消极的适应，由愤世的抗争转为顺时的承受，对人生与命运的理解表现出看破红尘的达观态度。在政治上，他失去了昔日的雄心，这时他虽然和一些官僚人物还有来往，但对仕途已失去信心和兴趣。在生活上，洪昇的经济状况没有好转，但他对清贫的生活倒能随遇而安，已不再过分讲究封建文士清高的虚名，转而萌生了及时行乐的观念。康熙二十二年（1683）春，他游南京时结识了江苏巡抚余国柱，余国柱赠给他一笔钱，他欣然接受了，并且用这笔钱娶了一位

---

① 见徐釚辑《枫江渔父图题词》。
② 朱溶：《稗畦集叙》。
③ 《南归》，见《稗畦集》。

姓邓的苏州女子为妾,带到北京。他的一些朋友得知消息,纷纷赠诗作贺。如方象瑛诗云:"吴娃生小学新声,玉笛银筝百啭莺。莫笑钱塘穷措大,浅斟低唱不胜情。"①另一位朋友蒋景祁赠诗云:"丈夫工顾曲,霓裳按图新。大妇和冰弦,小妇调朱唇。不道曲更苦,斯乐诚天真。"②可以看出,黄兰次和邓氏相处是颇为融洽的。丈夫作曲,妻弹奏,妾演唱,这样的家庭生活使洪昇陶醉,也受到其他文士们的赞赏。封建时代的知识分子把蓄姬纳妾看作风流韵事,历史上的白居易、杜牧、苏轼等都因此类艳遇传下千古佳话,洪昇作为一个封建文人也未能免俗。

这时,洪昇的创作态度也发生较大变化。原来他对诗文颇为用功,因为文章是求取功名的考试科目,诗历来被视为正统文学,诗文的成就和声望是抬高文人社会地位的重要因素。洪昇在为功名奔走的过程中写了大量的诗篇,这是他进行社会交际和人生追求的需要。但是,随着对宦途的心灰意冷,洪昇的主要精力逐渐转向为正统文人所不齿的戏曲。戏曲创作成了洪昇后半生生活的重要内容,也决定了他在文学史上的地位。

四

洪昇的戏曲作品,据姚燮《今乐考证》、王国维《曲录》记载,可知名目的有杂剧《四婵娟》和传奇《回文锦》《回龙记》《锦绣图》《闹高唐》《孝节坊》《长生殿》《天涯泪》《青衫湿》《长虹桥》等共10种,今存仅有《四婵娟》和《长生殿》,其余各种俱已失传。创作的年代可考知的有:《回文锦》作成于康熙二十四年(1685),《天涯泪》写于康熙二十三年、二十四年间,《闹高唐》《孝节坊》最迟在康熙二十七年(1688)已完成。他的作品中成就最高、影响最大的当推他的代表作《长生殿》。

《长生殿》取材于唐代中叶史实,写唐玄宗和杨玉环的爱情故事。这本是一个尽人皆知的老题材,白居易《长恨歌》、陈鸿《长恨歌传》之后常为封建文士们

① 《洪昉思纳姬四首(原注:姬吴人,善歌)》,见《健松斋集》卷十九癸亥。
② 蒋景祁:《出都留别》七章之七《洪布衣昉思》,见《皇清诗选》卷五。

津津乐道。元代以来,以此为内容的戏曲有元代白朴的《梧桐雨》,明代徐复祚、王湘的同名杂剧《梧桐雨》和无名氏的杂剧《秋夜梧桐雨》,明吴世美的传奇《惊鸿记》,清初万树的《舞霓裳》、孙郁的传奇《天宝曲史》等。洪昇选取这一题材,在思想内容方面写出了新意,在艺术手法方面也有所创造,表现了作者的创作个性,使《长生殿》超过了以前的同题材作品,在当时及后世都普遍引起了人们的关注。

洪昇创作《长生殿》经历了一个漫长的过程,先后三易其稿,历时十余年才完成。《长生殿·例言》云:“忆与严十定隅坐皋园,谈及开元、天宝间事,偶感李白之遇,作《沉香亭》传奇。寻客燕台,亡友毛玉斯谓排场近熟,因去李白,入李泌辅肃宗中兴,更名《舞霓裳》,优伶皆久习之。后又念情之所钟,在帝王家罕有,马嵬之变,已违夙誓,而唐人有玉妃归蓬莱仙院、明皇游月宫之说,因合用之,专写钗盒情缘,以《长生殿》题名。”

从这段话可知洪昇创作《长生殿》分三个时期。第一个时期是在康熙十四年(1675)洪昇从北京回到杭州,编订诗集《啸月楼集》前后。所说的皋园是严沆(字灏亭)的家产,地点在杭州清泰门稍北,严定隅即严沆之子,名曾榘,是洪昇的好友。他们常在皋园聚会,谈古论今,谈到唐玄宗开元、天宝间史实时,不觉触动情思。洪昇自恃有才,结果在京师落魄失意,这和李白的经历有些相似,于是作《沉香亭》传奇,以李白为主人公,寄发幽思,表达怀才不遇的感慨。第二个时期是在康熙十八年(1679),洪昇在北京把《沉香亭》传奇的手稿送给好友毛玉斯看。毛玉斯和洪昇一样,有才而不得志,二人交往密切,意气相投。毛玉斯坦率地提出了自己的意见,所谓“排场近熟”,是指以李白事迹为题材的作品太多了。洪昇采纳了毛玉斯的建议,重新改写,删去李白,加上李泌辅佐肃宗中兴的情节,更名为《舞霓裳》。从剧名看,《舞霓裳》显然突出了杨贵妃的戏。《长生殿》徐麟序云“尝作《舞霓裳》传奇,尽删太真秽事”,可知此剧所写的杨玉环已和以前描写杨贵妃的作品不同,可以说《舞霓裳》是从《沉香亭》到《长生殿》的过渡。第三个时期是从康熙十八年(1679)到康熙二十七年(1688)。《长生殿》徐麟序云:“岁戊辰,先生取而更定之……易名曰《长生殿》。”可知此剧完成于康熙二十七年戊辰(1688)。今见《长生殿》自序后署“康熙己未中秋”,即康熙十八年(1679)。章培恒认为,己未所作序原是《舞霓裳》的序,后来剧名改为《长生殿》，仍沿用旧序未改。① 这一说法为学术界所接受。即在康熙十八年(1679)，《长生殿》的创作实际上已经开始了，徐麟所说的“更定之”，当是最后定稿，而不是开始创作。从康熙十八年到二十七年恰好十年，洪昇为修改此剧煞费苦心，他的好友汪鹤孙在诗中说他“夙昔穷研在词赋，壮志徒耗苦难成”②，就反映了洪昇苦心经营的情况。洪昇自己也说“盖经十余年，三易稿而始成”③，此剧能取得较高的成就，绝非偶然。

洪昇借鉴了前代许多李、杨故事戏的经验教训，在处理历史题材时站在一个新的历史高度，体现了新的时代精神。《长生殿》的主要情节和历史事实是吻合的，此剧以艺术的手法再现了唐代中期“安史之乱”前后的那段动荡的历史，也表现了作者对那段历史所持的观点，这对于当时及今天的读者，都具有重要的认识意义。

《长生殿》的基本情节是以李隆基、杨玉环的爱情发展为主线，以“安史之乱”的政治局势为背景来进行构思的。作者自谓“念情之所钟，在帝王家罕有”，于是专写“钗盒情缘”，立意把爱情作为全剧的主要内容。《长生殿》自序中说：“从来传奇家，非言情之文，不能擅场。”剧中第一出《传概》亦云：“借太真外传谱新词，情而已。”可见作者确以言情为宗旨。全剧描写了李、杨爱情产生的合理性和必然性。在作者笔下，李隆基和杨玉环不单是封建时代的帝王和妃子，他们首先是活生生的有血有肉的人，具有人的情感和追求爱情的愿望。他们相爱的原因，在明皇方面，他看重的是杨玉环的“德性温和，风姿秀丽”，即如同恩格斯所指出的古代性爱的条件——“体态的美丽，亲密的交往，融洽的旨趣”④等，这样的爱情尽管带有统治者玩弄女性的成分，但它毕竟是特定的时代、特定的人物之间的爱情。在杨玉环方面，她确实真诚地爱着明皇，这不只是对权力的崇拜和对荣华富贵的追求，而在于明皇是一个既曾有过伟大功业又富于情趣的风流天子。剧中描写了杨玉环的妒忌和由此而引起的同江采苹及虢国夫人的争宠，但这争宠本身也包含着爱的成分。剧中《密誓》一出，充分表现了李、杨

---

① 《洪昇年谱》，上海古籍出版社1979年版。

② 《洪昉思见访维扬，出所制新乐府见示》，见《延芬堂集》卷下。

③ 《长生殿·例言》。

④ 恩格斯：《家庭、私有制和国家的起源》，见《马克思恩格斯选集》第四卷，人民出版社1972年版。

爱情的真挚。在写到杨玉环马嵬身死之后，李、杨爱情并未结束，而是向更高的层次发展，即由前段人与人的爱情转向后半段人与仙（实为鬼）的爱情。作者所描写的人仙之间的爱情，具有人的爱情的内涵，也更加强化了人的爱情的真挚和专一。唐明皇说："惟只愿速离尘埃，早赴泉台，和伊地中将连理栽。"①杨玉环说："位纵在神仙列，梦不离唐宫阙，千回万转情难灭。"②他们一同"死生仙鬼都经遍，直作天宫并蒂莲"③。作者使他们终于在月宫重圆，这样，爱情就超越了生死的界限，超越了人鬼的隔阂，显示了不可战胜的巨大力量。剧的前半部采取现实主义的手法，写李、杨爱情在人世间经过的波折、干扰与烦恼，后半部采取浪漫主义的手法，写李、杨爱情在神仙世界中的净化与升华。这样的处理寄托了作者的爱情理想。

《长生殿》继承了前代具有进步思想的剧作家的言情传统。汤显祖的《牡丹亭》描写杜丽娘生可以死、死可以生的爱情，之后许多作家起而效法他，在戏曲创作中鲜明地揭起言情的旗帜，形成一股反对封建理学传统的思想潮流。《长生殿》在清初出现，洪昇又把这种言情的传统发扬光大，表现了新的时代要求摆脱礼教束缚的民主精神。但是，歌颂爱情只是《长生殿》思想内容的一个方面。关于《长生殿》的主题，不少人仅认为它肯定了李、杨爱情，但这并未能反映这一伟大作品的全貌。我们评判一部作品的主题，不仅应当看作品直接描写了什么，还要看作者实际想要表现什么，而且还要看作品客观上表现了什么。《长生殿》虽然以描写李、杨爱情为主线，但是，我们若透过爱情的瑰丽帷幕，不难看到此剧包含的政治内容。

李、杨爱情不同于一般的才子佳人或平民百姓的爱情，它本身就带有政治色彩。首先，李、杨既然是帝、妃关系，他们就各具政治身份。李隆基的帝王特权决定了他对杨玉环的占有，也决定了他的用情不专；杨玉环对李隆基的爱情具有政治上的从属和依附关系，它总是要以邀宠、固宠的形式表现出来，二人之间不可能做到真正的平等。其次，李、杨爱情必然要对当时的政治产生巨大影响。李隆基宠爱杨玉环的直接后果是使杨国忠受到重用，杨国忠擅权谋私，必

① 《长生殿》第四十一出《见月》。
② 《长生殿》第四十七出《补恨》。
③ 《长生殿》第五十出《重圆》。

然给国家和人民带来灾难，他建造新第，“朱甍碧瓦，总是血膏涂”①。杨玉环要吃鲜荔枝，就“特敕地方飞驰进贡”②，致使传送荔枝的驿马踏坏了庄稼，踏死了人，百姓怨恨道：“耕种多辛苦，愁旱又秋雨，一年靠这几茎苗，收来半要偿官赋”③。李隆基宠爱杨玉环，因而“弛了朝纲，占了情场”④。朝政的腐败和杨氏兄妹的跋扈，刺激了安禄山的野心，导致了“安史之乱”的政治大动荡，也招致了杨玉环生命的覆灭。综观李、杨的爱情经历，他们的每一项活动都牵动着政治时局。他们的爱情影响着政治，反过来政治也对他们的爱情产生渗透和干扰。杨玉环的死和李隆基的逃亡，是政治的悲剧，也是他们爱情的悲剧。

而且，洪昇在描写李、杨爱情时，也表现了鲜明的政治观点。《长生殿》吴舒凫序云：“是剧虽传情艳，而其间本之温厚，不忘劝惩。”《长生殿》汪熷序亦云：“归荑赠芍，每托谕于美人；扈茝滋兰，原寄情于君父。”洪昇自己讲得更清楚：“然而乐极哀来，垂戒来世，意即寓焉。”⑤可见，作者写此剧是有一定的政治意图的。正是由于这种目的，剧中对李、杨的“逞侈心而穷人欲”作了揭露性的描写，意在使后世记取和借鉴唐代的教训。同时，洪昇在描写李、杨爱情的政治背景时，揭示了“安史之乱”造成的灾难，《弹词》一出中写道：“一从鼙鼓起渔阳，宫禁俄看蔓草荒。留得白头遗老在，谱将残恨说兴亡。”这里，也表现了作者的兴亡之感。《骂贼》一出中，雷海青痛骂投降安禄山的文武官僚们：“平日价张着口将忠孝谈，到临危翻着脸把富贵贪，早一齐儿摇尾受新衔，把一个君亲仇敌当作恩人感，咱，只问你蒙面可羞惭？”这些词句表现出作者对投降变节行为的强烈憎恨。联系到清初的社会背景，洪昇的描写并非没有政治上的影射意味。

综观《长生殿》全剧，洪昇描写李、杨爱情和敷衍唐朝盛衰的历史是有机地结合在一起的，寄托爱情理想和表达劝惩思想是统一的。此剧不仅将历史上李、杨题材的戏曲推向一个新的水平，也使整个历史传奇剧的创作达到一个新的高度。将爱情和政治两方面的内容如此完美地结合起来，只有孔尚任的《桃花扇》可以和它媲美。但是，洪昇在描写杨玉环的万种风流和柔情蜜意时明显

---

① 《长生殿》第十出《疑谶》。

② 《长生殿》第十六出《舞盘》。

③ 《长生殿》第十五出《进果》。

④ 《长生殿》第三十八出《弹词》。

⑤ 《长生殿》自序。

地流露出欣赏的态度，在《春睡》《窥浴》等出中过多地作了艳情渲染，对封建帝王玩弄女性的行为加以美化，这表现了作者一定的庸俗情趣。

《长生殿》在艺术上有较高的成就。此剧描写的社会背景广阔，事件繁杂，人物众多，作者在剪裁、结构方面颇费经营，叙事或详或略，或起或伏，或正或侧，层次分明，安排巧妙。全剧抒情意味浓厚，不少场面的描写具有诗情画境。曲词优美，显示出作者的才华，剧中有不少段落警句迭出，耐人回味，像《弹词》一出中的【一枝花】“不提防余年值乱离”成为传唱一时的名句，因而有“家家收拾起，户户不提防”的俗谚（“收拾起”指李玉《千钟禄·惨睹》一出中的名句“收拾起大地山河一担装”）。

《长生殿》的问世，震动了当时的剧坛。“一时朱门绮席，酒社歌楼，非此曲不奏，缠头为之增价”①，“畜家乐者攒笔竞写，转相教习，优伶能是，升价什佰”②。当时剧场演出此剧，“观者堵墙，莫不俯仰称善”③。然而，正当洪昇因写出《长生殿》声名大噪的时候，一场出乎意料的灾祸向他袭来。

五

康熙二十八年（1689）八月上旬，京中著名的戏班内聚班演出《长生殿》传奇，康熙皇帝看了演出并称赞演得好，赐给演员们二十两银子。内聚班为了对作者表示感谢，提议演出此剧为洪昇庆寿。经商定后，就在生公园摆设筵席，邀集在京的一些官员及学者名流前来观赏。有个叫黄六鸿的未被邀请，怀恨在心。他原在外地做知县，刚调至京中任给事中不久，曾带着一些土特产和自己的诗稿遍送知名文士，送到宫赞赵执信门下时，赵执信回答他一封短柬，上写“土物拜登，大稿璧谢”八个字，意思是说他的诗不屑一看。黄六鸿因此对赵执信恨之入骨，这时听说赵执信参加了生公园的盛会，决计报复。于是，黄六鸿上奏一本，说孝懿佟皇后刚去世二十七天，国忌日未满，于国恤日张乐演戏实为大

---

① 《长生殿》徐麟序。

② 《长生殿》吴舒凫序。

③ 《长生殿》尤侗序。

不敬。康熙皇帝果然动怒,传旨将洪昇逮捕,下刑部狱,并将内聚班优人尽皆拘系,听候发落。①

此案的审理很快有了结果:洪昇被国子监除名;参加聚会的侍读学士朱典、翰林院检讨赵执信、台湾太守翁世庸等被革职;监生查慎行未赴此会,也受牵连而被除名。此案中,士大夫和诸生被革职及除名的共50余人。

关于演《长生殿》致祸的内幕,诸说不一。今天学术界论及此事,比较公认的看法是,《长生殿》事件与当时的党争有关系。《清史稿·徐乾学传》云:"时有南北党之目,互相抨击。"南党以徐乾学为首,北党以大学士明珠为首,矛盾相当尖锐。洪昇虽然和属于北党的余国柱有交往,但他和南党的高士奇等人关系更加密切。《长生殿》一案实际是北党借题发难,动摇南党的政治地位,康熙皇帝也想趁机利用北党的力量削弱一下南党的权势,制造一种政治的均衡状态,故而对此案予以批复。朝廷政治斗争形势相当复杂,兹不多论,而事情的结果是,洪昇成了南北党争这一政治夹缝中的牺牲品。

《长生殿》之祸彻底击碎了洪昇在仕途上进取的幻想,又使他萌发了避世出尘的念头。康熙二十九年(1690)三月,洪昇跨驴出京,前往盘山青沟禅院会见好友高僧智朴,欲向佛门寻求解脱。智朴陪同他游览盘山的卫公庵、天城寺等古迹,用禅理开导他。洪昇在盘山逗留十余天,郁闷的情绪稍有缓和,他有心随智朴在此出家,但"清泉白石信可恋,妻儿待米难淹留"②,于是告别智朴,回到京师。因为《长生殿》事件,洪昇在京师备受白眼揶揄,难以再安居下去,他便在第二年春天回杭州安置,秋天赴京接取家眷一同返归故里。

故乡从来不会厌弃历尽坎坷而归来的游子。洪昇在杭州定居后,生活虽然依旧穷困潦倒,但因摆脱了京师世态的缠绕,又有金埴、戴熙、黄元嘉等一班好友时相往来,倒也清静、安逸。第二年,其妾邓氏生一子,取名之益,不久,其长子之震完婚,女儿之则出嫁,喜事频来,洪昇的愁苦之心得到了安慰。这时,他先后收了王锡、沈用济、汪熷等十余人为弟子,用心指导教诲他们,师生的情谊,更增添了生活的乐趣。尤其使洪昇感动的,是杭州的百姓对他很尊敬,他的《长

---

① 关于演《长生殿》致祸的经过,散见于王应奎《柳南随笔》卷六、戴璐《藤阴杂记》卷二、董潮《东皋杂钞》卷三等处,诸书记载互有出入,此处据章培恒《演〈长生殿〉之祸考》(见《洪昇年谱》附录一)综述之。

② 洪昇:《留别拙公》,见《盘山志补遗》卷二。

生殿》在杭州不时上演，连妇女儿童都知道他这位洪先生。杨嗣震的《长生殿》题词诗云：

曾是江湖毷氉身，归来暂喜卧湖滨。狂名厌杀天涯满，小字呼来北里真。窈窕吴娘歌此曲，风流老辈数斯人。旗亭市上红楼里，群指先生折角巾。

洪昇不仅受到杭州百姓尊敬，也受到官场人物的礼遇。康熙三十三年（1694），颜光敩任浙江学政，在杭州主试，洪昇因儿子之震赴考，特写信给颜光敩请求关照，于是之震得以入泮。接着，之震又添子，洪昇特别高兴，作《得蔗孙示儿之震》诗表达欣喜之情。此时洪昇的家难已经平息，他又解除一桩心事。这些使年已半百的洪昇感到快慰。他在孤山附近买块地皮，建造一座房舍，名"稗畦草堂"，决计在这里长期住下，安度晚年。

这时，洪昇的《长生殿》开始付刻，他的好友吴舒凫负责料理，于康熙四十二年（1703）刻完上半部，并将下半部付刻，遗憾的是，洪昇在逝世之前未能看到他的这部得意之作全都刊行。但是，洪昇能看到《长生殿》付梓，已是够欣慰的了，当年演《长生殿》之祸造成的心灵创伤至此稍得平复。

洪昇晚年在杭州的活动及交游事迹甚多，难以一一尽述。值得提及的，还有两桩有关戏曲的事件。其一是康熙三十六年（1697）秋天，洪昇来到昆腔的发祥地苏州，苏州文士们热情地欢迎他，大家凑钱召集最好的戏班演出《长生殿》，同时举行盛大聚会。当时宋荦任江宁巡抚，听说这一活动非常高兴，愿意亲自主持。戏台搭在虎丘，画船密集，灯火万点，水陆观众蜂拥蚁聚，洪昇的学生王锡写有《闻吴门演〈长生殿〉传奇，一时称盛，不得往游与观有作，并小序》对此作了详尽的描述。当时洪昇在座"狂态复发，解衣箕踞，纵饮如故"①，多年来未曾如此得意。

其二是康熙四十二年（1703），洪昇撰写了《四婵娟》杂剧。此剧仿明代徐渭《四声猿》体例，包括四个单折短剧。第一折写谢道韫咏雪，受到叔父谢安的赞赏；第二折写卫茂漪向表弟王羲之传授簪花格书法；第三折写李易安与丈夫赵明诚一边品茶一边谈论历代夫妇佳话；第四折写管仲姬与丈夫赵孟頫一同泛舟江上，妇画竹，夫作歌，共抒情怀。这一组杂剧描写历史上的名媛逸事，歌颂

---

① 《长生殿》尤侗序。

了她们的才华和爱情,赞扬一种男女平等且具有共同的文学或艺术情趣的家庭生活,表现了作者具有一定民主思想的家庭爱情观点。洪昇和妻子黄兰次结婚多年同舟共济,感情深厚,老而弥笃,洪昇创作此剧,含有自己的人生感受。同时,剧中对于人情世态,时有讥讽之笔。如第二折中王羲之要去拜访卫夫人,他的书童要他按通行的规矩备些礼物,并且说:“相公慢些走,还要带个门包是要紧的。”这显然是针对现实中官场往来的龌龊风气。《四婵娟》曲词雅洁精警,可以看出洪昇填词的技巧至老而更加纯熟。

洪昇在晚年,创作活动一直没有停止。除《四婵娟》外,他还为吕熊评点小说《女仙外史》,并且打算把小说中练双飞和刘松碧的姻缘故事改编为传奇。然而,这个计划未能实现。洪昇没有想到在他晚年生活得到安定、境遇得到好转的时候,竟会因意外的事故而丧生。

康熙四十三年(1704)春末,江南提督张云翼邀请洪昇去松江军事驻地一游,盛情接待,奉为上客,宴席间演出《长生殿》助觞。洪昇见这里的武将悍卒对情爱缠绵的《长生殿》也很欣赏,非常高兴。在这之后,江宁织造曹寅又把洪昇请到江宁。曹寅和洪昇早已结交,上一年曾将自己的杂剧《太平乐事》寄给洪昇,请求为之作序。这次洪昇接到邀请,欣然前往。曹寅同时邀集大江南北著名文士在织造府观演《长生殿》,曹寅和洪昇一边看剧本,一边看戏,对优人的表演逐场予以评论,这样一连演了三天三夜。之后,洪昇告别曹寅,离开江宁。六月一日,他乘船经过乌镇,有友人请他上岸饮酒。酒散归来已是夜晚,洪昇登船时醉步踉跄,失足落水。此时刮起大风,吹灭了船上的灯烛,众人无从捞救,于是这位伟大的戏曲作家就这样结束了他的一生。

洪昇遇难的消息很快传开,人们都感到震惊和惋惜。他的士林朋友王士禛、金埴、戴熙、李孚青、王蓍等纷纷写诗表示哀悼。有人注意到,六月初一是杨玉环贵妃的生日,也是唐明皇在长生殿上命梨园小部演奏《荔枝香》新曲的日子,而洪昇恰在这天去世,真是一种很有意味的巧合。洪昇会不会是因为创作了《长生殿》而被唐明皇、杨贵妃的神灵召归仙乡?

当然,这只是带有神话色彩的奇想而已。但是,洪昇正是因为创作了《长生殿》而名传后世,这毕竟已经是为历史证明了的事实。和孔尚任齐名的洪昇,他的《长生殿》和《桃花扇》一样一直上演不衰。正如金埴诗中所云:“两家乐府盛康熙，进御均叨天子知。纵使元人多院本，勾栏争唱孔洪词。”①直到今天，《长生殿》还在被各地方剧种改编上演，洪昇也一直受到人们的纪念。

（原载《中国古代戏曲家评传》，中州古籍出版社 1992 年 7 月出版）

① 《题阙里孔稼部尚任东塘桃花扇传奇卷后》，见《鳌门吟带》。

论罗贯中的《赵太祖龙虎风云会》杂剧
——与《残唐五代史演义传》《三国志演义》及李玉《风云会》传奇相比较

贾仲明的《录鬼簿续编》著录有罗贯中的3个杂剧，即《赵太祖龙虎风云会》《忠正孝子连环谏》《三平章死哭蜚虎子》，简名分别为《风云会》《连环谏》《蜚虎子》（朱权的《太和正音谱》著录《龙虎风云会》为无名氏作）。今仅存《风云会》，有《脉望馆钞校古今杂剧》本，息机子刊《古今杂剧选》本，顾曲斋刊《古杂剧》本、《阳春奏》本、《酹江集》本等，当代收入《古本戏曲丛刊四集》、隋树森编校的《元曲选外编》及王季思编校的《全元戏曲》中。关于《风云会》杂剧的思想内容、艺术特色、流传与影响等，在当代出版的各种相关的古代戏曲工具书与研究著作中多有论述，本文拟从《风云会》杂剧同罗贯中的小说《残唐五代史演义传》《三国志演义》及李玉的《风云会》传奇的比较方面作进一步的探讨。

一、《风云会》杂剧和《残唐五代史演义传》

《风云会》杂剧取材于五代末期至北宋初史实，敷衍赵匡胤得文武群臣辅佐、受后周禅让即帝位建立大宋朝的故事。剧中表现的时代背景、主要人物、重大政治事件和主要思想倾向，同罗贯中撰作的历史演义小说《残唐五代史演义传》有密切的联系，但又有明显的区别。

《残唐五代史演义传》是罗贯中撰作于元明之际的长篇章回小说，共60回，今存世的八卷本为“李卓吾批点”，六卷本为“玉茗堂批点”。其实，两种评点文字既不是出自李卓吾之手，也不是出自玉茗堂（汤显祖）之手，而是书商为了使刊本畅销而假托于名家进行炮制的，赵景深先生曾说“汤显祖和李卓吾的批评当然是靠不住的”①,符合实情。

这里且不详细考察评点文字的真伪,仅就《残唐五代史演义传》的内容来看,所演述的是从唐代末年黄巢赴试落第而组织起义开始,到后周赵匡胤陈桥驿兵变为止这80多年的历史。所写的人物与事件基本上全依史实,采用编年的形式进行铺排,其中也间或借用了有关民间传说和戏曲话本中的资料。小说的情节,包括黄巢起义的征战与失败,朱温背叛起义军后与宦官勾结直至建立后梁的经过,李克用在镇压农民起义的过程中壮大了势力及其内部的权力争斗与冲突,后唐庄宗李存勖的荒淫腐败及被杀的结局,后唐的灭亡及后晋、后汉的兴起,后周的建立及周世宗的励精图治等。小说命名为《残唐五代史演义传》,显然是涵盖着从“残唐”到“五代”这一历史区间的大事。其中对于李克用政治集团的演述尤其是李存孝的事迹用笔最多。从第二回起即有李存孝出场,作者叙写他的英勇与武功直到他被害惨死,几乎占了小说的一半。明代钱希言谓此小说“载黄巢事甚详,而中间极夸李存孝之勇,复称其冤”②,已指出这部小说在内容上的特点。

《风云会》杂剧的内容,不涉及五代的前期和中期,而是从“方今周世宗登极,四方扰攘,干戈不息”展开故事,写后周朝中马步亲军都指挥使石守信奉旨招募智勇之士,因部将推荐马军指挥使赵弘殷长子赵匡胤,石守信就派大将潘美携带礼帛鞍马前去征聘,于是赵匡胤被朝廷任用。周世宗死后,其幼子柴宗训即位为后周恭帝,北汉与辽国趁机入寇,周太后命已任殿前都指挥使的赵匡胤率军征讨,大军行至陈桥驿,部将赵普、郑恩等把黄旗盖在赵匡胤身上,拥立他为皇帝,周太后无奈,只得亲率幼主到陈桥驿禅让帝位。赵匡胤称帝建立宋朝,加封赵普、石守信、郑恩等人官爵,又亲自着便衣于雪夜访问宰相赵普,商议征讨四方的战略大计。赵匡胤令石守信、曹彬、潘美、王全斌各统大军分道南征,先后灭掉吴越、南唐、南汉、后蜀四国。此时朝廷设宴,四国降王齐颂功德,文武大臣共庆升平。宴饮之际,赵普想起当初曾梦见龙虎风云会,今日果然应梦,终场点出全剧的主题。

---

① 赵景深:《小说闲话·〈残唐五代史演义传〉》,北新书局1937年版,据《中国文学通典·小说通典》中吴志达撰文转引,解放军文艺出版社1999年版。

② 钱希言:《桐薪》卷三,据《中国古代小说百科全书》中吴敢撰文转引,中国大百科全书出版社1993年版。

《风云会》杂剧和《残唐五代史演义传》小说相比较,《风云会》演述的历史区间是后周时赵匡胤取得军权、发动陈桥驿兵变建立宋朝,到北宋灭掉南唐、吴越等四国实现全国统一为止。考察这段历史可知,后蜀的灭亡在宋太祖乾德三年(965),南汉的灭亡在开宝四年(971),南唐的灭亡在开宝八年(975),吴越的灭亡则晚至宋太宗太平兴国三年(978)。就是说,《风云会》第四折写赵普带领郑恩、苗光裔等文武重臣及原吴越王钱俶、原南唐后主李煜、原后蜀主孟昶、原南汉王刘𬬮这四位降王参加朝廷举行的庆功盛宴的时候,皇帝已经不是赵匡胤而是宋太宗赵光义了。当然,在这一折中,作者没有让宋太祖赵匡胤出场,也没有让宋太宗赵光义出场,只是赵普在那里宣布"奉圣旨排筵宴,燕乐各国君臣""奉圣旨教四国君臣,演习礼仪"。尽管如此安排,观者也能够看出,这一折所演的内容,已经是宋朝开国十几年之后的事情。

《风云会》所演述的历史区间,前三折这七八年的时间和《残唐五代史演义传》的结尾部分略有叠合,第四折写宋初事则在《残唐五代史演义传》所叙写的历史区间之后。可以说,《风云会》的前三折写赵匡胤故事,是对《残唐五代史演义传》最末数回内容的放大和铺张,而第四折演述平定四国的征战及天下一统之后的庆功宴会,是对《残唐五代史演义传》的延续和补充。《风云会》以杂剧的形式,把《残唐五代史演义传》结尾部分所写赵王胤的故事加以扩展,并且增添了一个重要的"大团圆"的结局。杂剧和小说连在一起,才是作者表现从残唐到宋初这段历史的完整的构思。这样的处理,不仅能够完整地表现从残唐五代的天下大乱到宋朝建立的天下大治的全过程,而且也完整地表现了罗贯中关于反思治乱兴亡历史经验教训的创作主旨。

从艺术成就方面来看,《残唐五代史演义传》像是匆匆完成的草稿,未经仔细的加工润饰,赵景深评价它"文字简陋"①,并非是有意的贬词。而《风云会》杂剧四折一楔子的格局,布局堂皇,结构严谨;曲词精警生动,富于文采,又自然而流畅。如第三折写赵匡胤雪夜访赵普时唱的一曲【滚绣球】:"似纷纷蝶翅飞,如漫漫柳絮狂。剪冰花旋风儿飘荡,践琼瑶脚步儿匆忙。用白襕两袖遮,将乌纱小帽荡。猛回头把凤楼凝望,全不见碧琉璃瓦甃鸳鸯。一霎儿九重宫阙如银

① 赵景深:《小说闲话·〈残唐五代史演义传〉》,北新书局1937年版,据《中国文学通典·小说通典》中吴志达撰文转引,解放军文艺出版社1999年版。

砌，半合儿万里乾坤似玉妆，粉填满封疆。”这支曲子在遣词、用韵、修辞方面非常讲究，写景状物逼真而传神，而且切合人物此时此刻的身份与心境，显示了作者的文学功力和才气。《风云会》杂剧虽然与《残唐五代史演义传》小说的体裁不同，但是在艺术上明显地提高了一个档次，是罗贯中创作的成熟的作品。

二、《风云会》杂剧和《三国志演义》

长篇历史演义小说《三国志演义》(或称《三国志传》《三国英雄志传》《三国志通俗演义》，如今通称《三国演义》)，是罗贯中的代表作，是中国小说史上第一流的名作。全书120回，叙写从东汉末灵帝建宁二年(169)灾乱并起到晋武帝太康元年(280)吴国灭亡这百余年的历史风云，详尽地展示了曹魏、蜀汉、孙吴三国兴亡与争斗的全过程。它反映的历史内容与思想含量极其丰富，表现的政治军事斗争与社会生活画面极其广阔，所写人物众多而主要人物形象极其鲜明生动，这些在从古至今的大量研究著作中已有全面的评述。罗贯中的《风云会》杂剧和《三国志演义》小说不仅体裁不同，而且在作品的篇幅规模、内容含量方面也无法相比。但是，《风云会》杂剧和《三国志演义》小说的总体思想倾向却是非常一致的，其中最突出的思想表现在三个重要的也是关键性的问题上。

1.君臣风云际会的思想

《三国志演义》中，作者用笔最重、倾注情感最多的是对于刘备为首的蜀汉政治势力的描写，其中对于刘备与关羽、张飞的结义，关羽、张飞与赵云的忠勇，都写得十分生动感人。他们论情感亲如兄弟，讲名分则礼为君臣，手足之情与君臣之义贯穿始终。诸葛亮和刘备的关系更为典型。司马徽向刘备推荐诸葛亮的时候把诸葛亮比作“兴周八百年之姜子牙，旺汉四百年之张子房”；刘备三顾茅庐请诸葛亮的时候，对张飞说“汝岂不闻周文王谒姜子牙之事乎”，意思是说自己要像周文王对待姜子牙那样来对待诸葛亮。姜子牙和张良辅佐开国帝王成就大业，是历史上君臣遇合的典型，也是历代儒家知识分子实现治国平天下人生目标的典型。《三国志演义》中的诸葛亮正是这样的典型，他出山后对刘备倾心辅佐，竭忠尽智，刘备临死的时候，他表示“臣安敢不竭股肱之力，尽忠贞之节，继之以死乎”；刘备死后，他忠心耿耿辅佐后主，表示要“鞠躬尽瘁，死而后已”。诸葛亮的实际表现,实践了他对刘备的承诺,最后虽然没有实现收复中原、振兴汉室的愿望,但是他和刘备的关系堪称历史上君臣际会的楷模。因此,诸葛亮是作者精心塑造的辅臣形象,在他身上寄托着作者的政治理想和人生理想。小说在描写其他人物的时候,这样的思想也多有表露,如第二十八回《会古城主臣聚义》写赵云跟从刘备时说:“云奔走四方,择主而事,未有如使君者。今得相随,大称平生。虽肝脑涂地,无恨矣。”这里作者引录一首后人之诗曰:

当时手足似瓜分,信断音稀杳不闻。今日君臣重聚义,正如龙虎会风云。

值得注意的是,这里所说的“龙虎会风云”,是点睛之语,是对于《三国志演义》中刘备集团君臣关系的赞颂,也是罗贯中本人凝之于心并为之努力的信念和追求。罗贯中在世的元朝末年,天下大乱,军阀割据,与东汉末年的政治形势及社会状况有些相似,罗贯中也是胸怀大志、意欲有所作为的热血文士,甚至是“有志图王”的人物①;还传说他曾经“客霸府张士诚”②,而依附张士诚的目的即有“择主而事”“龙虎会风云”的意图。这两条资料虽然缺少更多的旁证,但是所透露的信息则说明,罗贯中撰作《三国志演义》所表现的思想与他的个人经历有直接的关系。即是说,他在现实中没有实现的政治理想与人生理想,便通过小说中的人物描写尽情地抒发出来。

《风云会》杂剧的名称正是明确道出“龙虎会风云”的意思。如果罗贯中撰作《风云会》杂剧在前、撰作《三国志演义》在后的话,那么《三国志演义》小说中所表现的君臣风云际会思想是对《风云会》杂剧这一思想的延续和发挥。杂剧开头的“楔子”部分,石守信出场唱的【仙吕】【赏花时】一曲云:“两只手揩磨日月新,一片心扶持天地稳。向千万里展经纶,把狼烟扫尽,直教龙虎会风云。”这里开门见山地点题,标示出本剧的宗旨。第一折中写赵普讲述他的梦境云:“想昔日大公子游随州时,客于董宗本家,其子董遵诲常梦黑蛇十数丈变龙飞去,既而群虎乘风随之,人见紫云如盖,凝结城上。今日有人传说,元帅石守信聘大公子授官面帝,风云之梦,信有征也。”梦境是现实的映象,而写入剧中则有隐喻意

① 王圻:《稗史汇编》“院本”条。《稗史汇编》有南京博物院藏本,甚罕见;当代有北京出版社 1993 年影印本。

② 顾苓:《跋水浒图》,见《塔影园集》卷四,《殷礼在斯堂丛书》本。

义，蛇变龙预示赵匡胤有帝王之身份，群虎相随则预示文武群臣的辅佐。赵普相信梦兆，就积极地与众将谋划，发动陈桥驿兵变，他们的目的无非是想成为开国勋臣，封侯拜相。第三折写赵匡胤当了皇帝之后，又打算派兵遣将平定四方之时，唱道："就凌烟阁画功臣像，卿莫负勒金石，铭钟鼎，向青史标名姓字香。……比及列土分茅拜卿相，先将这各部下军卒重重的赏。"皇帝的这种态度正是文武大臣们所期望的，君臣的遇合与成功，正是龙虎会风云的真实意义和终极目标。第四折写四方平定、天下一统、摆宴庆功的时候，赵普唱尾曲云："龙吟天上生云气，虎啸清风四起。龙虎梦君臣，风云庆家国。"这和杂剧开头的【赏花时】曲遥相呼应，进一步强调了全剧所表现的君臣风云际会的主题。

杂剧第四折中，还直接采用了三国故事进行比较。王全斌平定后蜀得胜回朝，赵普对他唱【水仙子】一曲云："笑蜀王孟昶呆痴。他也合思先主三分业，想武侯八阵机，辱莫杀关羽张飞。"曲词嘲笑孟昶的无能与失败，说他意欲像三国的刘先主那样保守蜀国已不可能。这里提到诸葛亮和关羽、张飞，意思是说孟昶与文武群臣的风云际会远远不如刘备的成功。从这段插曲，也能看出罗贯中在撰作《风云会》杂剧的时候已经对三国人物及三国故事挂怀于心，这正是他后来能够撰作出《三国志演义》小说的思想基础。

2.中华全国大一统的思想

关于《三国志演义》的主题，许多研究论著都指出它具有多重性，其中表现的中华全国大一统的思想是一个重要的方面。小说第一回开篇便写道："话说天下大势，分久必合，合久必分。"全书写东汉末年的军阀割据与混战，导致三国鼎立的分裂局面，最后同归于晋朝，这是必然的趋势，也是作者所希望的。小说中的几个主要人物竭尽才智，明争暗斗，他们的一切努力，无不是在谋求全国的统一。曹操平定了北方之后，还要挥师南下，消灭孙、刘集团，正是为了统一全国。诸葛亮辅佐刘备，一直致力于北定中原，小说第九十七回写诸葛亮上《后出师表》中说："先帝虑汉贼不两立，王业不偏安，故托臣以讨贼也。"这是诸葛亮的毕生之志，也是作者大一统思想的体现。小说的主导思想是拥刘抑曹，意在强调汉室正统。在作者看来，汉朝的统一和强大，是中华历史上的光彩和荣耀，因此，对于诸葛亮辅佐刘氏所进行的匡复汉室的努力，极力给予肯定和歌颂；而对于诸葛亮"出师未捷身先死"的悲剧，则表示慨叹与惋惜。第一百二十回写王濬率大军沿江而下，攻占金陵，孙皓投降，晋朝实现了统一中国的宏伟大业。作者写道："自此三国归于晋帝司马炎，为一统之基矣。此所谓'天下大势，合久必分，分久必合'者也。"这是历史的必然结局，也是符合作者理想的。和前述第一点联系起来，实现天下一统，也正是实现君臣龙虎风云际会的政治理想的最圆满结果。

罗贯中的《残唐五代史演义传》小说和《风云会》杂剧在表现中华大一统这一主题思想方面，和《三国志演义》是完全一致的，而且《风云会》杂剧更加突出。残唐的情况和东汉末年的形势相似，五代十国的形势和三国的分裂情况相似，而宋朝统一中国和晋朝统一中国的情况也非常相似。因此，《风云会》杂剧集中表现的赵匡胤统一中国的业绩，是这一时期历史的必然结局，也符合作者的政治理想。第一折中，赵匡胤出场时念出四句诗："平生踪迹遍天涯，四海原来是一家。涂炭生民谁拯救，何时正统立中华。"接着唱【混江龙】一曲云：

见如今奸雄争霸，漫漫四海起黄沙。递相吞并，各举征伐；后汉残唐分正统，朝梁暮晋乱中华。豺狼掉尾，虎豹磨牙。尸骸遍地，饿殍如麻。田畴荒废，荆棘交加。军情紧急，民力疲乏。这其间，生灵引领盼王师，何时得蛮夷拱手遵王化？我只得纵横海内，游览天涯。

诗句和曲词叙说了残唐至五代的分裂局面给国家造成的危害，以及战争给民众造成的苦难，表达了赵匡胤救国救民、力挽狂澜、欲求天下统一的宏伟抱负。第四折写吴越、南唐、南汉、后蜀平定之后，赵普唱"今日个寰海归依，民物雍熙""镇天南地北，万万年同共掌华夷"，表达了对于四海统一局面的欢欣愉悦之情，也表达了对于这种统一局面能够长久存在的愿望。剧中所表现的大一统思想，也和作者的现实思想密切相关。罗贯中亲身经历了元朝末年的乱世，非常希望战乱能够尽快消除，实现四海统一的升平局面，因此对于明朝建立之后的全国统一形势是感到欣慰的。从《风云会》杂剧和《三国志演义》小说的有关内容，可以窥见作者的思想轨迹。

3.朝代兴亡及个人遭际的天命思想

天命观是中国古代哲学思想及文化思想的重要内容之一，在历代人们的思想中普遍存在着，其重要表现，是对于朝代兴亡及个人遭际常用天数如此或命中注定来解释。《三国志演义》中就有不少这方面的内容。第一回写张角发动黄巾起义，讹言"苍天已死，黄天当立；岁在甲子，天下大吉"，以天命论进行号召。第三十五回《玄德南漳逢隐沦》中，司马徽与刘备谈话，先引他听说的一段童谣云："八九年间始欲衰，至十三年无孑遗。到头天命有所归，泥中蟠龙向天飞。"然后分析说："此谣始于建安初。建安八年，刘景升丧却前妻，便生家乱，此所谓'始欲衰'也；'无孑遗'者，不久则景升将逝，文武零落无孑遗矣；'天命有归'，'龙向天飞'，盖应在将军也。"第四十九回写诸葛亮派关羽守华容道，刘备担心关羽重义而会私放曹操，诸葛亮说："亮夜观乾象，操贼未合身亡，留这人情，教云长做了，亦是美事。"这里，诸葛亮以天命论为日后不按军法处置云长预留伏笔。第六十九回《卜周易管辂知机》，写曹操让管辂卜天下之事，管辂说"三八纵横，黄猪遇虎；定军之南，伤折一股"，预言曹操命终在建安二十四年己亥，并预言夏侯渊死在定军山。又让管辂卜传祚修短之数，管辂说"狮子宫中，以安神位；王道鼎新，子孙极贵"，预言曹操死后牌位将安放在洛阳，并预言曹操的子孙能当皇帝。第一百二十回写晋灭东吴之后，统一中国，也归结为天数，全书结尾的一篇古风中说"纷纷世事无穷尽，天数茫茫不可逃"。可见，《三国志演义》小说以天命观贯串始终。

《风云会》杂剧在这方面的描写和《三国志演义》十分雷同。剧中第一折中，苗训（光裔）身着道服上场，自谓"先天成数久精通，八卦循环掌握中。岁在庚申天下定，乾元九五见真龙"。庚申为后周小皇帝柴宗训即位后的第二年，即公元960年，苗训预知本年即天下大定的开始。赵匡胤带领赵普、郑恩、曹彬、楚光辅等人来让苗训算卦，苗训立即向赵匡胤跪拜，称"主公乃九朝八帝班头，四百年开基帝主"，又说"主公正应在九五飞龙在天之数"。第二折中写苗训闻知北汉兵入寇消息，就说"黑光相荡，此天命也"；大军到达陈桥驿，赵普、郑恩等人就合谋用黄旗盖在赵匡胤身上，拥立他当皇帝，赵普对赵匡胤说"天命已定，天数难逃"，用这样的天命论促使赵匡胤认可既成事实。第四折写宋朝灭掉吴越、南唐等四国，实现了天下一统之后，赵普又说"这的是天数轮回，造物盈亏"。这一系列的描写，与《三国志演义》的有关情节如出一辙，可见《风云会》杂剧和《三国志演义》小说中的天命观思想是一脉贯通的。

三、《风云会》杂剧和李玉的《风云会》传奇

《风云会》传奇是清初李玉撰作的，与罗贯中的《风云会》杂剧同名，两者之

间显然有密切的联系。《风云会》传奇最早见于《新传奇品》著录,《曲海总目提要》卷二十七有介绍。传世的有乾隆年间内府抄本,北京图书馆藏,共26出,其中有严重残缺;另有法国巴黎国家图书馆藏《环翠山房十五种曲》抄本,分上、下两卷,共27出,今收入《古本戏曲丛刊五集》。

《风云会》传奇也是以赵匡胤建立宋朝的那段历史为背景,但是比《风云会》杂剧增加了不少人物和故事,其内容更加丰富,情节更加曲折。传奇的题材除了采自罗贯中的《残唐五代史演义传》和《风云会》杂剧,还采自元代彭伯成的杂剧《京娘怨》、明代冯梦龙的拟话本小说《警世通言》中《赵太祖千里送京娘》等作品中的片段,并进行了较多的虚构。《风云会》传奇以郑恩为主角,主要情节有:五代末朔州武士郑恩欲结交天下好汉,在北岳恒山打擂,赢了"赛哪吒"淳于胜;郑恩行至蒲州遇员外赵信,赵信将女儿京娘许郑为妻;郑恩到汴京遇赵匡胤,二人结拜为兄弟,同到御勾栏观歌舞,打死太师之子苏小三,救出歌女韩素梅;赵匡胤逃到山西,适逢京娘到北岳恒山进香,被强盗劫去,赵匡胤救下京娘,与她结为兄妹,同行千里,护送她回到蒲州家中;郑恩护送韩素梅到并州,为当地百姓除掉木铃关恶霸太尉韩通及昆岭山的猩猩怪,之后在汾阳与赵匡胤相遇,二人又合力除掉恶霸董家五虎;后周柴荣继承郭威登皇位,授赵匡胤为元帅,郑恩为先锋,赵普为书记,统兵征讨南唐,大军行至陈桥驿,忽闻柴荣驾崩,郑恩与众将拥立赵匡胤即皇帝位为宋太祖;赵匡胤当皇帝之后封赏功臣,封韩素梅为妃,郑恩与京娘成婚。

同《风云会》杂剧相比,《风云会》传奇的内容不符合历史事实的地方更多,杜撰的情节甚为明显,如郑恩打擂、闹御勾栏、除猩猩怪、除董家五虎等;陈桥驿兵变虽是史实,但并非是在征南唐的途中。这些都无须一一考辨。这里需要指出的,是《风云会》传奇与《风云会》杂剧在表现君臣际会主题的一致的地方。剧名的相同是两剧一致之处的基础,而且在《风云会》传奇中也特别进行了点题。传奇第一出《家门》开场词(当是【满庭芳】)概括全剧情节,末句云"陈桥兵变,风云龙虎,共拜赭黄袍",这是剧首点题。第二十七出《归山》的结尾一曲云"君圣臣良天时美,会合风云际遇,喜愿万岁千秋帝室奇",这是篇末点题。首尾呼应,此传奇主题思想的主流显然是承袭了《风云会》杂剧。

在作品中所表现的天命观方面,《风云会》传奇和《风云会》杂剧也极其雷同。传奇第八出《探师》,写陈抟对徒弟说"旺气现在中原,必有真人应运而生”,他要亲自前往寻访。第十一出《讲命》写陈抟来到汴京城中,在竹桥边遇赵匡胤等人前来问卦,就指出赵匡胤必做皇帝。这样的情节完全是照搬了《风云会》杂剧,只是把苗训换成了陈抟。第二十五出《兵变》中,赵普对赵匡胤说“天命已定,主公合当应天顺人”,这和《风云会》杂剧中赵普的语言基本相同。

而且,《风云会》传奇曲词袭用或照搬《风云会》杂剧的地方也相当多。这里仅举传奇第二十五出《兵变》的四支曲子和杂剧第二折的五支曲子对比一下:

罗贯中《风云会》杂剧

【南吕】【一枝花】漫漫杀气飞,滚滚征尘罩,恹恹红日惨,隐隐阵云高。军布满荒郊,我命将凭三略,行兵按六韬。右白虎,左按青龙,后玄武,前依朱雀。

【隔尾】五更筹更听金鸡报,一部从休辞永夜劳。画角齐吹玉梅调。人休贪睡着,马须要喂饱,我且半倚帏屏盼天晓。

【哭皇天】把好梦来惊觉,听军中不定交。那里也兵严刑法重,则末早人怨语声高,险将咱唬倒。庙廊召会,台省所关,君王振怒,太后生嗔,不剌则俺这歹名儿怎地了?惊急列心如刀锯,颤笃速身似火燎。

【乌夜啼】都是你谎阴阳惹得诸军闹,一个个该剐该敲。呀!原来这犯由牌,先把我浑身罩。你道是天数难逃,可甚么情理难饶。不争这杏黄旗权当衮龙袍,可将这《出师表》扭作交天诏,我想受禅台;争似凌烟阁。汝贪富贵,吾岂英豪。

【尾】(指赵)你坐都堂朝廷政事休差错,(指石)你掌枢密天下兵机勿惮劳。(指苗)你掌司天,算星曜;(指李、楚)你做元戎,司斩斫;(指曹、潘)你统雄兵,做招讨;(指郑)你管亲军,守城郭;(指王)你统貔貅,驱将校。……不是我倚势夺权,使强欺弱。既然立草为标,必须坐朝问道。赏不间亲疏,罚须分善恶,有罪的加刑,有功的赠爵。不是我挟天子令诸侯篡宗庙,恐民心变了,把山河弃却,因此上权受取这一颗交天传国宝。

李玉《风云会》传奇

【一枝花】漫漫杀气飞,滚滚征尘罩,恹恹红日惨,隐隐阵云高。军布满荒郊,俺命将凭三略,行兵按六韬。右白虎,左按青龙;后玄武,前倚朱雀。五更筹听金鸡报,一部休辞永夜劳,我且半倚围屏盼天晓。

【哭皇天】谁把我好梦来惊觉,听军中不住叫。那里是兵严刑法重,只听得人语怨声高。呀,险将人唬倒。庙廊召令,台省攸关,君王振怒,太后生嗔,则俺这大名儿怎得了?惊急列一心如刀锯,颤笃速身似火燎。

【乌夜啼】都被你议阴阳惹得诸军闹,一个个该剐该搞(敲)。原来是犯由牌先把浑身罩。你道是天数难逃,我道情理难饶。不□这杏黄旗权当滚龙袍,□可将这《出师表》扭作郊天诏,受云坛台曾似凌烟阁。汝贪富贵,我岂英豪。

【煞尾】赵普,你做都堂朝政□□;郑恩,你掌枢密天下兵机莫惮劳;苗训,你掌司天心筹耀;曹彬,周坝,你做元戎身(司)斩斫;李汉鼎,罗彦威,你领兵权作招讨;高怀德,王全忠,你有罪的加刑;石守信,张广远,有功者赠爵。我且权受这一颗交天传国宝。

通过比较显而易见,《风云会》传奇照抄了《风云会》杂剧的曲词,韵脚也不变,只是对文词略作改动而已。这不是说李玉江郎才尽,没有能力写出新的曲词,而是《风云会》杂剧这一折的曲词甚为精美,对于表达赵匡胤这个人物在特定时刻的身份、思想与心态,确实恰到好处。因而李玉不避剽窃之嫌,直接借用了杂剧曲词的原句。

依据罗贯中的《风云会》杂剧和李玉的《风云会》传奇改编的地方戏曲非常多,如京剧的《风云会》(又名《龙虎斗》)、《打瓜园》(又名《三打陶三春》)、《送京娘》(又名《千里送京娘》《阴送兄》《雷神洞》)、《董家岭》等,各地梆子腔剧目也多有改编,名称各异,如《赵匡胤算卦》《赵匡胤打观》等。从李玉的《风云会》传奇及其后来地方戏曲的改编,可以看到罗贯中的《风云会》杂剧对于后世的文学与戏剧产生了深远的影响。

(原载《昆明学院学报》2012 年第 1 期)

卢楠的文学形象和卢楠其人

《卢太学诗酒傲王侯》是《醒世恒言》中一篇具有特色的拟话本小说。有关书籍评论这篇作品时，对其在反映社会现实方面的积极意义和有助于今天了解明代历史的认识价值，都给予了充分的肯定。但一谈到卢楠的形象，人们总是把他简单地看成一个地主或土豪，把他和知县汪岑的矛盾概括为统治阶级内部的冲突，因而便把卢楠作为和汪岑一样甚至比汪岑更坏的反面人物加以贬斥。中国社会科学院文学研究所编的《中国文学史》说这篇作品“只是写一个官僚陷害一个地主”①，虽然也指出小说的成功之处在于揭露官僚害人和冤狱，但对于卢楠这一形象，显然是把他作为一个封建地主的典型来分析的。胡士莹的《话本小说概论》说，这篇小说“对穷奢极侈的大地主卢楠，却错误地当作正面人物予以颂扬。对卢楠的狂傲享乐生活，抱着欣赏态度，再三加以描绘”②。言外之意，卢楠只能是应该批判的反面人物。双翼《今古奇观杂谈》一书中有“猛虎斗地头蛇”一节，把汪岑比作猛虎，把卢楠看作一条地头蛇，说“卢楠这个人，代表的其实是封建统治阶层的最基本的势力，即大地主阶级”，“数不尽的劳动者的血汗，供养了他们这种人的生活”。还说这种地头蛇是很厉害的，“你奈何他不得时，他反过来随时可以咬你一口，除非一下子把他弄死”。③ 既然地头蛇如此可恶，同他作斗争的汪岑当然就是正义的了。这些评论，都是值得商榷的。

我认为，评论《卢太学诗酒傲王侯》，绝不能仅仅把卢楠看成一个普通的地主。从这一形象的最本质最主要的特征来看，他首先是一个知识分子。卢楠和

① 中国社会科学院文学所：《中国文学史》第三册，人民文学出版社1962年版。

② 胡士莹：《话本小说概论》，中华书局1980年版。

③ 双翼：《今古奇观杂谈》，百花文艺出版社1981年版。

汪岑矛盾的实质，是贪酷卑劣、狭隘忌刻的封建官僚对有文无禄而又恃才傲物的知识分子的迫害。如何看待卢楠的形象，是理解这篇作品主题思想的关键。

诚然，小说以较多的笔墨描写了卢楠的豪富，但是，这只是构成卢楠形象的一个侧面，而不是他的本质特征。卢楠之所以被作为主人公写入文学作品，首先不在于他是地主，而在于他是才子。小说开头有明确的交代："那才子是谁？姓卢名楠字少楩，一字子赤。大名府浚县人也。生得丰姿潇洒，气宇轩昂，飘飘有出尘之表。八岁即能属文，十岁便娴诗律，下笔数千言，倚马可待。人都道他是李青莲转世，曹子建后身。……又且世代簪缨，家资巨富。"可见，作者是把他的才学放在第一位，把他的财富放在第二位来描写的。即使卢楠是巨富，也不能因此就把他看作反面形象。对封建知识分子来说，贫富并不是评判他善恶的唯一标准。中国封建时代的知识分子，家室富有者占多数，富有的程度如小说中的卢楠者也不少，但只要他们在文学、史学或其他方面有卓越的成就，为民族文化作出了贡献，他们的功绩都应予以充分的肯定。高官厚禄的唐宋八大家和穷困潦倒的杜甫、吴敬梓、曹雪芹同样被后人纪念和尊重。卢楠具有较高的才名和一定的声望，我们不能因其富有而把他和普通的地主混为一谈。

根据小说中描写的卢楠的生活方式及思想情趣等，把他作为封建知识分子看待则更符合其本身的实际。卢楠丰厚的家资是祖上的遗业，而不是他亲手聚敛的结果，他的主要精力不是经营田产，而是在现有的优越的物质条件下读书、赋诗和饮酒。诗酒是他生活的基本内容。卢楠并非为富不仁者，他乐善好施，重视志趣与信义，具有封建知识分子中常见的慷慨与豪爽的性格。小说中写道："知音知己，便兼旬累月，款留在家，不肯轻放出门。若有人患难来投奔的，一一俱有赍发，决不令其空过。"他得知家人卢才借钱给钮成，即责备道："我有示在先，不许擅放私债，盘算小民，如有此等，定行追还原券，重责逐出。你怎么故违我法，却又截抢工银，行凶打他？这等放肆可恶！"并把卢才打了三十大板，逐出不用，还吩咐管门的把银券还给钮成。可见，卢楠对乡民是相当开明的，连陷害他的知县心腹谭遵也不得不承认："（卢楠）平昔虽则恃才狂放，却没甚违法之事。"另外，卢楠考虑问题，着眼点常在学问与饮酒方面。与汪岑交往时，曾这样分析对方："他是个俗吏，这文章定然不晓得的；那诗律旨趣深奥，料必也没相干；若论典籍，他又是个后生小子，侥幸在睡梦中偷得这进士到手，已是心满意足，谅来还未曾识面。至于理学、禅宗，一发梦想所不到了。除此之外，与他谈论，有甚意味，还是莫招揽罢。”后来他之所以与汪岑来往，是因为得知了汪岑能饮酒，他说：“只这酒中，想亦是知味的了。”卢楠并不想通过结交县官来达到个人的政治目的或经济目的，这种思想状况和一般的地主是不同的。卢楠也不同于一般的秀才，他一开始就不加掩饰地表现了对这个俗吏的鄙弃与冷漠，后来也总是汪岑主动地接近，卢楠被动地应酬。卢楠是那种恃才傲物的封建知识分子，他狂傲的品格，反映了这一类怀才不遇的知识分子的共同属性。

卢楠之所以得罪知县，并不是因为他是富室，而正是由于他是狂傲的文士。我们只有把卢楠看作一个封建知识分子，才能更清楚地认识他与汪岑冲突的性质和社会意义。卢楠的形象具有一定的代表性。封建时代，确有一类以狂傲著称的知识分子，如祢衡、嵇康、阮籍等。他们有两个基本的特点，一是地位低微，一是才能非凡，前者是傲物的原因，后者是傲物的条件。他们有才而不得见用于世，或者是出于对社会现实和某种政治势力的不满而不肯合作，心中蓄积着不平之气与愤懑之情，他们的狂傲常常表现为对权贵的蔑视。恃才傲物不能简单地看作这类知识分子的缺点而加以否定。在一定的历史条件下，狂傲是对黑暗与邪恶的冲击，是对强权与暴政的抗争，是才华与能力的闪光，是对人的尊严与价值的呼唤。恃才傲物的知识分子和贪酷庸俗的封建官僚总是格格不入的，文士的清高和官场中的污浊也势同冰炭。小说中，卢楠是恃才傲物的知识分子的典型，汪岑是庸俗的官僚的典型，他们之间的冲突，无疑反映了封建社会这种普遍性的社会矛盾。

从小说描写的卢、汪二人矛盾的产生、发展和激化的过程来看，双方的是非、善恶也是非常明显的。开始，卢楠虽然看不起汪岑，不愿与他接近，但在汪岑主动结交的情况下，他仍然保持了正常应酬的礼节。他们交往的若干回合中，除最后一次卢楠失礼外，之前的每一次卢楠都无大错。卢楠先拒绝汪岑的邀请，这本来应该是无可非议的。他作为一个布衣之士，对县官的私人邀请可以有接受或不接受的自由。卢楠是把自己置于同知县平等的地位来看待彼此的交往的，不因对方有权势而屈降自己的人格。后来，汪岑提出要登门拜访，虽然失约，卢楠也未在意。汪岑要到卢家看花，卢楠也一一应允，说“任凭他有兴便来”；汪岑差人送书仪，卢楠也以礼相报，主动请他中秋赏月；汪岑送酒，卢楠又主动请他赏桂花。之后，卢楠又请汪岑赏菊，由于家人误传汪岑“绝早就来”，卢楠便命人一早就备好筵席，摆得“花锦相似”，恭候汪岑。像卢楠这样的不轻与人交的文士,能有这样的态度,已可以说是相当不易的了。而汪岑,受到如此优惠的待遇,仍然不能抹去他心中委屈的阴影。卢对汪的礼节往来本不出自内心,只是克己以待。然而克己是有一定限度的。他终于为汪岑的迟到所激怒,从而造成了汪岑来时的失礼局面;而卢楠的失礼,使二人之间本来就不融洽的关系突变为难以消释的冤仇。

卢、汪二人冲突的产生,表面上是由于家人传错话这个偶然的因素,实际上这是二人思想与性格矛盾的必然结果。卢楠最反感的是汪岑的“俗”,他曾称汪为“俗吏”,后来在盛怒之下,又连声骂汪为“俗物”。他说:“原来这俗物,一无可取,都只管来缠帐,几乎错认了。”又叫道:“快把大杯洒热酒来,洗涤俗肠。”复又喝道:“我这酒可是与俗物吃的么?”汪岑走后,他又命人扫涤路径,说:“却被这俗物直至此间,践污了地上。”汪岑的“俗”,和讲志趣、重交游的知识分子的清高是大相径庭的。汪岑的知县身份决定了他不能免俗。县衙有公事要审问,新按院到任需要谒见,理刑老爷行取入京需要迎送,等等,都是汪岑乐于应酬的,而这些正是卢楠所厌恶的。卢楠既为汪岑的失约而愤怒,又为他昔日与汪岑轻交而懊悔,愤悔交加激起了他的狂傲之火。卢楠的恼怒,完全符合他思想与性格的逻辑。汪岑因卢楠失礼而动气,也正是他官僚本性的暴露。汪岑向来是以父母官自居,被人奉承惯了的,登门拜访卢楠,已经认为是“折节敬贤”之至,如今遇到卢楠的傲慢,怎能忍受?卢、汪二人的冲突,是狂傲的知识分子和庸俗的封建官僚不同属性的碰撞,是两种彼此对立的思想情趣的交锋,而不是一般的官僚与地主之间的狗与狗的撕咬或虎与蛇的争斗。矛盾的双方,有正义与非正义之分,有善良与邪恶之别。汪岑主动接近卢楠,是为了谋得折节敬贤的虚名和满足游园赏花的私愿,动机卑微;卢楠与之应酬,有礼尚往来之情,无趋炎附势之意,心地纯正。汪岑三番五次地失约,卢楠一次次地予以原谅,并未挂怀;而卢楠的一次失礼,汪岑便恶气填胸,竟动杀机。无论是从公理还是从道德的角度来评判,孰善孰恶都不言而喻。

再从汪岑迫害卢楠的过程,更可以看出双方的是非。汪岑身为县令,有权有势,卢楠虽富,不过是他治下的平民。二人地位对比,汪岑显然占据优势,他说:“他恁般放肆,定有几件恶端。你去细细访来,我自有处!”真是欲加之罪,何患无辞。汪岑抓住卢楠家人殴打长工钮成致死一事大做文章,对卢楠进行疯狂的报复。从汪岑指使心腹谭遵暗访卢楠的过失,到钮成被打后安排钮文通风报信，撺掇金氏鸣冤告状，布置衙役抄家拿人，以及公堂刑讯、验尸作弊直至把卢楠判为死刑，等等，整个迫害活动有预谋、有组织、有步骤地进行。就案情本身而论，钮成被殴之后回家并发疾病导致身死，被告判为死刑亦属量刑太重；即使判刑，也应判凶手卢才。卢楠作为家主虽负有一定的责任，但因非其指使，构不成犯罪。汪岑置法律于不顾，完全“借彼证此，横加无影之罪，以雪私怨”。他指责卢楠“强占良人妻女不遂，打死钮成”，是无中生有的诬陷；他放纵衙役抄家抢劫，是侵犯人权的暴行；他不究真凶而冤枉无辜，制造假案、错案，是严重的渎职和执法犯法。尤其恶劣的是，他竟然指使谭遵安排狱卒蔡贤黄夜谋害卢楠，这纯属有意杀人。汪岑所为，才是真正的犯罪。然而这样一个罪恶累累的官僚竟然被提升为京官，并且又利用职权阻挠他人为卢楠翻案，致使卢楠含冤系狱达十余年之久。汪岑是封建官僚阶层中邪恶势力的代表，他确实像只吃人的猛虎；而卢楠不过是一头倔强的羔羊。今天如果对卢、汪二人各打五十大板，甚至褒汪贬卢，那是一种什么样的是非标准呢？

卢楠与汪岑的冲突说明了这样一个事实：恃才傲物的封建知识分子是斗不过封建官僚的。官僚的背后是封建国家机器，官僚可以据此对知识分子施以强大的政治压力。狂傲的文士即使有丰厚的家资，有一定的名望和社会联系，但若无有力的政治靠山，他的力量总是显得被动与柔弱。因此，他们同封建官僚冲突的结果总是以失败告终。他们不能容世，也为世所不容，历史上是不乏这样的例子的。沈约《七贤论》指出，嵇康“神才高杰，故为世道所莫容”，阮籍“才器宏广，亦非衰世所容”，此二人一被惨杀，一坎坷终生。鲁迅论及嵇康，也认为他得罪钟会是“杀身的一条祸根”①。卢楠是嵇、阮一流人物，他的遭遇，反映了这类知识分子共同的人生悲剧。小说的深刻的主题思想，就在于此。

卢楠在明代是实有其人的。如果考察一下这一文学形象的历史原型，也会有助于我们正确认识这篇小说的主题思想。

关于卢楠的生平事迹，最早见于王世贞《卢楠传》②。传中说，卢楠少负才，好古文辞，爱饮酒，“饮辄醉，弄酒骂其座”，可见他确有狂傲的特点。传中详述

① 《而已集·魏晋风度及文章与药及酒之关系》，见《鲁迅全集》第3卷，人民文学出版社1981年版。

② 王世贞：《卢楠传》，《弇州山人四部稿》卷八十三。

了他因得罪知县而遭受迫害的经过："令尝从客语楠：吾旦过若饮。楠归与翁媪益市牛酒，夜共张至旦"，"会令有它事，日昃不来，楠愧且望之，斗酒自劳，醉则已卧，报令至，楠故徐徐出，坐久之，楠称醉不能具宾主，令恚去"。不久，卢楠以盗麦故搒其役夫，役夫夜间被倒墙砸死，县令闻之，借机报复，将卢楠"坐大辟，系狱"。王世贞《卢次楩集序》一文还谈到卢楠平日好"击剑使酒骂座，尝跣而见县官"，"又讥刺县官文"，于是县官遂"坐以杀人事下狱"。①《列朝诗集小传》《古今谭概》《皇明世说新语》《明史》《名山藏》等书所记卢楠事迹，大概都采自王世贞文。从有关的资料来看，小说描写的主要情节是有充分事实根据的。

另据卢楠《蠛蠓集》及《浚县志》等，可以了解到卢楠被冤一案更详尽的细节。他所得罪的知县名蒋宗鲁，字道父，嘉靖十七年（1538）进士，嘉靖十八年任浚县知县，后曾官至都御史。小说作者大概是出于为显者讳而改其名为汪岑。卢楠《上魏安峰明府辩冤疏》②等文章详述了此事的始末。嘉靖十九年（1540）春，卢家有个叫王隆的长工因左手生疮不能干活，卢楠给足工钱令其回家，王隆推荐身强力壮的同里人张杲代替自己，于是卢楠便试用张杲为长工。这年六月二十一日，张杲偷麦场上的麦子，被人发觉告诉卢楠，卢楠派人找张杲查问。张杲害怕，连夜逃走，宿于同里人孙洁的麦场上，还吃了看场人李现的一碗面。次日天降大雨，张杲在其家中因房塌被砸身亡。又次日，张杲的母亲魏氏赴县告状，说卢楠殴打其子张杲致死。七月初五日，知县蒋宗鲁验张杲之尸，见死者缺上齿六颗，左腿骨几处裂伤，遂定卢楠为凶手，逮捕下狱，严刑拷问。卢楠不堪荼毒，便违心招承殴死张杲。对于张杲之死，如果不带成见，略加调查便可弄清真相。卢楠是无论如何也不能被判为死罪的。然而，蒋宗鲁不顾事实真相，而据魏氏一面之词，硬置卢楠于死地，这显然是别有用心的报复。卢楠入狱，不久其父母先后去世，一年后两子一女又相继夭亡，其妻李氏寄食于亲戚故人之家，备历艰苦。卢楠多次上书有司，陈述冤枉，皆由蒋宗鲁作梗而未能昭雪。小说中谭遵谋害卢楠也是真人真事。卢楠有《丁未梦中游王西轩园作》（丁未为嘉靖二十六年，即1547年）七言绝句一首，诗前小序云："是岁十一月二十日，狱吏谭

① 王世贞：《卢次楩集序》，《弇州山人四部稿》卷六十四。

② 卢楠：《蠛蠓集》卷一。

遵令狱卒蔡贤笞楠数百，谋以土囊压杀之，官觉之免。”①这一情节，小说的描写丝毫未加夸大。上述事实表明，卢楠的文学形象基本上保持了历史人物的原貌，具有高度的真实性，这是小说的主题具有强烈的现实主义倾向的主要原因。

从有关资料还可以看出，历史上的卢楠并不像小说里所描写的那样豪富。小说中，卢楠的家产房宅和生活状况简直可以比于王侯，而实际上远非如此。王世贞《卢楠传》云：“其先世业农，获则什一而息之，故以资雄于乡。”可知其家仅为农业地主，同时兼放高利贷，绝不是小说所谓的“世代簪缨”。其家至卢楠父亲时已渐衰落，加之卢楠因事系狱，资财遂消耗罄尽。卢楠自谓“楠以中民之产积狱数年，悉贸费无余”②，是符合实际情况的。卢楠有《五哀诗》追述父母境况云：“有父有父濯尘缨，栖息远在沧浪溟。樵苏不避耘且耕，春泥秋雨淇门中。”③可见其父生前还从事体力劳动，因而其家就不会是太大的地主。卢楠系狱数年后，更完全丧失了地主的身份。《卢楠传》说他“既出狱，家益贫”，后来南游吴越后，“还益落魄”。卢楠有《秋晚赴井汲水采野蔬供饭》等诗篇④，记述了这时的潦倒之状。小说处理生活素材时，显然夸大了卢楠富裕的程度。小说中对其花园的规模恣意加以铺张描写和渲染，意在突出表现卢楠高雅飘逸的韵致和超凡入神的情趣，增强故事的传奇色彩，并不是暴露卢楠的罪恶。小说作者未改变生活中卢楠与知县冲突的基本情节，因而也未改变卢楠的遭遇所具有的社会性质，夸大其豪富正是为了更鲜明地衬托他沦落之后凄凉的结局，强化作品的悲剧效果，从而深刻揭示出恃才傲物的封建知识分子必遭挫败的历史命运。如果我们因小说描写的卢家的豪富就把卢楠作为大地主形象来分析，那就会模糊卢楠这一文学形象的质的规定性和社会代表性，也必然会曲解作者的原意。

现实中的卢楠最后饥寒困顿而卒，他狂傲的一生以悲剧告终。而小说中写卢楠最后随赤脚道人而去，“遇仙成道矣”，为他的下场涂上一笔浪漫主义的色彩。实际上，这不过是悲剧的另一种表现形式。卢楠狂傲的品格到底为现实所不容，只有向仙或佛的世界寻求归宿。作者找不到医治社会弊病的良药，也看

① 卢楠：《蠛蠓集》卷五。

② 卢楠：《上魏安峰明府辩冤疏》，见《蠛蠓集》卷一。

③ 卢楠：《蠛蠓集》卷四。

④ 卢楠：《蠛蠓集》卷一。

不到不满现实的封建知识分子实现理想、摆脱苦闷的真正出路,揭露了社会矛盾却无力解决这一矛盾,因而作者自己也陷入思想的矛盾与迷惘之中。小说的两首结尾诗,一首赞扬卢楠的高名,一首却是对文人的警诫:“酒癖诗狂傲骨兼,高人每得俗人嫌。劝人休蹈卢公辙,凡事还须学谨谦。”其意是要知识分子在严酷的现实面前让步,放弃抗争,磨损棱角。这是作者时代的思想局限。尽管如此,这篇小说通过塑造卢楠的形象反映了恃才傲物的知识分子的思想特点和命运,从这个侧面暴露了封建社会的罪恶,还是有认识意义的。

(原载《中州学刊》1985年第5期)

花木兰艺术形象的产生和发展

脍炙人口的《木兰诗》是中学语文课本的必选文章，木兰从军的故事流传了一千多年，先后被诗歌、戏曲、小说、电影等各种文学样式描写或表现过。今天的人们从《木兰诗》中认识了一个木兰，又从舞台或银幕上认识了一个花木兰，常常把二者等同起来。在中学语文教学中，也常见有人用现代作品《花木兰》的主题去代替古代作品《木兰诗》的主题，依据今天所见花木兰的艺术形象去分析《木兰诗》中木兰的形象。其实这是不准确的。应该看到，作为文艺作品中的艺术形象，木兰不等于花木兰。《木兰诗》最初塑造的木兰形象，到了后来的民间传说和历代戏曲、小说及现代的戏曲、电影里是不断发展的。在发展过程中，木兰的艺术形象打上了不同历史时代的深刻烙印。

一、《木兰诗》中的木兰形象

历代学者研究《木兰诗》，总是把木兰作为一个历史人物看待。不少人在考证木兰的姓氏、时代和籍贯等问题上花费大量功夫，也出现过不同意见的商讨或争鸣，但至今也没有形成一致的看法，只怕以后很难得出明确的结论。我认为，《木兰诗》既然是文学作品，诗中的木兰就不必机械地认定为某一个历史人物。此诗本是一首民歌，最初创作时，可能依据了一个模特儿，即曾有个女子代父从军，后来又回到家乡，人们喜爱这个女英雄，就带着真挚的感情传颂她的事迹。但这首民歌在流传时，肯定经过许多人加工、修改，甚至经过文人润饰，到唐代韦元甫从民间采录并公之于世的时候，它实际上已是集体创作的诗篇，诗中的木兰已不是某个具体的代父从军的女子了，她成为来源于生活又高于生活的艺术形象。我们把木兰看作一个艺术形象，不仅符合文学欣赏的认识规律，而且能更科学地理解木兰这个人物的典型意义和《木兰诗》这部作品的社会价值。

木兰这一艺术形象，是在特定的历史条件下产生的。关于《木兰诗》的时代，不少人认为最初形成于北朝，这是比较可信的。因为那个时期具有女儿可能代父从军的紧迫形势和社会环境。北魏结束了十六国长期分裂的状态，基本上统一了中国北方，但战争仍未断绝。由于连年战乱，我国北方人口锐减，青壮年已不能满足统治者征兵的需要，籍在军户的老年人也不能免除兵役。同时，西晋以后，北方少数民族的势力逐渐南移；十六国时期，少数民族和汉族进行了长时期剧烈的融合。北魏鲜卑族统治者起家于游牧，以征战为能事，他们游牧骑射的生活方式，在北方人民中形成了新的社会风气，对汉族女子的闺中生活也产生了很大影响，女子习武不是那么罕见了。北朝的一些民歌就描写了这种骁勇善战、英姿飒爽的女子，如《李波小妹歌》："李波小妹字雍容，褰裳逐马如卷蓬，左射右射必叠双。妇女尚如此，男子那可逢！"①这个李波小妹的形象是同木兰非常相似的。由于战争形势的逼迫和社会风气的熏陶，木兰这样的军户人家的女儿有可能掌握精湛的武艺，具备可以从军的个人条件。文学作品总是一定时期社会生活的反映，正是北朝那种战争频仍、社会动乱、民风尚武的现实生活土壤，培育出了木兰的文学形象。

分析木兰的艺术形象，就应该依据原作《木兰诗》的内容，结合当时的时代背景，来讨论形象的本质特征，而不能用今天的观念来拔高人物或外加给作品以新的主题。由于《木兰诗》产生于劳动人民的口头传颂，因此木兰形象具有突出的劳动人民的属性，而且通过这一形象的塑造集中表现了劳动人民的思想倾向。这是把握木兰形象本质特征的关键。从诗中可以看出，木兰是劳动人民的一员，她每天不停地织布，劳动是她出征前闺中生活的主要内容，"唧唧复唧唧"的一个"复"字，反映了她的持久而艰辛的劳作。她出征归来时，弟弟亲自杀猪宰羊，可见其家是自己手工纺织和饲养家畜的。这样的家庭，在北魏那种等级森严的社会里，既非官宦，又非士族，而只是一般的隶属兵籍的农户。木兰和千千万万普通民众一样，过的是正常的劳动生活。但木兰又不同于一般的农家女儿，她不仅会纺织，也会武艺，在必要的时候也能戎装出征，临阵对敌，在沙场建立功勋。她的代父从军的行为，更突出地表现了劳动人民不避艰险、见义勇为

① 《李波小妹歌》，见《魏书·李安世传》。

的精神和品格。木兰和统治阶级赞美的那种深居闺中、弱不禁风、恪守三从四德的小姐具有本质的差别，她是劳动人民喜爱与肯定的勤劳、勇敢、刚健的女性。这个艺术形象，质朴而淳厚，活脱而明丽，她是我国古典文学作品中人民性最强的艺术形象之一。今天人们分析木兰形象，常常给她罩上爱国主义的光圈，其实这正破坏了原作中形象的基本色调。木兰代父从军，是在父老弟幼又不得不应征的紧迫形势下的应急之举，这种在危难时恪尽儿女职责、勇挑家庭命运重担的行为，用劳动人民的传统美德来解释比用爱国主义的大字眼来概括更能说明木兰精神的特质，也更能看出人们歌颂木兰的本意。许多劳动家庭在饱经忧患的生活历程中，多么需要木兰这样的可依赖、可排难的女儿！木兰立功后不受赏不贪爵只愿还乡的表现，也绝不能和今天的革命将领解甲归农的壮举相提并论。诗中赞美木兰的还乡，反映了古代劳动人民知足、本分的心理状态和对于和平安定的正常劳动生活的热切渴望。只有实事求是地分析《木兰诗》，才能更确切地认识木兰艺术形象的真、善、美，从而使今天的读者对这一形象更加喜爱与崇敬。

从文学的角度来分析，木兰的形象是具有典型意义的。诚然，木兰男装代父从军是偶然的个别的事件，木兰英武豪爽的个性也不代表那个时代所有劳动妇女的特点，但是，木兰形象所表现的劳动人民的素质及劳动人民的思想、美感、情操、道德观念和生活理想等，却是具有普遍性和代表性的。木兰的形象有现实的依据，更有劳动人民理想的寄托；木兰作为一个个体形象具有鲜明的性格特点，但通过她能反映出那个时代劳动人民整体的思想和情绪。这种现实和理想的统一、个性和共性的统一，使木兰成为完美而不朽的艺术典型。

二、历代各地传说中的木兰形象

《木兰诗》对木兰形象的成功塑造，产生了明显的社会效果，这就是后人相信木兰实有其人并对她代父从军的动人事迹进行更加广泛的宣传。不少地方都出现了木兰的传说，人们凭借想象编造着木兰从军的有关情节。历代文人也写诗撰文对木兰进行歌颂、评论或所谓史实考证，而统治阶级又利用民众崇敬英雄的心理，在各地修祠建庙予以纪念。民间传说和文人著作互相牵引，使木兰的故事更为丰富、复杂。各种传说散见于地方志和文人著述中，所描绘的木兰形象同古诗相比发生了很大的变异。

传说木兰故事较突出的地区，主要的有四处。

1.河北完县（今顺平）。此地传说木兰为汉代孝文帝时人。康熙《保定府志》卷二十五《列女》记载："魏氏木兰，亳州人，汉文帝尝屯兵曲逆，兰随父来，遂为曲逆人。年二十，以父当行戍，年老子幼，兰以身代，长征十有二年，有功不受赏，惟求归见父母。及归，同戍者莫之知也。"《完县志》与《燕山丛录》也都有记载，情节与《保定府志》大体相同。完县东门外有木兰庙，历代官吏不断重修。雍正《完县志》中有清人田瑗《木兰传》一篇，文中说："每岁四月八日，远近士女至庙，焚香礼拜以万计，其来已久，相习以为俗。"①县志还记载完县城内有莲花池，传说木兰在此饮过马，池旁还有木兰的拴马石及木兰墓等古迹。光绪《保定府志》还提到河北冀州《新河县志》中也记有木兰祠，并说木兰为该县农家女②，这很可能是由完县的传说附会而来的。

2.安徽亳县。此地传说木兰为隋代人。《亳州志》记云："木兰，一名花弧，姓魏氏，亳州东魏村人。隋恭帝时，募兵戍北方，木兰父当往而老，弟妹俱幼，木兰乃请于父代行。历十二年，身接十有八阵，树殊勋，人不知其女子也。后奏凯还，天子嘉其功，除尚书，不受，恳奏省亲。乃命军士卫至其家，释戎服而服巾帼，同来者皆大惊。军士还奏，帝召赴阙，欲纳之宫。对曰：'臣无媲君之礼。'以死拒之，帝惊悯，赠将军，谥孝烈。乡人为立祠，岁以四月八日致祭，盖其生辰云。"③《大清一统志》（第二次修本）、《江南通志》、《颍州志》、《凤阳府志》及明人朱国桢《涌幢小品》等书，均同此说。

3.河南商丘。此地传说与亳县大致相同。《商邱县志》记木兰事迹的一段文字和《亳州志》基本相同，仅述其籍贯时略有差别，记为："今商邱营郭镇有庙存，盖其故家云。"④

4.湖北黄陂。此地传说木兰为唐初人。《黄陂县志》有《木兰志》一卷，收录《木兰诗》及其他有关资料。其中无名氏的《木兰古传》记木兰的家世、生平及

---

① 雍正十年（1732）修《完县志》卷一《古迹》。

② 光绪《保定府志》卷六十五《列女》，附何出光《木兰祠赛神曲序》。

③ 光绪二十年（1894）刊《亳州志》卷十五《列女志》。

④ 康熙四十四年（1705）修《商邱县志》卷十一《列女》。

战斗生活甚详，略云：“木兰将军，黄郡西陵人也。姓朱，父寿甫，母赵氏……寿甫长男全思殁于军，少男孺生尚幼……会突厥入寇，军书叠至，寿甫以千户长应赴选，苦衰羸不堪远征，日夕忧戚。木兰……乃市鞍马，易戎服，为男子装，代父北征，自号贞烈壮士，易名朱贞烈。……贞观三年，诏大将军李靖率诸营进攻突厥，持久不下，卒疲无斗志，木兰进曰：‘元帅拥十万之众，转刍千里之外，若其坐甲不前，一旦粮匮，能保敌人不乘隙至乎？愿假数千人，誓扫鲸鲵以报朝廷。’元帅壮其言，选健卒五千与之，随督大军分道并进。木兰深入虏地，转战数昼夜，濒死贼中，五千人几尽。属将张万坪、张德官、木之易、李之材、童侍恩、黄衣郭、东如此七人皆忠义之士，相与振臂一呼，丑虏丧胆。木兰遂乘势拔其坚垒。时大军已抄袭虏后，闻木兰捷报，奋力并攻，合围突厥于阴山，遂大破其众。还朝策勋，除木兰尚书，木兰辞曰：‘臣在边十二年，父母存亡未卜，乞归省。’上嘉其孝，赐内厩千里马使驰以归。木兰卸戎服，理旧装，自是承欢膝下，孝敬弗衰。寿九十，以疾终于家。冢在木兰山后，上一冢即将军墓，下一冢乃葬衣冠处。旧有碑碣，渐为牧竖所残云。”①这种传说又见于《湖北通志》《名胜志》及明人田艺衡《留青日札》等。

上述诸种传说都是牵强附会之词，不可相信，对此前人早有辨正。完县的传说起于宋代。北宋熙宁辛亥（1071）九月河南钱景初题的碑文中说，此地原来有个目栾祠，后来为纪念木兰便改为木兰祠。② 近人彭作桢指出，目栾并非木兰，而是佛教中著名人物目连，传说木兰生日为四月八日，正是由祭祀目连演变而来。因为四月八日为浴佛节，原来每逢此节人们都要到庙中礼佛，后来改为木兰祠而积习未改，于是就附会为木兰生日。③ 完县的木兰墓更是明显的伪造。雍正《完县志》已经辨明，原来此处的木兰祠在某年毁掉了，当时百姓将祠中旧像埋在地下，戏曰“木兰墓”，明末山东胶州人高允兹任完县令修莲花池时在此立碑，以假作真，后人相沿便一直称为木兰墓。④ 亳县、商丘的传说是由完县的传说引起的。《商邱县志》中有元代侯有造《孝烈将军祠像辨正记》一文，大致

---

① 民国《黄陂县志》卷七下《木兰志》。

② 1934年修《完县新志》卷二《疆域第一下·古迹·孝烈庙》。

③ 彭作桢：《木兰时地考》，见1934年修《完县新志》卷二《疆域第一下·古迹》后附，文末署“民国二十二年十二月十二日开县彭作祯撰于北平”。

④ 康熙《完县志》中已有分辨，雍正《完县志》有相同的记载，见彭作桢文。

是说,元至治癸亥(1323)冬,归德幕府官孙思荣从完县来商邱,谈到完县有木兰庙的事,而商邱营郭镇原有"昭烈小娘子庙",这个小娘子系某宰相之女,宰相姓木或复姓木兰,或姓氏字形近似"木兰"二字,因原碑文年久斑驳,模糊难辨,侯有造依其字形大致断定是木兰。同时又想到营郭镇旧属古亳方域,于是就认为此地便是代父从军的木兰故里,并经当地豪绅官吏等头面人物赞同,把原匾"昭烈小娘子庙"改为"孝烈将军之祠"。亳县和商丘两处都说四月八日为木兰生日,显然是沿袭完县人的讹传。至于黄陂的传说,则是因为本县有木兰山,而山的命名是由于山上多木兰树。木兰山之名早在汉代就有了,三国时这里又有木兰寨,南齐时此地又置木兰县。县志记木兰为唐初人,足见地名与人名无关。清人俞正燮《癸巳存稿》卷十三中有段文字考辨此事,指出:"凡地名山名皆以树,不关人也。"然而黄陂人硬是由山名发挥,把此处说成是木兰故籍。

各地关于木兰的传说虽然都不真实,但之所以能以讹传讹,是具有一定社会原因的。首先,《木兰诗》所描写的木兰事迹确实引起了广大人民群众的普遍关注。人们不仅信其为真人真事,而且以能与英雄同乡为荣。木兰形象本身的人民性,是她四处有家的群众基础。历史上常出现这种现象,一些人们喜爱的人物,其有关的遗迹在全国就不止一处。如晋代孟嘉龙山落帽的传说,《安徽通志》云在当涂龙山,《读史方舆纪要》云在湖北江陵龙山。又如关羽之墓,曹雪芹在《红楼梦》中写李纨讲她上京时,关夫子的坟倒见了三四处,并说:"关夫子一生事业,皆是有据的,如何又有许多的坟?自然是后人敬爱他生前为人,只怕从这敬爱上穿凿出来,也是有的。及至看《广舆记》上,不止关夫子的坟多,自古来有名望的人,那坟就不少,无考的古迹更多。"①对历史上的真实人物,人们尚且如此穿凿,而像木兰这样的文学作品中的人物就更容易附会了。其次,地方官吏利用人民群众敬爱木兰的心理积极为之兴祠建庙,以此进行维护统治阶级利益的封建宣传。而官府的倡导又为人民群众所接受,因而在祭祀木兰的问题上,官方与民方能大体形成一致的意见。两方面共同作用的结果是把木兰神化,这就在一定程度上改变了木兰的本来面貌。

木兰从古诗中走进祠庙,从一个能织纴能征战的年轻女儿变成庇佑一方的神灵,这个生动的文学形象便演化为呆板的神的形象。当然,神与人之间是有

---

① 见《红楼梦》第五十一回《薛小妹新编怀古诗,胡庸医乱用虎狼药》。

一定联系的。各地传说都认为木兰祠或木兰庙香火旺盛，十分灵验，人们若遇灾祸、疾病或乏嗣，来向木兰祈祷便有求必应。这说明木兰在民众的心目中仍然保持着军户女儿的本色，即仍然是善良质朴、深明大义、奉老护幼、舍己为人的。由保护一个家庭到庇佑一方百姓，是她这一思想品质的延续；而人们在祭祀中祈求神灵保佑的幻想，也是《木兰诗》所表达的生活理想的发展。但是，作为神的形象的木兰比作为人的形象的木兰，在概念上毕竟增加了新的内涵。她减弱了浓厚的民间生活气息，新添了庄严的迷信与宗教的色彩。她在人们心中的地位由亲近而变得高远。人们阅读《木兰诗》时是通过文学欣赏获得艺术上的享受，而在木兰祠庙中祭祀时是通过对神的膜拜获得心理上的安慰与满足。木兰被神化之后其思想与道德也更加理想化，这使她成为至善至美的化身存在于人们的理想世界之中。

统治者对木兰的表彰和人民群众对木兰的崇敬不同，他们有意神化木兰，是要把她变成推行封建主义思想教化、维护剥削阶级政治统治的宣传工具。明万历三十七年（1609）黄陂县令张涛为建木兰庙向皇帝的奏疏中就明确指出，建庙的目的是“一以动神人护国之念，一以启士民忠孝之心”①。统治者总是带着严重的阶级偏见，从封建正统思想出发，按照他们的理解来宣传木兰。如黄陂表彰木兰时就改变了木兰原来的劳动人民的身份，说她是唐代节度使朱异之女，因为在统治者看来，只有出身官宦之家才配享封赠祠祀之荣。在评述木兰事迹时，统治者总是把她的英雄行为用封建主义的思想体系来概括。如明代嘉靖年间保定知府石麟《重修汉孝烈将军庙记》就这样写道：“……《礼》曰：事亲不孝，非忠也；事君不忠，非孝也。神（指木兰）能移孝为忠，成臣成子，虽饱闻圣贤之道者所得当不过此，存之，用为百世劝可也。”②其他地区表彰木兰时也都是用忠孝节义这一套封建观念来归结木兰的品质。这实际上是对古诗中具有劳动人民本质特征的木兰形象加以封建思想的涂饰，使之成为愚弄、麻痹人民群众的偶像。

另外，在一些地方传说中，人们还凭着所处的时代的观念编造木兰的奇闻逸事或生活细节，也与木兰原来的形象不符。如民国年间的《完县新志》道：“木

① 张涛：《题建木兰山将军庙奏疏》，见民国《黄陂县志》卷七下《木兰志》。

② 1934年修《完县新志》卷二《疆域第一下・古迹・孝烈庙》。

兰将军饮马城内莲池，靴为泥陷，露出细小之足，恐为人窥破，羞惭而死。”①且不说汉代的木兰缠足是何等荒唐，仅这“羞惭而死”的情节，就绝不应属于性格英武豪爽的木兰。

人民群众和统治阶级尽管主观动机不同，但在客观效果上都改变和扭曲了古诗中木兰的艺术形象。

三、古代文学作品中的木兰形象

木兰的故事还被历代文人写入戏曲、小说等文学作品中。由于作家所处的时代及经历、思想不同，他们塑造的木兰形象也和《木兰诗》中的木兰形象有一定的差别。

明代徐渭的《雌木兰》杂剧是最早描写木兰故事的戏曲。它和《狂鼓吏》《玉禅师》《女状元》共同组成徐渭的名著《四声猿》。徐渭是明中期思想比较进步的戏曲家，他选取木兰这一题材写入戏曲，是与他的身世、经历及思想状况有密切关系的。徐渭是他父亲徐鏓晚年纳的妾所生。他的生母在家中地位很低，在徐渭父亲死后就被遣送出门，直到徐渭二十九岁时才将生母接回来同住。徐渭成年后在家中被歧视，就到潘家当倒插门女婿。其妻潘氏自幼丧母，依靠继母抚养长大，在家里处处谨小慎微，徐渭入赘潘家后过着寄人篱下的生活。这种经历，使徐渭对妇女受到的压迫与不幸有清醒的认识，并产生深切的同情。同时，他对那种有才有艺、勇武过人的女子非常敬佩，常常由此而联想到代父从军的木兰。他有一次看跑马戏的女艺人表演马技，就曾惊喜地赋诗道：“西北谁家妇，雄才似木兰……当垆无不可，转战谅非难。”②抗倭战争中，徐渭在胡宗宪幕府做书记时曾耳闻目睹了许多妇女被掳被辱的惨状，也看到了像田州土司兵的统帅瓦氏那样的女将女兵抗倭的英雄行为，因而更对木兰的事迹产生向往。嘉靖三十五年(1556)徐渭得知浙江绍兴孙氏遇贼殉难之事曾写诗凭吊，诗中有

① 1934年修《完县新志》卷八《风土第六·民间传说》。

② 《徐文长文集》卷六。

“赵氏存孤较犹易，木兰替父不为难”的句子①。后来，徐渭到了北部边疆，适逢蒙古三娘子入贡，受到宣大总督吴兑的招待，徐渭看到三娘子的勇武，又以木兰与之对比，写诗赞道：“汉军争看绣裲裆，十万弯弓一女郎。唤起木兰亲与较，看她用箭是谁强？”②徐渭在诗文集中多次提及木兰，可见木兰形象是徐渭非常熟悉的，并在他心中占有重要位置。《雌木兰》杂剧的创作具有奠之已久的思想基础。

从剧中可以看出，徐渭对木兰是热情歌颂的。他描写的木兰形象，保持了古诗中木兰性格和思想的基调，但也有他进行再创造的功绩。同古诗相比，杂剧更加突出了木兰英勇豪爽的特点，以至于觉得她的英武之中带有粗犷的成分。剧中第一出写木兰演武时唱道：“脚儿松，大步重挪撚，直翻身戳倒黑山尖。”“万山中活捉个猢狲伴，一辔头平踹了狐狸堑，到门庭才显出女多娇，坐鞍鞒谁不道英雄汉。”这种比诗歌的表达更为直露的自白，生动展现了木兰豪迈的英雄性格。另外，杂剧的木兰形象增添了幽默诙谐的喜剧色彩。如第二出写木兰归家时与二军士同行，军士云：“想起花大哥真希罕，拉溺也不教人见。”木兰云：“我花弧有什么真希罕，希罕的还有一件。俺家紧隔壁那庙儿里，泥塑一金刚，忽变做嫦娥面。”军士云：“有这等事？”木兰云：“你不信，到家时我引你去看。”这样的描写，比古诗更细腻、更风趣，也使木兰的形象更为活泼。但是也应该看到，徐渭毕竟是封建阶级的知识分子，他赞扬木兰时所依据的思想道德标准不外是忠与孝等封建观念。剧中为表现木兰的“忠”，把她征战的对象由古诗中所写的外敌入侵者（胡骑）改为内敌造反者“黑山草贼”；为表现木兰的孝，作者写她归家后顺从了父母的意旨，和王司训的儿子王郎成了亲，那王郎刚中了贤良文学，以校书郎的身份尚亲在家。作者按照封建思想的要求给木兰安排一个美好的结局，而在今天看来，这正是有损木兰质朴纯洁形象的败笔。

徐渭之后，出现了不少描写木兰故事的小说。这些作品在塑造木兰形象方面，同《雌木兰》杂剧相比，每况愈下，其作者用封建正统思想和各种陈腐观念恣意涂抹木兰的本来面目。冯梦龙编刊的《古今小说》第二十八卷中，《李秀卿义结黄贞女》的“入话”部分写了木兰故事，它突出强调的是“（木兰）役满而归，依旧是个童身”，侧重点在于表现木兰的贞节，但未免流露出庸俗的市民意识。清

---

① 《徐文长先生佚稿》卷四。

② 《徐文长文集》卷十二。

代褚人获的《隋唐演义》第五十六回至第六十回中写了木兰，其情节系根据亳县、商邱的传说又加以虚构而成的，写木兰生于隋代，家住北方突厥境内，属曷娑那可汗管辖，入伍后在曷娑那部下，在联合刘黑闼入侵中原时，降从秦王李世民。后来在进攻窦建德的战斗中被建德之女窦线娘所擒，结为姊妹。窦建德兵败后又一起为唐所俘，受到唐窦太后的恩奖，被赐金珠彩帛，令归乡里。曷娑那可汗听说她是女身，要选她入宫，木兰在父亲墓前自刎而死。作者突出宣扬的是木兰的忠孝节烈。第五十六回回目的下联"代从军木兰孝父"，就首先标明木兰行为的出发点便是"孝"。木兰自刎的情节虽然具有以死对抗君权的性质，但作者的意图并不在此，而是意在表现木兰是真正的烈女。按照传统的封建观念，女性只有以死来维护自己的贞节才是最值得表彰与称颂的美德。《隋唐演义》的描写，为古诗中纯洁质朴的木兰涂上了浓重的封建正统思想的油彩，使她成为作者理想中的符合封建主义道德规范的女性的楷模。

清代道光初年出现的《忠孝勇烈奇女木兰将军传》，是全面描写木兰从军事迹的长篇小说。此书作者马祖，生平不详。全书三十二回，洋洋数十万言，其取材可能依据了黄陂的传说。大致情节是：木兰姓朱，祖居唐代西陵双龙镇（今属黄陂），祖父朱若虚，父亲朱天禄，俱仕于唐。木兰从军后随李靖征突厥，临行时高僧丧吾送给宝剑一口，让她防备白狐精。原来此白狐精在木兰山修行，曾受朱木兰一剑之厄，后云游北番，化名胡行修，又名独手大仙，突厥用为军师。在战场上，木兰遇白狐精，受到围困，得铁冠道人张良贞锦囊而遇救，并诛灭狐妖。木兰凯旋，唐太宗诏封为武昭公主，赐姓李氏，父、弟皆有封赠。一天，木兰进山遇铁冠道人，彻悟性命之学，于是上陈情表，决意辞官归家。太宗听信谗言，派张昌宗赍诏书召木兰，欲在途中将她害死。木兰见诏，知不免一死，就执剑自剖其胸，以赤心示张昌宗，鲜血流尽而死。太宗见到木兰的第三次陈情表，知其冤，乃命厚礼安葬，立祠祭祀。全书以"性命"之学贯穿，书中写朱若虚与李靖、尉迟恭与魏徵、木兰与丧吾及铁冠道人与谌于飞等人所谈，连篇累牍尽是性命之理，令人生厌。作者的观点是认为儒、释、道"三教同源"，书中津津乐道的"性命之学"，归根结底是宣传儒家的纲常名教。第二十六回中，写木兰凯旋之前向道家大师吴大杲请教儒学要旨，吴大杲说："所谓儒者，学以立命，尽性为先。道以修身，敦伦为要。爱敬开仁义之源，孝悌居人道之首。"第二十八回中，丧吾大师又对木兰说："然木兰代父出征，可谓孝矣；致身报效，可谓忠矣；临阵不惧，可谓勇矣。忠孝勇三字，如日月星三光……木兰，木兰，须要晓得女子所重者在节。节之一字，又分为烈操，处常曰操，处变曰烈，总是要全一个节字。”这两段话都是点题之笔。作者在书中设置儒、释、道各方代表人物，让木兰与他们周旋来往，反复辩难，最后以木兰的彻悟，阐述其三教归一的宗旨，而木兰就是按照这一观点塑造的忠孝勇烈的典型。书中以大量的议论冲淡了文学作品的艺术描写，也淹没了木兰英雄性格的光辉，使本来应该活生生的艺术形象，变成了作者思想观点的传声筒。关于木兰自杀的场面，残忍恐怖，严重损害了人物形象的艺术美。

清末还出现了不少写木兰故事的戏曲。陆续刊于当时《著作林》上的《花木兰传奇》(陈蝶仙著)和刊于《滇话杂志》《中国白话报》《女报》等报纸杂志上的以木兰故事为题材的剧本多种，其情节本自《木兰诗》，但作者的立意都是劝忠劝孝，因而所描写的木兰都带有封建主义思想的污染。封建时代的知识分子总是摆脱不了历史的局限，木兰的艺术形象便必然地受这种局限而发生各种各样的变形。到了晚清，随着封建社会的没落和新思潮的涌起，描写木兰的戏曲作品也闪耀出新时期民主思想的火花，传递出歌颂女权、提倡男女平等的新的社会意识的信息，为木兰形象的进一步发展作了铺垫。

四、现代戏曲中的木兰形象

“五四”以后，历史展开了新的一页。自 20 世纪 20 年代起陆续出现的写花木兰的戏曲，不仅在形式上不同于旧的杂剧与传奇，而且在思想内容上也具有新的时代特色，表现出新的历史时期人们的思想和感情。木兰的艺术形象洗去了封建时代的污染，恢复了古诗中的纯朴，焕发了新的思想光彩。

当然，在“五四”以后的不同历史阶段创作的木兰戏，其主要思想倾向和木兰的形象也略有差异。20 年代，梅兰芳根据徐渭《雌木兰》改编的京剧《木兰从军》，突出表现的是反对封建礼教束缚、要求妇女解放的思想，剧中的木兰形象，融入了“五四”时期新女性的某些特点。抗日战争时期周贻白改编的话剧《花木兰》，则突出表现了反对侵略战争的民族思想，首次赋予木兰形象以爱国主义的精神，此剧于 1941 年由中国旅行剧团在上海演出，及时地配合了抗日宣传。解放战争时期，林岩改编的《花木兰》突出表现的是木兰为保卫家乡、保卫自己的劳动成果而参战的自觉性,此剧于1947年由培新剧社在解放区演出,对动员翻身农民参加人民解放军起了良好的作用。新中国成立后,言慧珠改编演出的京剧《花木兰》,以及陈宪章、王景中改编,常香玉演出的豫剧《花木兰》等,也都突出了爱国主义的主题思想。因此,当言慧珠、常香玉带此剧目赴抗美援朝前线慰问演出时,极大地鼓舞了中国人民志愿军(尤其是女战士)的斗志。这些戏曲在改编时虽然侧重点不同,但所塑造的木兰形象同古诗相比都更为丰满、生动、完美。可以说《木兰诗》是《花木兰》产生的基础和前提,花木兰是木兰在新的历史条件下的再创造。这一重要发展表现在以下几个方面。

首先,现代戏曲更加明确地把木兰从军的故事置于抵抗外族入侵的历史背景之中,突出了木兰参战的崇高责任感,深化了原作的主题,升华了木兰的思想境界。各种关于花木兰的改编本,写到木兰征战的对象时都摒弃了《雌木兰》杂剧和《隋唐演义》等书的说法,一致定为突厥王。这就把古诗中的"胡骑"具体化,明确指出木兰参加的战争是一场抗击侵略、保卫祖国的正义战争,木兰的行动就具有了鲜明的爱国主义性质。关于木兰籍贯的交代,也撇开了各地的不同传说而定为延安府尚义村。这样,木兰的家庭就处于边境前线,木兰就有可能直接耳闻目睹侵略者的种种暴行,从而激发起对侵略者的仇恨和对和平生活的热爱,她的代父从军就有了更可信的思想基础,由此而产生从军的直接动机,就比古诗中为家分忧的出发点要高得多。各改编本描写的木兰从军的态度都非常坚定而自觉。豫剧《花木兰》中,木兰在父亲为她担心、母亲欲加阻挠之时以大义凛然的言辞说服二老,争取了父母对自己正义行为的支持。林岩的改编本中,木兰还以自己的正确认识说服一起入伍而思想动摇的同伴。这样的描写,使木兰的形象在今天具有直接的教育作用,从而体现出改编古典名著的古为今用的原则。花木兰是注入了新的时代精神的艺术典型。

其次,现代戏曲遵循历史的逻辑和生活的逻辑,大胆而合理地安排反映木兰战斗生活的故事情节,通过具体的事件表现木兰的性格特征。关于木兰的事迹,古诗中的描写是很简略的。各地传说和古代小说中的描写又各不相同,而且多荒唐之处。现代木兰戏慎重地对待前人作品,在借鉴的同时又勇于突破,展开了合乎情理的艺术虚构。豫剧《花木兰》戏剧情节的设计是非常成功的,其中有两段情节对塑造木兰形象十分重要。一是木兰初到前线时,正遇上突厥王追赶汉军元帅贺廷玉,贺在败逃时正处于千钧一发的紧急关头,木兰拍马来到,击败了敌酋，挽救了危局。这反映出木兰一入战场便气度不凡，她英勇顽强的战斗精神和在反侵略战争中的实际作用，鲜明地突现在观众面前。戏剧是动作的艺术，这场戏的安排使木兰的思想和性格不是通过言辞而是凭借动作来展示，既节省笔墨，又增强戏剧的艺术效果。二是木兰克敌制胜的一场决战的安排与描写：木兰夜间巡营，发现雁群惊飞，料定必有敌兵前来劫寨，于是连夜报知贺元帅预作准备，并献计道："待末将带领本部人马，埋伏在松林之内，放过敌兵，元帅即刻腾出空营一座，吩咐三军四面围杀，大功可成。"元帅依计而行，结果击毙敌首，大获全胜。这一周密的战斗部署，虽是虚构，但在古代战争中是可能发生的，安排在木兰身上也很合适，它不仅表现出木兰在军中有重任在身的警觉，也表现了她的勤于思索和敏于判断，同时也说明，木兰既具有可以独当一面、冲锋陷阵的勇敢，也具有运筹帷幄、料敌如神的指挥才能。这样的描写，使花木兰的形象显然比古诗中的木兰形象更为丰富、更为生动。

再次，现代木兰戏充分发挥戏曲艺术的特长，通过演员的具体表演，精细地刻画人物的内心世界。戏剧是直观的艺术，它对人物的表现是立体的、可见的，在完成人物形象塑造的过程中，演员的艺术劳动是关键的一环。当代的人们（尤其是文化水平不高、没有读过《木兰诗》的普通民众）所认识的木兰，就是由演员扮演的形象。现代木兰戏在表演上是有很大成就的，演员的动作、声调、神态及一些细节的处理，都对表现人物思想、刻画人物性格起着重要作用。在京剧和豫剧《花木兰》中，言慧珠、常香玉的出色表演更有独到之处。她们演出成功的原因除个人深厚的艺术功力这一技术条件外，还在于她们对角色的喜爱与理解。言慧珠曾说："如果有人问我：'你所扮演的角色中最喜欢哪一个？'我说：'我爱花木兰。'……我演这个角色感到特别过瘾。"①因此，她在扮演花木兰时就能恰当地把握花木兰的性格、心理和情绪，把角色演活。如第三场中，木兰上山打猎归来，欲到机房织布，得知突厥犯境、元帅点兵的消息，想到父老弟幼而心绪不宁。她在上机时拿起梭子又放下，想了一想，又拿起又放下，如此两拿两放，充分表现了当时木兰进行紧张思想斗争的神态。演员此时的表演技巧发挥得圆熟自然，使木兰形象大为生色。又如全剧结束时，木兰的下场动作更耐人深思。此时是在木兰家中，贺元帅等人已明真相，木兰也已恢复女儿装束，在木

① 言慧珠改编演出本《花木兰》前言。

兰父母设宴招待贵宾时，别人都已入席，木兰走在最后，她先向左右各看一次，走三步男步，随即冲台下一笑，改花旦步下场。这一连串细节动作，含义丰富，余韵无穷。三步男步表现了木兰在长期的军旅生活中形成的男子汉的习惯还未消除，木兰对此引以为豪并保留有甜蜜的回忆，在改装后还不自觉地流露出昔日花将军的英雄气概。改花旦步下场则表现了木兰毕竟是一个天真质朴的姑娘，她对恢复自己女儿身份、重新开始和平生活充满着衷心的喜悦。这样的结尾是极为精彩的，正如李渔所谓，收场时的勾魂摄魄，在于作“临去秋波那一转”①，花木兰的终场动作正是通过这绝妙的秋波一转，把豪爽、活泼的女英雄形象深深地印在观众心中。在豫剧《花木兰》中，常香玉的表演也是奇境迭见、妙趣横生的。她塑造的木兰形象活跃在银幕上，也长久地活跃在人们心中。有一处细节是令人难忘的：第七场《提亲》中，木兰受了箭伤，贺元帅来看望她，顺便谈到想把自己的女儿许配给她，木兰闻言没有答话，假装箭伤发作，“哟”地叫了一声站起身来。这个细节也颇耐人寻味，它充分表现了木兰在军中的谨慎和机警，在关系到自己身份暴露的关键时刻，她以箭伤为掩饰，岔开了话题，赢得了思考的时间，保住了自己的秘密。这一组动作，符合人物在特定场合的特定心理状态，也为全剧增添了喜剧气氛。

综上所述，可知花木兰的艺术形象是现代的作家、艺术家按现代的观念对古代木兰的形象加以充实、改造和提高的产物，它和古诗、地方传说及古代文学作品中的木兰形象既有一定的联系，又有明显的区别。这一形象的发展告诉我们，古代文学作品里真正为人民群众喜爱的艺术形象，不会随岁月的流逝而泯灭，相反，它一定要被后人继承下去，演变为被新时代的人们所接受与喜爱的艺术形象。除花木兰外，包公、白娘子、杨家将等都是如此。以辩证唯物主义、历史唯物主义的观点和现代的艺术手段重现古代文学作品中的人物形象，是今天批判地继承文学遗产、繁荣社会主义文艺创作所必需的。回顾花木兰艺术形象产生和发展的过程，可以得到一些有益的启发。

（原载《文科教学》1984 年第 3 期）

① 《闲情偶寄》卷三，见《中国古典戏曲论著集成》第七册，中国戏剧出版社 1959 年版。

陈圆圆及其艺术形象

在明清易代的历史风云中，涌现出了几个富有传奇色彩的女子。其中陈圆圆比董小宛、顾横波、李香君、柳如是更为引人注目。几百年来，在史学家和文学家的笔下，陈圆圆的身世和经历被描绘得越来越离奇。由于她的命运同明清两朝及李自成、吴三桂等四方政治势力都有一定的联系，因而成为一代兴亡的关键人物。陈圆圆的故事不仅记载于正史，见之于诗、词、曲，而且在民间也广为流传。史学著作和文人作品又互相影响，使这一故事呈现纷繁复杂的状况，对陈圆圆其人的评价也毁誉不一。近年姚雪垠同志发表《论〈圆圆曲〉——〈李自成〉创作余墨》①一文，对吴伟业的《圆圆曲》和陆次云、钮琇的两篇《圆圆传》所涉及的陈圆圆故事的真实性问题，作了详尽的论述，并引起人们的关注。李宪庆同志为此发表《关于陈圆圆的死》②一文，黄裳同志发表《陈圆圆》③一文，与姚雪垠同志商榷。这里，我也根据平日读书所得略陈管见，以此就教于对陈圆圆这一历史人物研究有素的同志们。

一、从陈沅到陈圆圆

清初以来，谈及陈圆圆故事的正史、野史、笔记小说、诗词戏曲相当多，所记陈圆圆的家世、籍贯、经历，或语焉不详，或互有差异，或彼此矛盾。出现这种现象并不奇怪，因为这些文章大体可以分为两类，一是历史著作，一是文学作品。

---

① 《文学遗产》1980 年第 1 期。
② 《天津日报》1980 年 12 月 23 日。
③ 《读书》1980 年第 10 期。

前者记事比较尊重历史事实,后者都含有作者对历史人物不同程度的加工。野史笔记常常采取世人传闻,所述事件并未严格核对,作者也无历史学家严肃的责任感,而且,这类文章受历代野史著作传奇性和文学性的影响,作者记述时总是带着个人的主观思想倾向和感情色彩加以渲染或夸张。诗、词、曲等文学作品更是不受历史事实的限制,有关情节更多虚构。因此,诸书所写的陈圆圆,有些是真实的历史人物,有些是在历史真实的基础上塑造的艺术形象。

值得注意的是,一些记述陈圆圆事迹的历史著作都是将她的名字写作陈沅。较早的如钱䡵《甲申传信录》:“十六年春,戚畹田宏遇游南京,吴阊歌妓陈沅、顾寿名震一时。宏遇欲之,使人市顾寿,得之。而沅尤幽艳绝世,价最高。客有干宏遇者,以八百金市沅,献之。是岁宏遇还京,病卒。后襄入京,三桂遣人持千金随襄入田宏遇家买沅,即遣人送之平西。闯入京师,伪权将军刘宗敏处田宏遇第,闻沅寿从优人潜遁,而沅先为襄市去,乃枭优人七人而系襄索沅。”①这段话除个别情节值得怀疑(如枭优人七人)外,所述陈沅的有关情况还是大体可信的。吴伟业《鹿樵纪闻》云:“戚畹田宏遇欲娱上意,游吴门,出千金市歌姬陈沅、顾寿等,将以进御。上知为青楼妇,却之。宏遇死,寿随一优人逸去,而沅归三桂。贼居京师,刘宗敏居宏遇故第。因有誉二姬色之都、技之绝者,宗敏于是系襄索沅。”此处所记与《甲申传信录》大体相同。另外,无名氏的《明亡述略》及其后的《四王合传》也都作陈沅。由于陈沅在当时的政治生活中只是一个普通的小人物,有关她的情况又多出于传闻,因此以上记载虽可作为史来看待,但并非是绝对可靠的。至清代统治者修《明史》及近代编纂《清史稿》时,对这一问题就采取了更加慎重的态度,涉及陈沅故事时一笔带过。《明史·李自成传》云:“三桂欲降,至滦州,闻爱姬陈沅被刘宗敏掠去,愤甚,疾归山海,袭破贼将。”《清史稿·吴三桂传》云:“三桂引兵西,至滦州,闻其妾陈为自成将刘宗敏掠去,怒,还击破自成所遣守关将。”这里,连陈沅的名字也未提及。《资治通鉴纲目三编》所记与《清史稿》同。

将陈沅之名写为圆圆始于吴伟业的《圆圆曲》。由于此诗影响很大,之后,圆圆的故事遂为许多文人津津乐道。有的考察她的籍贯与身世,有的追述她昔日的艳迹,有的编织她归吴三桂后一系列的生活细节。在他们的笔下,陈沅都

---

① 《甲申传信录》卷八,见《胜朝遗事初编》。

改为陈圆圆。陈沅是否又名圆圆姑且不论，但这个名字的变化，说明作者采用的已不是严肃的史家笔法，所述故事也便可以不再受历史的约束。

首先看《圆圆曲》，它既然是诗歌，那就是地地道道的文学作品。作者通过圆圆的故事抒发对明亡清兴这一重大历史变革的感慨，含蓄有力地鞭挞吴三桂投敌误国的丑恶灵魂。诗中所述圆圆的事迹不是严格的历史，它只是作者借用传说进行政治抒情的手段。今天，我们应把诗中的圆圆作为一个艺术形象来看待，而不必对诗中叙事的失实进行指责。陆次云的《圆圆传》是根据《圆圆曲》写成的，这和白居易依据陈鸿《长恨传》作《长恨歌》的情况相类似，不同的是白居易因传作歌，陆次云因歌作传。《圆圆传》所述事实同《圆圆曲》，作者把曲中的情节看作历史，也标榜此传与史相符。此文之末有作者论赞云："语云：'无征不信。'圆圆之说有征乎？曰：有。征诸吴梅村祭酒伟业之诗矣。"①今天看来，这句话是迷人的幌子。诗既失实，传岂能真？《圆圆传》不同于正式的历史人物传记，而是《柳毅传》《霍小玉传》一类的传奇文学。张潮把此传收入《虞初新志》②，与其他志怪及传奇小说并列，也说明它应归于文学作品的范畴。钮琇的《圆圆传》也是这样的作品，它收入作者所著《觚剩》一书中③，而此书正是《虞初新志》一类的笔记小说与杂录。

其他关于圆圆故事的记述，大都根据吴氏之曲和陆、钮之传进行附会，故事情节更加丰富与离奇，而真实性与可信性也随之降低。如毛奇龄《后鉴录》谓圆圆本是金陵娼④，就显然是误记，因为《甲申传信录》中有"戚畹田宏遇游南京，吴阊歌妓陈沅……"一句，毛氏将金陵、吴阊二地名混淆了。陈维崧《妇人集》云冒辟疆年轻时曾不止一次亲访圆圆，称赞她"蕙心纨质，淡秀天然，平生所观，则独有圆圆耳"，还说吴县叶襄《赠姜垓百韵诗》中有"花底出圆圆"之句。⑤《众香词》还收有陈圆圆《舞余词》数阕，其中《转应曲·送人南还》云："堤柳堤柳，不系东行马首。空余千缕秋霜，凝泪思君断肠。肠断，肠断，又听催归声唤。"⑥

---

① 陆次云：《圆圆传》，见《北墅绪言》。

② 张潮：《虞初新志》卷十一。

③ 《觚剩》卷四，题为《圆圆》。

④ 毛奇龄：《后鉴录》卷五，见《西河合集》第十函；又见吴弥光辑《胜朝遗事二编》。

⑤ 冒褒：《妇人集》注，见《如皋冒氏丛书》。

⑥ 《滇故琐录》卷三《陈圆圆之文词》。

这些记述均属文坛逸事一类，陈圆圆的故事减弱了它的政治色彩，而增加了文学的风趣。《众香集》中附录的陈圆圆小传，还说她本来与某公子有生死之盟，被田宏遇购得后，此公子曾遣盗劫之于江中，误得他姬以还。后盗再往劫之，田宏遇已有备，其盗力战得脱，公子度力不能与争，遂作罢。这样的情节在小说戏曲中是司空见惯的，编造的痕迹非常明显。

文学作品的描绘与带有文学色彩的记述，使陈圆圆故事的流传更加广泛。人们所熟悉的是陈圆圆，而陈沅却很少有人知道。人们所了解的圆圆的事迹，也不是来自历史典籍，而是来自文学作品的描写。从陈沅到陈圆圆，历史人物已转变为文学艺术形象。而这一艺术形象形成以后，又对人们认识历史人物陈沅产生重要影响。

陈圆圆被封建文人如此热衷地描写，是具有深刻的时代原因和民族心理方面的原因的。明朝亡国和清朝建立，是17世纪我国发生的最重大的政治事件，它在汉民族尤其是知识分子心中引起的震动和留下的创伤久久不能平复。在一个相当长的时间内，人们受民族感情的驱使，无论是著书立说还是写诗填词，总要利用一切机会表达对故国沦亡的伤痛和物换星移的感喟。同时，在我国封建社会中，历来存在着“女人祸国”的成见，如认为商亡于妲己、西周亡于褒姒、吴因西施丧国、唐因玉环致乱等。因而陈沅的出现，又正好适应了这种心理，她的事迹便自然成为人们抒发兴亡之感、寄托民族情感的题材。当然，不同的人在描写她时有不同的出发点，但把她看成是身系一代兴亡的关键人物却是一致的。清代木居士《愤言》一书云，陈圆圆生时群雉集于屋上，人呼之为野鸡，并由此感慨道：“一朝兴废，实系此雉。”这里表现了一种情绪，一种压抑于胸中需要发泄的愤懑。陈圆圆作为一个艺术形象出现于文学作品中的时候，已不完全是历史的本来面目，在她身上已融入了作者的思想和感情。

二、从《圆圆曲》到《圆圆传》

如前所述，首先奠定陈圆圆的艺术形象的是吴伟业的《圆圆曲》。但是，从《圆圆曲》到陆次云、钮琇的两篇《圆圆传》，圆圆的形象却存在着很大的差异。

《圆圆曲》揭露与抨击的对象是吴三桂。作者以精练的笔墨，刻画了这个骄横跋扈、贪色薄情、不知忠孝大义为何物的贵族形象。而对圆圆的态度显然与对吴三桂不同,作者对她较多地表示了同情、哀怜和惋惜。

诗中写圆圆的身世,并未按史籍的记载称她为歌妓,而是写她出生于良家。“家本姑苏浣花里,圆圆小字娇罗绮。……前身合是采莲人,门前一片横塘水。横塘双桨去如飞,何处豪家强载归。”这里写出了圆圆在家为女儿时的秀美、天真,以及生活于江南水乡的闲适与快乐,由于“豪家强载归”才失去了少女的自由,堕入政治风云的旋涡。不写圆圆的歌妓出身,其意显然是在肯定圆圆独立的人格与纯洁的本质,同时隐含对以淫威改变她终生命运的皇亲势力的指责。“此际岂知非薄命,此时唯有泪沾衣”,作者同情她的遭遇,以哀婉的笔调写出了圆圆在豪家处境的孤凄与悲苦,勾画出了一个善良、娇弱的下层少女的形象。在写到圆圆与吴三桂的关系时,诗中较多地描绘了她对吴三桂的深情。她在宫中得不到崇祯皇帝的宠幸又被送回皇亲之家的时候,满腹哀怨,无人可诉,此时吴三桂正值青春年少、爵高位显,圆圆对他一见钟情是不难理解的。“早携娇鸟出樊笼,待得银河几时渡”,她把他当作解救自己的希望和可托付终身的靠山。在军书频催吴三桂出镇山海关之时,圆圆苦守临别之约,满怀深情地等待着他。后来经过国变时的劫难,重与吴三桂相见时,她对他的感情愈加深厚。“蛾眉马上传呼进,云鬟不整惊魂定。蜡炬迎来在战场,啼妆满面残红印。”此数句生动描绘了她惊魂初定、悲喜交集的神态。不久,吴三桂奉命由陕西向四川进兵,戎马倥偬之中,圆圆与他朝夕相随,备受宠爱。吴三桂被封为平西王,圆圆也成为宠妃,富贵至极。诗中描写的圆圆与吴三桂的爱情,表面看来似乎是有始有终、和谐美满的,但细品诗意,使人感到作者别有弦外之音。“错怨狂风扬落花”一句,曲折地传示出一种惋惜之情。在作者看来,圆圆这个美貌多情的女子一生相伴吴三桂这个行为无耻、灵魂丑恶的小人,实在错配了姻缘。圆圆身如飘花,随风扬落,归于吴三桂,是红颜薄命的不幸。圆圆对吴三桂无比钟情,但吴对圆圆所钟不在情而在色,为此他可以不顾宗国大计,不顾后人唾骂,甚至不惜“全家白骨成灰土”,结果身为贰臣,青史遗臭。圆圆追求爱情,但没有想到这样的爱情所能造成的对政治时局的影响,不自觉地充当了对历史进程起重要作用的关键角色。作者没有把罪归咎于圆圆,而是归于吴三桂的“冲冠一怒”,圆圆不过是一个被无辜地抛掷于各种政治势力之间的玩物。诗的末尾以“香径尘生乌自啼,屧廊人去苔空绿”数句作结,也含有深刻的寓意。作者以夫差暗喻吴三桂，以吴亡于越后宫殿败落的凄凉景象预示他必将覆灭的结局，同时以西施的命运预示圆圆的归宿，指出她对吴三桂的爱情不能善终，难以预测的悲剧在等待着她。此诗写作时吴三桂势焰方炽，作者还没有亲眼见到他日后的反叛与败亡，只是根据人物形象思想与性格的逻辑，对他们爱情发展的趋势作出了预言。这个预言是符合实际的，它是对吴三桂的警告，也是对陈圆圆命运的无可奈何的慨叹。

陆次云的《圆圆传》虽然本自《圆圆曲》，但传中圆圆的形象同诗中的形象却大不一样。陆次云的基本态度是把陈圆圆和吴三桂都作为鞭笞的对象，因此在具体描写圆圆时便明显地加以贬斥。在此传中，圆圆已不是吴伟业笔下的善良、娇弱的女子，而是一个有心计、有权术、泼辣大胆的恶妇。她对吴三桂不是像诗中所写的那样被动地顺从，而是主动地追求。当她还在皇亲府中的时候，就向田宏遇献计，让他与吴三桂结交，以便在动乱的危急时刻有所依靠，并建议在请吴三桂来赴宴时以家乐助觞，使吴对其要求不致拒绝。这是为田宏遇谋划，实则为自己打算，圆圆的心计，于此可见。在宴请吴三桂的席间，圆圆又近前行酒，当吴三桂问她话时，她以红拂私奔李靖的故事对答，暗示自己委身于吴的意愿，完全是一副大胆进攻的姿态。再看陈圆圆脱身于李自成的一段描写："自成怒，戮吴襄，并其家三十余口。欲杀圆圆，圆圆曰：'闻吴将军卷甲来归矣，徒以妾故，又复兴兵，杀妾何足惜，恐其为王死敌，不利也。'自成欲挈圆圆去，圆圆曰：'妾既事大王矣，岂不欲从大王行？恐吴将军以妾故，而穷追不已也。王图之，度能敌彼，妾即褰裳跨征骑。'自成乃凝思，圆圆曰：'妾为大王计，宜留妾缓敌，当说彼不追，以报大王之恩遇也。'自成然之，于是弃圆圆，载辎重，狼狈西行。"作者在丑化、攻击李自成的同时，把圆圆写得临危不惧、遇变从容，机谋与胆略皆非同寻常。这段情节不见于《圆圆曲》，它是陆次云按照他对圆圆的认识编造的。陆次云是康熙时人，得以看到吴三桂后来的结局，他在此传中对圆圆随吴三桂入云南以后的生活也有所描写。说吴三桂受王封后建苏台、营郿坞，筵宴之间，圆圆每歌"大风之章"向吴献媚，吴三桂酒酣耳热，拔剑起舞，圆圆即捧觞为寿，吹捧他"神武不可一世"，因而受到吴三桂数十年如一日的专房之宠。后来吴三桂的叛乱也是出于陈圆圆的枕边之谋。圆圆的结局，也和吴三桂一起"同归歼灭"。这就把圆圆塑造成一个巧笑逢迎、心怀叵测、助纣为虐的反面形象，作者对她不仅不同情，而且把她当成祸国的罪魁和吴三桂一起加以抨击。

钮琇的《圆圆传》写于陆作之后，传中圆圆的形象又是一副面目。钮琇大概是不满于陆次云对圆圆的诋毁，力撰此文为她翻案。他对圆圆的态度与吴伟业相似，但在同情之外又赞誉过之，把圆圆写成了一个美丽聪慧、本分善良、有远见卓识而深明大义的女性。传中所述事实也与陆作有很大区别，如写至姑苏购得陈圆圆的不是田妃之父田宏遇，而是周后之父嘉定伯周奎，购圆圆的原因是“田妃擅宠，两宫不协，烽火羽书，相望于道，宸居为之憔悴”，将圆圆进之宫中是为帝解忧且分西宫之宠。有关圆圆的情节摒弃了陆传中那些贬斥性的描写，或者将事实作了很大改动。如写到劝说皇亲结交吴三桂，不是圆圆出面献计，而是由周奎的一个亲近的人（“暱者”）提出；写到圆圆归三桂，没有宴席间私许的情节，而以周奎“盛具奁媵，择吉送其父襄家”一语带过。陆传中圆圆巧言诱说李自成的一段话，钮传中完全删去了。尤其是关于圆圆随吴三桂入云南以后的情节，钮传与陆传恰恰相反。吴三桂晋爵为王，在昆明占据五华山永历故宫，骄奢淫逸，安享尊荣，他拟将圆圆正妃位，圆圆婉转地予以拒绝。吴三桂后娶之妇悍妒绝伦，群姬之艳而进幸者，辄杀之，唯有圆圆能顺适其意，她屏谢铅华，独居别院，不与争风而且亲若娣姒。她在王府中能与人善处，深受尊敬，府中皆称为邢太太（或云圆圆本来姓邢）。吴三桂阴谋叛乱，圆圆有所觉察，但有感力不能禁，就以年迈为由向吴三桂请求为女道士。得到许可后便离宫入山，幽居净室，霞帔星冠，日以药炉经卷自随。吴三桂府中或部下有触其怒不可解者，圆圆就为之在吴面前婉言开释。她“晨夕焚修，为善是乐”，“内外益敬礼焉”。从这样的描写可以看出，圆圆善良、本分、明理，她在吴氏地位显赫之时能保持清醒的头脑，不与其叛逆活动同流合污，这和陆次云笔下作为吴三桂同谋者的圆圆判若两人。钮琇意在表现圆圆所具有的忠厚谦让、与人为善的美德和处淤泥而不染的品格，以此反衬吴三桂的污浊与卑劣。此传结尾写道：“（圆圆）遇乱能全，捐荣不御，皈心净域，晚节克终，使延陵遇于九原，其负愧何如矣。”作者的褒贬与爱憎是非常鲜明的。

若把塑造出不同形象的两篇《圆圆传》相比较，钮琇的描写更合理一些，因而它为后来较多的人所接受。这大概是由于有《圆圆曲》在前，人们对圆圆已形成了先入为主的印象。而且按一般的习惯，人们常常是同情弱者的。把历史的罪责归咎于一个不能掌握自己命运的女子并向她任意泼洒污水，在感情上使人难以赞同。因此，陆次云那种贬斥圆圆的观点，后世很少见到有人附和。

三、《圆圆曲》的余音

陆、钮二氏两篇《圆圆传》的出现，还远远不是圆圆故事的定型和终结。此后，圆圆仍然强烈地吸引着更多的文人的注意，关于圆圆的新的传说与吟咏不断出现。《圆圆曲》的余音袅袅不绝，一直延续到清末。

相传吴伟业写成《圆圆曲》后不久，吴三桂得知消息，觉得此诗有损于自己的声誉，就派人携带重金请求吴伟业在编诗集时把它删去，但遭到吴伟业的严词拒绝。此事一时传为文坛佳话，梅村诗注就采用了这个传闻。①

关于圆圆在云南的生活，后人不断补充着新的故事片段。《武阳县志·摭遗》记云，吴三桂曾问圆圆家中还有何人，圆圆说有个叔叔叫陈玉汝。吴三桂派人去请他，他却不愿前来，说："我前明老孝廉，岂能为人宠姬叔父耶？"后来吴三桂又派人找到圆圆的父亲陈货郎，带到云南，吴三桂设宴招待他并亲自敬酒，陈货郎惶恐战栗，竟失手把玉杯掉在地上，圆圆大惭，吴三桂就厚赠银两，把陈货郎送回故乡。《天香阁随笔》记云，吴三桂还曾移檄江南，访察陈圆圆的母亲和哥哥。母与兄至昆明，圆圆拥侍百余骑出都来迎，其母老迈，见骑队到来非常恐惧，圆圆下马与母相抱而泣，母还不知为其女，惊怖而死，久之乃苏。后来她在云南住不惯，吴三桂也厚资以遣之。这些传说，对陈圆圆的形象都是善意的美化，其意在说明圆圆富贵时不忘父母亲属，具有传统的美德和人情味。可见，陈圆圆在民众传说中也是一个美的形象，而不是陆次云描写的恶妇。

关于陈圆圆的死，也是后人很感兴趣的问题。本来，这一问题在史学界就未弄清。《甲申传信录》记载说，吴襄回答刘宗敏说陈沅已送宁远吴三桂处，而且已死。姚雪垠同志《论〈圆圆曲〉》据此断定圆圆于崇祯十六年(1643)死于宁远。这一结论，理由是不充分的。须知吴襄在刘宗敏威逼之下说陈沅已死，很可能只是敷衍之词，并非实话，而且刘宗敏索取陈沅一事本身也值得怀疑。谈迁《国榷》、计六奇《明季北略》、叶梦珠《续绥寇纪略》都采取了《甲申传信录》中

---

① 《吴诗集览》卷末《谈薮》上。顾师轼《梅村先生年谱》引录。又刘健《庭闻录》卷一《乞师逐寇》一节亦记此事。

所谓陈沅已送宁远的说法,但都未说她到宁远即病死的情况。在文学家笔下,陈圆圆的死因也未言明。陆次云《圆圆传》未提此事。钮琇《圆圆传》写到吴三桂失败后籍没其家时,并不曾见陈圆圆之名,于是作者把这一问题作为悬案提出,云:“其玄机之禅化耶?岂红线之仙隐耶?其盼盼之终于燕子楼耶?已不可知。”因此,陈圆圆的死成了人们力求解开的历史之谜。

俞樾《右台仙馆笔记》卷九记述这样一个故事。嘉庆年间,苏州有个叫郑生的到云南旅游,春日踏青时顺便到府城外商山访察圆圆的墓,没有找到,在荒野草丛间忽迷归路。不一会儿天黑了,他到某富家投宿,女主人姿容绝代,羽服霓裳,热情接待了他并叙及同乡情谊,还出示小诗十首,求郑生传于世间,又赠他翠玉笛一支,并吟诗一首赠之。诗曰:“叹息沧桑易变迁,西郊风雨自年年。感君吊我商山下,冷落平原旧墓田。”之后送他出门。此时天色微明,郑生回头一看,第宅全无,他只身仍在深山中,手里玉笛尚在,而诗笺皆是陈年败纸,触手欲腐。郑生顿悟所遇之女乃陈圆圆的幽魂,叹为奇逢。这个故事涉及鬼魂,纯属小说家言,但由此可以看出,人们对陈圆圆的死因,一直存在着查清的希望。

道光年间,阮元的次子阮福随父亲去云南,他留心圆圆的遗迹,考察圆圆的死因,可能得到了一点线索。事后他作了《后圆圆曲》一首,并遵父命把它寄给了陈文述。陈文述为此诗题七绝 10 首,并其序与注俱收入《颐道堂诗选》卷二十四中。序云,阮福亲至商山寺莲花池考察圆圆墓,并得到滇中耆老相传之文献,诗中所述圆圆最后的事实信而有征,足可以与梅村之作并传。其诗注云:“辛酉,城破,圆圆自沉莲花池。”又云:“滇中有《商山鸾影》一卷,载圆圆降鸾之诗。”阮福之诗与《商山鸾影》早已失传,我们今日已看不到陈文述此语的根据。但这个投水自尽的悲剧结局,却符合陈圆圆的悲剧命运和悲剧性格,也为吴伟业《圆圆曲》的预言作了恰当的注脚。至此,圆圆的形象被描绘得更完整了,这是一个随着政治风云变幻而颠簸、浮沉、挣扎并终归于幻灭的悲剧形象。

《圆圆曲》的续曲不止阮福的《后圆圆曲》一种。在阮福之前,陶元藻已有《续圆圆曲》一首。陶为乾隆时人,其诗采用了钮琇《圆圆传》中的事实和观点,对圆圆的态度也是赞颂与同情。诗前小序云:“余尝读梅村《圆圆曲》,清艳绝伦,寓意深远,第闻圆圆入滇后,知逆贼事必败,预托元(玄)门,卒免于戮。而梅村已老死矣,此事遂不复见诸咏歌。呜呼!一巾帼女子耳,竟克见几自保,不过人远哉!爰续数韵,以补梅村所未逮。”此诗收入《泊鸥山房集》卷十六中,一般读者难以见到，这里不妨全诗照录如下：

黄埃四起侵朝旭，羽林将士提戈促。龙髯已断臣不知，只惜红颜美如玉。词客青衫湿泪痕，微言隐刺霜毫酷。宁割千金莫割诗，将军长恨圆圆曲。圆圆生劫烽烟路，眉蹙春山胆惊怖。强倩人扶就镜台，金菱闪烁梨花吐。一缕歌声绕屋梁，纤尘不染凌波步。巧笑能靡按剑威，丹唇惯解冲冠怒。顿使从行百万兵，不畏将军畏琼树。此时矜宠真绝殊，此时凄怆偏无数。忆昔将充掖庭选，田窦豪家列歌院。回风千部初学成，贼势仓皇走如电。贱妾能离虎穴时，铜驼已绕荆榛遍。归嫁周郎席上宾，缠头岂是中情恋。丽华未入景阳宫，太真不上长生殿。今日已羞龙作蛇，他年能保莺随燕？此意难教夫婿知，阑干偷湿芙蓉面。鸾帏鸳带非所欢，元门聊借一枝安。云幡巧刺鹦鹉活，梵窗倦罢琵琶弹。香鬟欲剪不忍剪，鱼红细榻金经看。仙乎仙乎那可即，犹闻翠佩鸣珊珊。奸党纵横狐复鼠，天朝遥下滇池旅。黄旗大钺扫妖氛，血溅如花满楼女。教曲蛾眉话白门，鸿飞冥冥知何处？

此诗和《圆圆曲》可谓异代同调。其中对起义军污蔑为贼，表现了封建知识分子共同的思想局限，这是应该指出的。而诗中对吴三桂的揭露，比《圆圆曲》更为直率。因为此时吴三桂已盖棺论定，作者可以不必有吴伟业那样的顾虑。吴诗中“痛哭六军俱缟素，冲冠一怒为红颜”，写吴三桂发丧举兵，还给他留一块为国为君的遮羞布，而陶元藻直接写成“龙髯已断臣不知，只惜红颜美如玉”，就把吴三桂的本意暴露得更加彻底。诗中写到吴三桂的叛乱时，骂他是“奸党”“妖氛”，是城狐社鼠，憎恶之情非常明显。而对陈圆圆，则突出地写出了她在吴府中的凄怆、悲苦和不满于倒行逆施的焦虑。此诗最后写吴逆兵败城破，玉石俱焚，“血溅如花满楼女”，是包括圆圆在内的，这里虽未如后人所言投水而死，但表现圆圆悲剧结局的用意则完全一致。

近代日本学者久保得二对陈圆圆颇有研究，曾撰《吴梅村的圆圆曲及其戏曲》一文，文中提到他自己写过《后圆圆曲》一首，收在《秋碧吟庐诗钞》中。此诗笔者未见到，仅知其诗序云：“圆圆之前半生，与夏姬、萧后相类，殆不足称也。

唯其末毅然一死，洁身全节，其人始堪传也。”①从此序可知其诗意大略。久保得二把圆圆的前半生比之为夏姬、萧后并加以否定，仅对她的最后一死表示赞赏，这种观点，未脱中国世俗的“祸水论”的偏见。按照这种观点写的诗，不可能不对圆圆的形象有所歪曲。

久保得二之前，在国内还有樊增祥的《圆圆曲》。樊增祥字嘉父，号樊山，生于清道光二十六年(1846)，光绪时进士及第，清末官江宁布政使、护理两江总督等。他的《圆圆曲》有小序题“(戊午)四月四日樊增祥再识，时年七十有三”②，可知此诗作成于民国7年(1918)。樊增祥思想陈旧，诗风浮艳，其《圆圆曲》也是如此。此诗文辞华美，音节和谐，可以看出作者写诗的功力，但在内容方面，除沿袭前人对吴三桂的责骂外，对陈圆圆则着力渲染她的美色和这种美色产生的魅力与后果。诗中写圆圆的出身和入宫一段云：“明季江南烟水地，十三楼上饶佳丽，柳顾风流举国倾，天家未必兴亡系。圆圆歌舞压苏台(陈本吴下女伶)，宝马香车纳聘来。早知柳色章台好，竟夺花枝上苑栽。君王晚罢平台对，永和自制哀蝉诔。黄罗扇底见倾城，顿使六宫羞粉黛。”这里，作者不是像吴伟业《圆圆曲》那样，突出表现圆圆的心理和情绪，而是突出她的歌舞本领和倾城倾国之貌，把陆次云《圆圆传》中所谓“声兼天下之声，色兼天下之色”用诗的语言加以具体化、形象化，并且指出圆圆因具有这种绝代美色而在对社会的影响方面超过柳(如是)、顾(横波)，成为身系天家兴亡的祸根。作者的感情倾向，对圆圆仍然是带有世俗偏见的贬斥。写到圆圆在田宏遇府中与吴三桂相见一段云：“殷勤邀来紫骝马，辗转迎入黄金屋。红妆齐抱紫檀槽，四十条弦美如玉。就中有女光徘徊，云鬓烟眉雪肌肉。”这里不厌其烦地描绘圆圆的面容和皮肉，表现出封建贵族玩赏女性的庸俗情调。接下去写道：“酒行私语从渠问，吹气如兰脸波晕。红拂宁甘越府栖，黄姑早下天钱聘。”由此可以看出，作者是按照陆次云《圆圆传》定的调子来描写圆圆对吴三桂的主动追求的。其后的“古事间征宫里雁，前身元是啭春莺。采莲历尽风波恶，得侍夫差是再生”数句，以夫差喻吴三桂，把圆圆依从吴三桂看作是

① 久保得二：《吴梅村的圆圆曲及其戏曲》，见于《支那戏曲研究》一书，日本东京弘道馆1928年版。笔者曾据日著原文翻译为汉文。

② 樊增祥：《圆圆曲》，今见附于章鸿宾《冲冠怒》传奇残稿卷首，北京图书馆有藏本。

摆脱了原来的青楼生涯，得到了好像再生转世一般的理想归宿，这就与吴伟业《圆圆曲》的诗意大相径庭。圆圆为吴三桂所得，仍是上层贵族的玩物，她不可能有自己独立的地位与人权，更何况吴三桂本人是一个跋扈、寡恩、野心十足的武夫。圆圆即使成为王妃也不会得到真正的幸福与自由，她的生活只能充满悲凄和幽怨。圆圆的人生悲剧，是封建社会中被侮辱与被压迫的下层女性的悲剧，这种悲剧命运在她开始成为吴阊歌妓时就已经注定了。樊增祥对圆圆的理解远远不如吴伟业。吴氏《圆圆曲》中深沉而婉转的抒情和悲壮而缠绵的感伤，到了樊氏《圆圆曲》中变成了浮华庸俗的靡靡之音。正因为如此，樊氏此曲罕为人知，亦未见有什么影响。吴伟业《圆圆曲》至民国初年犹存的这一缕余韵，很快就被历史岁月的疾风吹散。

四、古典戏曲中的陈圆圆

陈圆圆进入戏曲作品，最早的是陆次云的《升平乐》传奇。此剧今已失传，仅在《曲海总目提要》中有内容介绍。① 其情节基本上是作者《圆圆传》的翻版。全剧以陈圆圆与吴三桂的关系为线索，同时把吴伟业写《圆圆曲》及拒绝吴三桂的行贿不肯删诗的传说穿插其间。剧终写吴三桂叛乱被剿灭，清朝出现太平盛世，四方万国重译献琛，忭舞朝贺，奏起升平雅乐，故剧名《升平乐》。此作为清朝统治者歌功颂德的用意显而易见。对陈圆圆，作者把她写成与吴三桂一样的反面形象。她在云南与吴一同寻欢作乐时，曾借点戏数出唆使吴起兵叛乱。后来吴三桂兵败，他恼怒圆圆当初日夜劝他谋反，就逼圆圆先自缢，他随后也自尽了。这样的描写，使圆圆不仅是同谋，而且差不多是主谋，作者对她的痛恨之情，可以说超过了他所写的《圆圆传》。剧中还写崇祯死后在阴间向天帝控诉李自成、吴三桂的背逆，天帝命把二人押来冥府，送入地狱，吴三桂不服，向崇祯强辩，天帝又召来吴伟业做证，吴三桂才肯伏罪，吴伟业因此被天帝授予修文郎之职。这些情节丑化李自成而且迷信、荒诞，是落后、反动的糟粕。

前文所述苏州郑生在云南遇见陈圆圆鬼魂一事，东海刘古石曾加以附会，

---

① 《曲海总目提要》卷二十二。

作《商山鸾影》传奇，惜今不传。现在可以见到的有关陈圆圆的剧作，还有丁传靖的《沧桑艳》传奇和章鸿宾的《冲冠怒》传奇二种。

丁传靖是近代人，他曾努力钩索陈圆圆的有关资料，作《圆圆传辑补》一文，对诸书记载互有龃龉之处详加辨正。《沧桑艳》就是作者在《圆圆传辑补》的基础上，根据自己认定的确凿的事实进行编撰的。① 全剧分上下两卷，共20出，情节主要采自陆、钮二氏的两篇《圆圆传》，同时把其他有关传说（如某公子雇侠盗劫圆圆、吴伟业拒吴三桂之贿、滇中文士为圆圆招魂、阮福访墓凭吊圆圆，以及陈玉汝、陈货郎，等等）都编织进去。作者对圆圆的态度基本倾向于钮琇，摒弃了陆次云关于圆圆为吴三桂同谋的说法。但剧中对圆圆前半生的评价，却认为她生成绝代姿容而成为祸国之由毕竟是不可饶恕的罪愆。《魂游》一出中，作者仿照《牡丹亭》第二十七出《魂游》和《长生殿》第三十七出《尸解》对杜丽娘与杨贵妃的描写，让陈圆圆的幽魂自述终生悔恨并抒发兴亡之感，说：

> 我陈圆圆，自闻吴王凶耗，即在莲花池投水以殉。离魂惝恍，泉路迷茫。冥王以我现此色身，误人家国，幸闻变身殉，此一节足盖前愆。因此免入轮回，听我游行自在。冥冥忽忽，又是数年。

在作者看来，色身误国，罪莫大焉，最后自杀身殉，才可略加弥补，否则就要堕入地狱。这正是所谓“女人祸水论”，和樊增祥的《圆圆曲》唱的同一个调子，反映了作者的落后意识。但是，剧中这样写陈圆圆，似乎还有别的用意。有这样一种说法，丁传靖的《沧桑艳》传奇，是讽刺清末某大官夫人的，而且确指此夫人就是清朝派往俄、德、荷、奥诸国公使洪钧的爱妾，原来的上海名妓傅彩云，此女即后来又做妓女并与八国联军司令瓦德西姘居的赛金花。她在清末名声很臭，许多文人都对她嗤之以鼻，写作品传其丑行，如曾朴的《孽海花》和樊增祥的诗歌《彩云曲》等。丁传靖借历史上的陈圆圆影射现实中的傅彩云，不是没有可能的。此说若成立，那么《沧桑艳》传奇就不单是为圆圆而作，而是作者借用历史人物表现对现实时事政治的某种担忧，以明朝亡国的历史教训，提醒人们注意清末帝国主义瓜分中国的危机。当然，这只

---

① 《沧桑艳》传奇今存有光绪三十四年戊申（1908）刊本，卷首附刻丁传靖所作《圆圆传辑补》。今见《沧桑艳》有陈生玺笺释本，中州古籍出版社1991年出版，对所涉及的史实有详细考证，但是未收录《圆圆传辑补》原文。

是笔者的一种推论而已。

与丁传靖同时，章鸿宾撰《冲冠怒》传奇 12 出。此剧是未完成稿，情节与《沧桑艳》前段大致相同，从吴三桂出镇山海关（第一出《荐镇》）、陈圆圆被田宏遇买去（第二出《脱籍》）写起，至吴三桂得悉圆圆为李自成所得而借兵复仇（第十二出《冲冠》）为止，具体场面与过程的描写比《沧桑艳》更详细，陈圆圆的形象也与丁作有所不同。作者一反前人对陈圆圆的看法，独辟蹊径地提出自己的新观点，他不是简单地同情圆圆的遭遇，而是热情地赞颂她的作为。作者认为，圆圆在明末的动乱中，不是被动地接受政治风云的摆布，而是利用自己的特定身份，自觉地担负起力挽狂澜的重任。剧中表现了她的位卑而忧天下的胸怀、关心国家与民众命运的思想及对于时局的忧虑。如第八出《畿警》中，圆圆得知李自成进兵的消息时叹道："大明三百年社稷，全城百余万生灵，付诸沧桑浩劫，天公难道绝无半点儿怜悯吗？"这里，圆圆敌视农民起义，是作者思想局限性的反映，但所表现的圆圆的忧国之心，却使这一形象增添了新的色彩。第十一出《絮劫》中，圆圆为李自成所得并被迫委身，作者认为这是圆圆以自我牺牲作为激将法，迫使吴三桂起兵报国。请看圆圆的自白：

> 古来英雄气短者，未必不儿女情长。吴将军虽不以君亲为重，其于妾身决难抛舍。古语说得好，请将不如激将好。明，万里长城，或系红颜命……时势至此，除却一激，别无他法。唯奴这一番苦心孤诣，后人不谅，必以奴为杨枝无力，轻薄随风，岂知草号寄生，实则葵倾向日也。

显然，作者在为圆圆多年来受到的误解与诽谤进行辩白，把这个被很多人认为是色身误国的女子，写成一个具有清醒的政治头脑、忍辱救国的无名英雄。由于《冲冠怒》是残稿，我们看不到作者如何写陈圆圆入云南后的表现及结局，但从前十二出已可以看出作者对圆圆的态度。章鸿宾和丁传靖都是在新的历史时期，以自己对历史人物的新的理解来塑造圆圆形象的，都在一定程度上改变了前人的成见。《冲冠怒》剧前有署名王式通的题诗云："别谱吴宫惜苎萝，声名受累奈愁何。《沧桑艳》与《冲冠怒》，都为红颜曲笔多。"这反映了文学创作的一般规律，把历史人物塑造成文学作品中的艺术形象，必然要表现出作者的"曲笔"。

文学的发展没有止境，人们对历史人物的认识也不会停止在过去的水平上。关于陈圆圆，现在与今后还会有人描写她。如《李自成》的下卷中，也将会出现陈圆圆。姚雪垠同志在对历史事实进行了大量考订之后，一定会按照新的观点去描写她。我们期待着看到具有崭新面貌的陈圆圆的艺术形象。

（原载《文科教学》1984 年第 4 期）

游民习性与侠士精神

——论明清戏曲作品中的游侠形象

明清杂剧、传奇作品中的人物形象缤纷多彩，并显示出类型化的特点，在当代的文学史及戏曲史研究中已引起学者关注。其中有一类人物形象属于游侠。从戏曲这种独特的文化艺术形式来看，游侠是一种角色类型。尽管他们在传统戏曲生旦净末丑的角色定式中并不局限于某一种角色，在剧中主要人物历经悲欢离合终得大团圆的常见情节定式中所起的作用也不尽相同，但这类人物的外在形象与思想气质分明表现出一些共同的属性。从戏曲作品反映历史与社会的功能来看，游侠是现实中的一类人物。他们既然被称为游侠，则具有游民和侠士的双重特征，反映着中国古代的游侠文化；他们出现在戏曲作品中，则又表现出游侠文化同社会文化其他层面（士文化、世俗文化、戏曲文化）的叠合与交融。考察这类人物形象，对于研究中国传统文化和中国戏曲史，都会引发一些耐人思考的话题。

在当代武侠小说创作空前活跃、武侠文化研究不断深入的文化与学术背景下，有些著作或文章已涉及中国古代戏曲作品中的游侠形象。著名学者刘若愚在《中国之侠》一书中，列举出现侠客形象的杂剧、传奇作品有二十多种①，其中包括《李逵负荆》等一些元代杂剧作品。但元杂剧作品涉及的游侠人物尚不太多，而在明清两代的古典戏曲作品中这类人物形象就特别丰富了，尤其是明清传奇那种鸿篇巨制的体例对游侠形象的展开描写相当充分，所反映出来有关游侠的思想观念更体现了新的时代精神。因此，本文拟从研究游民问题切入，论述明清戏曲作品中的游侠人物形象，同时探讨明清戏曲作家在描写游侠人物时

---

① 刘若愚：《中国之侠》（*The Chinese Knight-errant*）第四章，1967 年美国芝加哥大学出版社出版。

所表现出来的思想意识、创作心态和情感流向。

一、传承历史并映照现实的游侠人物谱系

谈起游侠，自然要联系到游民的概念。“游民”一词，较早见于《礼记·王制》篇：“无旷土，无游民，食节事时，民咸安其居。”所谓游民，本来指农业社会里无田地耕种而流离失所的人。后来，游民的词义有所变化，常用来指那些四处游荡、无正当职业的人。但是，在现实中，完全没有住所、没有正当职业的游民在正常年景是较少的，只有在大灾之年或战乱时期才能有较多的民众流为游民。如果不机械地理解游民定义中关于无住所、无职业的限定，那些在一定生活阶段没有相对固定的住所、没有相对固定的职业、能够随意四处游荡的人都可以称为游民。根据这样的认识，游侠具有游民的“游”的特性，他们当中有些人无住所、无职业，有些人临时有住所而可以不断变换住所，有些人有时有职业而不断变换职业或者可以随时丢弃职业。从较宽泛的意义上来看，他们都应当属于游民的范畴。

但是，游侠又是“侠”。他们不同于那些失去家园而颠沛流离的难民，不同于那些流浪谋生的游食无产者。游侠一般都具有超过常人的体力和武艺，或具有某种神奇技术和功能。同时，游侠一般都具有异于常人的禀性与品格。在中国历史上，游侠的活动由来已久。早在春秋时期，中国北方已出现游侠之风。《史记·货殖列传》云：“郑卫俗与赵相类，然近梁鲁，微重而矜节。濮上之邑徙野王，野王好气任侠，卫之风也。”①《列子·说符》中有“击博楼上，侠客相随而行”语，《韩非子·五蠹》中有“儒以文乱法，侠以武犯禁”语，可见那时的“侠”已是概念明确的人物类型了。《史记·游侠列传》云：“今游侠，其行虽不轨于正义，然其言必信，其行必果，已诺必诚，不爱其躯，赴士之厄困。既已存亡死生矣，而不矜其能，羞伐其德，盖亦有足多者焉。”荀悦《汉纪》云：“立气势，作威福，结私交以立强于世者，谓之游侠。”这两段话很经典地概括了游侠人物的基本特质。历代游侠的活动及文士对游侠的记述与咏歌，使人们对游侠的体貌与

① 这段话，《太平御览》卷四七三记为出自《战国策》，而今天所存《战国策》中未见。

精神特征早已形成固定的印象:游侠是具有特殊能力、特殊精神品格的游民,是超凡脱俗的高档次的游民。

游侠自身的武力优势与急人之难的快意,培养了游侠逞威炫才的英雄情结。春秋乱世统治集团之间残酷剧烈的政治斗争利用游侠为争权夺利的工具,这样的现实又使游侠树立起"士为知己者死"的义士情结。《韩非子·五蠹》篇云:"废敬上畏法之民,而养游侠私剑之属。"可见那时统治者有意识地笼络游侠为其所用已成风气,《史记·刺客列传》所立传的聂政、专诸、豫让、荆轲等刺客实际上也都是游侠。豫让回答赵襄子说,范氏、中行氏对他以众人待之,他以众人报之,智伯对他以国士待之,他以国士报之,这反映了游侠甘愿牺牲身体与生命以报知己之遇的酬恩意识。英雄情结与义士情结整合为五彩光辉的侠士精神,这同文士的炫才意识与渴求知己之遇的心态非常相投。因此,历代文士对侠士侠行津津乐道并表现出由衷的倾慕。张衡《西京赋》云"都邑游侠,张赵之伦,齐志无忌,拟迹田文。轻死重气,结党连群",刘劭《赵都赋》云"游侠之徒,晞风拟类,贵交尚信,轻命重气,义激毫毛,节成感慨",都对侠士予以赞美。后来如晋张华的《博陵王宫侠曲》、南朝鲍照的《结客少年场行》、北周王褒的《游侠篇》等,都是对侠士的颂诗,流传甚广,影响甚大。到了唐代,游侠之风更盛,许多文士年轻时都以游侠为时髦。陈子昂少年时"奇杰过人,姿状岳立,始以豪家子驰侠使气,至年十七八未知书"①,李白也是"少任侠,不事产业,名闻京师"②。天宝三载(744),李白、杜甫、高适三人同游梁宋间,凭吊战国时著名侠士侯嬴、朱亥及善待侠士的信陵君,李白作《侠客行》诗、高适作《古大梁行》诗、杜甫作《遣怀》诗,记述了他们的游侠豪兴。当时也确有一些侠客公开活动,李白《扶风豪士歌》所咏的豪士窦滔只是其中之一,李白敬慕其人品并与他有密切交往。唐代许多著名诗人都有歌咏游侠之士的诗篇,如卢照邻的《结客少年场行》、崔颢的《古游侠呈军中诸将》、王维的《少年行》、元稹的《侠客行》、孟郊的《游侠行》等,这些诗作传扬了自古延续下来的游侠精神,并助长着现实中的游侠行为。唐代传奇小说在描写游侠人物方面更有独到的创造,同《史记》的《刺客列传》《游侠列传》遥相对应,可称真幻互补、各有千秋。其中杜光庭的《虬髯

---

① 卢藏用:《陈氏别传》。

② 刘全白:《唐故翰林学士李公碣记》。

客传》、袁郊的《红线传》、薛调的《无双传》、蒋防的《霍小玉传》，以及裴铏所著传奇中的《昆仑奴》《聂隐娘》等，是优秀的代表作，所描写的侠客形象成为具有鲜明个性的文学典型，在后世又直接转化为小说戏曲中的人物形象，并为明清小说、戏曲中同类人物形象的塑造提供了可参照的范型和进行改编的基础。

明代结束了元代的统治，使中华传统文化出现了全面鼎盛的新时期。明代对于前代的游侠精神不仅全面继承，而且不断添注了新的内容。明代文士对游侠之士的赞颂、歌咏屡见于文墨，其数量之多、美誉之重同前代相比有过之而无不及。古代咏游侠诗常见以“结客少年场行”为题，以至于形成一种有固定内容、固定格式的五言古风体裁。自鲍照《结客少年场行》诗广泛流传成为名篇之后，唐代虞世南、卢照邻、李白都有同题诗作。明代仿作者更多了，徐祯卿、李梦阳、李攀龙、吴国伦等也都写了《结客少年场行》诗，其中徐祯卿的一首云：

> 骊马窣青丝，闾里争耀驰。朝游吴姬肆，暮入屠沽儿。袖中挟匕首，跨下黄金锤。然诺杯酒间，泰山心不移。东市杀怨吏，西市仆仇尸。裂眦白日变，英风拉如摧。突过铜龙门，电影忽如遗。司隶徒敛手，行人莫敢窥。横行三辅间，法令不得施。壮义冠千古，雄声流四垂。①

此诗中描绘游侠之士的装束、气概与神态生动形象，在同类诗作中颇具代表性。此外，刘绩的《结客行》、王世贞的《侠客篇》，都是咏侠士的名篇。同时，从明至清大量的文人笔记中记述了许多现实社会里游侠人物的事迹，拟话本小说及长篇章回小说更常见对于游侠的描写。诗歌、笔记、小说对于游侠人物形象的塑造互借互证，共同营造了体现着中国传统文化特征的游侠世界。这种现实的与文学的人文背景，为明清戏曲作家描写游侠人物提供了充足的素材，并为这些游侠人物形象打上了时代的烙印。

从游侠人物的身份与活动特点来考察，明清戏曲作品中的游侠形象类型，主要有四种各具特色的谱系。

第一类是江湖游侠。他们常常凭借武功单独在江湖上闯荡，随其所遇施展行侠仗义之举。这一类游侠萍踪无定，游民的习性最为明显，同时他们也以追慕古代著名侠士自我标榜。如古代侠士有刘生，梁元帝曾作《刘生》诗云：“任侠

① 徐祯卿：《迪功集》卷一。

有刘生，然诺重西京。扶风好惊坐，长安恒借名。"①明代李先芳也有《刘生》诗云："谈兵羞燕颔，负气捋虬须。朝弹上林雀，夜醉酒家胡。片言倾四座，千金直一卢。抚剑平津道，挟杀李金吾。"②而在许自昌的《节侠记》传奇中，裴伷先结交的侠士之一就名曰刘生，他的上场诗云："英名振关右，雄气逸江东。游侠五陵内，去来三秦中。"前后刘生的形象，可谓一脉相承。朱佐朝《万寿冠》传奇中的党无同自云："自幼击筑悲歌，不负祖遗业囊；骑马试剑，好读左氏春秋。搔首长林，每以荆轲为知己；仰天独啸，以豫让作同俦。"丘园《党人碑》中的傅人龙自谓"千年浪迹，半世浮萍，向羡季剑之为人，常笑荆豫之亡命"。盛际时《人中龙》中刘郧在开元寺打死宦官仇士良之后说"喜得功成博浪沙"，"就是那击筑穷图也让咱"。从这些自白可知，剧中的侠士不仅有意仿效古代游侠高渐离、荆轲、豫让等，而且以能够超越前人为自豪。明清两代现实中常有这一类江湖游侠的活动，其事迹是戏曲作品的生动题材。魏禧《大铁椎传》中的那位无名勇士持四五十斤重的大铁椎同盗贼百余人搏斗，椎杀三十多人，场面十分雄壮。范希哲《双锤记》传奇中的主角陈大力使一对钢锤重百余斤，张澜《万花台》传奇中的李多祚"手握双锤，驰骤于千万人之中，真如儿戏"③，当是参照了大铁椎的事迹。徐士俊《汪十四传》记汪十四从贼巢中救出被掳女子，顾彩《髯樵传》记髯樵帮贫士陈学奇夺回聘妻邹氏，这可以说是朱素臣《秦楼月》传奇中的刘岳和叶时章《琥珀匙》传奇中的金髯翁营救落难女主角一类情节的现实依据。

第二类是绿林游侠。他们是那些走上以武力反抗朝廷或官府、聚众落草为寇之路的游侠之士。明代《三国演义》和《水浒传》的成书与流传，在社会民众中张扬了以义为主题的江湖精神，尤其是水浒英雄忠义共构的伦理观念强化了普通民众对于邪恶与不平的反抗意识。元杂剧中那些水浒故事剧如《李逵负荆》《燕青博鱼》《黄花峪》等被朱权列为"钹刀杆棒"一类，其中的水浒英雄并不等同于游侠，小说《水浒传》对梁山泊好汉也并不只是作为侠士来描写的。而在明清传奇中，作者突出了梁山泊好汉的"侠"的特点，使他们成为与《水浒传》原作中人物形象有所不同的绿林游侠。李开先《宝剑记》中林冲所唱《宝剑歌》云

---

① 《乐府诗集》卷二十四。

② 《古今诗删》卷二十七。

③ 《万花台》第十五出《委隙》。

“午夜悬门兮魑魅走，为主提归兮豪侠手”，他是以侠士自居的。沈璟写武松故事的传奇标目为《义侠记》，开场《临江月》词云“今古英雄称义侠，报恩雪忿名高”，这里首先明确指出武松作为侠士的类型特征。许自昌《水浒记》传奇开场云“义士公明，轻财任侠”，范希哲《偷甲记》开场云“义侠徐宁，丰技神勇”，把宋江、徐宁都当作侠士来写；李素甫《元宵闹》传奇开场云“卢俊义苦辞众侠”，把梁山泊好汉都认定为侠了。除水浒英雄外，明清传奇中的绿林游侠屡见不鲜。陈汝元《金莲记》传奇中鲍妪的儿子鲍不平聚众横行海上，马佶人《十锦塘》传奇中的绿林豪客在杭州六和塔下落草存身，朱素臣《锦衣归》传奇中郝昆仑与女首领十八姨占据鸣石山落草为寇，周坦纶《玉鸳鸯》传奇中东方杰与其妹东方月娥占山落草，范希哲《鱼篮记》中的太湖大盗甄仪道，这些都是绿林游侠。《琥珀匙》传奇中金髯翁的形象更为典型一些，他自谓“定伯江海，结客岛屿，拥众截杀贪官，不怕天兵”，显然是一位称王称霸的义军首领；但是他又说“孑身游行都市，谁来盘诘”，要学“朱亥藏椎救大梁”，明言自己是侠士，他的部下水军头领称赞他“英丰侠概，万古莫及”。① 戏曲作品中这些绿林游侠的出现，与明代风起云涌的农民起义有密切关系。永乐年间的唐赛儿，正统年间的邓茂七，正德年间的刘六、刘七造反，尤其是明末天启、崇祯年间的农民大起义，都有游侠人物参与其中，起义者也往往以侠士风范争取民心，也有些起义者失败后又重新流落江湖为侠。于是，游侠之士与聚众起义者合流，演出一幕幕狂放不羁的英雄剧，戏曲作品中的绿林游侠反映了这一类人物的面貌。

第三类是市井游侠。他们在繁华的都市拥有住所，或者不止一处住所，也参与一些世俗的活动，但是他们又保持着无拘无束的生活方式和乐于为人排难解纷的侠士本色。汤显祖《紫钗记》中的黄衫客就是比较有代表性的市井游侠，他住在长安城中，有奴仆，有骏马十余匹，生活豪奢，行侠仗义时挥金如土。剧中崔允明说“他力量又能暗通宫掖”②，是一个深机莫测的人物。凌濛初《虬髯翁》杂剧中的虬髯翁，独身住在西京，人称张一郎，其住处“外面小，里面好不大的房子也”，他也属于市井游侠。这位虬髯翁后来把家产赠给李靖，自己到海外扶余国称王，又转化为绿林游侠了。袁于令《西楼记》传奇中的胥长公也是市井

① 《琥珀匙》第十八出《传歌》、第九出《义令》。

② 《紫钗记》第五十三出《节镇宣恩》。

游侠。他与侍妾轻鸿住在苏州，而在北京另有宅第一所。据《小说考证拾遗》引《亦巢偶记》说，胥长公实有其人，名张元鉴，又名张国经，嘉定县娄塘人，少年任侠，喜好拳勇，人称娄塘张二，袁于令曾与他结交①。朱素臣《秦楼月》传奇中的刘岳原来因军功官至镇国将军，后来厌弃功名而辞官，独身住在苏州虎丘僧舍，在与吕贯结识、营救陈素素的过程中，他的身份已相当于市井游侠。

第四类是具有仆妾身份的游侠。唐传奇中昆仑奴磨勒为崔生之仆，红线为薛嵩侍妾，这样的身份是他们在一定时限内存身于世的尘缘，不是安身立命的最终归宿，待到尘缘已尽，其身份即告终止。梅鼎祚的《昆仑奴》杂剧中，昆仑奴自谓"托迹在崔老爷家"，这"托迹"一词正表明其现有身份的暂时性和相对性。梁辰鱼的《红线女》杂剧中，红线自谓"虽长闺房，每临戎阵，儿女情少，风云气多"，可见她的身份兼有与其侠客本质相应的侍卫之职。孔传鋕《软锟铻》传奇中的韦双成是岭南节度使白杞府中歌姬，却从来不曾同寝，白杞说她"态度幽闲，性情潇洒……说到枕席之事，抵死不从"②，对她无可奈何。她的这种姬妾身份是有名无实的，她说"我韦双成一片侠肠，混迹歌舞"③，其意同于昆仑奴所谓的"托迹"。裘琏《女昆仑》传奇中的隐娘自幼被卖到叶府，虽然情同养女，实为婢女，她得一位老尼传授秘术，成为剑侠，被称作"女昆仑"，当是和昆仑奴的情形相仿的游侠。林以宁《芙蓉峡》传奇中的小涛是金友石之妾，身份与红线相似。明清戏曲中描写这一类游侠形象，主要是受唐传奇的影响，但像红线、韦双成这样的女侠，明清社会现实中却并不罕见。明代嘉靖年间恒王之妃林四娘，美貌且有武艺，恒王封她为姽婳将军，她简直就是明代的红线了。又如吴良枢《江石芸传》所写的江石芸："幼习经史，穷元会运世之数，及长，好兵法，铸剑诛妖，摄人万里外。"④还有李良年《廖氏传》所记的廖氏⑤、王士禛《女侠》所记的无名女侠⑥、汤用中《书乔三秀事》所记的中年妇人⑦等。这样的女侠在戏曲作品中一般都比男侠多一些细腻，多一些柔美，作为艺术形象更具有吸引和感动

① 关于胥长公所依据的真实人物，《书隐丛说》记云他是袁于令的朋友冯某，也是一位侠士。
② 《软锟铻》第三出《奸图》。
③ 《软锟铻》第八出《前释》。
④ 张潮：《虞初新志》卷八。
⑤ 王葆心：《虞初支志》卷一。
⑥ 《池北偶谈》卷二十六。
⑦ 姜泣群：《虞初广志》卷二。

观众的魅力。

二、侠士风骨与文人情志的心灵契合

在历史上，能够作出抑强扶弱、解困救难、舍生赴义、忘死酬恩等英雄行为的是侠士，能够记述侠士事迹、推重侠士人格、传扬侠士精神的是文人。司马迁《史记·游侠列传》中引韩非子“儒以文乱法，侠以武犯禁”语，谓“二者皆讥，而学士多称于世云”，张守节“正义”说这是太史公“欲陈游侠之美”。后世文士大都赞同司马迁对侠士的基本看法，诚心仰慕或效法侠士风骨。历代有大量的事实表明：侠士乐于结交或解救文士，文士乐于接受侠士的友情与解救；非侠士不能快慰文士，非文士不能深知侠士；侠士视文士为知音，文士视侠士为嘉宾；高雅的文士常有侠士气概，高强的侠士常显名士风流。其内在原因，当是侠士风骨与文人情志在一定程度上的心灵契合。

明清戏曲作品中的各类游侠人物尽管身份、性格不同，经历、事迹有别，但作者对这些人物基本上持肯定和赞赏态度，这正是由于文人作家对于游侠行为和侠士精神的认同。游侠之士的一般特征如身怀奇技、疾恶如仇、信守然诺、看重名节及施恩不受报等，符合文士的人格价值评判标准，因此，文士对于侠士的言行既作为人格品质也作为精神风度给予高度赞扬。

明代文士关于游侠行为与侠士精神的认识延续了前代文人的观点，也反映了明代比前代更加浓重的崇侠尚义之风。明代文士普遍存在着侠风侠气，有的文士自身也成为游侠一流。嘉靖十七年(1538)的进士刘焘和尹纶年轻时都是侠士，他们都有武力，善骑射，其行为都不甚检点，经常带领妓女、僮仆并臂鹰牵犬外出打猎，后来做官分别做到右都御史和按察副使①。嘉靖年间大学士高拱之兄高捷也是少年为侠，武力绝人，甚至有与强盗合伙劫掠的不轨行为，后来中了进士才有所收敛②。许多戏曲作家也有突出的崇侠情绪。汤显祖写诗回忆他二十岁的情景说：“弱冠精华开，上路风云出。留名佳丽城，希心游侠窟。历落

---

① 参见《渊鉴类函》卷三百十一。

② 参见《渊鉴类函》卷三百十一。

在世事，慷慨趋王术。”①这和李白《少年行》诗“五陵少年金市东，银鞍白马度春风。落花踏尽游何处，笑入胡姬酒肆中”所表现的英风侠概颇为相似。明清之际的戏曲作家沈嵊是当时杭州有名气的文人侠士，陆次云《沈孚中传》记云：“居武林北墅。不修小节，越礼惊众，作填词，夺元人席。好纵酒，日走马苏白两堤，髯如戟，衿未青，不屑意也。”②这种行迹正是明代游侠之士的常态。清代文士崇侠尚义之风并未减弱，仍以谈侠论剑为快事雅事。金圣叹罗列《快说》三十三则，其中之一是“读《虬髯客传》，不亦快哉”③，可见他对唐传奇中的虬髯客是多么喜爱了。张潮编《虞初新志》，其中收录了不少侠士的传记，他对侠士是情有独钟的，在《幽梦影》一书中又把“因酒想侠客”和“因雪想高士”“因花想美人”等同列为文人的五种高雅境界。

由于这种崇侠尚义心态的驱动，明清戏曲作家热衷于选取前人作品与当代现实生活中的游侠题材，并不断创造出新的侠士形象。由于戏曲作品要付诸舞台演出，让不识字的普通民众也可观看，这比只供读书人案头阅读的诗文小说作品扩大了观者的范围。因此，文人以戏曲形式描写侠士，其意在于更加直接地彰显侠士精神。唐传奇中的昆仑奴、红线、黄衫客、古押衙、聂隐娘等已为人们熟知，把原作改编为戏曲作品、把小说形象变成可视可感的舞台形象后，必然能够给予观者更直接更强烈的感受。凌濛初的《红拂》杂剧上演后，评论者称赞它使红拂其人“曲折如画”④，陈继儒评论张凤翼的《红拂记》“翻传奇之局，为掀乾揭坤之猷，不有斯文，何伸豪兴”⑤，这都说明戏曲的表现形式具有书面文学形式不可替代的艺术效果。对于戏曲的作用，明代文人戏曲作家受复古思潮的影响，因袭了文以载道的传统信念，明确肯定戏曲的政治道德内容和社会教化功能。孔子论《诗经》，提出诗可以“兴、观、群、怨”的重要观点，明代曲家言及文体流变，认为诗变为词，词变为曲，因此曲也和诗文一样，应当关乎名教礼义、世道人心。徐渭评点《琵琶记》时指出：“诗可以兴，可以观，可以群，可以怨，

---

① 见徐朔方笺校本《汤显祖诗文集》卷八《三十七》，上海古籍出版社 1982 年版。

② 张潮：《虞初新志》卷十。

③ 见贯华堂第六才子书《西厢记》卷七《拷艳》批语。

④ 孙超都：《书〈红拂〉杂剧》。

⑤ 《红拂记》陈继儒跋。

《琵琶》有焉。"[1]祁彪佳说得更明确:"天下之可兴、可观、可群、可怨者,其孰过于曲哉!"[2]戏曲中所写游侠人物,其人本于忠义,其事顺乎情理,自然符合所谓兴观群怨之旨。因此李贽论及《红拂记》传奇指出:"乐昌破镜重合,红拂智眼无双,虬髯弃家入海,越公并遣双妓,皆可师可法,可敬可羡。孰谓传奇不可以兴、不可以观、不可以群、不可以怨乎?饮食宴乐之间,起义动慨多矣。今之乐犹古之乐,幸无差别视之其可。"[3]吕天成为沈璟《义侠记》传奇作序云:"武松一萑苻之雄耳,而闾里少年,靡不侈谈脍炙;今度曲登场,使奸夫、淫妇、强徒、暴吏种种之情形意态,宛然毕陈,而热心烈胆之夫,必且号呼流涕,搔首嗔目,思得一当以自逞,即肝脑涂地而弗顾者。以之风世,岂不溥哉!"李贽、吕天成都是深知戏曲的,其论切中肯綮。书面文学及口头传说故事中的游侠人物活化为戏曲形象,使文人戏曲作者既快慰崇侠尚义之情,又顺适劝惩教化之志。戏曲作品中的这一类游侠形象的出现,归根结底是一个时代的文学观念的产物。

戏曲作家撰作戏曲作品,一般具有劝人风世和自抒胸臆的双重契机。戏曲作品写游侠,其"风世"意图是显而易见的。即以《义侠记》而论,吕天成序中还说:"彼世之簪佩章缝,柔肠弱骨,见义而不能展其侠、慕侠而未必出于义,愧武松多矣。然读此不亦兴起而有立志乎?"这是针对现实中不侠不义、侠义相违的情形而发的议论,序者和作者希望通过武松的形象使世人知忠义仁孝,辨邪正是非,建立体现封建礼教内容的伦理秩序,呼唤侠义双美、言行完满的道德境界。另一方面,戏曲作者总是要受到个人身世、平生经历及特定时期特定处境的影响,借他人酒杯,浇胸中块垒,表现创作主体的内心情绪。以此来观照作家的选材,游侠人物对于世间不平现象、不平事态的强烈反应与豪侠之举是最容易引起文士思想共鸣的。所谓"不平则鸣"是世间常理,侠士常为不平而鸣,文士则为侠士的不平之鸣而鸣。游侠的重要特点之一是打抱不平,他们铲除不平的做法往往是过激行为,不受法律与世情约束。侠士活动的江湖世界是没有王法的化外世界,侠士遵循的是自己所理解的道德化的法律,他们独出心裁地掌握正义,果敢地行使生杀之权,用自己所佩正义之剑去战胜邪恶。文士对于世

① 见《成裕堂绘像第七才子书琵琶记》卷之一《前贤评语》。
② 《孟子塞五种曲序》。
③ 《焚书》卷四《杂述·红拂》。

间不平事则只能借酒遣怀,或托以笔墨发些牢骚。张潮《幽梦影》语云:“胸中小不平,可以酒消之;世间大不平,非剑不能消也。”于是,消解不平成为文士与侠士共同的心理契合点。

在小说中,文人作家总是热情赞扬侠士打抱不平的行为。《水浒传》第三回写鲁智深“禅杖打开危险路,戒刀杀尽不平人”,这是梁山泊英雄共同的意愿。《醒世恒言》中《李汧公穷邸遇侠客》一篇云“安得剑仙床下士,人间遍取不平人”,《喻世明言》中《史弘肇龙虎风云会》一篇云“欲除天下不平事,方显人间大丈夫”,清代武侠小说《七剑十三侠》第二集序中说“于世风颓靡中得几个侠士,以平世间一切不平事”,都表明“平不平”是游侠题材小说最基本的主题。戏曲作家描写侠士,也总是借此抒发心中的不平。《宝剑记》雪蓑渔者序云:

> 天之生才,及才之在人,各有所适。夫既不得显施,譬之千里之马而困槽枥之下,其志常在奋报也,不得不啮足而悲鸣。是以古之豪贤俊伟之士,往往有所托焉,以发其悲涕、慷慨、抑郁不平之衷。

这里指出《宝剑记》作者李开先的鸣不平心态是具有普遍性的,其他剧作家何尝不是如此?尤侗《黑白卫》杂剧借侠女聂隐娘的奇行寄托感慨,彭孙遹为此剧的题词说:“悔庵负绝世之才,多发愤之作,所撰《黑白卫》填词,惝恍离奇,胜读龙门一传。”剧中老尼说“眼前多少不平事,说与青萍自了然”,道出作者心声,侠士的不平之鸣托于剑器,文士的不平之鸣便只好托于笔下的侠士了。因此,戏曲作品中许多侠士的自白大都直言倾吐不平之气。《宝剑记》中鲁智深云“吾徒不是空门客,要削人间事不平”,林冲云“马蹄到处天关破,霜刃磨来杀不平”①;《义侠记》中武松云“不平气吐虹霓上,报德心悬日月光”②;《金莲记》中那位绿林游侠的姓名叫鲍不平,正是“抱不平”的谐音;《紫钗记》中黄衫客云“冷眼便为无用物,热心常为不平人”,他得知李益对霍小玉的负心,惊叹“此乃人间第一不平事也”③,于是便有劫李归霍的义举。这些地方,作者的快意跃然纸上,戏曲的自抒胸臆的功能得到充分体现。

然而,游侠之士的打抱不平并不纯粹是为了解气,更重要的是成就自己侠

---

① 《宝剑记》第四十七出。
② 《义侠记》第二出《游寓》。
③ 《紫钗记》第四十八出《醉侠闲评》。

士的美名。在中国长期的封建社会中,重名是中国人(主要是男子)最突出的文化精神。“丈夫处世兮立功名,立功名兮慰平生”,《三国演义》中周瑜所唱歌词是历代男儿的处世理想和人生追求。男儿要立功名,无非是文武二途,即或学书,或学剑。俗言“学成文武艺,货与帝王家”,道出一条基本的事实,即无论文武都必须依附于政治才能获得功名的完满。对于文士来说,求功名是他们的生命,从儒家学说最初的经世致用精神到宋代理学家概括为“修身、齐家、治国、平天下”的人生理想,历代文士竭尽心力为此奋斗。但是,相当多的文士在由读书、科举、入仕并经历一些宦海浮沉之后,其思想状态常常会由积极用世转为消极退隐、由追求建功立业转为个人品德的自我完善。侠士最初的习武也大都出于功名的目的,就像《水浒传》中一些英雄常说的到边关沙场一枪一刀博得个封妻荫子,但是往往由于受到官场挤压或体验到人情险恶,就不肯与世俗合流而转为游侠。当他把个人社会角色定位于侠士之后,他原来所看重所追求的“名”已不是功名之“名”而是名声之“名”了,原来所理解的人生意义由现实功利目的升华为人格精神的超越。在对待功名的进退转变之间,文士与侠士的心路历程有某种契合和殊途同归的意味。

因此,明清戏曲作品中的游侠形象便含有文人作者的人生感悟并留下作者的投影。像盛际时《人中龙》传奇中的刘郯那样的侠士,开始前往西川即抱定求功名之心,后来有功成名就而且洞房花烛的得意结局,文士的人生理想在戏曲作品中得到一次虚幻的满足,这只是少数的情形。较多的情形是本来曾涉足功名仕途,后来抽身退步转而为侠。《西楼记》中,胥长公年轻时曾为州牧,自云“尺水杯泥,不足以供吾舒展,遂弃官归”①,成为携姬畅游湖山的自由之侠;《秦楼月》中,刘岳原来曾官镇国将军,“只因久厌功名,故尔早捐簪组”②;《宝剑记》中的林冲、《偷甲记》中的徐宁原来也都是功名场中人,后来或因奸臣迫害,或因官司牵连而转为绿林之侠。许多侠士热心营救忠良或帮助文士,并不是出于功利目的,而是出于主持正义之心,以不负自己的豪侠之名。《节侠记》中刘生与裴伷先一见倾心,既是由于对忠臣裴炎之侄的敬慕,也是由于同裴伷先的侠节

① 《西楼记》第二十一出《侠概》。

② 《秦楼月》第五出《品花》。

雄风相投合，他说："刘生一腔热血，今番有用处了。"①后来为救裴伷先而英勇战死，成全了"纵死犹闻侠骨香"的美名。尤侗的《黑白卫》杂剧中，老尼自言行侠动机只是主持正义，她说："人中禽兽，世上颇多，若不翦除一番，怎显得正剑诛邪之法？"聂隐娘得师父教诲，背离田季安而投刘昌裔并杀死田派来的刺客，在关乎邪正的大节上恩怨分明，绝不将错就错而损害侠义的名分。《琥珀匙》中金髯翁得知桃家因与他做一次买卖而遭到灾祸，十分愧疚，他说"俺平生不肯做皱眉之事"②，于是尽力寻访胥生，使他们夫妻团圆。像这样不肯以非义行为玷污侠士名号的事例，在明清戏曲作品中比较常见。《十锦塘》中，恶霸水望月请绿林豪客在中途杀害书生和鼎，绿林豪客遇见和生并问明情况后，却反过来救护和生；《软锟铻》中，节度使白杞派韦双成去杀害于干霄，韦双成见到于生得知其中情由，也反过来救护于生。这和《醒世恒言》的《李汧公穷邸遇侠客》中的那位无名侠客的表现属于同一模式，都反映了游侠之士仗义重名的人格本质。

受封建正统思想熏陶的文士作家讲求修身，重视名节，期望个人道德完善，因此对于游侠之士在品格意义上的重名必然给予赞赏。同时，对于游侠之士在品格意义上的逃避功名行为也给予赞赏。戏曲作品中的许多侠士都厌弃功利意义上的浮名。他们在救人救难的侠义行为完成之后，或者是不肯受报，悄然离去；或者是辞谢爵禄，重回江湖；或者是变服入山，求仙成道。《西楼记》中胥长公成全了于鹃、穆素徽的姻缘并杀死仇人池同、赵祥之后，只留下一封书信便悄悄远走高飞，受他恩惠的于鹃夫妇只好向空中拜他一拜了。《万寿冠》中党无同以武力建功、辅助太子即位，怕朝廷授给官职，竟不辞而别，隐迹山林。《鱼篮记》中甄仪道因参与平叛立功，被授官为节度使，却不肯就任，向朝廷上本乞骸骨归山。侠士的这种表现，反映了文士为功名所累而寻求解脱的心境。自古以来，封建文士在仕途功名方面总存在着进取与退隐的精神困扰。通常的情况是，年轻时多思进取，中年后多思退隐，顺境时多思进取，遇挫折多思退隐。有明一代，政治相对清明的时期较短，龌龊腐败的时期较长，嘉靖以后朝政日非，直道难行，许多文士对于仕途功名出现消极倾向，退隐意识增强，至明末时相当普遍地存在着视高蹈为快乐、以隐逸为高尚的风气。戏曲作品中描写游侠之士

① 《节侠记》第十五出《侠晤》。

② 《琥珀匙》第十八出《传歌》。

对于浮名的超拔，曲折地反映了文人作家渴望远离喧嚣与狂躁、向往宁静与闲适的心态。

基于同样的心态，不少戏曲作品写游侠之士的最后归宿，多是求仙或入道。明杂剧中写红线和昆仑奴本来就是天上神仙谪降人世，红线完成解救潞州之危的使命之后改扮道装向薛嵩告别，表示要“朝真玉洞，采药名山”；昆仑奴则说“俺已名登绿简，落籍黄尘，要留也留不住了”，他还劝郭子仪急流勇退，使郭子仪受其影响，也打算辞官入道。《软锟铻》中韦双成也自谓本是天上仙媛游戏人间，后来功成而不肯接受褒封，她把锟铻剑、狮子衫全都抛弃，入山修道去了。《芙蓉峡》中剑客小涛同样拒绝接受封赏，飘然离去，临行与金友石夫妇约定二十年后到芙蓉峡中相会，最后他们同归于仙道世界。游侠人物的如此结局，反映了文士们带有共性的人生定式，即少年游侠、中年游宦、晚年游仙。作为戏曲家的汤显祖的一生具有比较典型的代表性。他年轻时有“希心游侠窟”的豪情，中年有中进士、做县官的经历，后来不到五十岁就谋求归隐并开始求仙慕道了。他于万历二十六年（1598）辞官回乡后，曾作《梦觉篇》诗云：“骷髅半百岁，犹自不知死。顶礼双足尊，回旋寸虚子。”①诗中即显露游仙之意。诗序中说他在梦醒后书写“海若士”三字，从此以海若士为号，这“若士”即神仙名。汤显祖家居后以作词曲、教优伶自娱，作诗云“侠骨从来重歌舞”②，这一句是很有趣的，他由官场而戏场，由慕侠而慕道，文士的理念与侠士的精神相互扭结，都化为超凡脱俗的彻悟。汤显祖岂止求仙慕道，他也有皈依佛门的思想。他与奇僧达观是关系密切的挚友，前面诗中所言“寸虚子”是达观赐给他的法号。他的《南柯记》中的淳于棼本为侠士，也在一定程度上带有作者的影子，淳于棼梦醒后悟到功名利禄到头来不过是南柯一梦，于是便立地成佛。由此看来，文士、侠士亦可归之于佛。再联想到《黑白卫》杂剧中聂隐娘的师父老尼、《女昆仑》传奇中隐娘的师父老尼等都是佛门弟子，那么对于由侠而佛、由佛而侠也就不奇怪了。从汤显祖等戏曲作家的经历，从许多戏曲作品中的游侠人物形象，可以看到儒、释、道、侠之间相互影响与融通的复杂而微妙的关系。

---

① 见徐朔方笺校本《汤显祖诗文集》卷十四《梦觉篇》，上海古籍出版社 1982 年版。

② 见徐朔方笺校本《汤显祖诗文集》卷十八《醉答君东怡园书六绝》，上海古籍出版社 1982 年版。

三、侠士自由人格与明清个性解放思潮

中国古代游侠之士独自往来的生活习性和随意施为的行动范式，决定了他们具有不同于士大夫文人的自由人格。历代的游侠大都不愿安居，不甘乐业，也不肯守法，而是习惯于自由自在地游荡于江湖。《汉书·游侠传》说侠士“驰骛于闾阎，权行州域”，就概括了侠士的这一特点。如果和明代以后出现的个性解放思潮相联系，游侠之士的自由人格就带有新的时代意义了。明清戏曲作家立足于他们所生活的现实土壤，受当时多种社会思潮的熏陶，其作品中的游侠人物形象就必然反映着体现个性解放精神的进步思想潮流，同时也对这种进步思潮起着一定的推波助澜的作用。

明清两代是我国封建主义政治制度和思想体系高度完善、高度严密的时期，也是封建社会的没落期。虽然明代理学的著名代表人物王守仁等仍竭力维护封建秩序、传扬封建礼教，但是，自明代中期起，反对传统、张扬个性的文人舆论逐渐形成一股强大的思想潮流。突出的观点是对儒家传统的“存天理，灭人欲”的陈腐论调提出质疑和否定，反对封建礼教对于人性的钳制和禁锢，强调人的本能欲望的合理性，追求不受外界强制而自主决定自己行动的权利。这些观点在被称为“左派王学”的泰州学派王艮等人的著作中表现得最充分。王艮不赞成程朱理学所谓“人欲非道”之论，提出“认欲为理”的见解，其他学者继而附和并加以发挥。罗汝芳认为人和禽鸟虫鱼一样都有自己的天性和欲望，他说，“盖人之出世，本由造物之生机；故人之为生，自有天然之乐趣”①，如果压抑人的天性，那就使人连鸟也不如了。颜钧则提出：“率性所行，纯任自然，便谓之道。”②何心隐认为味、声、色、逸都是人的本性，他说：“性而味，性而色，性而声，性而安佚，性也。”③这些观点是相当激进的，猛烈地冲击了理学传统，原来的樊篱与戒律开始解构。黄宗羲评论明代思想解放的倾向时指出：“阳明先生之学，

---

① 罗汝芳：《会语续录》。

② 黄宗羲：《明儒学案》卷三十二《泰州学案》。

③ 《何心隐先生爨桐集》卷二《寡欲》。

有泰州、龙溪而风行天下……传至颜山农(钧)、何心隐一派,遂复非名教之所能羁络矣。"①到了万历年间,李贽更把左派王学的思想发展了一步,认为人的食色之欲等都是天经地义的,应当顺其自然,他说:"穿衣吃饭即是人伦物理,除却穿衣吃饭,无伦物矣。世间种种,皆衣与饭类耳,故举衣与饭而世间种种自然在其中,非衣食之外更有所谓种种绝与百姓不相同者也。"②明清之际的王夫之继承了前代思想解放的成果,关于天理与人欲的问题也有不少精辟的论述,如"人欲之各得,即天理之大同"③"人欲之大公,即天理之至正"④等,在当时和后世都颇有影响。清代大一统的封建专制统治比较稳定,礼教传统有所强化,但明代形成的思想潮流已不可逆转,在更广泛的社会范围和更深刻的思想层面上影响着人们的观念。清代一些学者在天理人欲问题上继续发挥着明代进步思想家的观点,如戴震说"好货好色,欲也,与百姓同之即理也"⑤,这和李贽、王夫之的言论实质上是一致的。

由于对束缚人性的理学传统的否定,明代中期以后人们的个性意识、主体意识逐渐增强,尤其在士大夫文人阶层中,要求个性自由发展、追求情志自由表现的愿望更加强烈。思想的解放影响着文士的生活态度和审美情趣,于是放浪山水、寄情园林、耽于声色、迷于玩赏的风气日益浓厚,至明末而更盛。袁宏道赞同并引申李贽的"童心说",认为像童子那样的天真自然是最有乐趣的,他主张作为人应当"无拘无缚,得自在度日"⑥,或者"独往独来,自舒其翼"⑦,作文应当"独抒性灵,不拘格套"⑧,都体现着自由、自主的人格精神。徐渭更以狂傲不羁著称,袁宏道为他作传,对他的"放浪曲蘖,恣情山水"特别赞赏⑨。陈继儒、张岱等极力提倡人生的现实享受,追求顺意适情的宁静与雅趣,把文士欣慕的精神自由境界落实为具体的生活内容。陈继儒罗列焚香、鼓琴、校书、听雨、

---

① 黄宗羲:《明儒学案》卷三十二《泰州学案》。
② 《焚书》卷一《答邓石阳》。
③ 《读四书大全说》卷四。
④ 《四书训义》卷三。
⑤ 《孟子字义疏证》。
⑥ 《袁中郎全集》卷十《叙陈正甫会心集》。
⑦ 袁中道《珂雪斋前集》卷十七。
⑧ 《袁中郎全集》卷十《叙小修诗》。
⑨ 《徐文长文集》卷首附《徐文长传》。

说花、钓鱼、看山等二十余项为“一人独享之乐”①，张岱罗列好精舍、好美婢、好鲜衣、好美食、好骏马等十余项为个人的生活嗜好②，都反映了这一时期文人士子享乐、安逸、放诞、闲雅的习尚。在明代文士的散曲作品中，表现无拘无束、自由自在情绪的作品比比皆是，也可作为反映明代个性解放思潮的旁证。如戏曲作家李开先辞官后在家闲居时作《傍妆台》小令百首，酣畅淋漓地倾吐解脱后的轻松与赋闲后的感悟，其中两首云：

腹便便，饥时饱饭倦时眠。全凭诗酒消长日，耕稼度流年。一头黄犬三家疃，六角犁牛二顷田。柴桑里，松竹园，得随缘处且随缘。

不拘拘，从人唤作老狂夫。笑将四海为杯勺，五岳作茅庐。消磨日月诗千首，啸傲烟霞酒一壶。无穷事，多病躯，得支吾处且支吾。③

又如王九思的《碧山乐府》、康海的《沜东乐府》、何瑭的《柏斋先生乐府》等都有许多这样的曲词，从李开先的小令仅见一斑。

以上对于个性解放思潮的简述及举证，意在说明戏曲作品游侠人物的自由人格及作者的思想倾向，和时代背景下的社会思潮有密切关系。游侠之士在以“游”为主要特色的生涯中，追求身体的行动无碍和精神的狂放不羁，按照自己所理解的是非标准和道德原则，极大限度地满足个人的意志和愿望，正是个性解放的具体表现。那些江湖游侠和绿林游侠，或者无家室和田产的牵累，或者不受法律和职分的约束，可以任意往来；那些有房宅或田产的市井游侠，也只是将房宅田产作为行侠仗义的据点与资本，必要时则挥之如粪土，弃之如敝屣。虬髯翁把家私财物全数赠给李靖，自己带一奴随行，到海外扶余国称王，这固然有类似孔子所云“道不行，乘桴浮于海”的无奈，同时也是主动挣脱故国纲纪伦理的羁绊，去寻觅可以任意挥洒主体意识的绝对自由天地。《西楼记》中的胥长公天性好游，他带着美姬，“选胜湖山，怡情声妓”，后来施恩不受报，仍然抱定“只索把五湖烟水遨游尽”的志愿④，这和明季文士的寄情于山水之间具有同样的情趣。王夫之在他的史学、哲学著作中阐述了天理人欲的见解，在他撰作的《龙舟会》杂剧中也表达了渴望摆脱束缚、求得自由的心情。谢小娥女扮男装，

---

① 《陈眉公四种·太平清话》。
② 《琅嬛文集》卷五《自为墓志铭》。
③ 《中麓小令》，见《李开先集》下册，中华书局1959年版。
④ 《西楼记》第三十七出《巧逅》。

杀贼报仇，其行为尽显豪侠之气，唐传奇中写小娥报仇后“廉吏旌表，乃得免死而已”；而在杂剧中则是刺史指着小娥对保长说：“这妇人不消羁管，任他去罢。正是：开门收得窗前月，一任梅花到处飞。”这分明表现了作者的意向：给谢小娥以充分自由。而且，剧中写李公佐辞官后归途中与谢小娥相遇，听小娥说起不要地方官上表旌奖，连声称赞“更高更高”，同时联想起自己辞官后的感受，又说：“水牯牛谁受鼻绳串。”这一句形象的比喻，反映了王夫之对于人格自由的深刻认识：爵禄与封赠都是牵牛鼻的绳子，被此绳牵系还谈得上什么个人欲望，还能有什么人生乐趣？不受鼻绳串正是那个时代个性解放的呼声。李开先《宝剑记》既表现了林冲、鲁智深行侠仗义、反抗邪恶的豪举，也表现了对闲适、自在、知足的自由生活的向往。剧中公孙胜感慨二十年身沉宦海，受了多少惊怕，便预谋远害全身之计，他连唱了《忒忒犯》等十支曲子，其中的几段是：

【锦衣香】才高管、晏，功过韩、范，算来名利不如闲。守着山妻稚子，早晚团圞。啸傲清闲，优游散诞，四时佳景随心玩。

【浆水令】到春来杏花满园，到夏来荷风扑面，秋菊冬梅都堪羡。抵多少塞月边尘，瘴雨蛮烟。渴时饮，饿时饭，大家闲事都休管。乐陶陶山巅水边，终日里，终日里，诗酒盘桓。

【鸳鸯煞尾】几回沉醉归来晚，喜得杨柳梢头月半弯。唤儿童把柴门慢掩，常则是，红日三竿自在眠。①

如果把这里的十支曲子同李开先的《傍妆台》小令百首相对照，文字尽管不同，其意思完全一样，只不过是借剧中人之口的另一种形式的表达而已。

个性解放的思潮在男女爱情问题上的表现是对于“情”的肯定和对于婚姻自主的追求。受这种思潮的冲击，传统的礼教束缚有所松弛。自明代中期起，文士恃才放诞、纵情佻达的行为逐渐能够为世俗所容忍，甚至是文士自以为得意的韵事。弘治、正德年间的祝允明、唐寅等苏州名士“才情轻艳，倾动流辈，放诞不羁，每出名教外”②，当时传为佳话。其后的戏曲作家梁辰鱼年轻时“好任侠，喜音乐”，“鹖冠褐裘，拥美女，挟弹飞丝，骑行山石”③，到老年还以“斗酒清

---

① 《宝剑记》第三十五出。

② 《廿二史札记校证》卷三十四《明中叶才士傲诞之习》。

③ 张大复：《皇明昆山人物传》卷八。

夜歌,白头拥吴姬”①,为人艳称。汤显祖更明确提出“讲情”的观点,认为“情不可以论理,死不足以尽情”②,他的《牡丹亭》写杜丽娘的爱情苦闷与觉醒即突出了对于“情”的生死追求。受这种风气与思潮的侵染,明清戏曲作品中的不少游侠人物也表现出或放荡或多情的特点。

本来,古代的游侠之士一般都是重气节、轻女色的,若放荡纵欲便非真正侠士。李白所谓“笑入胡姬酒肆中”大抵只是爱去饮酒,未必有轻薄行为。唐传奇中的女侠尚不过分讲求贞节,而男侠则大都是不近女色的铁石心肠硬汉子。而到了明代戏曲作品中,侠士的形象有明显的变化。唐传奇《霍小玉传》中的黄衫客是非常严肃的侠士,作者没有写他有丝毫轻浮的言行。而在汤显祖的《紫钗记》传奇中,黄衫客却不排斥女色,他带随从到酒店饮酒,对酒保说:“近间可有名姬唤来!”他和鲍四娘相见时,唱道:“他略约眼波瞧,咱蓦地临风笑,人如此,兴必高。”言辞间有调情意味,又与鲍四娘对唱数曲,之后送红绡十匹给鲍四娘作缠头之费。③ 这戏曲中的黄衫客,就带有明代侠士的风流情调了。唐传奇《南柯记》写淳于棼梦中被槐安国王选为驸马,只是战栗、俯伏,甚为拘谨,而汤显祖的《南柯记》传奇中,淳于棼成了“吴楚游侠之士”,他于梦中在槐安国甘露寺见到瑶芳公主施舍于佛的金钗犀盒,便对瑶芳公主顿生痴情,引起琼英郡主说他“这生好不多情也”。④ 这里汤显祖基于其重情的新观念,重塑了唐传奇中淳于棼的形象。《秦楼月》中刘岳热心主持“花案”品评妓女名次,自嘲云:“今日却从这儿女场中,寻声逐色,可不令人绝倒也。”⑤如此行径,颇有些明季文士之风了。周杲的《玉鸳鸯》传奇中,绿林侠士东方杰让妹妹东方月娥嫁给谢珍为妾,实则是认同了谢珍及其父亲关于情欲的观点。谢珍与父亲谢璧谈起情欲问题,认识颇为一致,谢珍说:“小生性好风流,我爹爹却也意属潇洒。便是我酣于诗酒,怡情花柳,也不十分拘束。你道父子如此相和,岂非快事?”谢璧对儿子的风流行径持放纵态度,谢珍对父亲关于情欲的议论表示赞同,他又说:“爹爹所说情欲二字,原不曾讲错哟!大凡为圣为贤,忠臣孝子,也要有情之人才做得

---

① 《列朝诗集·丁集》卷八引王伯稠诗。

② 王思任:《批点玉茗堂牡丹亭词叙》。

③ 《紫钗记》第四十八出《醉侠闲评》。

④ 《南柯记》第八出《情著》。

⑤ 《秦楼月》第五出《品花》。

来,若说婚姻大事,若不从情字讲起,何以正人伦之始?”结果谢珍同娶文霞仙、徐娴娴、东方月娥三个女子,文霞仙不认为不合理,她说:“这个何妨,做才子的三妻四妾,亦是常事耳。”东方月娥也乐意接受这样的事实。① 谢珍的言行及东方杰兄妹的态度说明,这时的文士与侠士在男女情爱及婚姻问题上已明显地突破了传统礼教的束缚,表现得相当开放。戏曲作品的描写也为后人认识明清之际的社会思潮提供了重要的参照。

四、侠士的平民意识与平民的侠士意识

中国古代游侠之士的人格魅力不仅引起文士的赞赏与倾慕,更受到普通民众的推崇与拥护。因为侠士主持正义、对抗邪恶、抑强扶弱及施恩不受报等表现,在世道黑暗、公理难行的情况下,对于含冤受欺的弱小者未必不是消灾弭难的一线希望。尤其是下层民众无不敬仰侠士,有时把他们尊为神明或救星,这里既含有对侠士个人能力及品格的英雄崇拜情结,也含有弱者渴望强者庇护或救助的现实功利需求。侠士救助普通民众,固然是由于在正义感的支配下对于邪恶势力的憎恨及对于孤弱受害者的同情,而且也是由于侠士具有实现个人价值与满足精神快慰的英雄主义心态。因此,侠士与平民的思想意识在一定程度上是可以沟通或融合的。侠士具有某些平民意识,平民中有相当多的人也具有某些侠士意识。如果说侠士和文士的相互影响提升了侠士的高雅风度与文化品位,侠士和平民的相互影响则强化了侠士的救世意识和大众精神。

关于平民的概念,在不同的时代其内涵与外延有所不同。明代以前长期的封建社会中,平民主要指以耕织为业的农民,虽然也包括城市中以各行各业为生的居民,但城市居民尚不占较大的比重。而在明代,尤其是明代中期以后,平民的成分和特点发生较大变化。一是城市人口急剧增加。这是由于明代较长时期的社会安定及工商业的发展,城市中从事手工业、商业的人口增加得很快,与工商业相关的城市中三教九流之众也随之增加得很快。即以苏州为例,明中期以后从事丝织业及染业的居民在城中大约过半。万历二十九年(1601),户部

① 《玉鸳鸯》第一出《溺爱》、第十二出《强聘》。

侍郎曹时聘的奏疏中说，这时苏州城中的织工、染工已近万人。① 而且，同时苏州城中还有银作、铁作、铜作、锡作、木作、窑作、裱褙作等手工业作坊，都非常兴旺。② 其他百业游民有“杂耍诸戏”类者，如以杂技、戏法、相扑、偶戏、器乐等为谋生手段的江湖艺人；也有“占卜星相”类者，如以测字、起课、算命、打卦等为谋生手段的江湖术士；还有“声色游乐”类者，如戏园、青楼、游船、赌馆等处诸色人等。上述各类非农业人口的剧增，逐渐形成一股不可忽视的社会力量。二是这些非农业人口具有较大的流动性。封建社会时，受土地与房屋牵累的农民是不容易流动的，而农民一旦失去土地和家园，其流动性就明显地增强了。随着明代中央集权的封建统治日趋巩固，封建主义的生产关系对农民的横征暴敛也日趋加重，逼迫许多农民在原有的土地上难以维生而离开故土。顾炎武剖析明代后期社会状况时说：“嘉靖末年，户口尚及正德之半，而今才及五分之一……大都赋役日增，则逃窜日众。”③逃离家园的农民，或涌入城市，或游荡四方，他们不得不寻求务农以外的其他技艺谋生。他们虽然在一定时期可以定居于某地，但常常是受环境或职业的影响而随时迁徙。这样的流动性较大的生活特点，使他们形成了和原来的农民有所不同的思想意识。

明清戏曲作品中的游侠人物所表现出来的平民意识，主要是同那些生活流动性较大的平民群众相近的思想意识。对于游荡生涯的痛苦体验，以及对于世道不平的愤懑情绪，是游侠与平民具有相近思想意识的基础。这里以戏曲作品中描写的侠士对商人的态度为例，可以看出侠士的平民意识具有这一时期的时代特色。

古代的侠士与商人尚无近缘，因为侠士重恩义轻财利的价值观同商人锱铢必较的经营意识是截然对立的。可是，在明清戏曲作品中，不少游侠类人物却表现出对商人的理解、关照和尊重。《琥珀匙》剧中绿林豪侠金髯翁同桃南洲贸易，购买一批彩缎，俨然以一个有经验、重信义的商人面貌来谈生意。桃南洲说：“金老先生如此豪慨，焉敢论价？”金髯翁说：“学生也不要便宜，只要从公。”从这一问一答，可以看出金髯翁熟悉当时商家贸易的路数并遵守商家“从公”的

① 《明神宗实录》卷三百六十一。
② 张瀚：《松窗梦语》。
③ 《天下郡国利病书》。

原则。金髯翁还对部下约法三章，其中第三条是“不许搬抢客商行李”①，下达这样的命令正是基于他对商人生涯的理解与同情。张大复《金刚凤》传奇中，钱婆留对江湖好汉顾三郎约法五章，其中第三条是“不许劫商人之物”②，虽然写的是五代故事，但却反映了明清之际剧作者的重商观念。《锦衣归》剧中，占据鸣石山落草的女首领发现部下抢劫商人绸缎，传令说：“这个不该取他的。那为商的涉水跋山，担辛受苦，多将性命换银，岂是贪污一例？今后遇有此等商人，只许验货抽分，不得恃强过取，如有违令，军法从事。”③所谓“验货抽分”，大概是“限额提成”的意思，这同“全部没收”式的夺取相比，商人们还勉强能够接受。万历年间的大兴矿税和崇祯以后的社会动乱，商人和手工业者受到官府的严重盘剥和豪强的暴力掠夺，不胜其苦，作者这样描写鸣石山绿林豪侠的政策，在一定程度上表达了商人的愿望。

当然，绿林豪侠保护商人是有条件的，那就是侠士所坚守的公理与正义标准。对于那些见利忘义乃至奸贪狠毒的商人，侠士不但不保护他，而且要予以惩治。《十锦塘》剧中，绿林豪客劫住客商仲义和乐其利，首先询问二人的情况。他得知原来仲义的父亲与乐其利合伙经商，不幸覆舟丧命，货物尽失，乐其利以赔偿自己的损失为借口，侵吞了仲家的全部财产，还说不够，又收养仲义为奴抵债。于是绿林豪客大怒，杀死乐其利，把货物全部给了仲义。④“仲义”即“重义”的谐音，这是侠士判断是非、区分邪正的理性原则，也是侠士精神的核心内容。古代的侠与义总是紧密相连的，正如唐代李德裕《豪侠论》所指出的“义非侠不立，侠非义不成”。然而，“义”作为中国古代伦理道德的常见概念，又是非常复杂的。《孟子》说“舍生取义”，《左传》中说“多行不义必自毙”，其中的“义”作为公理与正道的标准，统治者与被统治者对它会有不同的解释。侠士所认定并实践的“义”是他们自己理解的正义性，文士为侠士作传或描写侠士的诗词曲也总是侠与义并提。对于平民百姓来说，侠与义都是他们衷心倾慕并竭力仿效的。《十锦塘》中的绿林豪客以自己的强力救助了仲义，也以自己侠义的精神影响了仲义，仲义受了豪客的恩惠，其行为也带有行侠仗义的色彩了。当书

① 《琥珀匙》第四出《买锦》、第九出《义令》。

② 《金刚凤》第九出。

③ 《锦衣归》第六出《舞花》。

④ 《十锦塘》第五出。

生和鼎被诬杀人罪入狱，与仲义同处死囚牢中，仲义得知和鼎冤枉实情而且与和生面貌相同，就冒名自尽，救了和鼎。仲义的行为，和侠士的仗义行侠实质上是一样的。

从戏曲作品所反映的侠士与商人的亲和关系，不仅可以看出侠士具有时代特色的平民意识，也可以看出另一个带有普遍性的问题，那就是在包括商人在内的普通平民中间，存在着浓厚的崇侠尚义之风。

平民人物不像前面所述江湖游侠、绿林游侠那样有高超的武艺和相对明确的侠士身份，但其行为方式与精神气质却表现出明显的侠士意识。其中见义勇为的商人除《十锦塘》中的仲义外，还有《十五贯》中的陶复朱，他是个富商，却仗义疏财。当熊友兰因弟弟被冤痛不欲生时，陶复朱说“自古见义不为，是无勇也”，就独力资助熊友兰十五贯钱让他去救弟弟；后来熊友兰又因这十五贯钱陷入冤案，陶复朱再次挺身而出为熊友兰辩冤，慷慨地说“拼做救人从井，同溺何妨”。① 陶复朱的表现，就颇有些侠士之风。再如丘园《御袍恩》剧中的货郎侯五峰和侠士曹孝威都在关键时刻救护盛家母女，其行为自然也都是行侠仗义的性质。

比商人更为贫贱的下层贫民，其任侠精神也往往更加强烈。李玉《清忠谱》传奇中的五义士都是城市平民，颜佩韦和马杰是无业青年，周文元是轿夫，沈扬是牙侩，杨念如是服装店业主，他们在营救周顺昌的斗争中主持正义，挺身而出，表现了敢作敢为的豪侠气概。其中颜佩韦最为突出，他自谓“生平任侠，意气粗豪，闪烁目光，不受尘埃半点，淋漓血性，颇知忠义三分”②，是五义士中为首的英雄。朱素臣《翡翠园》传奇中的赵翠儿是以穿珠花手艺谋生、以船为家的流动贫民。她为营救舒德溥而只身潜入麻府盗取令牌，剧末圣旨褒奖她“义侠可嘉”，实则是作者以侠士的精神来赞誉她。盛际时《人中龙》传奇中，李德裕在被押解途中将遇害时，是侠士刘郯救了他；而李德裕的儿子李远同样在被押解途中将遇害，也有木匠王少山救他，这位王木匠表现了和刘郯一样的义侠行为。朱佐朝《血影石》传奇中的妓女梅墨云有胆有识，在危急关头救护了逃难的忠臣之子黄荄，又代替忠臣之女齐京奴当了女兵，到外国取回奸臣陈瑛的首级，太监

---

① 《十五贯》第八出《商助》、第十八出《廉访》。

② 《清忠谱》第二折《书闹》。

王三宝说:“谁想这个青楼女子,倒有这种侠气。”①梅墨云的作为,颇有红线、聂隐娘之风。还有,朱佐朝《渔家乐》传奇中的相士万家春,《艳云亭》传奇中的卜者诸葛暗,盛际时《胭脂雪》传奇中的泥瓦匠秋爱川,丘园《党人碑》传奇中的石匠王安民等,都是这一类人物,他们都热心参与反对权奸的政治斗争,在关键时刻救护忠良及其家属子女,在危难凶险的境遇中显露了侠士气概。这一类人物在明清戏曲作品中很常见,反映了当时社会思潮及民众心态的一个侧面。那些具有游民流动性生活特点的平民们,总是从他们的实际经历中,从他们进行生产和交换的经济关系中,吸取自己的道德观念,并寻找他们能够接受的精神偶像。下层平民的侠士意识,反映了侠士的人格精神对于社会大众的辐射与影响,而戏曲作品大量描写这些侠士化的平民人物形象,又分明显示了戏曲这种艺术形式本身的世俗性与大众性的品格。

中国古代游侠文化有说不尽的话题。明清戏曲作品作为传承游侠文化的载体,在一定的历史阶段显示了博大和丰厚的内容,但是,自清代中期陆续出现了《好逑传》《侠义风月传》《绿牡丹》等以侠义为主要题材的小说,尤其是后来更大量出现了《三侠五义》《儿女英雄传》《小五义》等武侠小说,把游侠题材的文学作品和游侠文化推向一个新的高峰。从中国文学史、游侠文化史的发展过程来看,明清戏曲作品中的游侠形象,以及所涉及的侠士风骨与文士心态、侠士精神与社会思潮、侠士意识与平民意识诸方面的问题,都对后来的武侠小说有重要影响。而且,这种影响也涉及当代武侠小说的创作。因此,对明清戏曲中的游侠形象有进一步深入研究的必要。本文的初步探索还只是粗线条的和概述性的,但愿它能对关注这一问题的学界同人起到抛砖引玉的作用。

(此文收入《中州学术论集·古代文学卷》第一辑,中华书局2000年出版。后又发表于《文化中国》2002年第2、3期)

① 《血影石》第十六折。

古代小说戏曲中的比干形象

比干是一个真实的历史人物，也是古代文学作品热衷于描写与歌咏的对象。当他出现于文学作品中的时候，历代作家对他的事迹有所渲染、夸张，并附加有作者给予他的历史与道德的评判，同时也有作者思想与情感的寄托。这样，文学作品中的比干就不完全等同于历史人物比干，他成为具有一定历史文化内涵与典型性格特征的人物形象。本文拟根据古代小说戏曲中的有关作品，以《封神演义》为主，对比干的文学形象略作论述。

写有比干故事的长篇章回小说，较早的有《武王伐纣书》，后来称为《武王伐纣平话》，或别题为《吕望兴周》。此书未署作者姓名，是元代至治年间(1321—1323)建安虞氏所刊行的《全相平话五种》之一。小说分上、中、下三卷，有图 42 幅，每幅图有标题，共计 42 目。所写内容依据史实，也掺杂了大量神奇怪异的传闻，具有神魔小说的特点。其中“胡嵩劫法场救太子”一节，写胡嵩救下太子殷交之后同到比干宅内，太子称比干为“皇伯”，比干显露出不满于纣王的暴虐及同情太子的立场。“比干射九尾狐狸”一节，写纣王妃妲己原是狐狸精，被比干用弓箭射伤，比干又向纣王进言让斩妲己，纣王不听。“剖比干之心”一节，写妲己欲报箭伤之仇，对纣王说贤人心有七窍，比干是贤人，应该看看他的心是不是七窍，纣王听从，就令武士剖出比干之心；当天夜晚，妲己又把比干的心肝吃掉。此小说中，对比干的描写相当粗糙，关于比干对纣王的进谏并不突出，只是突出了比干被剖心的惨状及妲己的残暴。尽管如此，《武王伐纣书》毕竟开创了长篇小说描写比干的先河，为后来的长篇小说与戏曲作品塑造比干的文学形象奠定了基础。

明代中期出现的长篇小说《列国志传》也写到比干。此书流行的版本分八卷本和十二卷本两种。八卷本全称《新刊京本春秋五霸七雄全像列国志传》，题“余邵鱼编集，余象斗评”，因余邵鱼生活在明代嘉靖到隆庆时期，此书也当在这时问世；余象斗是此小说的刊行者。其十二卷本全称《新镌陈眉公先生批评春秋列国志传》，题“陈继儒重核”，并有陈继儒所作序及点评，因而此版本当在万历时期问世。《列国志传》是在《七国春秋平话》《秦并六国平话》等讲史话本基础上编写而成的历史演义小说，卷一中从殷纣王广选美女而得到妲己写起，到姜太公遗计收五将为止，实际上是从《武王伐纣书》到《封神演义》的过渡。其中“孟津河白鱼入舟”一节，写纣王与妲己寻欢作乐，有剖孕妇之腹、斫活人之胫、使用虿盆与炮烙之刑等种种暴虐行为，比干叹曰：“君王有过，为人臣者（怎能）不尽死而谏？与其陷害生民，则百姓何辜？”于是比干“乃具纣王杀皇后、谪太子、嬖妲己、陷百姓数十件以进之”，纣王大怒，便斩比干而剖其心，“百姓闻之，无不哀痛”。这样的描写，同前一种《武王伐纣平话》相比，突出了比干进谏的精神及比干在民众心中受尊崇的地位。因此，《列国志传》中的比干形象更丰满一些，其品格与行动也更为动人。

较详细地描写比干故事的长篇章回小说当数《封神演义》。此书别题《武王伐纣外史》《封神传》《商周列国全传》，全书二十卷，一百回。其作者有许仲琳、陆西星两说，其成书时间今学术界大体认为在明代隆庆至万历之间。

《封神演义》以武王伐纣的历史故事为线索，根据元代讲史话本《武王伐纣书》并参以古籍有关记载与民间传说，结合浪漫想象敷衍而成。其中前三十回除增加哪吒等神怪人物外，基本上是据《武王伐纣书》改写。关于比干的故事，大体上全在前三十回中，比干的文学形象也在这三十回中逐步树立起来。

《封神演义》第五回《云中子进剑除妖》中，比干出场。本回写纣王宠爱妲己，终日在摘星楼上饮宴淫乐，旬月不朝，百姓惶惶，满朝文武议论纷纷，时有上大夫梅伯与首相商容、亚相比干商议，欲对纣王予以进谏。据此可知，比干在此书中开始亮相时的职务是“亚相”，他参与上大夫梅伯的议事，已经是朝廷中具有重要地位的大臣之一。

第六回《纣王无道造炮烙》，写纣王按照妲己的建议造炮烙刑具，老臣商容劝阻而不听，商容无奈致仕辞朝，黄飞虎、比干、微子、箕子、微子启、微子衍等“七位亲王”出都城为商容送行，在十里长亭饯别。此后纣王采用炮烙之刑烙死梅伯，人心惶惶，众大臣中有微子、箕子、比干三人对武成王黄飞虎述说对于国事的忧虑，黄飞虎称他们为“三位殿下”。从这一节的描写来看，比干三人都是殷商王室至亲，他们在朝政事务中应当负有非常重要的责任。但是，这时的比干还没有能够发挥更大的作用，在朝廷上起决定作用的大臣还是掌握军权的黄飞虎（其妹是西宫黄贵妃）。因此在本回中写到他们为商容送行及与黄飞虎议事时，比干还没有更多的言行。

第七回《费仲计废姜皇后》中，写费仲设计让姜环入宫行刺纣王，以此陷害姜皇后。事变发生时，纣王宣召武成王黄飞虎和亚相比干，说有“异事非常”，可知这时比干的地位已经超过微子、箕子，和黄飞虎平列，是纣王遇到异常情况时首先要召见的近臣。第八回《方弼方相反朝歌》中写方弼、方相兄弟保护王子殷郊、殷洪反出都城朝歌，满朝文武大惊失色，黄飞虎佯作不知，只有比干与黄飞虎议论此事。此时比干以询问的口气试探黄飞虎的态度，而黄飞虎的答话表示出对方氏兄弟行为的默许与同情，比干虽然没有直接说出自己的看法，实际上已经和黄飞虎具有同样的立场和态度。第九回《商容九间殿死节》，写商容面见纣王，递上谏表，由比干接过此表呈给纣王；第十回《姬伯燕山收雷震》和第十一回《羑里城囚西伯侯》写西伯侯姬昌会同东伯侯姜桓楚、南伯侯鄂崇禹、北伯侯崇侯虎一同上奏章劝谏纣王，也是由比干接过来呈给纣王。当纣王欲对四方侯伯加罪时，黄飞虎和微子、箕子、比干等各位朝廷重臣一同出班劝谏，其中比干的奏对云：

> 臣启陛下：大臣者，乃天子之股肱。姜桓楚威镇东鲁，数有战功，若言弑君，一无可证，安得加以极刑？况姬昌忠心不贰，为国为民，实邦家之福臣；道合天地，德配阴阳，仁结诸侯，义施文武，礼治邦家，智服反叛，信达军民；纪纲肃静，政事严整；臣贤君正，子孝父慈，兄友弟恭，君臣一心；不肆干戈，不行杀伐，行人让路，夜不闭户，路不拾遗，四方瞻仰，称为西方圣人。鄂崇禹身任一方重寄，日夜勤劳王家，使一方无警，皆是有功社稷之臣。乞陛下一并怜而赦之，群臣不胜感激之至！

这段奏对，是《封神演义》中描写比干最早出现的大段谏语，集中表现了比干对于纣王暴虐行为的规劝态度和正义立场。比干对四位伯侯的赞誉，不是出于一己之私心，而是出于维护殷商王朝命运的大局。其中对于西伯侯姬昌及其领地政治清明的赞誉是符合实际的，这既是对西伯侯姬昌的深层了解，也是对姬昌能够挽救殷商命运寄予的希望。比干对于朝廷的忠心，对于政治的明达，而且在关键时刻敢于直言，都充分地表现出来，为全书中比干形象的塑造初步奠定了基础。这一回中，西伯侯姬昌离开朝歌将要返回封地时，比干为他送行；

姬昌离去又被纣王召回，适逢太庙火灾，纣王听信谗言要治姬昌诽谤朝廷之罪，此时比干又向纣王启奏，为姬昌辩解。这里所描写的比干同姬昌的亲密关系，也为后文比干的遭遇惨祸及殷亡周兴的历史后果埋下伏笔。

《封神演义》第十六回《子牙火烧琵琶精》和第十七回《苏妲己置造虿盆》，写姜子牙到朝歌算命时遇见妖精玉石琵琶精，用石砚把她打死；适逢比干乘马来到，带姜子牙去见纣王，比干暗助姜子牙用烈火焚烧妖精尸体，使妖精现形。这妖精原是妲己同伙，妲己因此恼恨姜子牙，比干却把姜子牙接到自己的丞相府中，予以保护。这里所描写的比干同姜子牙的亲密关系，既表现了比干主持正义、疾恶如仇的立场，也为后文比干与妲己的进一步结仇而遭祸作了铺垫。

第十九回《伯邑考进贡赎罪》和第二十回《散宜生私通费尤》，写姬昌的长公子伯邑考到朝歌纳贡代父赎罪，比干为他曲意向纣王转达；但是纣王却听信妲己的妖言，把伯邑考剁碎并煮成肉醢。姬昌的上大夫散宜生备厚礼私献于纣王的近臣费仲和尤浑，谋得让纣王把姬昌从羑里城赦出。小说写了殷商朝中的微子、箕子、比干、黄飞虎等八位谏议大夫都来会见西伯侯，“比干、微子、箕子，在朝大小官员，无有不喜赦姬昌”。可知这时在殷商朝中的人心所向皆归于姬昌，而比干是他们当中的主要代表。比干和姬昌的亲密关系有了进一步的发展，比干这一人物的文学形象也更加鲜明。

第二十五回《苏妲己请妖赴宴》，写西伯侯姬昌聘姜子牙为相，消息传到朝歌，比干向纣王奏报此事，纣王与满朝文武商议，却无对策。此时北伯侯崇侯虎监造鹿台已经完工，纣王与妲己终日在台上宴乐，荒淫奢靡更加肆无忌惮。比干随同纣王至鹿台观看，感慨道：“台上不知费几许钱粮，无限宝玩，可怜民膏民脂，弃之无用之地。想台中间不知陷害了多少冤魂屈鬼。”此时比干为国事忧虑，心事更加沉重，殷商朝廷的危机和比干个人的危机也都迫在眉睫。而纣王仍然沉湎于酒色之中，又确定于九月十五日夜晚在鹿台举行盛大宴会，妲己的同伙——雉鸡精和轩辕坟里的狐狸精等都变化为美女仙子前来赴宴。比干在陪宴时看出这些狐狸精的真相，闻出这些狐狸精骚臭难当，就与黄飞虎合谋，率军士放火焚烧轩辕坟，把那些狐狸精全部烧死。这样就更加引发了妲己的刻骨仇恨，于是比干和妲己的矛盾冲突就到了最后的关键时刻。

第二十六回《妲己设计害比干》写比干和黄飞虎在轩辕坟烧死狐狸精后，比干挑拣那些未烧焦的狐狸，剥下皮硝熟，制成狐皮袍袄，打算献给纣王，以此促使纣王醒悟。妲己得知，气恨至极，发誓说："我不把你这老贼剜出你的心来，也不算中宫之后。"于是，妲己定计，让雉鸡精化作美女，假称是自己的义妹胡喜媚，献给纣王。纣王果然被胡喜媚的妖艳所迷惑，昼夜淫乐。妲己乘机假装心痛病发作而跌倒，胡喜媚说必须用玲珑心煎汤饮下才能治好。纣王问何处可得玲珑心，胡喜媚却说只有亚相比干是玲珑七窍之心。纣王听信妖言，强逼比干献出自己的心脏。比干无奈，只得自己动手持剑剖腹，剜出心掷在地上，出了宫门，上马往北门去了。第二十七回《太师回兵陈十策》的开头部分，关于比干还有一段余波。比干献心之后，骑马出了朝歌北门有五七里之遥，看见一位老妇人提篮叫卖无心菜，勒马问道："怎么是无心菜？"老妇人回答说："民妇卖的是无心菜。"比干又问："人若是无心，如何？"老妇人说："人若无心，即死。"这时，"比干大叫一声，撞下马来，一腔热血溅尘埃"。至此，小说中的比干忠心为国，多方进谏，却一直未能逃脱妲己的谗害，最终以惨死之悲剧收场。

《封神演义》第九十八回写周武王伐纣得胜，建立周朝，拨乱反正，乾坤更新。其中"封比干之墓"是新政中的重要一项。第九十九回《姜子牙归国封神》写姜子牙宣读太上元始敕命，大封诸神，其中比干被封为北斗星官之一的文曲星。这是小说作者最后给予比干的封号和荣誉。

从《封神演义》全书中所描写的比干故事来看，比干的文学形象完整而成熟。这是一个深明大义、忠于朝廷、敢于直谏的忠臣义士形象，也是一个忠而被谗、直而遭害、终于惨死的悲剧人物形象。《封神演义》中的比干，是古代小说及戏曲中最典型的比干文学形象。后来的小说及戏曲中虽然不断描写比干，而比干的文学形象基本上没有超过《封神演义》中比干形象的高度。

比《封神演义》稍晚而写到比干的小说是《有商志传》，作者不详，有学者认为余季岳为此小说的编刊者，却未能得到普遍的认可。此小说可能有明刻本，但未见，今存清嘉庆十九年甲戌(1814)稽古堂刊本，全称为《按鉴演义帝王御世有商志传》，题"景陵钟惺伯敬父编辑，古吴冯梦龙犹龙父鉴定"，与《有夏志传》合刊为《夏商合传》。《有商志传》分四卷，每卷三回，共十二回，其中第四卷的第二回题为《孟津河白鱼入舟，太公遗计收五将》，写有纣王与妲己的种种暴虐行为及比干进谏而被剖心的情节，基本上是依据《列国志传》和《封神演义》进行的改写，没有新意。

清代又有《廿一史通俗衍义》，全称《精订纲鉴廿一史通俗衍义》（或称为

《廿四史通俗演义》)。小说成于雍正年间,今存雍正年间原刊本,署“新昌吕抚安世辑”,卷首有雍正五年(1727)李之果桂岩序、雍正十年(1732)吕抚自序。小说分二十六卷,四十四回,回目用明代杨慎《廿一史弹词》句格。其中第六回《殷汤氏三十世六百余春》中写到比干时云:“比干乃陈先王创业之艰难,天命之不易,国家将亡之征,伏于象魏之门,纣大怒曰:‘比干自以为圣人矣,吾闻圣人心有七窍,信有之乎?’遂杀比干,刳视其心。”仅有这样一段,极其简单,只是对《封神演义》等小说中有关情节的概括而已。

写有比干故事的戏曲作品,最早的是元杂剧《摘星楼比干剖腹》,又名《谏纣恶比干剖腹》,简名为《比干剖腹》,鲍天佑撰。此剧本已佚,剧目见于《录鬼簿》。从其剧名有“摘星楼”的名称,可知后来的小说写到摘星楼的相关情节,均来自本杂剧。

由于《封神演义》小说问世后影响很大,此后的戏曲纷纷根据这一小说中的情节进行改编。清初有传奇《摘星楼》,今存长乐郑氏影印旧抄本,首都图书馆、北京图书馆皆有收藏,全剧分上下两卷,共二十六出,未题作者姓名,今知为清初刘百章所撰。剧中以黄飞虎为主角,演纣王暴虐、宠爱妲己及武王伐纣全过程,以纣王自焚于摘星楼结束。剧中比干不是主要人物,只是在演述纣王的种种恶行时,提及比干被诛戮的事实。

清代中期以后的地方戏曲,据《封神演义》及《摘星楼》传奇改编的演出本有数十种。仅据《封神演义》前三十回的改编本就有《黑逼宫》(又名《楚仲逼宫》《开国图》等)、《无影簪》(又名《反冀州》《献妲己》等)、《反冀州》(有《头冀州》《前冀州》《二冀州》《后冀州》各本及《万盏灯》《三山关》等)、《迷生岭》、《炮烙柱》(又名《梅伯炮烙》《闯宫抱斗》《抱火斗》等)、《纣王斩子》(又名《金水桥》)、《出羑里》、《文王跑坡》、《陈塘关》(又名《哪吒闹海》《乾坤圈》等)、《姜子牙卖面》、《回西岐》、《渭水河》(又名《文王访贤》《姜子牙钓鱼》《文王拉纤》《夜梦飞熊》等)、《反五关》(又名《黄沙岭》《小五关》《过三关》)等。这些地方戏剧的情节中,或者穿插有比干的片段。而以演比干故事为主的地方戏是《比干挖心》。

《比干挖心》又名《火烧轩辕坟》《龙凤剑》《轩辕坟》《无心菜》等,上党梆子、河北梆子、秦腔及大平调、豫剧都有改编演出。其内容大致采自《封神演义》的第二十五至二十六回,演述纣王设宴于鹿台、妲己请她的狐狸姐妹进宫赴宴、比干和黄飞虎一同纵火焚烧轩辕坟的狐狸洞穴、妲己假装心痛病发作骗纣王说必须用比干的玲珑七窍心才能医治、纣王强逼比干剖腹挖心、比干挖心之后骑马出朝歌北门与卖无心菜的老妇人对话等情节。剧中的比干形象与《封神演义》中的比干形象大致相同。

综观上述描写比干故事的小说与戏曲作品，有三个相关的问题有必要集中加以叙述。

第一，比干故事的题材来源。

关于比干的事迹，在古代史籍中的记载非常简略。《尚书·泰誓》中有“剖贤人之心”一句，《尚书·武成》中有“封比干墓”一句。《史记·殷本纪》记云：“（比干）乃强谏纣，纣怒曰：‘吾闻圣人心有七窍。’剖比干，观其心。”《史记·宋微子世家》中也只有“王子比干者，亦纣之亲戚也。……遂杀王子比干，刳视其心”数语。其他的古代文献典籍及野史笔记中也有零星的记述①。小说及戏曲作品中所写比干故事，当然是以这些史籍及杂书中的记述为基础，同时，小说与戏曲作者又根据民间流行的关于比干的传说及相关的故事，对比干其人的事迹进行了浪漫主义的虚构与夸张。如《封神演义》中写比干在剖心之后还能骑马出朝歌北门，与卖无心菜的老妇有一段对话，这样的情节在现实中是不可能的，但是在古代的一些传说中有类似的事件。据明代徐应楸的综述，有两则故事与比干的这一情节相仿：一则是汉代豫章太守贾雍在作战时被敌将砍掉了头，他还能带弓披甲骑马回营，见到部将时从胸腔里发出声音问道：“是有头好呢，还是无头好呢？”部将回答说当然是有头好了，贾雍又发出声音说“无头也好”，说罢身体堕马而死。另一则是唐朝天宝年间，剑南节度使花敬定（就是杜甫《赠花卿》诗中的那位花卿）在作战时被敌将削掉了脑袋，他还能持枪跨马奔驰到一条小溪边下马洗手，这时有一个浣纱少女看见了他，说：“你没有头了，还洗手干什么？”这位花将军闻听此言才颓然倒地而死。②《封神演义》及地方戏《比干挖心》中关于比干与卖空心菜老妇的问答，显然与以上两则传说相似，只是把传说中的“无头人”换成了比干这个“无心人”。小说作者对于比干故事进行的高度夸张而至于虚诞的描写，意在突出比干被剖心的惨烈之状，表现比干含冤而死

① 参见梁玉绳《汉书人表考》卷二“比干”。

② 见徐应楸《玉芝堂谈荟》卷十一“无头人织草履”一节。

之际仍不肯屈服的抗争精神和坚韧顽强的生命意识。这样,小说同正史的简略记述相比较,比干的形象就突出地体现了大众性和世俗性的思想观念。

第二,比干形象的基本特点。

作为历史人物的比干,在史籍的记载及历代人们的议论中,其突出的特点着重表现在两个方面:一是忠心直谏。《尚书》和《史记》记述比干对于纣王的强谏,为后世树立了一个忠心直谏的榜样,于是形成一种精神,即忠臣必然敢于直谏,敢于直谏者必是忠臣。因此,历代朝廷大臣中,文死谏、武死战成为一种传统,成为忠臣的立身准则和荣誉追求。夏桀和殷纣是历史上暴君的典型,直谏夏桀而死的关龙逄和直谏殷纣而死的比干就成为忠君直谏的典型。《庄子·胠箧》云"龙逢(逄)斩,比干剖",把关龙逄和比干并列。《韩非子·人主》云:"昔关龙逄说桀而伤其四肢,王子比干谏纣而剖其心,子胥忠直夫差而诛于属镂。"这里把关龙逄、比干和伍子胥三人并列。《韩非子·说疑》又云:"若夫关龙逄、王子比干、随季梁、陈泄冶、楚申胥、吴子胥,此六人者,皆疾争强谏以胜其君。"这里又把六人并列。而且,历代人们还常常感慨直谏不得好报,忠臣不得好死,也总是以关龙逄、比干为例。如李斯临死时说:"昔者桀杀关龙逢(逄),纣杀王子比干,吴王夫差杀伍子胥,此三臣者,岂不忠哉?然而不免于死,身死而所忠者非也。"①唐太宗曾对大臣虞世南说:"朕历观自古人臣立忠之事,若值明主,便宜尽诚规谏,至如龙逢、比干,不免孥戮。为君不易,为臣极难。"②这些议论都是突出比干的忠谏精神,而比干是这一类忠臣的代表。二是酷虐惨烈。比干被剖心而死,不管纣王是出于什么理由和借口,这种酷刑都是惨无人道、目不忍睹的。《尚书·泰誓》篇中"剖贤人之心"一句之后,孔安国"传"曰:"比干忠谏,谓其心异于人,剖而观之,酷虐之甚。"比干遭受这样的酷刑,对于纣王来说,充分表现了暴君的残酷和暴虐;对于比干来说,充分表现了忠臣因谏而死的悲壮和惨烈。后世不少书中论及中国古代的刑罚之惨毒,谈及人性的残忍,也总是以比干为例。上述两点,在古代小说戏曲作品的描写和表现中得到详尽的铺张和渲染,突显了比干的悲剧命运和悲剧性格,使比干这个历史上的典型人物,成为文学上不朽的典型形象。

---

① 《史记·李斯列传》。

② 《贞观政要》卷二。

第三,古代小说戏曲中比干形象的历史意义。

较早写比干故事的小说《武王伐纣平话》,既然是平话,那就是古代说书艺人讲给大众听的。后来的关于比干的戏曲,是演给大众看的。比干这个历史人物之所以能够家喻户晓、妇孺皆知,实在是得益于小说的流行和戏曲的演出。从这个意义上说,小说、戏曲中的比干形象,对于比干故事的普及和比干精神的传扬,确实发挥了重要的作用。陈独秀说:"戏园者,实普天下人之大学堂也;优伶者,实普天下人之大教师也。"①鲁迅说:"我们国民的学问,大多数都实在靠着小说,甚至于还靠着从小说编出来的戏文。虽是崇奉关岳的大人先生们,倘问他心目中的这两位'武圣'的仪表,怕总不免是细着眼睛的红脸大汉和五绺长须的白面书生,或者还穿着绣金的缎甲,脊梁上还插着四张尖角旗。"②这里,鲁迅举关羽和岳飞这两位人物为例,说明小说、戏曲中的历史人物对大众认识的影响。同样道理,比干也是如此。历代的民众所认识与了解的比干,也主要是从说书人的渲染和戏台上的表演中所得到的那位红脸忠臣的印象,并且通过听说书和看戏,对于比干的忠谏精神深受感动,对于比干的惨死表示强烈的义愤和同情。同时,民众又根据自己的认识和理解,在口头传播比干故事的过程中,渗入大众的和世俗的是非观念和审美标准,这使比干形象更多地带有人民性。各地的比干祠庙中能够香火不断,广大民众自发地进行祭祀并表现出十分虔诚的态度,这也与人们从小说和戏曲中得到的对于比干的认识和产生的情感有直接的关系。

古代小说和戏曲中的比干形象,同古代典籍所记述的历史人物比干相比,增添了更丰富的文化内涵。从两个方面的结合来进行考察,对于全面地认识比干其人及其影响,会提供一些有益的启示。

(原载《比干文化研究》,河南人民出版社 2012 年 4 月出版)

---

① 三爱:《论戏曲》,1904 年《安徽俗话报》第十一期,八月初一日(9 月 10 日)出版。

② 鲁迅:《华盖集续编 · 马上支日记之一(七月五日)》。

八仙传说故事的文化底蕴探析

八仙的传说故事在我国流传广泛，影响深远，“八仙过海，各显神通”早已成为脍炙人口的俗语。八仙构成的神仙群体，成员固定，事迹生动，包括了文学、艺术、历史、宗教、民俗等多方面的内容，具有复合型的文化内涵。八仙故事所反映的是非、善恶、邪正观念，能够给予世人多种启迪，人们也可根据自身的社会知识和生活经验从中得到不同的人生感悟。关于八仙故事的形成与流变，以及对于八仙的个案研究，前代已经有不少论述，本文拟从文化的角度，对八仙故事所包含的文化底蕴略作探析。

一、八仙传说故事的历史回顾

八仙的成员，如今人们一般认为是汉钟离、李铁拐、吕洞宾、张果老、蓝采和、韩湘子、曹国舅、何仙姑，其排名顺序并不固定，无尊卑轻重之分。这样的阵容，是明代中期定型的。

“八仙”一词，最早见于东汉。牟融《理惑论》云：“王乔、赤松、八仙之箓，神书百七十卷。”这里所谓的“八仙”包括哪些人却不详。汉代之后，晋时葛洪的《抱朴子》、五代时杜光庭的《录异记》等书以“淮南八公”为八仙。八公是西汉时淮南王刘安的八个门客，即苏飞、李尚、左吴、田由、雷被、毛被、伍被、晋昌八人，安徽的八公山即由此得名。南朝时又有“九仙”的说法，沈约诗有“眷言采三秀，徘徊望九仙”①之句，但并未明言九仙为何人。唐初王勃有《八仙径》诗，题

---

① 沈约：《早发定山诗》，见《先秦汉魏晋南北朝诗》梁诗卷六，中华书局 1983 年出版，中册。

目谓“八仙”，而诗的首句却云“柰园欣八正，松岩访九仙”①，但这里亦不知王勃所指神仙究竟是哪些人。杜甫的《饮中八仙歌》以贺知章、李琎、李适之、崔宗之、苏晋、李白、张旭、焦遂为八仙，并非确指这八人是神仙，而是因为这八位文士风流多才，又善饮酒，当时被誉为“八仙”，于是杜甫便称他们为“饮中八仙”。唐范传正的《李公新墓碑》云：“时人又以公（指李白）及贺监、汝阳王、崔宗之、裴周南等八人为酒中八仙，朝列赋谪仙歌百余首。”②范文多出裴周南，与杜诗所写稍有差异。从上述材料可知，从汉代至唐代，虽然已经有八仙的名称，但八仙的队伍还没有形成明确的阵容。

俞樾《茶香室续钞》卷十八“蜀八仙”条，引杨慎《升庵集》提出另一组八仙，并谓杨慎引文出自谯秀《蜀记》：“首容成公，云即鬼容区，隐于鸿冢，今青城山也。次李耳，生于蜀，今之青羊宫也。三曰董仲舒，亦青城山隐士，非三策之仲舒也。四曰张道陵，今大邑鹤鸣观。五曰庄君平，卜肆在城都。六曰李八百，龙门洞在新都。七曰范长生，在青城山。八曰尔朱先生，在雅州，有手书石刻五经在洞中。”这里所谓八仙为容成公、老子、董仲舒、张道陵、严君平、李八百、范长生（或作范长寿）、尔朱洞。然而尔朱洞是唐末人，元代赵道一《历世真仙体道通鉴》中有其传记，晋代的谯秀是不可能提到他的，可知所谓《蜀记》是五代之后的无名氏伪托谯秀之作。尽管此说不可信，但可知五代至北宋时关于八仙的组成又有新的变化。

清代赵翼《檐曝杂记》卷六“八仙”条据王士禛《居易录》记云：“后蜀孟昶生日，道士张素卿进八仙图，乃李耳、容成、董仲舒、张道陵、严君平、李八百、范长寿、葛永瑰也。详见黄休复《茅亭客话》。”这里所记同杨慎所谓“蜀八仙”相比少了尔朱洞，而多出葛永瑰（即葛玄）。赵翼、王士禛之言当出自北宋初年成书的《太平广记》卷二一四所引《野人闲话》，这里记述张素卿画八仙图事，注云：“八仙者，李巳、容成、董仲舒、张道陵、严君平、李八百、长寿、葛永瑰。”此处的“李巳”当是李耳之误。又见郭若虚《图画见闻志》卷六“八仙真”条亦记此事，郭若虚于宋神宗熙宁前后在世，他的注文当是依据《太平广记》。但是，查《宣和画谱》，张素卿所画的是十二真君像，不止八仙，而且每仙一幅，共有 12 幅，至宋

---

① 《全唐诗》卷五十六。
② 《全唐文》卷六一四。

徽宗宣和年间已遗失两幅，仅存10幅，为容成公、董仲舒、严君平、李阿（耳）、马自然、葛玄、范长寿、黄初平、窦子明、左慈，另外二仙不详为何人。《宣和画谱》中还有北宋李得柔所画的神仙像，共26幅，同张素卿的画相比少了李耳、李八百，增加的神仙中出现了钟离权和吕洞宾。这些画所展示的神仙阵容虽然增减有异，但值得注意的事实是，在五代至北宋时，开始出现关于八仙群像的绘画，这使八仙的故事得以更广泛地流传。

元代至明代前期，八仙传说故事大量出现在戏曲作品里。马致远的杂剧《吕洞宾三醉岳阳楼》中，八仙是吕洞宾、汉钟离、李铁拐、蓝采和、张果老、徐神翁、韩湘子、曹国舅；明初谷子敬的杂剧《吕洞宾三度城南柳》和明初教坊司编演的《争玉板八仙过沧海》剧中的八仙组成与此同。明初朱有燉的《诚斋杂剧》中，《群仙庆寿蟠桃会》和《瑶池会八仙庆寿》所写八仙皆同马致远。元代岳伯川的杂剧《吕洞宾度铁拐李岳》中八仙组成同前相比去掉了徐神翁，而增加了张四郎；明初教坊司编演的《众群仙庆赏蟠桃会》《祝圣寿金母献蟠桃》《众天仙庆贺长生会》和《贺升平群仙祝寿》等剧中的八仙组成皆与此相同。元末明初贾仲明的《铁拐李度金童玉女》一剧中，八仙出场未罗列姓名，而金安寿的唱词中道出他们是壶公、韩湘子、汉钟离、吕洞宾、张果老、赤松子、蓝采和、李铁拐。元代范康的杂剧《陈季卿误上竹叶舟》中八仙组成则无曹国舅、张四郎，而有徐神翁和何仙姑。从这些戏曲作品可以看出，元代至明代前期，八仙的传说故事流行更为广泛，八仙的组成虽然没有完全定型，但和后世的认定已非常接近。

明代嘉靖年间，八仙绘画更多地现世。王世贞《题八仙像后》云："八仙者，钟离、李、吕、张、蓝、韩、曹、何也。不知其会所由始，亦不知其画所由始。余所睹仙迹及图史亦详矣，凡元以前无一笔，而我明若冷起敬、吴伟、杜堇稍有名者亦未尝及之。意或妄庸画工合委巷丛俚之谈，以是八公者，老者张，少则蓝、韩，将则钟离，书生则吕，贵则曹，病则李，妇女则何，为各据一端以作滑稽观耶？"①王世贞对于这八位神仙"考其七而疑其一"，即对于其中的七位作了简略考察，而对李铁拐却提出疑问。按照他的说法，以这八位神仙组合成的八仙图像，在元代以前还没有，明代从什么时候开始出现也不详，但在嘉靖时期已经相当流行了。王世贞生于嘉靖五年（1526），卒于万历十八年（1590），同时代的文士述

---

① 《弇州山人续稿》卷一七一。

及八仙，其成员和王世贞所记完全相同。如汤显祖的传奇《邯郸记》第三十出《合仙》中众仙上场，汉钟离云：“汉钟离到老梳丫髻，曹国舅带醉舞朝衣。李孔目拄着拐打瞌睡，何仙姑拈针补笊篱。蓝采和海山充药探，韩湘子风雪奔前妻。兀那张果老五星轮的稳，算定着吕纯阳三醉岳阳回。”这样的阵容，正是王世贞所述的八仙，只是排序略有不同。明万历年间吴元泰还撰作了小说《八仙出处东游记》（又名《东游记上洞八仙传》《东游八仙全出身传》），所写八仙成员也同王世贞说。关于八仙中某一个神仙的小说及戏曲，除了元代写吕洞宾的杂剧，还有明末杨尔曾的章回小说《韩湘子全传》（又名《韩湘子十二度韩昌黎全传》）、清初汪象旭的小说《吕祖全传》、明末清初叶承宗的杂剧《狗咬吕洞宾》等。

明嘉靖之后，八仙的组成再没有新的变化，直到当代皆是如此。胡应麟《少室山房笔丛》卷二十四《庄岳委谈上》和卷二十七《玉壶遐览二》中对于八仙传说及吕洞宾、钟离权等有简要考述。清代中期，赵翼《陔余丛考》卷三十四有“八仙”一节，对于八仙传说的来历和流变考辨更详，但他说此八仙中“又女仙二人，蓝采和、何仙姑”，把蓝采和也作为女性，大概是见戏文中有以旦角扮蓝采和者，因而致误。清代绘画作品中的八仙图相当多，如任颐的绘画有《八仙》，其木刻也有八仙人物像，民间年画、剪纸也常见有八仙。许多寺院或道观中的壁画也时见有《八仙过海》图，如山西蒲州永乐宫壁画有《八仙过海》图，当是元代人所绘。清代末年，俞樾所著《茶香室丛钞》卷十四有“韩湘”“吕洞宾及第为县令”“宋时捕吕洞宾”“何仙姑”“李铁枴”“四仙图”等节，又对八仙及相关问题予以考索，引证了一些罕见资料。

20 世纪 30 年代，著名学者浦江清著《八仙考》一文，发表于《清华学报》1936 年第 11 卷第 1 期，后来收入《浦江清文录》，人民文学出版社 1958 年出版。此文对八仙传说的流变考证用力甚深，其中对八仙的个案研究广征博引，有独到见解。这是关于八仙考证最为详尽的一篇文章，受到当代学术界的重视。但是，此文重点是考证八仙事实，较少论析，所引资料也未臻全面，如对于《茶香室丛钞》却未提及。同时，赵景深也写了《八仙传说》一文，今已收入《中国小说丛考》，齐鲁书社 1980 年出版。当代，八仙传说故事更受到民俗学研究者的关注，产生了一些新的论文，并出版了多种关于八仙的民间传说故事集①，还有评书《八仙的传说》，讲述八仙传说的少儿故事及绘画、歌曲、VCD 等。八仙故事又曾拍成电影，名为《八仙的传说》（编剧肖温，导演赵焕章，主演石维坚等），其中的改编与发挥渗入了当代时代精神，主题思想有所深化。

二、八仙传说故事的宗教属性

八仙属于道教人物，八仙传说故事具有道教文化色彩，这是毫无疑问的。

八仙最早出现的一种说法是“淮南八公”，即已具有道家属性。当时淮南王刘安好神仙黄白之术，招致一些宾客方术之士，八公皆以谈丹说道受到刘安信任。东汉时，张道陵创立道教，奉元始天尊、太上老君为教主，其信徒尊之为天师。张道陵的后裔张天师在后世更受尊崇，至魏晋以后道教有更大的发展。道家谈神仙与修炼，有明确身份的道士也无不谈神仙与修炼，因此，后世各代中凡是崇尚黄老之说者，包括道教在内，总称为道家。在中国古代的文化观念中，神仙和道家或道教本来属于同一体系。

神仙的观念在先秦时期已经形成，至汉代信奉神仙更为流行。“神仙”一词，本来应是一个偏义复词，即主要是指“仙”而不是“神”。在古代文化思想中，神的概念主要是指各种职能神，如风神、雨神、山神、海神、路神、门神、土地神、五谷神、城隍神等。仙和神不同，仙的行动非常自由，他们没有限定的职务，也不负具体的责任，但对人间的许多事情似乎都有过问的权力。这一点和道家相似。司马迁《太史公自序》云：“道家无为，又曰无不为。”仙正是如此，他们什么都不管，但什么都想管，什么都可以管，其管事的原则即“道”。而“道”正是道家尊奉的终极真理，仙是修道者所达到的较高的层次。道家及道教的始祖老子，以及道家许多著名人物如庄子、张道陵、葛玄等都成了仙。《太平广记》卷一

---

① 当代关于八仙研究的论文有：车锡伦：《八仙故事的传播和“上中下”八仙》，《民间文学论坛》1985 年第 4 期；吕洪年：《略论八仙传说》，《民间文学论坛》1985 年第 5 期；等等。故事集主要有：《八仙的故事》，浙江文艺出版社 1983 年出版；李传瑞、王太捷编《八仙的传说》，山东文艺出版社 1985 年出版；吕洪年选编《八仙的传说》，湖南文艺出版社 1985 年出版；咏芹、启华编《八仙的传说》，群益堂 1986 年出版；《八仙的传说》，中国和平出版社 1994 年出版。

老子传记中云："伏羲以来至于三代，显名道术，世世有之，何必常是一老子也？……其实论之，老子盖得道之尤精者。"可见，在道家的观念中，老子是最高级的神仙，其他得道者所达到的成仙的档次也不尽相同。《渊鉴类函》卷三一九引《三洞道科》云：道士有五个等级，第一等级是"天真道士"，如老子、张道陵、郁华子、广成子等；第二等级是"神仙道士"，如杜冲、尹轨、赤松子、鬼谷子等；第三等级是"山居道士"，如许由、巢父、东园公、角里先生等；第四等级是"出家道士"，指出家后在道观修炼者；第五等级是"在家道士"，即在自己的家中修炼者。显然，仙是道教中达到第一、第二等级的得道者。

"仙"字本作"僊"。《渊鉴类函》卷三一八引《释名》云："老而不死曰仙。"又曰："僊，迁也，迁入山也，故制字人傍山也。"实际上，"仙"字的组成是形声结构，"人"旁表形部，"山"字表声部。《释名》的解说固然有些牵强附会，但却反映了仙在文化含义上的基本特征。魏文帝曹丕《游仙诗》云："西山一何高，高高殊无极。上有两仙童，不饮亦不食。与我一丸药，光曜有五色。服药四五日，胸臆生羽翼。轻举生风云，倏忽行万亿。流览观四海，茫茫非所识。"①这里对于仙的描述最为简明，概括地指出了仙的几个基本要素：一是通常住在山中，二是不食人间烟火，三是炼丹服药，四是能够飞升，五是长生不老，六是任意来去无拘无碍。遍览古代各种典籍中的神仙传记，他们基本上都具有这些特点。

传说中的八仙，正是属于道教中的第二等级，即"神仙道士"。因此，八仙传说故事的流变过程，同道教的发展与流变是联系在一起的。八仙的组成在元代基本定型，并且大量出现在杂剧作品中，这与元代道教的分支全真教的活动有直接关系。元代道教分为全真、真大、太一、正一四大家，其中全真教盛行于北方，与南方的天师正一道被尊为南北两宗，影响最大。全真教的创立者王哲，即王重阳，其教义以"澄心定意，包元守一，存神固气"为真功，以"济贫拔苦，先人后己，与物无私"为真行，功行俱全，故称"全真"②。全真教自从丘处机于元太祖成吉思汗十五年(1220)应召北上后，被尊为道教正宗，对元代的政治、文化及民众心理都产生了重要影响。高鸣《清虚宫重显子返真碑铭》云："夫全真教之兴，由正隆以来，仅百余载……今东至海，南薄汉淮，西北历广漠，虽十庐之邑，

① 《艺文类聚》卷七十八《灵异部》。
② 金源璹：《全真教祖碑》，见《金石萃编》卷一五八。

必有香火一席之奉,非存乎其人而何?”①如今学术界论及元代杂剧中神仙道化剧的繁盛,无不认为全真教的活动是一个重要原因。关于全真教的谱系,胡应麟《少室山房笔丛》卷二十六《玉壶遐览一》云:“全真之教,昉于金世,有南北二宗之分……皆始于吕岩,岩得道钟离权,权得之东华少阳君。南宗自岩授刘海蟾操……北宗自岩传王重阳哲,哲传马丹阳钰……”可见全真教的南宗与北宗都以吕岩和钟离权为祖师。王哲自作的《了了歌》也明确写道:“汉正阳(钟离)兮为的祖,唐纯阳(吕)兮做师父,燕国海蟾兮是叔主,终南重阳兮弟子聚。”②这里道出王重阳自我认定的与钟离权、吕洞宾、刘海蟾的相互关系。由于钟离、吕在全真教中极受尊崇的地位,二人名列八仙中也就不奇怪了。胡应麟《少室山房笔丛》卷二十四《庄岳委谈上》云:“今世绘八仙为图,不知起自何代。盖由杜陵有《饮中八仙歌》,世俗不解何物语,遂以道家者流当之。要之起自元世,王重阳教盛行,以钟离为正阳,洞宾为纯阳,何仙姑为纯阳弟子。夤缘附会,以成此目。……近阅元人庆寿词,有钟、吕、张、韩等八人,信知起自元世也。”这里明确指出八仙的来历同王重阳的全真教的关系,其见解可以信从。

八仙组成的定型在明代嘉靖年间,这与嘉靖皇帝崇信道教的历史背景也有直接关系。嘉靖皇帝即帝位后即崇信道教。嘉靖元年(1522)七月起开始兴建寺观,嘉靖五年(1526)起宠信道士邵元节,加其号为真人,后又对他加授礼部尚书,给一品服。十八年(1539)八月邵元节死,嘉靖皇帝又宠信道士陶仲文,次年封他为忠孝秉一真人,不久又加少保、礼部尚书,再加为少傅,食一品俸。二十五年(1546)八月加封陶仲文伯爵,进光禄寺大夫柱国,兼支大学士俸。三十五年(1556),嘉靖皇帝又下旨为其父献皇帝加封道号,给献皇后和孝烈皇后都加封了道号,自己加封道号为“灵霄上清统雷元阳妙一飞元真君”,后又加号为“九天弘教普济生灵掌阴阳功过大道思仁紫极仙翁、一阳真人元虚玄应开化伏魔忠孝帝君”,再加道号为“大罗天仙紫极长生圣智昭灵统三元证应玉虚总掌五雷大真人玄都境万寿帝君”。③ 这些道号冗长而拗口,却反映了嘉靖皇帝对道教的迷醉已到走火入魔的程度。每一时代的风尚常常是上行下效,皇帝的提倡具有

---

① 此文不见于各种文集,陈垣原存有拓本,今转引自陈垣所著《南宋初河北新道教考》,中华书局 1962 年版。

② 《重阳全真集》卷九,见《道藏·太平部》。

③ 见《明史纪事本末》卷五十二《世宗崇道教》。

引领作用。当时社会上大量出现八仙画像,以及不少士大夫文人也信奉道教并且道观遍布全国,都是在这种崇尚道教的大背景下出现的必然结果。

元代戏曲中出现的八仙皆为男性,至明代嘉靖时期换下了徐神翁或张四郎,而增加了女仙何仙姑,成为七男一女的格局,这与明代崇信女仙的事实有一定关系。

本来,自有神仙传说开始就有女仙,各种神仙传中也都列有女仙,如西王母、萼绿华、毛女、麻姑、樊夫人等。明代以来,女仙的传说更多也更神奇。沈德符《万历野获编》卷二十七有两则史实。其一是《仙女保荐》,记永乐时仙女焦奉真荐其母舅冯仲彝为太常寺丞;仲彝卒后,奉真又荐冯仲彝的孙子冯必正为真武庙官,不久又升为赞礼郎;英宗正统十二年(1447),这位仙女又奏请将冯必正升官。其二是《仙姑避迹》,记嘉靖年间顾可学向世宗皇帝献秘方而受宠,被授官为礼部尚书,他奉圣命至太和山办事,其中石门山有一位仙姑,不食不衣不寝,能知未来之事。顾可学把她的事迹秘密上奏,嘉靖皇帝就派御史谷峤带礼物打算请她进宫,这位仙姑预先闻知消息,竟然点火把住处烧毁而逃走了。还有一例,嘉靖末年,世宗派御史姜儆、王大任分行天下,求异人异书,王大任到湖广一带,专门访求仙姑事迹,在岳阳发现一位仙姑,欲带入宫,此仙姑也极力推辞。这些史实说明,嘉靖皇帝和此前的英宗皇帝都非常崇信女仙,朝野舆论中女仙也占有重要地位,而且现实生活中确有某些女子显示出神仙的奇异事迹,更使世人加重了对于女仙的迷信心理。

嘉靖末至万历初出现的昙阳子事件更是一个突出的事例。据王世贞所撰《昙阳大师传》①记述,昙阳子是礼部侍郎、翰林学士王锡爵次女,本名焘贞,生于嘉靖三十七年(1558),许婚于徐氏子景韶。17 岁时景韶病死,她即决定修道求仙,此后她表现出许多料事如神、预知未来的神异功能,自谓是昙鸾菩萨转世,法号为昙阳子。其父王锡爵和王世贞都虔诚地拜她为师,敬之为神仙,世贞之弟世懋及名士赵用贤、瞿汝稷、屠隆、沈懋学等都向她求教。万历八年(1580),昙阳子得道化去,年仅 23 岁,她的尸身置于神龛中,受人供奉,被尊为“昙阳仙”。值得注意的是,此传中记述在昙阳子修道时,王世贞和其他信徒谋划在城西购置一块地,建一所供昙阳师修炼的“昙阳恬观”,此观中供奉的神像

① 王世贞:《弇州山人续稿》卷七十八。

除观世音、金母、苏元君等外，其中“东向而首者，纯阳吕公”，即把八仙之一的吕洞宾也供奉在上面。可见当时昙阳子崇敬吕洞宾；王世贞等崇敬昙阳子，因而也推崇吕洞宾；何仙姑据说是吕洞宾度脱的女弟子，人们让她跻身于八仙之列也就不足为奇。

三、数字崇拜和法宝崇拜意识

八仙传说故事及小说、戏曲等文学作品的描写，反映着古代中国人多种文化观念，并寄托着美好的社会与人生理想。其中所表现的对于数字“八”的崇拜意识和法宝崇拜意识是突出的两点。

远古时期人类一开始就非常崇拜数字，这是世界上各个民族文明之初的共同特征。中国古代先民对于数字的崇拜具有丰富的文化内涵，在古代哲学、伦理、文学、艺术等许多方面都形成了重数传统。《易经·系辞上》云：“参伍以变，错综其数。通其变，遂成天下之文；极其数，遂定天下之象。”这里即表现了古代哲学思维中对于数的重视。我在拙著《河图洛书探秘》一书中曾专论数字崇拜问题，认为中国古代先民的数字崇拜，主要表现为对一至十这十个基本数字的崇拜，这十个基本数字都不单是数学意义上的数字，它们还具有美学意义、祥瑞意义、世界观及宇宙观意义，每个数都是完美数、吉利数、大智慧数，细说起来都含义无穷。① 八仙传说故事中，神仙组合的人数确定为“八”，正是表现了对于数字“八”的崇拜意识。

“八”的数学意义，最基本的概念是自然数的第八位，是“二”的三次方。由于“二”是偶数之始，是一个包含阴阳的神奇之数，因而“八”的文化意义也就由“二”生发，而具有更多层面的含义。当代中国人把“八”看作一个吉利数，是因为“八”与“发”谐音，传递出发财、发迹、发达、发展等美好信息，但是在古代，这样的意识并不明确。在古代中国人的观念中，“八”常见的是用来表示方位。四方和四隅称为八方，或称为八区、八维、八镇。八方之地称为八寓或八宇。四面八方所到之处称为八到，或称八达，如成语有“四通八达”。传说中四方有八根

---

① 王永宽：《河图洛书探秘》，河南人民出版社2006年版。

撑天的支柱，称为八柱。八方的边界称为八际，或称八埏、八垓、八垠、八圻、八殥。八方之外极远的地方称为八表，或称八极、八遐、八纮。八方荒远的地方称为八荒，八方深幽难达之处称为八幽。古代全国分为九州，而中部豫州之外的八个州又称为八州。四方四隅之海称为八海，全国八个著名湖泊则称为八薮，八个著名关隘称为八关。八方之风称为八风，诗文中常见说"八面来风"。八方之神称为八神，《汉书·武帝纪》记汉武帝东巡海上，礼神祠八神。古代居室建筑中若八面开窗则称为八窗，或亦称八达。上述各种组合词，都说明"八"的主要文化意义是表示方位，一提到"八"，人们会立即把它和宽广无际的空间概念联系在一起。

"八"的文化意义的形成与八卦的产生有直接关系。八卦中有八个基本符号，又称八象，其名为乾、兑、离、震、巽、坎、艮、坤。按照宋代邵雍的解释，伏羲所创八卦（即先天八卦）的八种符号表示着八个方位，即乾南、坤北、离东、坎西、震东北、兑东南、巽西南、艮西北。同时，邵雍又说乾为天、坤为地、震为雷、巽为风、坎为水、离为火、艮为山、兑为泽，表示着天象地貌。周文王推演的八卦（即后天八卦）所表述的方位与先天八卦有所不同，但是在表示方位的基本思路上则是一致的。阐释八卦的《易经》是儒家的经典文献，也同样是道家及道教的经典文献，古代许多道士常见穿八卦衣，即反映了他们对于八卦的尊崇。神仙的重要特征是行为的绝对自由，他们爱往四面八方任意云游，在古代人的神仙观念中，自然对于数字"八"情有独钟。因此，古代关于神仙早有八洞之说，如唐初王绩《游仙》云"三山银作地，八洞玉为天"①，后来又有上八洞神仙、中八洞神仙、下八洞神仙的说法。在八仙故事流变过程中，虽然曾有"九仙"一词，但最终认定其人数组合为"八"，若探究其文化心理根源，当是与对于"八"的数字崇拜有玄理相通。

法宝原是佛教名词，是指佛家使用的法物，因其极为珍贵而被认为是法宝。张说《唐陈州龙兴寺碑》文云："戒珠如月，独洁麒麟之行；法宝如山，普闻狮子之吼。"②这是说该寺留存的法宝非常之多。《传灯录》中多处记述某些高僧圆寂后就把他的衣钵与法宝传授于徒。《新唐书·艺文志三》有僧法海所著《六祖法

① 《全唐诗》卷三十七，王绩《游仙》四首之一。
② 《全唐文》卷二二六。

宝记》一卷，大概即是记述这一类的法宝。道教中的道士们也各有法宝，如符箓、丹药、拂尘等。有人得道成仙之后其法宝更具有神奇的功能，如《太平广记》卷十二《神仙》记壶公有两件法宝：一是他的屋上所悬之壶，他让费长房跳入壶中，可以遍览仙宫世界；二是他送给费长房的那支竹杖，费骑上它可以从千里之外一日到家。古代的小说及戏曲等文学作品中的描写，又极力夸大和渲染佛、道两家所持法宝的作用和威力。如小说《西游记》中，佛祖如来、观世音及其他神仙、菩萨都有法宝，法力强大；那些要吃唐僧肉的妖怪们也各有法宝，厉害无比。《封神演义》中的许多武将、神、魔、人等，其法宝更是五花八门。元代李好古的杂剧《沙门岛张生煮海》中，仙姑毛女送给张羽三件法宝，银锅一只，金钱一文，铁勺一把，张羽用这些法宝到东海边煮得海水沸腾，迫使龙王应允了他与龙女琼莲的婚事。有关传说及文学作品的描写，在古代大众的文化思想中，形成一种强烈的法宝崇拜意识，在道教中更成为一种固定观念。

古代传说中的神仙，都具有超越凡人的素质和法力。神仙能够长生不老，这是对于凡人生命时限的超越；神仙能够腾云驾雾、任意巡游于天地之间，这是对于凡人生存空间的超越；神仙能够随意变化或隐形遁身，这是对于凡人肉体形态的超越；神仙所持的各种法宝，这是对于凡人所使用的生产工具和作战武器的超越。古人构建的神仙世界，实际上表现的是人类超越自身局限性的幻想。这些幻想，在八仙传说故事中有全面而生动的反映。

单从法宝问题来看，关于八仙的传说故事中，他们每人所携带的物件也都是法宝。他们在普度众生或救人危难时，其法宝都显示出巨大而神奇的威力。吕洞宾的法宝是他的佩剑。谷子敬的杂剧《吕洞宾三度城南柳》写吕洞宾来到岳阳楼观景饮酒时，向酒馆主人夸赞他的这把宝剑道："这剑六合砌为炉，二气铸成模。呼的风唤的雨驱的云雾，屠的龙诛的虎灭的魅魍。霜锋如巨阙，冰刃胜昆吾，光摇斗牛暗，气压鬼神伏。"这样的宝剑，的确不是一般的兵器可以相比的。在无名氏杂剧《争玉板八仙过沧海》中，钟离提议说，八人来时都是腾云而来，但回去时不许驾云，而是要各显神通过此大海。于是，八仙各自陈述过海的办法：曹国舅说将笊篱作锦舟，韩湘子说把花篮作画舫，李铁拐说踏此铁拐过海，钟离说踏着芭蕉扇过海，徐神翁说撇铁笛在海中就可渡过，张果老说把葫芦放在海中亦可履之渡海，吕洞宾说可踏着宝剑渡海，蓝采和说可踏着玉板渡海。看来，这八仙各有可恃仗的法宝，笊篱、花篮、拐杖、芭蕉扇、铁笛、葫芦、宝剑、玉板原本是凡间常见的物件，而在这些神仙手中，它们都各自具有特异的功能。而且，这些法宝不仅是渡海的工具，而且在同四海龙王作战时，它们都成为威力强大的武器。东海龙王调集百万水兵，而八仙只有八人，人力的对比显然众寡悬殊。但是，八仙的法宝却大显神通。钟离将火葫芦放在海中，一变十，十变百，百变千万，可烧干海水。吕洞宾把宝剑撇向空中，一口变十口，十口变百口，以至于千口万口，威力无比。于是龙王的百万水兵被杀得七零八落，大败而逃。在民间传说及文学作品的描写中，关于八仙所持有的法宝有不同的说法。如小说《东游记》中说何仙姑的法宝为笊篱，八仙同龙王交战时，龙太子败阵逃走，何仙姑用笊篱从海中一捞，龙太子便不能逃脱；而且此小说中写放火葫芦者为吕洞宾。传说中张果老的白驴也是法宝，他骑此驴可日行千里，休息时就把驴折叠起来，其厚如纸，骑的时候“以水噀之”，又复成驴。八仙的法宝是古代各种典籍及文学作品中所写到的大量神仙法宝的缩影，八仙传说故事对于表现古代大众的法宝崇拜意识具有一定的代表性。

四、八仙的人格化和个性化

据有关考证，八仙人物原本是历史上实有的人物，即他们的历史原点是凡人。后来他们得道成仙之后，虽然具有了超越凡人的神仙特征，但是，他们仍然会带有世间凡人的思想情感与伦理意识。在八仙的民间传说故事和文学作品中，人民大众和文人作家又以各自的理解用凡人的思想情感去塑造他们，将八仙人格化和个性化，使八仙成为个性突出、性格鲜明的艺术形象。

本来，古代的神仙文化原是人所创造的，神仙本身也是由凡人得道而成的。《列仙传》《神仙传》及《太平广记》中所立传的各位神仙，除少数完全出自传说的神话人物外，绝大部分都是真实的历史人物。其中有帝王周穆王、燕昭王、汉武帝、唐宪宗等，有诸子老子、庄子、墨子等，有公卿张良、李林甫、郭子仪等，有文士贺知章、李白、李贺、李商隐、白居易等，医家有孙思邈等。吴敬梓的小说《儒林外史》开篇第一回《蝶恋花》云“人生南北多歧路，将相神仙，也要凡人做”，正是指出一个普通的常识。神仙虽属道家，而成为神仙之前的凡人也可以是儒家、墨家等各家各派。葛洪《抱朴子·对俗》云：“欲求仙者，要当以忠孝和顺仁信为本,若德行不修而但务方术,终不得长生也。”这里所谓忠孝和顺仁信等是儒家提倡的伦理道德,而要修道成仙,这些也是必须具备的条件。可见,仙家的道德标准和处事原则和儒家的思想体系原是相通的,儒道的合流此为一例。

在神仙文化体系中,神仙世界也同儒家所处的现实世界一样秩序分明,等级森严。王世贞《金母纪》云:“世之仙者凡九品:一九天真王,二三天真皇,三太上真人,四飞天真人,五灵仙,六真人,七灵人,八飞仙,九仙人。”①这和现实世界中的九品官阶类似。沈汾《续仙传序》云:“大哉神仙之事,灵异罕测。初之修也,守一炼气,拘谨法度,孜孜辛勤,恐失于纤微。及其成也,千变万化,混于人间,或藏山林,或游城市。其飞升者,多往海上诸山,积功已高,便为仙官,卑者犹为仙民。十洲间动有仙家四十万,耕植芝田,课计顷亩,如种稻焉。是有仙官分理及人间仙凡也。”这里的记述更为具体,原来神仙世界和人间一样,也有官有民,有尊有卑,这样的世界中的神仙,也就不能完全摆脱现实世界中凡人的基本属性。

在八仙传说故事中,人们同样用凡人的基本特征来描绘他们,用凡人的理解设想他们的作为,对他们赋予凡人的人格和情感。由于历史原型人物的出身与经历不同,八仙的思想性格也有明显差异,他们成仙后也表现出鲜明的个性。民间传说还认为,八仙代表着凡人的八种类型,即吕、何、张、韩、曹、钟离、蓝、李分别代表男、女、老、幼、富、贵、贫、贱。八类凡人自然有不同的社会要求与文化心态,因而在作为代表者的神仙身上自然有不同的表现。戏曲及小说作品中所写八仙故事杂采诸书记载,在原始资料的基础上对每位神仙的描写更加细致而传神。小说《东游记》所写八仙人物比较具有文学的典型性。第一回中写李铁拐“质非凡骨,学有根源。状貌魁梧,抱五行之秀气;心神宣朗,识天地之玄机”,是一位悟通今古、老成练达、智慧而沉稳的长者。汉钟离是武将出身,第十七回写他“身体魁梧,状貌精勇”,威风凛凛之中透出饱经沧桑的超然之态。张果老骑一白驴,神采飘逸,豁达而随和,自信而风趣,是一位和善可亲的老爷子。蓝采和的形象基本上依据沈汾的《续仙传》,小说第十九回写道:“(蓝)常衣破蓝衫,六锜黑木腰带,阔三寸余。一脚着靴,一脚跣足。夏则加絮衫内,暴大日中

① 《弇州续稿》卷六十六。

而不汗；冬则单衣而卧雪上，口鼻气出如蒸。每于城市乞索，手持大拍板，长三尺余，醉而踏歌，老幼皆随。观之似狂非狂，歌词率尔而作，皆有神仙意，人莫之测。得钱则用绳拖之而行，或散失亦不之顾。”可以想见蓝采和行为怪异，举止疏狂，以邋遢之形隐其彻悟之质，以玩世不恭行其济世之道，这是八仙群像中行止与性格最为独特的一位。韩湘子原为唐代韩愈之侄孙，第三十回写他“生负仙骨，素性不羁，厌繁华浓丽，喜恬淡清幽。佳人美女不能荡其心，旨酒甘肴不能溺其志。惟刻意修炼之场，潜心黄白之术”。可以想见他是一位根器非凡、举止端庄的年轻后生。曹国舅原为国戚，看破红尘而入道成仙之后仍未脱高贵气质与文雅风度。何仙姑是八仙中唯一的女性，她循规蹈矩，彬彬守礼，却处处表现出聪慧机敏，拘谨之中透出英气，在男性为主的八仙团队中独现一缕靓丽之光。

八仙中比较复杂的一位是吕洞宾。其历史原型人物是唐末诗人吕岩，得道成仙之后具有书生气质、道士身份而兼有侠义精神。古代正史及野史笔记中关于吕洞宾的资料是八仙当中最多的，这一神仙形象体现了儒文化、道文化和侠文化的融合。《东游记》第二十三回中写道：“（吕）生而金形木质，道骨仙风，鹤顶龟背，虎体龙腮，凤眼朝天，双眉入鬓，颈修颧露，额阔身圆，鼻梁纵直，面色白黄，左眉角一黑子，足下纹起如龟。少聪明，日记万言，矢口成文，身长八尺二寸。顶华阳巾，衣朱褴衫，系大皂绦，状类张子房。”戏曲作品、小说《吕祖全传》及传说故事中的吕洞宾形象大体上皆同《东游记》，他云游四方，济世度人，救困扶危，扬善惩恶，以正义的化身出现于各种场合。但是，小说及传说却有不少吕洞宾的风流韵事。《东游记》第二十七回写了他和白牡丹男女欢爱，虽然以道家采战之术相标榜，但这样的事情在儒家道德评判面前却是被鄙弃的淫乱行为。传说故事中也时见有关于吕洞宾的桃色花絮，如说他在观世音菩萨面前也有轻薄之语，因而在民众的心目中吕洞宾有好色的特点。豫剧《杨八姐游春》中，佘太君回答宋皇帝说请八仙为杨八姐的婚礼祝贺，特别提出不要那好色的吕洞宾。这虽然是地方戏曲中的调侃之词，却正说明了吕洞宾在世人传说中形象的变异。出现这样的情况并不是民众对于八仙的恶意贬损，而是由于在世人的心目中，神仙也是人，也有凡人的七情六欲，吕洞宾是凡人中“男人”的代表，他就必然具有男性的欲望和心理特征。尽管如此，吕洞宾并未因此而影响世人对他的尊崇，反而因为他具有凡人缺点而更贴近民间的生活，也给世人以亲切之感。

除了吕洞宾，八仙其他人物也时而表现出世俗态和人情味。《东游记》第二十八回写李铁拐和何仙姑相遇，得知仙姑欲前往度脱民女唐广贞，即戏之曰："惟汝无夫，亦欲他人无夫耶？"仙姑答曰："人皆有妻，汝何独无妻乎？"铁拐笑曰："特留与卿作配耳。"这里写两位神仙的对话，很像民间市井中老叟与邻里民妇在戏谑斗嘴。在一些传说故事中，八仙中的人物常常化作普通人出现在民众的生活中，对贫者救苦，为弱者解难，人们受其恩惠而更生尊崇之心。传说的力量是无形的，却是巨大的，八仙的个体形象也因民众的演绎而更加鲜活、更加生动，其性格也更加突出。在中国漫长的历史进程中，人们把许多历史名人塑造为神仙，又把神仙塑造成凡人，在文化发展的双向互动中形成了无比绚丽多彩的景观，也留给世人许多值得深入思考的话题。

（原载《中州学刊》2007 年第 5 期）

嫦娥奔月传说故事的文化解读

嫦娥奔月是中国古代最著名的神话传说故事之一。2007 年 10 月“嫦娥一号”探月卫星的发射取得圆满成功,使这一古老神话在当代又引起广泛的议论和思考,嫦娥这一位神话中的女性形象在今天更闪耀出新的光彩。重新回顾嫦娥奔月的传说故事并从文化的角度予以解读,对于继承中国古代传统文化精华,促进当代文化事业发展,具有一定的启示意义。

一、嫦娥奔月传说故事的源起与异说

嫦娥奔月传说故事由来已久,《文选·月赋》李善注谓《归藏》中已有记述,但是《归藏》是殷商时期的《易经》,早已失传。如今可以看到的关于奔月故事最早的文字记述,见于《淮南子·览冥训》,其文云:“羿请不死之药于西王母。姮娥窃以奔月。”高诱注云:“姮娥,羿妻。羿请不死之药于西王母,未及服之,姮娥盗食之,得仙,奔入月中为月精。”这是奔月故事最基础的版本。据此可知,嫦娥故事的原始传说即具有神话的性质。西王母本是神话人物,西王母提供不死之药及嫦娥服不死药而成仙并奔入月中的情节,都是现实中不可能发生的事情。神话是远古先民的口头创造,故事的产生具有一定的随意性,故事的流传又具有较大的重塑性。因此,后世文人在记述这样的传说时,对故事源起的认定与考索便又有各种不同的解说。

关于嫦娥,西汉以后的文献记述多附和《淮南子》,认定嫦娥是后羿之妻。张衡《灵宪》云:“羿请无死之药于西王母,姮娥窃之以奔月。将往,枚筮之于有黄。有黄占之曰:‘吉。翩翩归妹,独将西行,逢天晦芒,毋惊毋恐,后其大昌。’

姮娥遂托身于月，是为蟾蠩。”①这里的记述除沿袭《淮南子》外，又增加了嫦娥奔月之前的占卜及奔月之后化为月中蟾蜍的说法。傅玄《拟天问》云：“月中何有，白兔捣药。”②这里未明言月中有嫦娥，却又增加了玉兔捣药的内容，实为奔月故事的发展。于是，后世流传的奔月故事中说嫦娥有蟾蜍、玉兔为伴，皆肇始于张衡和傅玄。干宝《搜神记》记述嫦娥故事，基本上照抄张衡《灵宪》之文③。刘勰《文心雕龙・诸子》云“按《归藏》之经，大明迂怪，乃称羿毙十日，嫦娥奔月”，江淹《遂古篇》赋序云“十日并出尧之间兮，羿乃毙日事岂然兮，嫦娥奔月谁所传兮”④，都重复《淮南子》的神话故事，这说明南北朝时期嫦娥故事已经相当流行。

关于嫦娥生活的时代，是与后羿的认定紧密相连的。《淮南子・本经训》云：“尧之时，十日并出，焦禾稼，杀草木，而民无所食。猰貐、凿齿、九婴、大风、封豨、修蛇皆为民害。尧乃使羿诛凿齿于畴华之野，杀九婴于凶水之上，缴大风于青邱之泽，上射十日而下杀猰貐，断修蛇于洞庭，擒封豨于桑林。万民皆喜，置尧以为天子。”《山海经》中也记述有后羿为民除害的事迹。《海外南经》记云：“羿与凿齿战于畴华之野，羿射杀之。在昆仑虚东。羿持弓矢，凿齿持盾。”《大荒南经》记云：“大荒之中，有山名曰融天，海水南入焉。有人曰凿齿，羿杀之。”以上各处所记述的猰貐、凿齿等本是怪兽名，实指世间像怪兽一样的恶人。凿齿既然能持盾同羿作战，他当是远古时期的部落酋长，野蛮残暴而恣意掠夺，对以尧为代表的开化较早的部落构成严重威胁。于是羿奉尧之命战胜了他，为民除掉了祸害，成为民众敬仰的英雄。根据这样的记述，后羿当是尧时人。由于他使弓善射，于是在神话故事中就附会说他把天上的十个太阳射落九个。郭璞注《山海经・大荒东经》所谓“羿射十日，中其九日”，王逸注《楚辞・天问》亦云“尧命羿仰射十日，中其九日”，都说依据《淮南子》，可知《淮南子》所记事实是后羿故事的原始版本，关于后羿所处的时代明确指定为尧时。

然而，古籍所记后羿故事多有异说。赵翼《陔余丛考》云：“古来名羿而善射者不一人。《吕览》：黄帝时大挠作甲子，胡曹作衣，夷羿作弓，是黄帝时有羿也。

---

① 张衡：《灵宪》，见《全上古三代秦汉三国六朝文》第一册，中华书局 1958 年版。
② 见《太平御览》卷四引。
③ 干宝：《搜神记》(20 卷本)卷十四《嫦娥》。
④ 江淹：《江文通集》卷四。

许慎《说文》云：羿，帝喾射官。贾逵亦云：帝喾赐羿弓矢，使司射。是帝喾时有羿也。《淮南子》：尧使羿诛凿齿……是尧时有羿也。而夏时亦有羿，则《左传》所云是也。”并且说：“且善射之羿之不得其死也亦不一。《左传》曰‘杀羿而烹之’，是一羿之死也。《孟子》曰‘逢蒙杀羿’，是又一羿之死也。《淮南子》曰‘羿死于桃棓’，高诱注谓以桃作大杖击杀之，是又一羿之死也。”①赵翼所列举的古代文献甚多，这里没有必要一一考辨，但由此可知，传说中的后羿至少有四个，其生活的时代有黄帝时、帝喾时、尧时和夏时。后羿的故事既然如此扑朔迷离，与后羿相关的嫦娥故事的源起也就变得非常复杂，以至于嫦娥是否为后羿之妻也被人质疑。

古代曾经有一种说法，谓奔入月中的女子是结璘，而不是嫦娥。对此，明代徐应楸《玉芝堂谈荟》曾有考辨，他引道家著作《上清紫文》中语云“郁仪奔日之仙，结璘奔月之仙”②，谓此说起源甚早。温庭筠《锦鞋赋》云“耀粲织女之束足，嫵婉嫦娥之结璘”③，可见唐代已出现结璘之名。元代陶宗仪《说郛》指出：“今言月中有嫦娥，大谬，盖月中自有主者乃结璘，非嫦娥也。”然而结璘究竟为何人，有关记述语焉不详。明代杨慎则认为，嫦娥本是由常仪讹传而来，他考辨说：“月中嫦娥，其说始于《淮南》及张衡《灵宪》，其实因常仪占月而误也。古者羲和占日，常仪占月，皆官名也，见于《吕氏春秋》。《春秋左传》有常仪靡，即常仪氏之后也。后讹为常娥，以‘仪’‘娥’音同耳。《周礼》注‘仪’‘义’二字，古皆音俄。……汉碑凡‘蓼莪’皆作‘蓼仪’，则嫦娥为常仪之误无疑矣。”④陈耀文《正杨》纠正了杨慎的一些疏漏，但基本上也认定嫦娥为常仪之误传⑤。所谓常仪，又称常羲，即帝喾之妻。《山海经·大荒西经》云：“有女子方浴月。帝俊妻常羲，生月十有二，此始浴之。”这里的帝俊即帝喾，常羲即常仪。《世本》记云：“帝喾卜其四妃之子，皆有天下。……下妃娶訾氏之女，曰常仪，生挚。”⑥《太平御览》卷三七三引《拾遗记》云：“帝喾高辛氏娶于诹氏女，女生而发与足齐，坠

① 赵翼：《陔余丛考》卷四“羿、羿非夏时人”条。
② 徐应楸：《玉芝堂谈荟》卷十八“结璘嫦娥”条。
③ 见《全唐文》卷七八六。
④ 《杨升庵集》卷七十四《丹铅总录》。
⑤ 陈耀文：《正杨》卷四“嫦娥”条。
⑥ 《世本》卷四“帝系篇”，张澍补注本，见《丛书集成初编》。

地能言，乃纳于帝。”这里的诹氏即訾氏，诹氏所生子“挚”即少昊，而《拾遗记》卷一又云：“少昊以金德王，母曰皇娥。”由于“仪”字与“羲”字读音近似，皇娥之名中有“娥”字，于是在传说过程中便把常仪作常羲，并进而把常羲作常娥，再转化为嫦娥。在有的书中，“常仪”或作“尚仪”。《吕氏春秋·勿躬》有句云“尚仪作占月”，清人毕沅作注说：“尚仪即常仪，古读‘仪’为‘何’（俄），后世遂有嫦娥之鄙言。”显然，毕沅是沿袭了明代杨慎对于嫦娥传说的质疑。但是，在今天看来，“仪”与“俄”的读音相差甚远，即使在古韵中两字的读音非常近似，而由常仪到嫦娥的讹误也甚为牵强。因此，这种说法仅存在于文人学者的考辨文字中，而世间大众对于奔月故事的主角，一直是依据《淮南子》的记述认定为嫦娥。

古代还曾有一种说法，谓月中原有的仙人名为宋无（毋）忌。《史记·封禅书》有“宋毋忌”之名，唐司马贞“索隐”注云“月中仙人宋无忌”，并且说宋无忌是火仙。晋张华《博物志》也曾记云“水石之怪为龙罔象……火之怪为宋无忌”，这里又对宋无忌不称仙而称“怪”。于是，清代王士禛感慨道：“又云月中仙人名宋无忌，何月中人物之纷纷耶？”①关于宋无忌的说法罕为人道，没有对嫦娥故事的流传造成颠覆性的影响。

二、凡人天仙化：崇月心态与折桂情结

关于嫦娥传说的源起尽管说法不同，但是有一点是毋庸置疑的。嫦娥无论是后羿之妻还是帝喾之妃，本来都是世间的凡人，而当她飞升至月中之后就成了天上的神仙。在奔月故事的演变过程中，嫦娥逐步实现了凡人的天仙化，原故事的浪漫色彩也越来越浓厚。汉代以来，嫦娥故事的演变主要表现在两个大的方面：一是历代文士的诗文词曲作品对嫦娥故事予以附会和评议，或者借题发挥来表达对于人情世态的种种感慨；二是民间大众的口头传说，以及各种民间艺术形式如民歌、曲艺、绘画、舞蹈等，广泛地传扬着嫦娥故事，并表现出对嫦娥的世俗性认同。这两方面的演变，使奔月故事的原始传说内容更加丰富，嫦娥的个人形象也不断有新的发展。

---

① 王士禛：《香祖笔记》卷二。

所谓“仙”，是古代神话传说和道家文化的综合创造而产生的概念，在地为地仙，在天为天仙。《太平御览》卷六五九引《仙经》云：“神仙轻举，谓之天仙，位列太清，度名秘籍。”传说中的嫦娥由于偷吃了不死之药而飞升至月中，位列于天上仙班，正符合天仙的定义。在神话范畴中，天宫是相对于人世的极高境界，天仙也是世人心目中至尊至美的化身，嫦娥既然成了天仙，她的凡人之躯、个人才能及思想品格也都得到高度的升华。

嫦娥的天仙化，首先是她的姿容体态被高度美化，其外在的美好形象成为天上仙女的代表和世间凡人可欣羡而不可企及的美女典型。本来，嫦娥作为后羿之妻，其相貌和体态未必是非常美的，《淮南子》等书所述奔月故事并没有明言嫦娥容貌之美。然而在奔月故事广泛流行之后，嫦娥的美貌就上升到了天仙的档次。南朝陈后主的宠妃张丽华是当时的绝色美女，陈后主就把她比于嫦娥，《南部烟花记》云：“陈后主为张贵妃丽华造桂宫于光昭殿后，作圆门如月，障以水晶……谓之月宫。帝每入宴乐，呼丽华为‘张嫦娥’。”①这说明南北朝时期人们已认定嫦娥是美貌的天仙。唐宋诗词及明清小说戏曲中，写到年轻美貌女子时常见以嫦娥比喻，或者写到嫦娥时总是对她的美貌大加赞赏。《西游记》中的猪八戒本来是天上的天蓬元帅，酒后调戏嫦娥受到玉皇大帝责罚而被贬下界错投猪胎，也正是因为嫦娥的美貌才使天蓬元帅心动魂迷。

其次是嫦娥的才能与技艺被高度美化。《淮南子》等书最初记述奔月故事时，没有提到嫦娥有什么才能或特长，而在以后的传说中，嫦娥不仅十分美貌，而且能歌善舞，技艺非凡。古代诗、词、小说、戏曲写到天上的仙女，总是铺张她们的歌舞才能，其中嫦娥更是仙女歌舞队伍中的佼佼者。相传唐代开元六年玄宗李隆基因道士法术得游月宫，到达“广寒清虚之府”，“见素娥十余人皓衣乘白鸾笑舞于广庭大桂树下，乐音嘈杂清丽。上皇归，编律成音，制《霓裳羽衣》曲舞”②。据此说，月宫中似不止嫦娥一人，“素娥”指月中仙女，嫦娥当是为首者。宋代苏轼的著名词作《水调歌头》云“起舞弄清影”，也当是包括嫦娥在内的。元代顾瑛诗《金粟影》云“庭中捣药玉兔愁，树下乘鸾素娥舞”③，描绘的也是月

---

① 冯贽：《南部烟花记》，见《唐人说荟》卷八。

② 唐明皇游月宫事，古籍中有多处记载，褚人获《坚瓠集》广集卷五“游月宫”一节有较详综述。这里的引文见曾慥《类说》卷十二“明皇游月宫”。

③ 顾瑛：《金粟影》，见《玉山璞稿》。

宫中嫦娥等仙女起舞的场景。清代传奇《广寒香》写道士马友元作法，在壁上画一轮圆月，并幻化出月中的广寒宫殿，“一派仙乐，几位仙人，都从破壁里搬演出来”①，其中嫦娥即这仙乐队中的主角。对于嫦娥能歌善舞的认识已成为一种思维定式，直到当代仍然如此。毛泽东的词作《蝶恋花·答李淑一》中说“寂寞嫦娥舒广袖，万里长空，且为忠魂舞”，就突出了嫦娥善舞的特点。电视连续剧《西游记》中，有关天宫歌舞的场面流光溢彩，其中的嫦娥更是被现代化的科技手段和艺术方法表现得美艳绝伦、舞姿婀娜，这正是历代美化嫦娥的观念在当今的延续。

同时，嫦娥的品格与气质也在不断地被高度美化。奔月故事的原始传说中，嫦娥背着丈夫偷食不死之药本来是并不光彩的事。这里且不考虑不死药的真实与荒诞，单从嫦娥的行为及结果来看，她应当受到道德的谴责。古代传说中的神仙，多有度人救世、扶危济困的善举或奇能，因而他们受到世人的敬重与膜拜，而嫦娥却没有这一类利生救苦的事迹。然而，在历代文士著作和民间传说中，嫦娥是一位端庄而贤淑、善良而温柔的女仙，她的品格与气质同她的容貌与技艺相得益彰，人们对她原来的过失予以忽略，对她能否度人济世并无苛求。当然，也有文人诗词作品写到嫦娥时表达了批评的意思，如唐代袁郊诗云：“嫦娥窃药出人间，藏在蟾宫不放还。后羿遍寻无觅处，谁知天上却容奸。”②诗中称嫦娥窃药私奔为“奸”，并且说天宫为容奸之所，都明显带有贬义。又如明代王世贞词《甘草子·四时》云“窃药欺郎行偏短，守广寒空馆”③，词意也明确指出嫦娥行为之“短”。但是，像这样的对嫦娥的道德批判之语，在大量的赞颂嫦娥的诗词作品中只是个别的例子，而且是以调侃的语气出现的，并不能改变美化嫦娥的主流倾向，也不能对嫦娥的美好形象构成本质的损伤。

由于上述多方面的高度美化，嫦娥被塑造成一个光彩靓丽、至美至善的天仙，她身上集中体现着人们的理想与愿望，也体现着人们的审美追求。奔月故事的原始形态是上古神话，反映了先民们对于宇宙自然的丰富幻想和神奇的想象，而奔月神话在后来的演绎则同历史演进过程中新的社会因素及文化背景有

---

① 汪光被：《广寒香》传奇第二十四出《游月》，见《古本戏曲丛刊五集》。

② 袁郊：《月》，《全唐诗》卷五百九十七。

③ 见王世贞《弇州四部稿》卷五十四。

密切关系。奔月故事之所以一直为人们津津乐道,嫦娥之所以不断受到世人美化,从社会文化的角度来看应有多方面的原因,其中主要的就是自古以来人们的崇月心态和科举制度确立之后士人的折桂情结。

在人类文化史上,文明之初的众生对天上的日月是无限崇拜的,中国远古时期也是如此。太阳给人们光明和温暖,是人类生命存在的根本保障,人们崇拜日神不难理解,而月亮和太阳一起运行于太空,对于人类也非常重要。根据中国古代传统文化中的阴阳五行学说,日为阳、为乾、为火,月为阴、为坤、为水,日月共存则阴阳和谐,这不仅主宰着地上万物的存在,对于社会政治、世道人心都有决定性影响。《易经·彖辞上》云"日月丽乎天,百谷草木丽乎土",《京房易传》进一步解释说"日月大光,天下和平",《史记·天官书》也说"月行中道,安宁和平",都反映了中国古代文化中对于日月的崇拜意识。当代不少文化史著作都论及远古先民对于水的崇拜,而崇月与崇水是一致的。《淮南子·天文训》云:"积阳之热气生火,火气之精者为日;积阴之寒气为水,水之精者为月。"这里即道出崇月与崇水在古代文化观念中的联系。而且,月光明亮而皎洁,深邃而柔和,能引发无际的遐思,人们由望月而亲乡、思亲及思念各种美好之物,派生出许多美好的情感,于是在历代文士笔下凝结为大量的咏月诗文。从"床前明月光""海上生明月""月是故乡明"等名句,可以看出世人的崇月心态已经渗透于现实生活的方方面面,并且对于民族文化精神形成及世人的社会生活产生了深广的影响。有关月的神话,除奔月故事外又不断增加着新的内容,汉代已附会出月中有蟾蜍和玉兔,并且有吴刚和桂树等。唐段成式《酉阳杂俎·天咫》记云:"旧言月中有桂,有蟾蜍。故异书言月桂高五百丈,下有一人,常斫之,树创随合。人姓吴,名刚,西河人,学仙有过,谪令伐树。"有关古籍还说嫦娥所居之处名为广寒宫,并作了各种绘声绘色的文学描写。人们在崇月心态的支配之下,把月宫设想为一个极美极乐的境界,蟾蜍、玉兔、桂树等吉祥的动物植物同嫦娥为伴,善良的仙人吴刚与嫦娥为邻,在月中构建一个和谐而浪漫的仙境。嫦娥是这美好仙境中的女主角,她必然应当是世人心目中集诸美于一身的精神偶像。

中国古代的科举制度创始于隋代而定型于唐代,后来一直延续到清末。在漫长的封建时代,通过科举进入仕途并进而实现经世致用的政治抱负,成为历代封建文士梦寐以求的人生理想。也许正是出于崇月心态,自唐代起人们就把科举得中同登月联系在一起。因为月中有蟾蜍、有桂树，于是在文士们的作品中，就称月为蟾窟、蟾魄、蟾轮，又称桂窟、桂魄、桂轮，称月宫为蟾宫，称科考得中为“蟾宫折桂”，称新中进士为“蟾宫客”。叶梦得《避暑录话》云“世以登科为折桂”，他举温庭筠诗“犹喜故人先折桂，自怜羁客尚飘蓬”①为例，其实，唐中期已经有这样的说法，如李白诗云“欲折月中桂，持为寒者薪”②等。宋代，登月折桂的说法已经非常流行，梅尧臣中进士后，胡宿赠诗云“嫦娥应有怜才意，唯许诗人到月宫”③，可见这时的文士已把登科联想为受到嫦娥的怜爱和垂青。明清时期，蟾宫折桂等词语更加脍炙人口，如汤显祖的名著《牡丹亭》传奇中，杜丽娘病逝之前在画像上的题诗云“他年得傍蟾宫客，不在梅边在柳边”④；又如《红楼梦》中写黛玉见宝玉要上学去，因笑道“好！这一去，可定是要蟾宫折桂去了”⑤，不胜枚举。与科举及求学历程相关联的，文士们还把砚台称为蟾砚，把书桌称桂案，词曲牌名也便有了“桂枝香”“蟾宫曲”等。这些成语和典故集中反映了一个重要信息，在历代以科举入仕为生命线的文士们的思想中，一直存在有摆脱不开、挥之不去的折桂情结，于是月中仙女嫦娥也就成了与文士们的人生目标相伴随的美好理想的寄托。在历代文士的诗词作品中，表述欲睹嫦娥之面、欲窥嫦娥之影、欲得嫦娥相助、欲求嫦娥之赐等意向的词语屡见不鲜，都是文士们的折桂情结的流露。

三、天仙凡人化：伦理意识与人性精神

中国古代人们所谓的神仙，以及神仙活动的虚幻的神话世界，归根到底是世间凡人文化创造的产物，因而不能完全脱离人类基本属性及人世生存秩序的影响。许多神仙本来都是凡人，而成仙之后也必然具有凡人的思想、性格与情感，其行为则反映着人间的是非标准与道德理念。仙凡殊途，其道唯一，嫦娥奔

---

① 温庭筠：《春日将欲东归寄新及第苗绅先辈》，《全唐诗》卷五百七十八。
② 李白：《赠崔司户文昆季》，《李太白诗集》卷九。
③ 胡宿：《赠梅圣俞试馆职得赐进士出身》，《永乐大典》卷二万四百七十九。
④ 汤显祖：《牡丹亭》第十四出《写真》。
⑤ 《红楼梦》第九回《恋风流情友入家塾，起嫌疑顽童闹学堂》。

月故事的流传与演变正比较典型地反映了这一普遍规律。嫦娥在凡人天仙化的同时也在进行着反向的异化,即天仙凡人化。在历代的民间传说及文士著作中,人们由嫦娥奔月之后的仙界生活引发联想与感慨,突出地表现出人世间的伦理意识和人性精神。

以三纲五常为中心内容的儒家伦理道德体系,集中体现了中国古代传统文化中的伦理意识。三纲中的“夫为妻纲”和五常中的夫妇关系,是封建社会的基本社会结构——家庭的基础,占有特别重要的地位;或谓五常指仁、义、礼、智、信五伦,这是维护封建社会等级制度的道德基础。而在奔月的原生故事中,嫦娥窃药而飞升的行为,对于家庭来说造成夫妇离异、婚姻破裂、子嗣断绝;按照儒家的道德标准来评判,则未免有些无信而无义,因而是有违于伦常的。在古代的传统观念中,日月本来即人世间伦常秩序的象征,如《礼记·礼器》所云“大明生于东,月生于西,此阴阳之分,夫妇之位也”。嫦娥所奔赴之地的月,则是世间人伦关系中妻子的名位与职分的象征,而窃药奔月的行为本身是和这种观念相违背的。于是,在奔月故事后来的演变中,人们对嫦娥的夫妻分离甚感遗憾,就希望她和后羿能够夫妇团聚、破镜重圆。《全史官词》引《三余帖》记云:“嫦娥奔月之后,羿思成病,正月十五夜,有童子诣宫求见,曰:‘臣夫人之使也。夫人知君怀思,无从得降,明日月圆之后,君宜用米粉作丸,团团如月,置室西北方,呼夫人名,三夕可降。’如期果降,复为夫妻如初。”这里所附会的情节,显然具有民间故事的特点,荒诞的想象中表明了世间人们的一种心理指向,希求从伦常秩序完满的理想期待出发对原来的故事有所弥补。有的文士的作品则从后羿的角度生发议论,如明代兰廷瑞《题嫦娥奔月图》诗云:“窃药私奔计已穷,藁砧应恨洞房空。当时射日弓犹在,何事无能近月中。”①这里以诙谐的语气批评后羿,说他既然能弯弓射落九日,却不能射落月亮夺回嫦娥。诗中表述后羿失妻而不可复得的无奈,在感性的咏叹中体现了对于伦常失衡的理性思索。

奔月传说故事既然已认定嫦娥入月不能回归,于是在世人的口传及文士的笔下,更多的是对于嫦娥的月中处境表示关切与同情。人们用凡间正常人的生活体验为之设想,认为嫦娥离开丈夫、单身寡居于广寒宫中,尽管有美轮美奂的宫阙及玉树琪花等宝物,但她的生活也一定是非常孤单、冷清、凄苦而不堪忍受

---

① 见杨慎《丹铅总录》卷十八“兰廷瑞诗”引录。

的。李白诗云“白兔捣药秋复春，嫦娥孤栖与谁邻”①，杜甫诗云“斟酌嫦娥寡，天寒耐九秋”②，宋韩驹词云“桂华疏淡，广寒谁伴幽独”③等，都饱含深情地感叹嫦娥之苦。同时，人们也在进一步设想，嫦娥在痛苦的月宫生涯中，她的情绪一定是充满了怨愁和悔恨。古乐府有《孀娥怨曲》，注云：“汉人因中秋无月而作。所谓孀娥者，指月中嫦娥也。”④罗隐《中秋无月》诗云：“风帘淅淅漏灯痕，一半秋光此夕分。天为素娥孀怨苦，并教西北起浮云。”⑤这里都指出了嫦娥的怨，于是嫦娥怨和昭君怨成为古代诗歌中女性之怨的典型。李商隐诗云：“云母屏风烛影深，长河渐落晓星沉。常娥应悔偷灵药，碧海青天夜夜心。”⑥这是一首关于嫦娥的著名诗篇，着重指出了嫦娥的悔，想象着她在领略到月宫的孤苦凄凉之后，对自己窃药奔月的行为感到深深的后悔，以至于在太空中每日每夜都不得安宁。宋王沂孙词中云“画眉未隐，料素娥、犹带离恨”⑦，突出指出嫦娥的恨，这种恨是和悔交织在一起的对于命运的不平之鸣。明代王九思诗云“嫦娥只在云深处，闭却广寒应自愁”⑧，以及何景明诗云“桂宫高处寒多少，谁念嫦娥此夜愁”⑨等，则重在指出嫦娥的愁，而且其愁是无处可以倾诉、无人可以理解的，愁容与怨声共同加重了嫦娥故事的悲剧色彩。

孤苦与寂寞的体验，愁怨与悔恨的情绪，都是世间凡人的身心对于客观现实的感知。历代的文士这样描摹嫦娥的生活与精神，显然是把她又当成了凡人。在世人的心目中，嫦娥并不像其他神仙那样真正超凡脱俗，而是被各种凡人的情愫困扰着，最深沉、最饱满地具有世间凡人的情感世界。甚至于历代文士们还用世间最世俗的情趣模拟嫦娥，想象着嫦娥应当和世间凡夫俗子一样有男女情爱生活，有自由开放的情感空间。由于嫦娥所居月宫的独特环境，世间人们望见明月即联想起嫦娥。若是天气晴朗、明月当空，人们则设想能够目睹

---

① 李白：《把酒问月》，《全唐诗》卷一七九。
② 杜甫：《月》，《瀛奎律髓》卷二十二。
③ 韩驹：《念奴娇・月》，见《全宋词》。
④ 彭大翼：《山堂肆考》卷十二“孀娥怨曲”。
⑤ 罗隐：《中秋无月》，《全唐诗》卷六六五。
⑥ 李商隐：《常娥》，《全唐诗》卷五四〇。
⑦ 王沂孙：《眉妩》，见《全宋词》。
⑧ 王九思：《中秋不见月和答湘厓蒋子》，《石仓历代诗选》卷四六九。
⑨ 何景明：《七夕》，《何大复集》卷二十四。

嫦娥的美貌,能够目睹嫦娥的轻歌曼舞;若是天阴无月,则又想象着嫦娥有世间男女偷期密约之类的隐私。历代文士特别热衷于在中秋不见月时大做文章,对嫦娥其人其事驰骋想象,恣意发挥。宋代张孝祥词云"姮娥贪共,暮雨朝云,忘了中秋"①,竟然设想嫦娥沉湎于男欢女爱的时光而不觉佳节已到。明代解缙更加奇绝,他在参加明成祖举行的中秋赏月盛宴奉旨作《中秋不见月》词时,口吟《风落梅》云:"嫦娥面,今夜圆,下云帘,不着臣见。拼今宵倚栏不去眠,看谁过广寒宫殿。"②据说当时明成祖对这首词特别赞赏,亲自举杯与解缙同饮。像张孝祥和解缙这样的词作,拿嫦娥取笑,对这位备受世人仰瞻崇爱的美貌天仙不惜予以亵渎。其实,这样的写法正说明了古代文士才子此时没有把嫦娥当成神仙,而是把她看作一个独守孤寡的凡间女子,在对嫦娥其人的认识与理解方面体现了人道主义的思想倾向和人性精神。

嫦娥从凡人到天仙,又从天仙到凡人,反映了古代人们的文化思想中存在着一个犹疑循环的怪圈。世间凡人对于生命是有强烈欲望的,无人不期求长寿,甚至于长生不死,于是创造了瑰丽多彩的神仙世界,希望自身能够超越凡尘,飞升成仙。嫦娥故事的产生,即人们这一欲望的表现形态之一;后世人们将嫦娥天仙化的过程,即这一欲望的进一步丰富和强化。《聊斋志异》中有《嫦娥》一篇,其中的女主角嫦娥自谓是"姮娥被谪,浮沉俗间",她与书生宗子美有一段情缘,篇末作者评论说:"昔宋人有求仙不得者,每曰:'作一日仙人,而死亦无憾。'我不复能笑之也。"③这里所引录的宋人之语,表现的成仙欲望是那么强烈,可见仙界对于世间凡人来说是多么具有诱惑力。然而,人们在欣羡神仙世界的同时,又想象着神仙对于人世间的美好生活也表现出强烈的向往,尤其是对于人间的男女情爱、人伦之乐表现出由衷的欣慕。唐代卢照邻诗云"愿作鸳鸯不羡仙",即表达了这样的愿望。于是,历代人们又创造出天仙思凡、仙女下凡一类的神话,产生了诸如《牛郎织女》《天仙配》等美丽动人的故事。人们将嫦娥凡人化的过程,即这一欲望的形象化表达。

在人类文化史上,世人的欲望在仙凡之界游走,反复互动而没有止境,嫦娥

---

① 张孝祥:《诉衷情·中秋不见月》,见《于湖集》卷三十四。

② 见郎瑛《七修类稿》卷二十九《诗文类·中秋不见月》。

③ 蒲松龄:《聊斋志异》第八卷《嫦娥》。

奔月故事的流传也不会停息,还将不断演绎出新的内容。当代航天科技的发展实现了人类的探月和登月,古代的奔月神话已成了现实。当今世人由此已经认识到,神话中的月宫仙境不过是一个荒凉死寂、生命无法存在的星球,而且在太空中寻找到其他有生命存在的星球的希望也十分渺茫。从这样的新认识出发,当代人们应当在探索宇宙奥秘的同时,更加热爱嫦娥期望返归的人间,珍重并注意保护地球这个目前唯一适宜人类生存的美好家园。

(原载《中州学刊》2008 年第 3 期)

中国古代文学传统的宏观考察

中共十六大政治报告中指出:“必须把弘扬和培育民族精神作为文化建设极为重要的任务,纳入国民教育全过程,纳入精神文明建设全过程,使全体人民始终保持昂扬向上的精神状态。”①这一论断,为当代文化建设及文学研究、文学评论指明了政治方向,尤其是为中国古代文学的研究指明了政治方向。关于民族精神,近几年学术界常见有著作与文章进行论述,在学习贯彻党的十六大精神的热潮中,对于民族精神的讨论又不断深入。中华民族精神的形成有悠久的历史和深刻的文化背景,在这个过程中,中国古代文学发挥了至关重要的作用。回顾历史可以看出,辉煌灿烂的中国古代文学与中华文明的发展同步进行,大量优秀的文学作品及文学思潮、文学理论、文学现象本身就反映着中华民族精神,同时又传扬、汇聚和强化着中华民族精神。中国古代文学具有优秀的传统,可以说它是体现中华民族精神的一个重要方面。对于中国古代文学传统的认识,有说不尽的话题,在不少学术著作、学术论文中常见有精辟、扼要的概括,表述也不尽一致。我根据自己在学习过程中的理解,也尝试着对中国古代的文学传统概括为八点,即载道、教化、救世、哀民、崇义、养性、言情、尚美。

一、载道

中华民族自古以来就是一个十分注重理性的民族,这突出表现在对世间真理的追求上。所谓道,其义是规律、事理,其实就是真理。中国古代各派思想家都非常重视对道进行阐释。《易经·说卦》说:“立天之道曰阴与阳,立地之道曰

① 《中国共产党第十六次全国代表大会文件汇编》,人民出版社 2002 年 11 月版。

柔与刚,立人之道曰仁与义。"孔子说:"天下有道,则礼乐征伐自天子出。"又说:"吾道一以贯之。"孟子说:"得道者多助,失道者寡助。"其中的"道"都是指一种真理。老子在《道德经》中所说的"道可道,非常道"的"道",指的就是一种终极真理。先秦时文士们著书立说,无非是在阐扬自己所倡导的"道"。那时并没有今天所谓的"文学"这样的概念,先秦时出现的"文学"一词,含有文章和博学两种意义,包括现在所谓的文学、哲学、历史等。孔子《论语·先进》中说"文学子游子夏",是指这两位学生通晓学术及文献,而不是说他们两个擅长今天所谓的文学。墨子说"凡出言谈、由文学之为道也"①,又说"今天下之君子之为文学、出言谈也"②,其中的文学都是指当时意义的文学,而不是指现代意义的文学。到了汉代,开始把文与学、文章与文学区别开来,把有文采的、有艺术性的称为文或文章,把学术著作称为学或文学。六朝时,一般沿用汉代的说法,同时有人在同一意义上使用"文学"或"文章"的概念,指现代意义上的文学,而把学术著作称为经学、史学或玄学。唐代韩愈提出"文以明道",并说"师者,所以传道授业解惑也",他把明道和传道放在首要地位,因此后人说韩愈以传承道统为己任。宋代周敦颐提出"文以载道",使这个词成为一个意义固定的概念,也成为古代文人著述的一条重要的原则。由于宋代理学的兴盛,这时出现了重道轻文的倾向,不大重视文与学的区别,重新把文章与博学混为一谈,文学又成了一切学术的总称。一直到清代,文学一词都是在这个意义上使用的。章太炎在《文学总略》中说:"文学者,以有文字著于书帛,故谓之文,论其法式,谓之文学。"从中国古代"文学"一词概念的演变,可以看出古代一直存在并延续着文以载道的传统。在今天认为是真正的文学的那些体裁的作品如诗歌小说戏曲等,由于受传统的文化思潮的影响,也同样贯穿着"文以载道"的精神。古代诗词除具有言志抒情的功能外,也常作为揭示哲理、传扬道法的工具;诗歌小说也总是含有微言大义,表现作者的所谓"道心"。明代的汤显祖说"道心之人必具智骨,具智骨者,必有深情"③,强调道心和深情都是进行文学创作不可缺少的因素。明清评论家常说"词曲小道",而小道也是"道",这反映了载道的传统对词曲创作留下的深刻

① 《墨子·非命中》。
② 《墨子·非命下》。
③ 《睡庵文集序》,见徐朔方笺校本《汤显祖诗文集》卷二十九,上海古籍出版社1982年版。

烙印。

二、教化

教化是教育和感化之意。文学艺术本身具有教化的功能,这一点在先秦时期的文献中已有明确的认识。教化一词最早见于《毛诗序》:“风,风也,教也。风以动之,教以化之。”“故正得失,动天地,感鬼神,莫近乎诗。先王以是经夫妇,成孝敬,厚人伦,美教化,移风俗。”孔子谈到诗的教化作用,提出所谓兴观群怨四点,《论语·阳货》记曰:“小子何莫学夫《诗》?《诗》,可以兴,可以观,可以群,可以怨,迩之事父,远之事君,多识于鸟兽草木之名。”《礼记·乐记》谈到音乐的教化作用,说:“凡音者,生人心者也。情动于中,故形于声,声成文,谓之音。是故治世之音安以乐,其政和;乱世之音怨以怒,其政乖;亡国之音哀以思,其民困。声音之道,与政通矣。”孟子也强调音乐的感化作用,《孟子·尽心上》说:“仁言不如仁声之入人深也。”荀子也有同样的认识,《荀子·乐论》说:“夫声乐之入人也深,其化人也速。”后世的诗文小说也都有这样的功能,其作者也总是明确地以自觉推行教化相标榜。尤其是戏曲最为突出,因为戏曲通过演出,使识字与不识字的人同看,教化的范围更广大也更深远。元代夏庭芝《青楼集志》评论元杂剧,说宋元院本“大率不过谑浪调笑”,而杂剧则在“君臣、母子、兄弟、朋友”关系上“皆可以厚人伦,美风化”。明初,洪武皇帝朱元璋特别重视戏曲的教化功能,亲王之国,必以词曲一千七百本赐之,“或以教导不及,欲以声音感人,且俚俗之言易入乎?”①戏曲的这种教化功能在中国古代确实对社会民众产生了非常巨大的作用。清代赵翼见他家中的僮仆懂得许多历史知识,很有感慨,作诗曰:“焰段流传本不经,村俗演作绕梁音。老夫胸有书千卷,翻让僮仆博古今。”②20世记初,陈独秀作《论戏曲》一文,其中说:“戏园者,实普天下人之大学堂也;优伶者,实普天下人之大教师也。”③鲁迅也说过类似的话:“我们

---

① 梁清远:《雕丘杂录》卷十五《晏如斋檠史》,采用明李开先《张小山小令后序》中语。

② 《瓯北诗钞·里俗戏剧,余多不知,问之僮仆,转有熟悉者,书之一笑》。

③ 三爱:《论戏曲》,1904年《安徽俗话报》第十一期,八月初一日(9月10日)出版。

国民的学问,大多数却实在靠着小说,甚至于还靠着从小说编出来的戏文。”①直到今天,我们仍然在继承着文学的这种教化传统。江泽民说:“以科学的理论武装人,以正确的舆论引导人,以高尚的精神塑造人,以优秀的作品鼓舞人。”这正是在肯定文学的教化作用。

三、救世

救世和载道、教化有密切的联系。长期的封建社会中占统治地位的儒家思想体系,其基本的人生态度是积极用世,或称为经世致用。对于一个文人来说,平生的生活内容和意义就在于立德、立功、立言。这三者的位置关系是:首要的是立德,其次是立功,再次才是立言。很多人常常是立功不成而转为立言,或者先求立功而后求立言。因此,在中国古代文化的大背景下,许多文学家首先追求的是成为政治家,他们在政治上难有建树,而后则成为思想家、哲学家或教育家等,因其有了著述成就而成了文学家。先秦时期的孔、孟、老、庄诸子,此后的李斯、贾谊、晁错、张衡等,魏晋之际的曹氏父子、建安七子、竹林七贤等,南北朝时期的王谢文学世家及庾开府、鲍参军等,唐诗巨匠李、杜、白及唐宋八大家,还有辛弃疾、陆游等,哪一个是单纯的文学家?哪一个不是抱定治国安邦的远大理想立志有一番作为的人?李白吟着“仰天大笑出门去,我辈岂是蓬蒿人”的诗句上长安的时候,恐怕并不是仅仅想当一个诗人。苏东坡进呈《上神宗皇帝万言书》的时候,恐怕他的志向并不仅仅在于文学。辛弃疾吟唱着“醉里挑灯看剑”,心头难以泯灭的志向还是报国。《三国演义》的作者罗贯中生在元末乱世,始志并不是写小说,有人说他当时是“有志图王者”。由于中国古代是这样的文化背景,中国古代文学家的队伍中是这样的一帮人物,他们的作品中表现出强烈的救世意识就是必然的了。《红楼梦》的作者曹雪芹穷困潦倒,没有施展政治才能的机会与条件,但他仍然没有放弃救世的心愿。第一回中写女娲炼石补天剩下的那块石头,“因见众石俱得补天,独自己无才不得入选,遂自怨自愧,日夜悲哀”,这是曹雪芹以这块石头自比,表现出不能救世的无奈。古代文学家的这

① 《华盖集续编·马上支日记》,见《鲁迅全集》第3卷,人民文学出版社,1981年版。

种救世意识，一直影响到现当代。鲁迅由原来的学医改学文学，是因为他觉得医生只能医人身体，而文学可医国民的灵魂，可见他从事文学创作正是由于一种强烈的救世意识的驱动。

四、哀民

中国传统文化中的一个重要内容是民本思想，在文学上的表现就是近几十年大家常论及的人民性问题。儒家学说中的民本思想是其最可贵的部分。孔子提倡仁政，认为应当“节用而爱人，使民以时”①，反对横征暴敛的苛政。孟子明确提出“民为贵，社稷次之，君为轻”②的见解，认为统治者得民心则得天下，失民心则失天下，他说：“桀纣之失天下也，失其民也；失其民者，失其心也。得天下有道，得其民，斯得天下矣。”③不仅儒家有民本思想，其他各家也都有民本思想。老子说“民不畏死，奈何以死惧之”，也表现了对于民众的力量与精神的肯定。墨子提出“兼相爱，交相利”④的主张，反对那种“暴夺民衣食之财”⑤的害民行为。后世一些盛世开明之君慑于民众的威力，也间或实行一些利民政策，如唐太宗听从魏徵关于民如江海之水，可以载舟亦可覆舟的谏言，采取了一些使民众休养生息的政治措施。历代文学作家受传统的文化思想的支配，其作品中必然表现这样的思想感情。哀民的内容，一是对民众疾苦的同情和怜悯。民众的疾苦有来自自然的天灾、洪水、瘟疫等，也有来自社会的官府搜刮、豪强侵夺和战乱蹂躏等，历代作家的作品中常写到这些内容，表现出深切的关注。二是表现民众的社会理想和生活要求，如减轻赋税、政治清明、社会安宁等。三是对民众中一些落后、愚昧、丑恶的东西的揭露和批评，如对某些不良习俗、野蛮现象、残暴行为等的揭露与批评。历代的许多优秀作品，往往是那些人民性强的作品。《诗经》里的名作如《硕鼠》《七月》等；唐代杜甫的“三吏”“三别”

---

① 《论语·学而》。
② 《孟子·尽心下》。
③ 《孟子·离娄上》。
④ 《墨子·兼爱下》。
⑤ 《墨子·辞过》。

等;还有宋元明清的大量诗作,以及小说戏曲中那些反映民众疾苦的内容。这种传统也影响到现代和当代,鲁迅描写了一个普通国民的形象阿Q,对他的态度就是“哀其不幸,怒其不争”。

五、崇义

在中国古代的传统文化中,义是非常重要的一项内容。在封建社会的思想体系中,义表现为一种社会理念和道德原则。在很多情况下,义还是判断是非与善恶的标准。义的含义非常复杂,不同的时代有不同的理解,而且同一时代不同阶层中的人们也会有不同的理解。在儒家的思想体系中,义占有重要的地位。孔子主张的核心是仁,但他对义也有论述,如“君子义以为上”①“君子喻于义,小人喻于利”②等。孟子思想的核心是义,他的著名的观点就是“舍生取义”。值得注意的是,封建时代上层统治者和下层普通民众对于义的理解有很大差异。统治者最热衷宣扬的理想道德是忠,而普通民众最崇尚的理想道德是义。历代民众造反称为起义或举大义,英雄好汉称为义士,做好事称为见义勇为。对那些舍己救人、抑强扶弱、路见不平拔刀相助的种种行为及那些奇人奇事等,都加上一个义字,如义侠、义仆、义丐,还有义马、义虎、义犬等,一些救苦救难的设施称为义庄、义田、义学等。古代文学作品推行封建教化,以宣扬忠孝节义为主要内容,其中对义最为推重。历代历史长篇章回小说多称为“演义”,而不叫“演忠”。明清时期出现的大量武侠小说也多标榜“义”,如《三侠五义》《小五义》等。《水浒传》又称《忠义水浒传》,其实里面以张扬义的内容为主。小说戏曲作品中颂扬的那些英雄豪杰,他们最闪光的品质是义,其中虽然也颂扬忠,但在很多情况下,在忠与义相矛盾相冲突的时候,作者往往肯定了义。如《三国演义》中关云长义释曹操的行为,对于刘备政治集团来说不能算忠,但作者却给予了肯定。直到现在,仍然沿用义这个概念来表述某些英雄行为,如设立“见义勇为奖励基金”,这一事例反映了中国古代传统中崇义的文化精神,在

---

① 《论语·阳货》。
② 《论语·里仁》。

当代仍然显示出一定的影响。

六、养性

养性即涵养德性之意。中国古代文学的这一传统,也与中国文化精神交融在一起。封建时代占统治地位的意识形态,所肯定的人生理想是修身、齐家、治国、平天下,即所谓"修齐治平",其中首要的和基本的是修身。这种观念反映在文学方面,则使文学创作活动不可能不带有修身养性的功能。前面所说的载道、教化、救世、哀民等,可以说是文学艺术的外作用,而这里所谓养性则是文学的内作用。历代许多作家进行文学创作活动,有些以实现外作用为目的,有些则以实现内作用为目的。如陶渊明的田园诗、饮酒诗,谢灵运等作家的山水诗,就是这类作品。唐以后许多作家写作诗词小说戏曲,常常自我标榜为"自娱",有些文人在半生仕宦退归林下之后,便开始从事文学写作或学术研究,自谓是"以著述自乐"。文学作家在自娱自乐的时候,他们也往往受其思想观念的支配,自觉地承担着教化、救世的责任,自觉地表达着哀民的情感和崇义的精神,但同时也常常是表达自己的内心世界,抒发自己个人的怀抱。他们在经历了世间的大悲苦、体验了人生的大烦恼之后,转而在吟咏山水、叙写故事的时候,寻求个人和社会、个人和他人、个人和自然的融洽与和谐。这样的作品的内容,有作者对自己为人处世的自我约束,也有作者对自己心态与情感的自我调适,并在这种自我约束、自我调适中获得快乐与满足。李卓吾有一段著名的话说:"且夫世之真能文者,比其初皆非有意于为文也,其胸中有如许无状可怪之事,其喉间有如许欲吐而不敢吐之物,其口头又时时有许多欲语而莫可所以告语之处,蓄极积久,势不能遏。一旦见景生情,触目兴叹,夺他人之酒杯,浇自己之垒块,诉心中之不平,感数奇于千载。既已喷玉唾珠,昭回云汉,为章于天矣。"①这段话常被后人引用,说明有些文人为自抒胸臆而进行创作的情形。

---

① 《焚书·杂述》。

七、言情

追溯中国文化的渊源,历史上很早就有言情的传统。先秦诸子的著作中,情不是单指爱情,而是指人的情感、情绪。《荀子·正名》云:“性之好、恶、喜、怒、哀、乐谓之情。”《礼记·乐记》中说:“情动于中,故形于声,声成又谓之音。”孔子编定《诗经》,最早肯定诗歌的抒情特征。《毛诗序》说:“诗者,志之所之也,在心为志,发言为诗。情动于中而形于言,言之不足故嗟叹之,嗟叹之不足故永歌之,永歌之不足,不知手之舞之足之蹈之也。”从先秦到两汉时期,对于情的认识出现了将情与理对立的观点。由于占统治地位的儒家思想体系的影响,中国古代文艺美学思想也就必然出现教化和言情并存或对立的状态。隋唐以后,关于言情的认识不断增添新的内容。到了明代中期以后,由于出现了反礼教、反传统的思想解放潮流,在文艺美学思想方面则出现了泛情论的倾向。所谓泛情论,是指把言情的一些观点扩展到更广阔的领域,从文学创作方面扩展到社会政治、人际关系、伦理道德等各个方面,用“情至”思想解释各种世间现象。如洪昇说“看臣忠子孝,总有情至”①,蒋士铨说“大凡五伦百行,皆起于情,有情者为孝子忠臣、仁人义士,无情者为乱臣贼子、鄙夫忍人”②等。人的情感和欲望原本属于心理学和生理学的范畴,而当涉及文艺创造过程及人同文艺、文艺同社会的关系时,人的情感和欲望的问题又必然进入美学的范畴。西方文艺美学或者强调“爱”,或者强调“性”,中国古代文学传统则强调情,这是由于中国同西方的历史文化传统及民族审美心理具有明显差异,中国式的言情分明带有中国特色。中国古代文论常常论及情,主张文学作品应当表现人的真情,应当以情感人,作品中的人物应当是富有真情实感的艺术形象。尽管各个时期不同的文学思潮在文学艺术的一些基本观点上有明显分歧,但在言情这个问题上则表现得大同小异。

---

① 《长生殿·开场》。

② 《香祖楼》第十出《录功》。

八、尚美

中国传统文化是非常崇尚美的。这里所说的美和当代美学所谓的美属于同一范畴,但其内涵却带有中国传统文化的特色。先秦时期的那些历史著作如《尚书》《左传》《国语》《战国策》等,理论与哲学著作如孔、孟、老、庄诸子文献等,以及李斯的《谏逐客书》、贾谊的《过秦论》、桓宽的《盐铁论》那样的政论文等,当代学者研究文学史时都把它们看作文学作品,是因为这些作品确实都具有文学美的属性。根据我个人的理解,这些作品的美主要体现在三个方面。一是形象之美。先秦时期的历史著作及后来《史记》那样的历史著作中有鲜明的人物形象,这和后来戏曲、小说、文艺散文那样的文学作品中的人物形象具有共性。如《左传》中的郑子产、宋襄公,流亡于列国的晋公子重耳及随从狐偃、介子推等,《国语》中的吴王夫差、越王勾践及范蠡、文种等,《战国策》中的苏秦、邹忌、冯谖、荆轲等,《史记》中的陈胜、吴广、刘邦、项羽、廉颇、蔺相如等。先秦史传著作及《史记》《汉书》那样的历史著作中的许多情节展现的人物形象鲜明生动,在一定程度上具有典型人物的典型性格,因此当代的文学史著作称这些历史著作为"史传文学",是有道理的。先秦诸子的政论类著作中穿插的一些小故事,里面也有不少生动的形象。二是趣味之美。重视趣味是中国古代文艺理论的一条重要的美学原则。前面所说的先秦诸子及后来的一些著名的政论文章,被称为文学作品的另一原因是它们都写得很有趣味。趣味可分为理趣和情趣。古代优秀的理论著作和政论文章,以及后来的许多哲理诗都富有理趣。宋代的包恢说:"状理则理趣浑然,状事则事情昭然,状物则物态宛然。"①理论著作或文章能写得有趣而不枯燥,这就能显示出文学性。中国古代诗歌既重视理趣,也重视情趣,这一点在古代大量的诗话著作中有许多论述。最重视趣味的是古代的戏曲。明代的戏曲评论家评价前人的戏曲作品,常常要肯定其富有趣味的

① 《答曾子华论诗》,见《敝帚稿略》卷二。

特点。如王骥德评论《拜月记》“时露机趣”①,汤显祖主张以“意趣神色为主”②,吕天成提出“别有机神情趣”③,都在“趣”的问题上表述了自己的见解。清初黄周星说:“制曲之诀,虽尽于‘雅俗共赏’四字,仍可以一字括之,曰‘趣’。古云‘诗有别趣’。曲为诗之流派,且被之弦歌,自当专以趣胜……知此者,可与论曲。”④综观诸家所论,他们或言情趣,或言机趣,都把有趣看成戏曲作品的灵魂,有之则灵动活现,无之则呆板干瘪。因此,有趣味确是中国古代文学史上的一条重要的美学原则。三是语言之美。这一点是每一个中国人深有体会的,也是世界其他国家的有识之士公认的。中国的文字本身是美的,中国古代各种文体的作品,其语言都是美的。前面所说那些政论文章和著作之所以算是文学作品,一个重要的原因是它们的语言美。中国古代作品的语言整齐、简练、节奏感强、生动传神,既具有形式之美,又具有意境之美,还具有神韵之美、音乐之美等。总之,中国古代文化中具有一种尚美精神,反映在文学艺术方面则形成一种贯穿古今的尚美传统。

以上八点,是我所认识的中国古代文学传统的主要的方面。当然也还有其他的内容,但总括起来最突出的还要数这八个方面。从宏观的角度考察中国古代文学传统,认识中国文学传统所表现与折射出来的民族精神,对于当代中国特色的社会主义文化建设,无疑具有借鉴的意义。同时还应当看到,中国古代文学传统还具有复杂性和延续性。所谓复杂性,是指在中国古代文学传统中,不仅有优秀的一面,而且还有落后和反动的一面。古代各个时期的文学作品,总是不能摆脱历史的和时代的局限性的阴影,总是要夹带或承载着旧时的丑恶,形成传统的负面遗存于后世。诸如在长期的封建主义意识形态主导作用之下,表现在文学作品中的愚忠愚孝观念,轻视妇女、轻视下层劳动者的统治阶级思想意识,及时行乐、玩弄女性的腐朽人生态度,以及宣扬宿命论、鬼神论等迷信愚昧思想观点的倾向,等等,在今天看来属于应当抛弃的糟粕。所谓延续性,

---

① 《曲律》杂论第三十九上。

② 《答吕姜山》,见徐朔方笺校本《汤显祖诗文集》卷四十七《答吕姜山》,上海古籍出版社1982年版。

③ 《曲品》卷上。

④ 《制曲枝语》。

是指中国古代的文学传统和古代各种文化思想、社会意识交织在一起，具有根深蒂固的特点，不会轻易地因一个时代的结束而消除。它总是要顽强地延续到以后的时代，成为新的历史时期时代精神的构成因素。古代文学传统中优秀的东西和反动落后的东西都具有这种顽强延续的力量。因此，我们今天考察中国古代的文学传统，要正视传统的延续性和复杂性，既不简单否定传统，也不粗暴割断传统，而应弘扬并继承传统中优秀的一面，舍弃或改造传统中反动落后的一面，以与时俱进的态度继往开来，推陈出新，繁荣当代社会主义的文学艺术，建设具有新的时代特色和生命活力的社会主义精神文明。

（原载《中州学刊》2003 年第 4 期）

中国古代文艺美学的泛情论倾向

人的情感和欲望原本属于心理学和生理学的范畴,而当涉及人的文艺创造过程及人同文艺、文艺同社会的关系时,人的情感和欲望的问题又必然进入美学的范畴。西方文艺美学强调“爱”,认为爱是文艺创造的重要内容和永恒主题,是影响审美心理、审美接受的重要因素。这种爱不单是指男女之间的情爱与性爱,而是有时扩展为对其他人、其他有生命的动物甚至对于自然、对于生活的爱,表现为突出的泛爱论倾向。弗洛伊德的学说则强调“性”,认为男女之间的性爱在人类的一切活动(包括文学艺术创造活动)中具有决定的意义,并从这一基本观点出发阐释各种社会现象,阐释文学艺术的特点和规律,表现为突出的泛性论倾向。中国古代文艺美学理论则强调“情”,这同西方美学思潮强调的爱与性有共同的层面,但由于历史文化传统和民族审美心理的差异,古代中国人所重视的“情”又分明具有本民族的特色。古代许多文论著作关于“情”有较详细的论述,反映在文艺创作、文艺欣赏、文艺的社会作用等方面。所谓的“情”也不单是指男女之间的爱情,而是扩展至人与人、人与自然、人与社会的广阔领域,表现为突出的泛情论倾向。这种倾向,在古代诗歌、戏曲理论中非常明显,构成中国古代文艺美学理论的重要内容。

一

当代在中国古代文学研究领域论及古代文艺美学理论中的言情思想,许多著作和文章都一致认为明代的汤显祖堪称代表人物。的确,汤显祖对于“情”的问题提出许多精辟见解,并形成比较完整的理论体系。在明代理学尚占优势地位的万历年间,汤显祖最先明确地举起言情的旗帜。相国张位曾劝他和其他理学名家一样设坛讲学，他回答说：“某与吾师终日共讲学，而人不解也。师讲性，某讲情。”①这件常被后人提起的事实，说明汤显祖把“言情”看得和理学家的讲学同样重要，对反映儒家正统思想的明代理学提出了挑战。汤显祖在《宜黄县戏神清源师庙记》中说“人生而有情，思欢怒愁，感于幽微，流乎啸歌，形诸动摇”②，肯定情是人所固有的客观存在，决定着人的情绪变化和精神活动；在《寄达观》中说“情有者理必无，理有者情必无”③，指出“情”和以封建礼教为中心内容的“理”处于对立的地位；在《耳伯麻姑游诗序》中说“世总为情，情生诗歌”④，在《复甘义麓》中说“因情成梦，因梦成戏”⑤，指出情是进行诗歌、戏曲创作最重要的动因。诸如此类的妙论，在《汤显祖诗文集》中不胜枚举，反映着汤显祖在当时具有惊世骇俗意义的文艺美学思想。

撰作《牡丹亭》是汤显祖集中表现其言情思想的具体实践。此剧开场云“世间只有情难诉”，即道出全剧的宗旨。剧中女主角杜丽娘是具有深情并以生命殉情的文学典型。汤显祖在《牡丹亭记题词》中说：“如丽娘者，乃可谓之有情人耳。情不知其所起，一往而深，生者可以死，死者可以生。生而不可与语死、死而不可复生者，皆非情之至也。”⑥这里提出的“情至”思想，是贯穿于全剧的基调。王思任《批点玉茗堂牡丹亭叙》指出，汤显祖一生所撰作的“四梦”，最得意的是《牡丹亭》，“其立言神旨：《邯郸》，仙也；《南柯》，佛也；《紫钗》，侠也；《牡丹亭》，情也。若士以为情不可以论理，死不可以尽情，百千情事，一死而止，则情莫有深于阿丽者矣”。此剧写杜丽娘因情而死，又为情而生，在情的支配下显示出对封建礼教的叛逆勇气和行动，作者的“情至”思想具体表现为用情之专、用情之深，以至于能够超越生死、感动幽冥。虚幻的构思和浪漫的手法，塑造出鲜活的人物形象，使此剧具有以情感人的艺术魅力，在当时及后世都产生了深

---

① 见陈继儒《批点牡丹亭题词》。又见吴吴山三妇评本《牡丹亭》卷首《还魂记或问》十七条云，汤显祖复罗洪先信中说：“师言性，弟子言情。”

② 《宜黄县戏神清源师庙记》，见徐朔方笺校本《汤显祖诗文集》卷三十四，上海古籍出版社1982年版。

③ 《寄达观》，见徐朔方笺校本《汤显祖诗文集》卷四十五，上海古籍出版社1982年版。

④ 《耳伯麻姑游诗序》，见徐朔方笺校本《汤显祖诗文集》卷三十一，上海古籍出版社1982年版。

⑤ 《复甘义麓》，见徐朔方笺校本《汤显祖诗文集》卷四十七，上海古籍出版社1982年版。

⑥ 《牡丹亭记题词》，见徐朔方笺校本《汤显祖诗文集》卷三十三，上海古籍出版社1982年版。

远的影响。

在汤显祖之后，关于言情的思想认识逐渐出现泛化的趋势。首先，汤显祖在戏曲创作上引发了言情的风气。潘之恒认为，汤显祖的戏曲创作实践开启了“人情之大窦”，“此一窦也，义仍开之，而天下始以无情者死也”。[①] 以汤显祖为代表的临川派，并不只是艺术风格相近的戏曲流派，而主要是以言情为旗帜的戏曲流派。属于临川派的剧作家吴炳所作粲花五种曲都极力模仿《牡丹亭》，其中《画中人》写郑琼枝离魂还魂、庾启叫画等情节，显然脱胎于杜丽娘和柳梦梅。剧中《示幻》一出借华阳真人之口说：“天下人只有一‘情’字，情若果真，离者可以复合，死者可以再生。”这和《牡丹亭》的主旨是十分一致的。明末的戏曲评论中也常见有人对汤显祖的言情观点予以附和或发挥。如张琦《衡曲麈谭·情痴寤言》说：“人，情种也；人而无情，不至于人矣，曷望其至人乎？情之为物也，役耳目，易神理，忘晦明，废饥寒，穷九州，越八荒，穿金石，动天地，率百物，生可以生，死可以死，死可以生，生可以死，死又可以不死，生又可以忘生，远远近近，悠悠漾漾，杳弗知其所之。”[②]这段妙语同汤显祖的有关言论可谓一脉相承。

明末清初的许多剧作家，都因受汤显祖的影响而明确标榜以言情为宗旨，并视其为戏曲创作在思想内容方面的重要原则。苏州派剧作家朱素臣的《秦楼月》传奇，也是典型的模仿《牡丹亭》的作品。吴绮为此剧写的序中说：“作者不言性而言情，此则玉茗文人夺烟花于南部、金荃才子擅月露于西昆者也。”吴绮本人也是戏曲作家，他既理解汤显祖的思想，也理解朱素臣的本意，因而对此剧的议论颇中肯綮。李渔为《秦楼月》作点评，称誉甚高，并赞赏剧中吕贯“始终不改初心，方为真正情种”[③]，他自己撰作《笠翁十种曲》时，也多将男主人公写成“情种”角色，如《慎鸾交》中的华秀、《比目鱼》中的谭楚玉等，并且得出“传奇十部九相思”[④]的著名论断。洪昇的《长生殿》写的是历史题材，也同样突出言情主旨，自序云“从来传奇家非言情之文不能擅场”，把“言情”主旨概括为戏曲创作的普遍规律。

---

① 《亘史》杂编卷二《瑾情》。

② 张琦：《衡曲麈谭·情痴寤言》，见《中国古典戏曲论著集成》第四册，中国戏剧出版社 1959 年版。

③ 《秦楼月》第二十八出《诰圆》。

④ 李渔：《怜香伴》末出下场诗，见《笠翁十种曲》。

同时，在小说、诗歌的写作与评论方面，言情的观点也更加普遍、更加明确。冯梦龙编撰《情史》，即以“情”定调，序中说：“天地若无情，不生一切物。一切物无情，不能环相生。生生而不灭，由情不灭故。四大皆幻设，惟情不虚假。”从这种认识出发，《情史》所收女子或为情痴情深，或为情怨情悔，皆围绕“情”字演绎出可歌可泣、可敬可爱的动人故事。明末清初言情小说的大量出现，与这一时期言情思潮之盛有密切关系。清代乾隆年间曹雪芹撰作《红楼梦》，第一回里也明确指出，此书“大旨不过谈情”。关于诗歌写作重视言情的言论甚多，比较突出的是一些评论家在看待前代或当代的诗歌作品时，以情之真、情之深作为品评的价值尺度。刘熙载说：“余谓诗或寓义于情而义愈至，或寓情于景而情愈深，此亦《三百五篇》之遗意也。”①焦循指出，诗的特点在于“不质直言之，而比兴言之；不言理而言情，不务胜人而务感人”②。袁枚则认为：“情从心出，非有一种芬芳悱恻之怀，便不能哀感顽艳。”③这些见解，影响着清代的诗歌创作，也影响着清代文论中美学思想体系的建立。

在言情的观点逐渐形成一种文艺思潮的过程中，情这一概念的内涵和外延都在逐步扩展。从内涵的角度来看，情从男女之间的爱情扩展为包括喜、怒、爱、恶、欲在内的人类其他各种情感；从外延的角度来看，情从恋爱范畴扩展至文艺创作、伦理关系、社会政治等广阔的领域。明清时期的一些剧作家、评论家关于言情问题的认识标新立异，比明代汤显祖提出的观点更加丰富，也更加深化了。清初周杲的《玉鸳鸯》传奇中，书生谢珍性好风流，怡情花柳，母亲让其父谢璧管教儿子，谢璧却和儿子大谈情欲之论，谢珍说：“爹爹所说情欲二字，原不曾讲错哟！大凡为圣为贤，忠臣孝子，也要有情之人才做得来。若说婚姻大事，若不从情字讲起，何以正人伦之始？”谢璧听罢称赞说：“快心论！不是迂儒行言。”④这实际反映了作者的观点，在当时有一定的代表性。洪昇的《长生殿》开场《满江红》云：“感金石，回天地，昭白日，垂青史。看臣忠子孝，总有情至……借太真外传谱新词，情而已。”这里既承袭了汤显祖的“情至”思想，又把情推及忠、孝等伦理道德方面，使“情”字包含了更深广的内容。

---

① 《艺概》。

② 《毛诗补疏序》。

③ 《随园诗话》卷六。

④ 《玉鸳鸯》第一出《溺爱》。

清代中期的蒋士铨,在言情问题上又有进一步的阐释。《香祖楼》第十出《录功》中,欲界天中执掌情关的帝释上场说:“万物性含于中,情见于外。男女之事,乃情天中一件勾当,大凡五伦百行,皆起于情。有情者为孝子忠臣、仁人义士,无情者为乱臣贼子、鄙夫忍人。”接着,他唱了一支【混江龙】曲子,对情的内容进行阐发。曲词云:“这情字包罗天地,把三才贯穿总无遗。”其意表明,情与宇宙同在,贯穿于天地人之间,天上的日月风雨,地上的山岳江河,人世的治乱安危,都是情的各种表现形态。作者用一连串的排比句,表述情对于宇宙间万物的巨大影响。所谓情光彩、情惨戚、情厚重、情活泼、情变换、情反复等,把情这种抽象的精神活动人格化了,又赋予它超人的造物功能。作者列举许多历史上的著名人物,作为情顺逆、情刚直、情友爱、情中伦、情结纳、情感戴的典型事例,大抵是说圣君贤臣、仁人志士都可以称为情之正,而暴君奸相、乱臣贼子则称为情之变。总之是说人都是有情的,只是这情有真假之别和邪正之分,同是父母所生的血肉之躯,而情的表现却有根本的不同。这段曲词洋洋洒洒,简直就是一篇关于情的论文。

从汤显祖到蒋士铨,我们可以看到明清时期的言情理论逐步泛化的轨迹。

二

历史上任何一种文学艺术现象和文艺思潮的出现都不是偶然的。丹纳的《艺术哲学》中论及艺术品和艺术家的产生,特别强调时代的精神和风俗概况的影响。他说:“由此我们可以定下一条规则:要了解一件艺术品,一个艺术家,一群艺术家,必须正确地设想他们所属的时代精神和风俗概况。这是艺术品最后的解释,也是决定一切的基本原因。这一点已经由经验证实;只要翻一下艺术史上各个重要的时代,就可看到某种艺术是和某些时代精神、风俗概况同时出现、同时消灭的。”①这里指出的是文学艺术的普遍规律。由此考察明代中期以后文艺美学的泛情论倾向,它同中国历史上的时代精神及文化风俗背景都有密切的关系。

---

① 丹纳:《艺术哲学》,傅雷译,人民文学出版社 1963 年版。

追溯文化发展的渊源，中国历史上本来早有重情的传统，而且对情的解释本来就存在着一定的模糊性。先秦诸子的著作中，情的本义并不是单指爱情，而是指人的情感、情绪。《荀子·正名》云："性之好、恶、喜、怒、哀、乐谓之情。"《乐论》篇又云："夫乐者，乐也。人情之所必不免也。"《礼记·乐记》论述音乐说"情动于中，故形于声，声成又谓之音"，又说"反情以和其志"，和荀子一样，把音乐的产生同人之情紧密联系在一起。《孟子·滕文公上》云"夫物之不齐，物之情也"，又把情引申为物的本性。可见，这时关于情的概念，已经具有非常丰富的内涵了。孔子编辑《诗经》，最早肯定了诗歌的抒情特征。《毛诗序》云："诗者，志之所之也，在心为志，发言为诗。情动于中而形于言，言之不足故嗟叹之，嗟叹之不足故永歌之，永歌之不足，不知手之舞之足之蹈之也。"这段话常被后人引用，它代表着中国古代诗歌美学的核心观点。其实这一观点出自《尚书·尧典》中"诗言志，歌永言，声依永，律和声"等语。这说明在先秦文化中，情与文学艺术的关系已是人们关注的论题，有关论述已带有鲜明的民族文化的烙印。

秦到两汉时期，对于情的认识已开始出现将"情"与"理"对立的观点。秦汉之际成书的《礼记·礼运》说："何谓人情？喜、怒、哀、惧、爱、恶、欲。七者弗学而能。何谓人义？父慈子孝，兄良弟弟(悌)，夫义妇听，长惠幼顺，君仁臣忠，十者谓之人义。"这里把情和义归于两个体系中，是后来形成的儒家思想的重要内容。汉代董仲舒提出"罢黜百家，独尊儒术"，确立起儒家思想的统治地位。东汉班固等撰著《白虎通义》云："情性者何谓也？性者，阳之施；情者，阴之化也。人禀阴阳气而生，故内怀五性六情。情者，静也，性者，生也，此人所禀六气以生者也。故《钩命决》曰：情生于阴，欲以时念也；性生于阳，以就理也。阳气者仁，阴气者贪，故情有利欲，性有仁也。"这里把"五性"——仁、义、礼、智、信概括为封建道德的最高典范，是万善之源，而把"六情"——喜、怒、哀、惧、爱、恶概括为贪婪利欲的表现，是万恶之源，为儒家"存天理，灭人欲"的思想准则作出理论的解释。

在儒家思想占统治地位的文化背景下，中国古代文艺美学思想一开始就出现"教化"和"言情"两种观念并存和对立的状态。《诗经》所选诗歌作品本来是具有明显的抒情特征的，《毛诗序》在肯定诗歌的言志抒情功能的同时，更强调了诗歌的教化功能，指出："风，风也，教也。风以动之，教以化之。""故正得失，动天地，感鬼神，莫近乎诗。先王以是经夫妇，成孝敬，厚人伦，美教化，移风俗。”汉代以后，随着儒家在思想领域统治地位的巩固，这种观点成为古代文艺思想中的一条重要原则。到了唐代韩愈进一步提出“文以明道”、宋代理学大师周敦颐提出“文以载道”的经典式命题之后，以文学推行教化成为诗文及戏曲、小说共同遵守的自觉的使命。

由于自身的规律，文学艺术不可能一直温驯地充当处于统治地位的思想理念的奴才。文学艺术作品是人创作出来并由人来阅读观赏的，文学艺术作品的内容是表现人的社会生活和思想情感的，在创作主体、表现对象、接受对象三者之间，贯穿着具有七情六欲的活生生的人的活动。因此，随着文学艺术自身品格的独立，它必然要冲破儒学理念的束缚，改变单纯宣扬“教化”的倾向，突出表现“言情”的倾向。到了魏晋南北朝时期，中国文学史的发展进入新的历史阶段。在魏文帝曹丕在位时，文学概念的界定和理论的创立都比前代有重大突破，正如鲁迅所说这是一个“文学的自觉时代”①。此后，在“教化”与“言情”问题的认识上不断提出一些新的见解。陆机撰作《文赋》中说“诗缘情而绮靡，赋体物而浏亮”，《思归赋》说“悲缘情以自诱，忧触物而生端”，以“缘情”的概念表述文学艺术的创作过程和心理结构，在中国古代文艺美学发展史上，可以说具有划时代的意义。刘勰的《文心雕龙》是古代文学理论成熟的标志，其中关于“言情”进一步阐发了陆机的观点。《明诗》篇中说“诗者，持也，持人情性”，又评论晋代以来文人的诗歌创作时说“情必极貌以写物，辞必穷力而追新”，对这一时期诗歌作品的抒情特征给予高度评价。刘勰重视情感在文学创作过程中的作用，比较科学地阐述情与理的关系，主张建立一种情理结合、情理平衡的境界。《物色》篇云：“春秋代序，阴阳惨舒，物色之动，心亦摇焉……情以物迁，辞以情发。”《体性》篇云：“夫情动而言形，理发而文见，盖沿隐以至显，因内而符外者也。” 又《情采》篇云：“文采所以饰言，而辩丽本于情性。故情者文之经，辞者理之纬；经正而后纬成，理定而后辞畅。此立文之本源也。”这些论述，反映了文学创作的本质特征，触及文学理念的根本问题，若作为一种新的文论体系来看尽管还比较粗疏，但它毕竟为当时的文坛重新审视文学的概念提供了新的思

---

① 《而已集 · 魏晋风度及文章与药及酒之关系》，见《鲁迅全集》第 3 卷，人民文学出版社 1981 年版。

路。钟嵘在《文心雕龙》的理论基础上则又提出新的主张,《诗品序》说:“气之动物,物之感人,故摇荡性情,形诸舞咏。”钟嵘不赞成作诗堆砌典故,认为:“吟咏情性,亦何贵于用事?”同时他还提出“滋味说”,这和“吟咏情性”的观点互相映照,形成了钟嵘具有独到见解的文艺审美理论。

隋唐以后,关于“言情”的认识不断增添新的内容。唐代大量出现的抒情诗是言情观念的成功实践,如李白、李贺、李商隐的许多作品都是自抒胸臆之作,流泻着生命的真情,体现着刘勰“辞以情发”和钟嵘“吟咏情性”的精神。白居易关于言情的认识更为深刻。他说:“感人心者,莫先乎情,莫始乎言,莫切乎声,莫深乎义。诗者,根情,苗言,华声,实义。”①又说:“大凡人之感于事,则必动于情,然后兴于嗟叹,发于吟咏,而形于诗歌矣。”②这些论述,把情看作诗歌创作的根本,强调了诗歌的情感特性,是他对诗歌理论的重要贡献。同时,白居易也认为诗歌应当具有理性,并能体现讽喻与教化的作用,把文学艺术活动同政治及世俗联系起来,他说:“乐者本于声,声者发于情,情者系于政。盖政和则情和,情和则声和,而安乐之音由是作焉。政失则情失,情失则声失,而哀淫之音由是作焉。斯所谓音声之道与政通矣。”③这里,白居易表现了他关于情与理应当统一的见解。唐末释皎然论诗,主张“直于情性”④,司空图认为“情性所至,妙不自寻”⑤,都特别强调了诗歌创作的缘情功能。宋代是理学盛行、封建思想禁锢比较严重的时期,文人“以文字为诗,以议论为诗,以才学为诗”的现象比较突出,但关于言情的认识仍然不断出现新的观点。具有代表性的论述是严羽的《沧浪诗话》,其中明确指出“诗者,吟咏情性也”⑥,同魏晋以来有关言情理论的基本见解是一致的。

明代理学继承宋代理学传统,在宣扬封建礼教、坚持儒学传统、实行思想统治方面具有根深蒂固的势力。但是随着历史的演进和社会的发展,从明代中期起出现了反礼教、反传统的思想解放潮流。在思想领域情与理两种观念的冲

① 《与元九书》。
② 《策林》第六十九。
③ 《策林》第六十四。
④ 《诗式》。
⑤ 《诗品》。
⑥ 《沧浪诗话·诗辨》。

突，以及表现在文艺美学范畴的泛情论倾向，是在这种思想解放潮流的文化背景下发生的。泛情论倾向对前代关于言情的一些基本观点予以继承，又在新的历史时代增添了新思潮的成分，反映着新的历史时期的时代精神和社会风俗的某些特点。

三

联系中国古代文艺美学思想发展的历史背景和明代中期以后的社会现实进行概略的考察，泛情论倾向的理论意义和思想价值突出地反映在三个主要问题上。

第一，从文艺反映社会生活的功能方面来看，泛情论倾向表现为对人性和人的生命意识的张扬。

汉代以后占统治地位的儒家思想体系，是以压制人的自然天性、强化人的伦理观念为基本特征的，简言之就是以理制情，以性制欲。在这种基本思想指导下，历代统治者极力建立起完整的宗法制度、礼教秩序和道德规范，所谓“君君臣臣父父子子”，所谓“三纲五常”，所谓“非礼勿视，非礼勿听，非礼勿言，非礼勿动”等，都是扼杀人性的利刃和束缚生命的绳索。在文学理论上的“文以明道”“文以载道”等，都是在强调这种宣扬封建正统思想和伦理道德的教化功能。具体到戏曲创作上，元代夏庭芝《青楼集志》曾明确提出杂剧在表现“君臣、母子、兄弟、朋友”关系上，皆可以“厚人伦，美风化”；高明的《琵琶记》开场揭示此剧宗旨即标榜“不关风化体，纵好也枉然”；明初邵灿的《香囊记》和丘浚的《五伦全备记》都弹唱教化的高调，把戏曲作品变成了封建伦理的教科书。这样的作品中的人物形象承载着教化的使命，泯灭了人的自然天性的生命之光。

明代出现的思想解放潮流最重要的贡献就是呼唤人性的解放。王阳明鼓吹“心学”，还是一副理学的面孔，认为情欲是理性的障蔽，因而主张以理伐情，而王阳明学派的继承者，即被称为“左派王学”的王艮、颜钧、罗汝芳等人则反其道而行之，提出“认欲为理”“人欲非道”等观点，强调人欲的客观存在，认为人对自身欲望的追求具有天经地义的合理性。李贽更直截了当地指出：“穿衣吃饭即是人伦物理，除却穿衣吃饭，无伦物矣。世间种种，皆衣与饭类耳。”①甚至公开宣称：“成佛证圣，唯在明心，本心若明，虽一日受千金不为贪，一夜御十女不为淫也。”②这些言论可以说是赤裸裸的人性论主张。李贽把儒家经典的神圣教条世俗化，用吃饭穿衣和男女之欲这种最实在最普通的常识说出在人的本性问题上的至理名言。以此看待文学现象和评论文学作品，李贽认为文学反映人的基本天性是天经地义的，是文学创作的出发点和原动力。李贽并不反对文学的教化作用，只是认为那种外在的功利性必须通过言情来实现。关于诗歌创作，李贽指出：“声色之来，发于情性，由乎自然，是可以牵合矫强而致乎？故自然发于情性，则自然止乎礼义，非情性之外复有礼义可止也。”③关于戏曲创作也是如此，李贽批点张凤翼的《红拂记》时指出，传奇也像诗歌那样可以兴观群怨，“饮食宴乐之间，起义动慨多矣”④。就是说，诗歌或戏曲正是在表现人的情性、描写人的食色娱乐等日常生活中，产生对于人的精神的和审美的感化作用。

汤显祖在思想观念上非常推崇李贽，他的关于言情的鲜明观点及其在戏曲创作上的实践同李贽的思想非常一致。《牡丹亭》写杜丽娘生可以死、死可以生的真情，即以生动的人物形象展示人的天性。杜丽娘读《诗经》首章《关雎》，不由得废书而叹曰：“圣人之情，尽见于此矣，今古同怀，岂不然乎？……关关的雎鸠尚然有洲渚之兴，何以人而不如鸟乎？”⑤剧中写杜丽娘青春的觉醒和追求爱情的执着，体现了她强烈而鲜活的生命意识，反映了人性存在的合理性和必然性，其宗旨显然是对压抑人性的封建礼教的反叛，由此显示出明代中期以后思想解放的时代精神。陈继儒评点《牡丹亭》云：“夫乾坤首载乎《易》，郑、卫不删于《诗》，非情也乎哉！不若临川老人括男女之思而托之于梦……化情归性，虽善谈名理者，其孰能与于斯！”⑥此论切中《牡丹亭》的主题，也反映了陈继儒对汤显祖言情观点的认同。

第二，从文艺创作过程中作者和作品的关系来看，泛情论倾向表现为对作

---

① 《焚书》卷一《答邓石阳》。
② 见周应宾《识小编》引李贽语。
③ 《焚书》卷三《读律肤说》。
④ 《焚书》卷四《杂述》。
⑤ 《牡丹亭》第九出《肃苑》。
⑥ 陈继儒：《批点牡丹亭题词》。

者主体意识和主体情感的肯定。

文艺作品本来是客观现实在人的主观世界得到反映的精神产物，但在明代以前的文艺理论中对创作者的主体意识和主体情感论述得不够，没有形成比较完整的认识。随着明代思想解放潮流的兴起，在强调文艺作品应该表现人的自然属性和真实情感的同时，对作者的主体意识和主体情感的认识也逐步加深。李贽评论戏曲，认为剧中所写是人的真情性，而作者自己也是具有真情性的人，写作的过程也即作者情感宣泄的过程。他说："且夫世之真能文者，比其初皆非有意于为文也，其胸中有如许无状可怪之事，其喉间有如许欲吐而不敢吐之物，其口头又时时有许多欲语而莫可所以告语之处，蓄极积久，势不可遏。一旦见景生情，触目兴叹，夺他人之酒杯，浇自己之垒块，诉心中之不平，感数奇于千载。"①这段话对于表述作者的主体意识具有经典性的意义，其中"夺他人之酒杯，浇自己之垒块"一语常被人引用来自述创作意图。

汤显祖自谓"因情成梦，因梦成戏"，其实正是李贽这一观点的同义语，他创作《牡丹亭》也正是在借他人酒杯，浇自己垒块。汤显祖还提出文生于情的重要观点，即认为有情之人方能写出有情的人物和有情的文词。他评点董解元的《西厢记诸宫调》说："万物之情各有其志。董以董之情而索崔张之情于花月徘徊之间，余亦以余之情而索董之情于笔墨烟波之际。董之发乎情也，铿金戛石，可以如抗而如坠；余之发乎情也，宴酣啸傲，可以以翱而以翔。"②这里自谓他和董解元一样，都以自我的深情托于词曲。同时，他还在董《西厢》的批语中写道："闲点缀俯仰凭吊，情生于文。"汤显祖的观点受到后人重视，当代学者俞平伯先生作《杜丽娘赞》指出："情生文欤？文生情欤？吾不得而知之矣，吾得而见之矣。安见之？见之于《牡丹亭》也。夫玉茗堂天下之才也，以天下之才遇绝代之文，以绝代之文写惊人之艳，以惊人之艳遘至情之子，是文生情也；然而春花秋月，郁起无名，不得此一段至诚无奈之情，回肠而荡气，文章之形安从而定哉？又情先而文后也。"这里提出一个重要的命题，即作者之情和作品中人物之情的关系问题。究竟是情生文，还是文生情，其实这是相辅相成的两个方面。在明

① 《焚书》卷三《杂说》。

② 《董解元西厢题词》，见徐朔方笺校本《汤显祖诗文集》卷五十，上海古籍出版社 1982 年版。

代中期以后泛情论倾向普遍化的时期，这个问题已有明确的回答：必须首先是情生文，然后才可文生情。朱素臣《秦楼月》传奇写吕贯对陈素素情真意切，与《牡丹亭》同调，李渔在此剧第二十五出中有眉批云："文生于情，非情人决不能为文人。"即认为作者之情是使作品生情的决定因素。

第三，从文艺作品被社会大众欣赏或接受的方面来看，泛情论倾向表现为重视情趣的审美观念的确立。

明代中期以后关于言情问题的大量论述，在强调文学艺术表现人的真情、强调作者必须具有真情的同时，在作品和受众的关系上也十分重视情的作用。袁于令对此有一段名言："盖剧场即一世界，世界只一情人。以剧场假而情真，不知当场者有情人也，顾曲者尤属有情人也，即从旁之堵墙而观听者，若童子，若瞽叟，若村媪，无非有情人也。倘演者不真，则观者之精神不动；然作者不真，则演者之精神亦不灵。兹传之总评，惟一真字，足以尽之耳。"①这里讲到剧中之情、作者之情、演者之情和观者之情几方面的沟通，只有情真才是促成这种沟通并以此使戏曲显示出教化意义的重要因素。因为观众无论男女老幼，也都是活生生的富有情感的人，戏剧中所演故事与人物必须表现真情才能吸引打动他们。这可以说是明代末期初步形成的戏剧观众学的理论，其中涉及审美表现与审美接受等重要的文艺美学原则。

由于言情思潮对真情的推崇，在文艺作品给予接受对象的作用与影响方面，不少剧作家和曲论家提出了戏曲作品必须具有情趣的重要观点。明代中期何良俊称赞郑光祖的《㑇梅香》曲词"蕴藉有趣"②，王骥德评论《拜月亭》说它"时露机趣"③，汤显祖主张"以意趣神色为主"④，都在"趣"的问题上表述了自己的见解。吕天成在《曲品》卷上说"此中别有机神情趣，一毫妆点不来"⑤，更明确地把"情"与"趣"联系起来。清初黄周星指出："制曲之诀，虽尽于'雅俗共赏'四字，仍可以一字括之，曰'趣'。古云'诗有别趣'。曲为诗之流派，且被之

---

① 袁于令：《玉茗堂批评焚香记序》。

② 何良俊：《曲论》，见《中国古典戏曲论著集成》第四册，中国戏剧出版社1959年版。

③ 王骥德：《曲律・杂论第三十九上》，见《中国古典戏曲论著集成》第四册，中国戏剧出版社1959年版。

④ 《答吕姜山》，见徐朔方笺校本《汤显祖诗文集》卷四十七，上海古籍出版社1982年版。

⑤ 吕天成：《曲品》卷上，见《中国古典戏曲论著集成》第六册，中国戏剧出版社1959年版。

弦歌，自当专以趣为胜。今人遇情境之可喜者，辄曰'有趣！有趣！'则一切语言文字，未有无趣而可以感人者。"①李渔在《闲情偶寄》中单列"重机趣"一节，他说："'机趣'二字，填词家必不可少。机者，传奇之精神，趣者，传奇之风致。"②这些论述对于戏曲作品提出重视情趣的要求，正是从戏曲的观众的接受的角度来考虑的。在这个层面上，也显示出中国古代文艺美学关注现实的精神。

（原载《东南大学学报（哲学社会科学版）》2003 年第 3 期）

① 《制曲枝语》，见《中国古典戏曲论著集成》第七册，中国戏剧出版社 1959 年版。

② 李渔：《闲情偶寄·词曲部·重机趣》，见《中国古典戏曲论著集成》第七册，中国戏剧出版社 1959 年版。

干宝《搜神记》对后世小说戏曲的影响

干宝的《搜神记》是六朝志怪小说的代表作,在中国古代小说发展史上具有里程碑式的意义。它对于后世中国文学的发展有相当大的影响,尤其是对后世小说与戏曲的影响更大。在内容方面,《搜神记》记异志怪、谈鬼说狐的特点为后世志怪小说及笔记小说所仿效。在题材方面,《搜神记》中所写的不少生动故事为后世志怪小说集、小说汇编或类书收录,并且被宋元话本、明代拟话本、明清长篇章回小说及戏曲作品利用或改编。在艺术表现手法方面,《搜神记》叙写故事重视情节完整,略有曲折与波澜,能够运用细节描写与对话表现人物性格并塑造人物形象,叙事手法能够多样化,在散文中穿插诗歌或韵语等增强作品的文学性,这些都为后世各种形式的小说所继承并又有进一步的发展。

一、对晋代以后志怪小说的影响

在干宝之前,从汉代至西晋初年已出现了不少志怪类的文言小说,如东方朔的《神异经》、陈寔的《异闻记》、曹丕的《列异传》、王浮的《神异记》等,但其规模与成就还没有造成更大的反响。干宝《搜神记》的出现如奇峰突兀,在志怪小说的创作方面树起一座丰碑,是中国古代小说作为一种文体逐步走向自觉的标志性的开端。

干宝以后,大量的仿《搜神记》的志怪小说纷纷出现。署名陶潜的《搜神后记》是较早的对《搜神记》的续作,故又或称《续搜神记》。鲁迅说:“续干宝书者,有《搜神后记》十卷。题陶潜撰。其书今具存,亦记灵异变化之事如前记。

陶潜旷达，未必拳拳于鬼神，盖伪托也。”①尽管该书作者是否为陶潜尚不能确定，但《搜神后记》是直接由《搜神记》派生而来却是无疑的。两书的内容和编撰体例非常一致，以至于明代人辑录《搜神记》时把《搜神后记》中的一些篇目辑入，如《吴猛》《谢允》《术士戴洋》《吴望子》等十篇俱见于二十卷本的《搜神记》中。

南朝时，更多的志怪小说涌现出来，其中多有与《搜神记》相关联的痕迹。南朝宋时有《幽明录》（题刘义庆撰）是与《搜神记》的内容最为接近的志怪小说集。鲁迅说：“其书今虽不存，而他书征引甚多，大抵如《搜神》、《列异》之类。”②其中所写刘晨、阮肇入天台山采药遇仙的故事，竟被后人当作干宝的作品辑入《搜神记》中；《焦湖庙祝》原本就采自《搜神记》，明代二十卷本的《搜神记》却未收录③。出现这种情况，正说明《幽明录》与《搜神记》的相似性。南朝时有无名氏的志怪小说集《稽神异苑》，书名类似《搜神记》，其中蚕马、紫玉、韩冯夫妇三篇亦取自《搜神记》④。南朝宋著名的志怪小说集《齐谐记》，书名取庄子《逍遥游》中“齐谐者，志怪者也”之意，宗旨同于干宝，其中《董昭之》一篇即采自《搜神记》⑤。南朝梁吴均的《续齐谐记》又承继《齐谐记》，亦追步干宝，其中《燕墓斑狸》和《杨宝》二篇分别采自《搜神记》⑥。南朝刘之遴有《神录》，虽今已不传，但从鲁迅《古小说钩沉》中辑录的三条来看，其中一条写由拳县的传说，即采自《搜神记》⑦。

---

① 鲁迅：《中国小说史略》，《鲁迅全集》第 9 卷，人民文学出版社 1981 年版。

② 鲁迅：《中国小说史略》，《鲁迅全集》第 9 卷，人民文学出版社 1981 年版。

③ 明抄本《太平广记》收录刘晨阮肇故事，谓出自《搜神记》。《焦湖庙祝》见《太平寰宇记》卷一二六。当代汪绍楹校注本《搜神记》（《古小说丛刊》本，中华书局 1979 年出版，以下简称“汪校本”）将上二篇列入《搜神记佚文》。新版李剑国《新辑搜神记》（中华书局 2007 年出版，以下简称“李校本”）未收刘晨阮肇，而辑录了《焦湖庙祝》，改题为《焦湖庙巫》，见卷二。

④ 《稽神异苑》中的蚕马、紫玉、韩冯夫妇三篇，分别见于二十卷本《搜神记》卷十四、十六、十一，汪校本分别题为《女化蚕》《紫玉》《韩凭妻》，李校本《新辑搜神记》卷二十、二十三、二十五分别题为《蚕马》《紫珪》《韩凭夫妇》。

⑤ 二十卷本《搜神记》卷二十，汪校本题为《董昭之》，李校本《新辑搜神记》未收。

⑥ 二十卷本《搜神记》卷十八、卷二十，汪校本题为《张茂先》《黄衣童子》，俱注明据《续齐谐记》辑录。但吴均生活时代晚于干宝，当是《续齐谐记》采自《搜神记》。此二篇在李校本《新辑搜神记》中见卷十八、卷二十九，分别题为《斑狐书生》《杨宝》。

⑦ 二十卷本《搜神记》卷十三，汪校本题为《长水县》，李校本《新辑搜神记》卷二十七题为《由拳县》。

干宝的《搜神记》之所以能引起当时及其后的文人重视并起而仿效，大抵有两方面的原因。一是干宝本为历史学家，他继承了从先秦到汉代司马迁、班固等史家严谨持正的信史传统，他所撰作的《晋纪》当时被赞誉为“直而能婉，咸称良史”①。他的《搜神记》一书也采用史家记实手法，其中不少故事就是从《史记》《汉书》《三国志》等史书及《墨子》《吕氏春秋》《淮南子》等子书中选材而撰作的，并且自谓“若使采访近世之事，苟有虚错，愿与先贤前儒分其讥谤，及其著述，亦足以明神道之不诬也”②，即自认为是秉史笔而实录。因此，世人出于对史家史事的信赖心理，亦对其志异志怪的内容予以推崇。二是《搜神记》所述故事体现了劝善惩恶宗旨，这为自晋代以后传入中国的佛家思想体系提供了许多生动的实证，于是随着佛教思想的流行，《搜神记》一书也受到赞扬。南朝宋宗炳《明佛论》中说“干宝、孙盛之史，无语称佛而妙化实彰”③，这虽是就干宝的《晋纪》而言，但是也当包括干宝的其他著作。唐初高僧法琳《辩正论》卷六则云：“如干宝《搜神》、临川《宣验》及《征应》《冥祥》《幽明录》《感应传》等，自汉明已下，讫于齐梁，王公守牧、清信士女及比丘、比丘尼等，冥感至圣、目睹神光者，凡二百余人。”唐初另一位高僧道世所编《法苑珠林》卷八又说：“古今善恶祸福征祥，广如《宣验》《冥祥》《报应》《感通》《冤魂》《幽明》《搜神》《旌异》《法苑》《弘明》《经律》《异相》《三宝》《征应》《圣迹》《归心》《西国行传》《名僧》《高僧》《冥报》《拾遗》等，卷盈数百，不可备列，传之典谟，悬诸日月，足使目睹，当猜来惑。”从佛家这些代表性名著的议论来看，《搜神记》所述故事及所表现的思想具有弘扬佛法的功能，因而它在笃信佛教或受到佛教思想影响的广大民众及文士们中间广泛传播，也就是必然的了。晋代以后出现的几种道书类的《搜神记》异本，如北魏昙永的《搜神论》、唐代句道兴的《搜神记》、宋代流行的《搜神总记》等，就是这样明显带有宗教色彩的仿《搜神记》之作。

唐代以后，志怪小说的创作仍不断有新的发展，其中受《搜神记》影响的情况也屡见不鲜。唐末焦璐（一作潞）的《穷神秘苑》（又名《搜神录》）似有意模仿南朝无名氏的《稽神异苑》，而其中的篇目更多地取自《搜神记》，如《李娥》《戴

① 《晋书·干宝传》。

② 干宝：《搜神记序》，汪校本《搜神记》卷首，李校本《新辑搜神记》卷首。

③ 释僧祐：《弘明集》卷二。

文谋》等[1]。五代时徐铉有《稽神录》,明显地继承六朝时志怪小说手法,其中卷二《望江张令》一篇,就类似《搜神记》中的《秦巨伯》一篇[2]。宋代章炳文的《搜神秘览》明显仿效《搜神记》,其中卷上《王旻》一篇写西川费孝先故事,被辑入旧本《搜神记》[3]。南宋末出现的一种志怪小说名为《鬼董》(又名《鬼董狐》),显然是由干宝被称为"鬼之董狐"而来,其中所写故事谈鬼说怪也颇似《搜神记》。其他如南宋洪迈的《夷坚志》、郭彖的《睽车志》,明代瞿佑的《剪灯新话》、梅鼎祚的《才鬼记》,直到清代王士禛的《池北偶谈》、纪昀的《阅微草堂笔记》、袁枚的《子不语》、俞樾的《右台仙馆笔记》等,都与《搜神记》一脉相承。

晋代以后,《搜神记》不断地被历代各种大型类书收录,如《北堂书钞》《艺文类聚》《初学记》《太平御览》《太平广记》《册府元龟》《事物纪原》《事林广记》《记纂渊海》《玉海》《天中记》等。这说明,历代这些类书的编纂者都把《搜神记》看作是晋代以前各种神鬼异怪事件的重要来源,是正史之外的史料的重要组成部分。《搜神记》本身虽然曾经失传,但是其中绝大部分内容靠这些类书得以保存。明代胡应麟辑录而成二十卷本的《搜神记》,主要就是依靠这些类书,这个版本所包括的篇目虽然并不完全是干宝原著,但是它在保留与传承干宝《搜神记》的过程中毕竟发挥了重要作用。《搜神记》在历史上的佚而复得,散而复聚,表现出了强大的生命力,这正是它具有重大影响的结果。

《搜神记》中的故事在后世还常被一些志怪小说作家重新抄录或改写。明代文士纂辑的《绿窗女史》《剪灯丛话》《五朝小说》等都从《搜神记》中选取一些篇目,改换题名,辑录于书中。现以二十卷本《搜神记》统计,卷一《弦超》改题为《天上玉女记》,卷二《夏侯弘》改题为《夏侯鬼语记》,卷四《胡母班》改题为《泰岳府君记》,卷四《糜竺》改题为《糜生瘗恤记》,卷五《丁姑祠》改题为《丁新妇传》,卷五《赵公明参佐》改题为《乌衣鬼军记》,卷五《蒋山祠》改题为《蒋子文传》,卷十一《范巨卿张元伯》改题为《山阳死友传》,卷十一《三王墓》改题为《楚王铸剑记》,卷十四《女化蚕》改题为《太古蚕马记》,卷十六《紫玉》改题为《吴女

---

① 二十卷本《搜神记》卷十五、卷四,汪校本分别题为《李娥》《戴文谋》,李校本《新辑搜神记》卷二十一、卷六分别题为《李娥》《戴文谌》。

② 二十卷本《搜神记》卷十六,汪校本题为《秦巨伯》,李校本《新辑搜神记》卷十九亦题为《秦巨伯》。

③ 二十卷本《搜神记》卷三,汪校本题为《费孝先》,李校本《新辑搜神记》未收。

紫玉传》,卷十六《蒋济亡儿》改题为《泰山生令记》,卷十六《驸马都尉》改题为《秦女卖枕记》,卷十六《苏娥》改题为《苏娥诉冤记》,卷十七《度朔君》改题为《度朔君别传》,卷十八《张茂先》改题为《古墓斑狐记》,卷十九《李寄》改题为《东越祭蛇记》,等等。在抄录或改写的过程中可能有所附会或增饰,但基本上保持了《搜神记》原故事的情节和趣味。经过历史的沧桑和岁月的淘洗,《搜神记》原作的影响力一直与其魅力并存。

二、对唐宋传奇、宋元话本及明代拟话本的影响

如果说汉魏六朝的志怪小说是中国古代小说的萌芽,那么唐宋传奇则是中国古代小说走向成熟的标志。唐代传奇、宋元话本及明代的拟话本的发展,前代志怪小说可以说是一个非常重要的源头。唐代传奇和六朝志怪小说的关系最为密切。志怪小说叙写的故事,一般都是粗陈梗概,初具小说规模,到唐代传奇中进一步精致化、人情化,并且人物形象更为鲜明,情节发展更有起伏,因而小说的特征也更加突出。鲁迅《中国小说史略》说:“传奇者流,源盖出于志怪,然施之藻绘,扩其波澜,故所成就乃特异。”①这一论断非常精辟,已成为当代古代小说研究领域里的一条经典性的结论。宋元话本是用白话的语言形式面向大众讲述的底本,其故事性更强,其题材也更为广泛,罗烨《醉翁谈录》把宋代小说按题材进行分类,认为“有灵怪、烟粉、传奇、公案,兼朴刀、杆棒、妖术、神仙”②,其中灵怪、神仙等类题材的话本受六朝志怪小说的影响较为直接。明代拟话本是从宋元话本的基础上发展而来的,其中这一类题材的作品也间接地受到六朝志怪小说的影响。

干宝《搜神记》对唐宋传奇、宋元话本及明代拟话本的影响,首先表现在题材方面,新时期的小说形式不断从《搜神记》中选取素材进行加工或改编。唐代传奇中有不少故事来源于《搜神记》。沈既济的《枕中记》原本出自《搜神记》的《焦湖庙祝》一篇。《焦湖庙祝》写焦湖庙有一柏枕(或云玉枕),巫师引导贾客

① 鲁迅:《中国小说史略》,见《鲁迅全集》第9卷,人民文学出版社1987年版。
② 罗烨:《醉翁谈录》卷首《舌耕叙引》中“小说开辟”条。

杨林就枕入梦,梦中娶妻生子,经数十年富贵,“忽如梦觉,犹在枕旁”。沈既济的《枕中记》写卢生在邯郸道旅舍中由道士吕翁引导入梦,基本情节与《焦湖庙祝》相同,只是人物与地点有所变化而已。李公佐的《南柯太守传》见于二十卷本《搜神记》中的《审雨堂》①一篇,《审雨堂》写卢汾梦入蚁穴,见堂宇题额曰“审雨堂”,情节甚为简略。李公佐根据这一基本构思进行敷衍,成为一篇情节完整、曲折生动的传奇。宋元话本中,像《红白蜘蛛》《西山一窟鬼》《定山三怪》等篇,讲述妖怪神鬼之事,和《搜神记》中的许多故事同一类型,其中表现的惩恶扬善的主题和因果报应的观念等也非常相似。

明代拟话本的代表作“三言”中有些篇目也取材于《搜神记》。《醒世恒言》卷一《两县令竞议婚孤女》,取材于古籍记载的相类的事件,加以敷衍而成。八卷本《搜神记》卷五写赵仁美官蒲县令时将已去世的前任县令之女认作已女并资助其出嫁一事,应当也是来源之一。尽管八卷本《搜神记》不是干宝的原作,但是《醒世恒言》取材于此,也当是间接地受到《搜神记》的影响。《醒世恒言》卷六《小水湾天狐贻书》入话部分写杨宝救雀故事,出自《搜神记》②,并写杨宝生子杨震,后世果然世世三公,这又本于《后汉书·杨震传》,而《后汉书·杨震传》也当是采取了《搜神记》所记述的传说。《喻世明言》(《古今小说》)卷三十三《张古老种瓜娶文女》,写八十岁的种瓜张公娶了十八岁的文女并一同成仙而去的故事,直接的来源是《太平广记》卷十六所引《续玄怪录》中的张老故事,而进一步溯源则应是出自《搜神记》③。此篇写后汉雒阳人阳雍伯种石得玉并娶了徐氏女为妻,即后来的张老故事进一步改编的基础。

在写作特点方面,《搜神记》在叙述故事时穿插诗歌或韵语的做法,在唐宋传奇和宋元话本中被更广泛地采用并有进一步的发展。如《淮南操》中淮南王之歌,《丁令威》篇中的鹤鸣诗,《成公智琼》篇中弦超赠玉女诗,《苏韶》篇中的《死生篇》词,《紫珪》篇中韩重之歌,以及《阴生》《赤厄三七》《荆州童谣》《江南童谣》等篇中的民谣等。在唐宋传奇中这种现象非常普遍,如《莺莺传》中的

---

① 二十卷本《搜神记》卷十,汪校本题为《审雨堂》,李校本《新辑搜神记》未收。

② 二十卷本《搜神记》卷二十,汪校本题为《黄衣童子》,李校本《新辑搜神记》卷二十九题为《杨宝》。

③ 二十卷本《搜神记》卷十一,汪校本题为《杨伯雍》,李校本《新辑搜神记》卷八题为《阳雍伯》。

《会真诗》,《柳氏传》中的《章台柳》词,等等。而在宋元话本中,这种现象更加突出,以至于已成为一种惯例。如《碾玉观音》开头欲写咸安郡王游春,就连续列举了春词十余首;《定山三怪》中,全篇八千余字,竟然嵌入了二十余篇诗词和韵语。对这种现象追根寻源,实际上《搜神记》等志怪小说已开其端。

三、对历史小说《三国演义》的影响

《搜神记》对明清长篇章回小说有一定的影响,这主要表现在利用《搜神记》中的奇闻异事方面,其中以《三国演义》最为突出。

《三国演义》第一回《斩黄巾英雄首立功》写张角领导黄巾起义,当时有讹言曰"苍天已死,黄天当立;岁在甲子,天下大吉",即出自《搜神记》①。此谣语在《后汉书·五行志》等历史著作中也有记述,而《搜神记》的记述是比较早的。

《三国演义》第十一回《刘皇叔北海救孔融》,开头写糜竺向陶谦献破曹操之计,介绍糜竺时即引述了《搜神记》中的糜竺逸事②。这个故事在《三国志·蜀书·糜竺传》已有记述,《搜神记》比《三国志》记述的故事情节更完整,而《三国演义》中这段文字又有新的增饰。

《三国演义》第二十九回《小霸王怒斩于吉》,所写于吉故事出自《搜神记》③。其中写孙策下令把于吉缚于烈日下求雨、孙策照镜而于吉在镜中现身等情节,全同《搜神记》。

《三国演义》第三十五回《玄德南漳逢隐沦》,写司马徽对刘备说荆襄小儿谣言云"八九年间始欲衰,至十三年无孑遗",出自《搜神记》④。本篇所记童谣不止一条,并为《后汉书·五行志一》注、《三国志·刘表传》裴松之注所引录,而《三国演义》只选取其中最主要的一条。

---

① 二十卷本《搜神记》卷六,汪校本题为《赤厄三七》,李校本《新辑搜神记》卷十二亦题为《赤厄三七》。

② 二十卷本《搜神记》卷四,汪校本题为《糜竺》,李校本《新辑搜神记》卷七,亦题为《糜竺》。

③ 二十卷本《搜神记》卷一,汪校本题为《于吉》。《三国志·吴书·孙讨逆传》裴松之注中引录《搜神记》作"于吉"。李校本《新辑搜神记》卷二题为《干吉》。

④ 二十卷本《搜神记》卷六,汪校本题为《荆州童谣》,李校本《新辑搜神记》卷十二亦题为《荆州童谣》。

《三国演义》第六十八回《左慈掷杯戏曹操》，所写左慈故事，部分出自《搜神记》，其中写左慈在桌上清水盘中钓出鲈鱼及隐身于羊群中等情节，全同《搜神记》①。《后汉书·方术传》中也记载有左慈故事，由于《后汉书》成书晚于干宝，因此《搜神记》所记左慈事是后世附会的基础。《三国演义》本回写左慈有更多的铺张，当是以《搜神记》的记述为基础。

《三国演义》第六十九回《卜周易管辂知机》，所写管辂精通易卦占卜之术、能预知吉凶祸福的故事，当是出自《搜神记》中的管辂等二篇②。前一篇据《三国志·魏书·管辂传》裴松之注，知其原出自《管辂别传》；后一篇讲述赵颜求寿故事，原是出自《搜神记》无疑。《三国演义》介绍管辂的奇术时，详细地敷衍了赵颜求寿的经过，故事曲折生动，基本上保留了《搜神记》的情节和叙事特征。

《三国演义》第一百零六回《公孙渊兵败死襄平》，写公孙渊将败亡之前出现的三件怪异征兆，一是犬戴巾帻着红衣，二是饭甑中蒸死小儿，三是襄平北市地中生出奇异肉球。这三件事皆见于《搜神记》③。

《三国演义》第一百零八回《孙峻席间施密计》，写诸葛恪入朝之前家中黄犬衔其衣角，以及诸葛恪被孙峻杀害之后其府中婢女跃起大叫被杀的情节，都出自《搜神记》④。

《三国演义》是历史小说，叙事既遵依历史事实又多有虚构；《搜神记》是志怪小说，又自谓是以史家史笔来记异。二者都在历史和小说之间徘徊，因此《三国演义》非常关注《搜神记》中的野史史料，并写入书中，由此而增加了这部历史演义小说的传奇性和文学性。

---

① 二十卷本《搜神记》卷一，汪校本题为《左慈》，李校本《新辑搜神记》卷二亦题为《左慈》。

② 二十卷本《搜神记》卷三，汪校本题为《管辂（一）》《管辂（二）》，李校本《新辑搜神记》卷三题为《管辂筮怪》《北斗南斗》。

③ 二十卷本《搜神记》卷九，汪校本题为《公孙渊》，李校本《新辑搜神记》卷十五亦题为《公孙渊》。

④ 二十卷本《搜神记》卷九，汪校本题为《诸葛恪》，李校本《新辑搜神记》卷十五亦题为《诸葛恪》。

四、对清代文言小说《聊斋志异》的影响

清代蒲松龄的文言小说《聊斋志异》,是一千三百多年之后与干宝的《搜神记》遥相呼应的一部形神兼似的文言志怪小说集。甚至可以说,《搜神记》是晋代的《聊斋志异》,《聊斋志异》是清代的《搜神记》。蒲松龄本人就自与干宝相比,他在《聊斋志异·自序》中说"才非干宝,雅爱搜神",可见他是自觉地受到干宝的影响而创作《聊斋志异》的。

《聊斋志异》问世之后,与蒲松龄同时及其后的评论家谈起其作品,常把蒲松龄和干宝、把《聊斋志异》和《搜神记》相提并论。青柯亭刻本《聊斋志异》卷首赵起杲《例言》云:"先生是书,盖仿干宝《搜神》、任昉《述异》之例而作。"青柯亭刻本《聊斋志异》附蒲松龄之孙蒲立德跋语亦云:"此《山经》、《博物》之遗,《远游》、《天问》之意,非第如干宝《搜神》已也。"鲍廷博"题辞"云:"尘封《论衡》网《汲冢》,仆命董狐奴干宝。"①干宝曾被刘惔称为"鬼之董狐",因此,鲍廷博这里也把蒲松龄和董狐干宝并论。方浚颐又评论说:"独怪留仙有如许笔墨,乃不以诗古文辞传于世,仅托诸稗官小说家言,为鬼狐作南董,掩其沈博绝丽之才,而入于支离怪诞,此固大丈夫不得于时者之所为也。吾为留仙痛已。"②这里对蒲松龄有批评之意,亦有惋惜之情,把他的创作看作是干宝之所为。乾隆年间历城铸雪斋抄本《聊斋志异》卷首张笃庆题诗云"董狐岂独人伦鉴,干宝真传造化工";练塘渔人(张希杰)题诗云"干宝当年鬼董狐,巢居穴处总模糊";董元度题《贺新凉》词云"庄语难谐世,拂残编,《搜神》、《博物》,谈仙说鬼";卷末又附练塘老渔(张希杰)跋语云"昔阮瞻作《无鬼论》而鬼即来,干宝撰《搜神记》而神如在"。③ 道光四年(1824)刻《聊斋志异遗稿》本卷首段璪序云:"而假干宝《搜神》,聊志一生心血,欲以奇异之说,冀人之一览,其情亦足悲矣。"冯喜赓

① 见张友鹤辑校《聊斋志异会校会注会评本》卷首"各本序跋题辞",上海古籍出版社 1986 年版。

② 方浚颐:《梦园丛说》内篇卷二,据《申报馆丛书》本。

③ 见张友鹤辑校《聊斋志异会校会注会评本》卷首"各本序跋题辞",上海古籍出版社 1986 年版。

“题辞”云：“反复《拾遗记》，凌窜《搜神》篇。”①另外，孙锡嘏《读聊斋志异后跋》云：“爱干宝之《搜神》，真堪绝倒。”②这些评论总是在论及蒲松龄及其《聊斋志异》时提起干宝《搜神记》，足见二者确实有不解之缘。

《聊斋志异》中的有些篇目，其题材直接出自《搜神记》。《聊斋志异》卷一《宅妖》即出自《搜神记》的《鼠妇》③，只是干宝原作中是老鼠幻化作小人形，而蒲松龄笔下没有点明这些小人是鼠。《聊斋志异》卷四《小猎犬》写小武士、小鹰、小马、小猎犬等，也与《搜神记》中的《鼠妇》有一定的联系。《聊斋志异》卷一《种梨》原是出自《搜神记》中的《徐光》④。俞樾《春在堂随笔》云：“《搜神记》载吴时有徐光者，尝行术于市里，从人乞瓜，其主勿与，便从索瓣，杖地种之。俄而瓜生蔓延，生花成实，乃取食之，因赐观者。鬻者反视所出卖，皆亡耗矣。按蒲留仙《聊斋志异》有术人种梨事，即本此。乃知小说家多依仿古事而为之也。”⑤可见俞樾早就发现了这一点，今把《种梨》和《徐光》相对照，其基本情节是相同的，只是蒲松龄把干宝原作的种瓜改为种梨，其讽刺吝啬鬼的主题也是一致的。《聊斋志异》卷六《蕙芳》当是出自《搜神记》的《弦超》⑥。干宝原作中神女名成公智琼，下临凡间与弦超结为夫妇，而蕙芳是天上仙女，慧丽多情与智琼相同，而马二混的憨厚朴讷也和弦超相似，可见两篇故事的思路如出一辙。

当然，《聊斋志异》和《搜神记》虽然写同一个故事，其立意和手法也有明显的不同。干宝恪守史家笔法，重在记实；而蒲松龄叙写故事更注重表现人物，摹情造境更着意于修辞，是自觉的文学创作。但是，蒲松龄创作的基础是建立在志怪的基础之上的，和《搜神记》本质上是一致的。鲁迅评论《聊斋志异》说“用传奇法，而以志怪，变幻之状，如在目前”⑦，是中肯之语，因此《聊斋志异》比《搜神记》更成熟，也更富于文学性。

---

① 见张友鹤辑校《聊斋志异会校会注会评本》卷首“各本序跋题辞”，上海古籍出版社 1986 年版。

② 孙锡嘏：《读聊斋志异后跋》，见曲阜孔氏钞本《聊斋文集》卷末附。

③ 二十卷本《搜神记》卷十九，汪校本题为《鼠妇》，李校本《新辑搜神记》卷十九亦题为《鼠妇》。

④ 二十卷本《搜神记》卷一，汪校本题为《徐光》，李校本《新辑搜神记》卷二亦题为《徐光》。

⑤ 俞樾：《春在堂随笔》卷九，《笔记小说大观》第 26 册，广陵书局 1983 年版。

⑥ 二十卷本《搜神记》卷一，汪校本题为《弦超》，李校本《新辑搜神记》卷七题为《成公智琼》。

⑦ 鲁迅：《中国小说史略》，见《鲁迅全集》第 9 卷，人民文学出版社 1987 年版。

五、对后世戏曲的影响

从宋元杂剧直到明清杂剧与传奇，以及清代中期以后蓬勃兴起的地方戏，都大量地从古代小说作品中选取题材。《搜神记》中的许多故事既然多被后来的话本、拟话本及长篇章回小说利用和改编，它也是后世戏曲作品的重要源头。

元代关汉卿的代表作《窦娥冤》就取材于《搜神记》中的《东海孝妇》故事①。干宝写东海孝妇周青被冤杀，临刑时发誓言说“青若有罪，愿杀血当顺下；青若枉死，血当逆流”，并且“自后郡中枯旱三年”。又《搜神记》卷十四《淳于伯冤气》②写淳于伯被斩首后“血逆流上柱二丈三尺”，死后大旱三年。关汉卿就是依据这两则故事加以铺张，写成《感天动地窦娥冤》这样一部不朽的著名悲剧。剧中窦娥临刑前发下三桩誓愿，结果都一一应验，这就是以东海孝妇和淳于伯的原型故事为基础虚构而成的。后来，《窦娥冤》又被改编为传奇作品，有明末叶宪祖的《金锁记》（袁于令又改为《窦娥冤》传奇），清代后期陈宝和王曦又直接以东海孝妇周青的故事撰作成两种《东海记》传奇。《窦娥冤》在清代中期以后还被全国各地的各种地方戏曲改编，以至于家喻户晓、脍炙人口，这是《搜神记》的原作在后来最为普及的故事之一。

明代汤显祖的戏曲名著“临川四梦”中的《南柯记》和《邯郸记》，其故事也都源于《搜神记》。《南柯记》据唐代传奇《南柯太守传》改编，其原故事是《穷神秘苑》中的《审雨堂》，曾被二十卷本《搜神记》收录③。汤显祖改编时又有创新，鲁迅说：“明汤显祖亦本之作传奇《南柯记》。篇末言命仆发穴，以究根源，乃见蚁聚，悉符前梦，则假实证幻，余韵悠然，虽未尽于物情，已非《枕中》之所及矣。”④《邯郸记》据唐代传奇《枕中记》改编，其原故事是《搜神记》中的《焦湖庙

---

① 二十卷本《搜神记》卷十一，汪校本题为《东海孝妇》，李校本《新辑搜神记》卷八亦题为《东海孝妇》。

② 二十卷本《搜神记》卷七，汪校本题为《淳于伯》，李校本《新辑搜神记》卷十四题为《淳于伯冤气》。

③ 二十卷本《搜神记》卷十，汪校本题为《审雨堂》，李校本《新辑搜神记》未收。

④ 鲁迅：《中国小说史略》，见《鲁迅全集》第9卷，人民文学出版社1987年版。

祝》。汤显祖改编时大大丰富了前作内容,但因枕而入梦的基本梗概则是《搜神记》原有的。

《搜神记》中的《董永》①是又一个被戏曲改编的最为普及的故事。在宋元话本中把它改编为《董永遇仙传》之后,宋元南戏就有了《董秀才》《遇仙记》,明清传奇中又有《织锦记》《遇仙记》《天缘记》等。清代中期以后的各种地方戏又将它改编为《天仙配》,如山东梆子、河南梆子、黄梅戏等都有这个剧目,或者又名为《织黄绫》《张七姐下凡》,折子戏又有《麒麟送子》等。当代又被改编为电影戏曲艺术片《天仙配》,搬上银幕。原故事情节完整,董永与七仙女的形象生动感人,后世的戏曲作品改来改去基本上保留了原作的风貌。

(原载《信阳师范学院学报(哲学社会科学版)》2009年第5期)

① 二十卷本《搜神记》卷一,汪校本题为《董永》,李校本《新辑搜神记》卷八亦题为《董永》。

《聊斋志异》对《夷坚志》的模仿与变异

洪迈的《夷坚志》是宋代志怪小说的代表作。此书对于宋元话本、明代拟话本、元明清戏曲及文言志怪小说都产生了巨大的影响。蒲松龄的《聊斋志异》是文言志怪小说发展到清代出现的新高峰,它也明显地受到《夷坚志》的影响。但是,《聊斋志异》对《夷坚志》在模仿中有变异,在继承中有创新,在记异志怪类小说史上达到了新的高度。本文拟从三个方面略加探讨。

一、小说观念的继承与发展

《夷坚志》规模宏大,在宋代说部著作中仅次于《太平广记》。其原书据南宋陈振孙《直斋书录解题》所记有 420 卷,但在历代流传过程中有散佚,至民国年间涵芬楼编印的《新校辑补夷坚志》包括原集 180 卷及“志补”25 卷、“再补”1 卷,共为 206 卷;1981 年中华书局出版的何卓点校本增加“三补”1 卷,共为 207 卷。此书的写作前后历经 50 余年,为后世留下了一大批记异志怪小说的丰富遗产,同时在其作品与序文中也表现出系统的关于小说创作的观念。蒲松龄创作《聊斋志异》就深受《夷坚志》小说观念的影响并有所继承和发展。

洪迈把他的小说集取名为《夷坚志》,本身就明确标示出作者记异志怪的宗旨。夷坚原是传说中的人名,《列子·汤问》中说,溟海有鲲、鹏,“大禹行而见之,伯益知而名之,夷坚闻而志之”,于是后世就以夷坚为最早的志怪小说作者的代表。唐代有张敦素的《夷坚录》,或称为《夷坚集》,此书对洪迈有直接的启发。南宋时张端义《贵耳集》云:“宪圣在南内,爱神怪幻诞等书。郭彖《睽车志》始出,洪景庐《夷坚志》继之。唐已有此集三卷。”洪迈的《夷坚己志序》也说:“昔以‘夷坚’志吾书,谓与前人诸书不相袭,后得唐华原尉张慎素《夷坚录》，亦取《列子》之说，喜其与己合。”[①]这里“张慎素”当是“张敦素”之误，但据此可知洪迈此书的命名与前人同类作品的撰作宗旨是一致的。

关于夷坚其人，还有不同的说法。陈栎《勤有堂随录》在记述《夷坚志》之名出自《列子》之后又说：“夷坚即《左传》中所谓庭坚，即皋陶也。”[②]皋陶是舜时名臣，字庭坚；但《路史》又说皋陶是青阳氏裔，而庭坚是高阳氏子，皋陶与庭坚本是两人。说法既然已经不同，那么夷坚是否就是庭坚也就有了疑问。如今讨论《夷坚志》，还是按照一般的说法，认定夷坚是上古时一位善记怪异之士比较合适。

除了《夷坚录》，洪迈还提到多种前代志怪小说。《夷坚乙志序》中说：“夫《齐谐》之志怪，庄周之谈天，虚无幻茫，不可致诘。逮干宝之《搜神》，奇章公之《玄怪》，谷神子之《博异》，《河东》之记，《宣室》之志，《稽神》之录，皆不能无寓言于其间。”[③]《夷坚支癸序》又云：“整齐可玩者，若牛奇章、李复言之《玄怪》，陈翰之《异闻》，胡璩之《谈宾》，温庭筠之《乾膜》，段成式之《酉阳杂俎》，张读之《宣室志》，卢子之《逸史》，薛渔思之《河东记》耳，余多不足读。然探赜幽隐，可资谈暇，《太平广记》率取之不弃也。”[④]在前代这些志怪小说诸家中，洪迈特别推重段成式，《夷坚辛志序》曾说，他曾“欲仿段成式《诺皋记》，名以《容斋诺皋》，后恶其沿袭，且不堪读者辄问，乃更今名”[⑤]。《诺皋记》或名《支诺皋》，也是记异志怪之作。从洪迈对于自己的这一文集命名的思路来看，他已明确认定了《夷坚志》一书属于志怪小说的基本特征。

《夷坚丙志序》云：“始予萃《夷坚》一书，颛以鸠异崇怪，本无意于纂述人事而及称人之恶也。”又云：“辄私自恕曰：‘但谈鬼神之事足矣，毋庸及其它。’”[⑥]《夷坚支丁序》则云：“稗官小说家言不必信，固也。”[⑦]这些地方，洪迈对于撰作

---

① 今中华书局本《夷坚志》无“己志”，此据赵与时《宾退录》卷八引，见何卓点校本《夷坚志》，中华书局1981年版。

② 见何卓点校本《夷坚志》附录，中华书局1981年版。

③ 见何卓点校本《夷坚志》，中华书局1981年版。

④ 见何卓点校本《夷坚志》，中华书局1981年版。

⑤ 今中华书局本《夷坚志》无“辛志”，此据赵与时《宾退录》卷八引，见何卓点校本《夷坚志》，中华书局1981年版。

⑥ 见何卓点校本《夷坚志》，中华书局1981年版。

⑦ 见何卓点校本《夷坚志》，中华书局1981年版。

此书的意图表述得非常明确，就是专意在记述鬼神一类的怪异传闻，而不在记述世间的真人真事；而对于所记之事，也不要读者信以为真。作者之意只在于“可资谈暇”，即作为茶余饭后的谈资，这实际上是认为他所写的故事具有开阔眼界的认知功能和调适性情的娱乐功能。但是，洪迈同时也强调这类记异志怪之作的“寓言”性质，即有作者的思想观念与审美情趣寓于其中，表现出对于世人的扬善惩恶的宗旨。因此，明代田汝成的《夷坚志序》指出：“凡所登录，皆可以惩凶人而奖吉士，世教不无补焉。”①对于此书的教化功能予以充分肯定。

洪迈还有一个重要的观点，是认为自己所撰作的志怪小说作品具有史书的性质，可以和司马迁的《史记》相媲美。《夷坚丁志序》谓《夷坚志》“琐琐从事于神奇荒怪，索墨费纸，殆半太史公书”。又说：“若太史公之说，吾请即子之言而印焉。彼记秦穆公、赵简子，不神奇乎？长陵神君、圯下黄石，不荒怪乎？……善学太史公，宜未有如吾者。”②这里，洪迈自谓所撰《夷坚志》是善于学习太史公并能够继承《史记》史学精神的著作。他认为，从儒家的经典史书《春秋》三传开始，以及《史记》，都有记异志怪的内容，如帝王降生的神异表现，上天示警而出现灾变等异常征兆，以及世间发生的某些怪异现象等。从这个意义上看，志怪小说所记述的一些怪异之事并非全都是子虚乌有，其中不少是世间可能存在或者可能发生的。因此，《夷坚志》集中记述这一类传闻，也就在一定程度上弥补了史书之不足。

洪迈关于志怪小说的观念及所取得的成就，使他的《夷坚志》一书成为后世撰作此类小说的典范或样本。南宋末元初罗烨的《醉翁谈录》中谈到说话人应当具备的知识与技巧时，自谓“幼习《太平广记》，长攻历代史书。烟粉奇传，素蕴胸次之间；风月须知，只在唇吻之上。《夷坚志》无有不览，《琇莹集》所载皆通”③。这里以《夷坚志》和《太平广记》《琇莹集》并列，指出它是宋元之际说话人必读的重要著作。至清代仍然如此，蒲松龄撰作《聊斋志异》也是把《夷坚志》奉为圭臬的。他有《感愤》诗云：“漫向风尘试壮游，天涯浪迹一孤舟。新闻总入《夷坚志》，斗酒难消磊块愁。尚有孙阳怜瘦骨，欲从元石葬荒邱。北邙芳

① 见何卓点校本《夷坚志》，中华书局 1981 年版。

② 见何卓点校本《夷坚志》，中华书局 1981 年版。

③ 罗烨：《醉翁谈录》甲集卷一“小说开辟”，转引自《中国文学参考资料小丛书》第一辑。

草年年绿，碧血青磷恨不休。”①蒲松龄的友人曾有诗评论他的创作云：“传经十载笑齐伧，短发萧萧意气横。八斗雄才曹子建，三升清酒管公明。谈空误入《夷坚志》，说鬼时参猛虎行。咫尺聊斋人不见，蹉跎老大负平生。”②这两首诗中都提到《夷坚志》，正说明蒲松龄和他的友人都承认，《聊斋志异》和《夷坚志》之间存在着必然的联系，蒲松龄和洪迈在好奇尚怪的趣味上是一致的。

《聊斋志异》用“志异”命名，既取《夷坚志》《灵鬼志》《宣室志》《集异志》等书的“志”的意义，又取《集异记》《述异记》《旌异记》《录异记》《祥异记》《广异记》等书的“异”的意义。在承继前代志怪小说传统的问题上，蒲松龄和洪迈的立意与思路完全一样。洪迈自谓“颛在鸠异志怪”，“但谈鬼神之事足矣”，蒲松龄也专在“异”字上用力，其小说观念与洪迈大体相同，尤其是谈鬼与谈狐的那些内容，《聊斋志异》比《夷坚志》更加突出一些。清人论及《聊斋志异》，也总是把它和《夷坚志》加以比较。《聊斋志异》孔继涵序云：“洪迈《夷坚志》四百二十卷，今其书不完，每恨无以尽发倜傥诡异之观。阅《聊斋志异》，洋洋洒洒，数十万言……皆罕所闻见，而谓人能不异之乎？然寓言十九，即其寓而通之，又皆人之所不异也。不异于寓言之所寓，而独异于所寓之言，是则人之好异也。苟穷好异之心，而倒行逆施之，吾不知其异更何如也。”③这里指出《聊斋志异》所记内容既续《夷坚志》之异，又同《夷坚志》一样具有寓言的性质。

而且，洪迈自谓善学太史公，蒲松龄也是以司马迁自比的。《史记》中每篇人物传记之后大都有“太史公曰”，对历史人物及历史事件进行一番评论，表现出作者的历史观及史学观。蒲松龄的《聊斋志异》在各篇之末也大都有“异史氏曰”，这显然是模仿司马迁的史评做法，对他所描写的鬼狐怪异故事进行评议，表现出他对人物命运及现实问题的一些深入的思考。小说家而有史家观念，这也是蒲松龄和洪迈的一个重要共同点。

通过将《聊斋志异》和《夷坚志》进行比较，还可以看出蒲松龄对于洪迈的小说观念也有重要的发展。《聊斋》自序云：“集腋为裘，妄续《幽明》之录；浮白

---

① 蒲松龄：《感愤》，原题为《十九日得家书感赋，即呈刘子孔集、孙子树百两道翁》，见《蒲松龄集》，中华书局1962年版，上册。

② 转引自路大荒《蒲柳泉先生年谱》，见《蒲松龄集》附录，中华书局1962年版，下册。

③ 《微波榭遗书》本《杂体文稿》卷一。据朱一玄编《〈聊斋志异〉资料汇编》引，中州古籍出版社1985年版。

载笔，仅成孤愤之书。寄托如此，亦足悲矣。”①这里表达了蒲松龄关于他所著小说的两个重要观点。其一，《聊斋志异》是表现孤愤之书。蒲松龄自负异才，却多次赴科举而不利，胸中郁结着一团愤懑不平之情，便通过撰作志怪小说恣意抒发。所谓不平则鸣，作者腹中有不平之事与不平之气，则自然形诸笔端，此即他所谓的孤愤的含义。高凤翰的《〈聊斋志异〉题辞》云：“乃知先生‘生抱奇才不见用，雕空镂影摧心肝。不堪悲愤向人说，呵壁自问灵均天’。”②这是深知作者之论。《夷坚志》的作者洪迈出生于官宦之家，仕途大抵顺畅，他撰作志怪小说主要是为适性遂情而猎奇搜怪，同他相比，蒲松龄所著《聊斋志异》更突出地表现了作者的主体意识。其二，《聊斋志异》是含有寄托之作。蒲松龄对历史、现实与人生有深刻的思考，论人论事时有真知灼见，这些独具个性的思想与见解，便通过笔下的各种怪异故事和鬼狐人物形象表现出来，闪耀着智慧的醒世之论与哲理之光。作者所讲述的故事本身常常只是故意设置的躯壳，而所寄托的思想观点则是作品真实的内核。洪迈的《夷坚志》基本上以记事为主，较少个人思想的流露与发挥，同他相比，蒲松龄在《聊斋志异》中更充分地注入了作者的思想含量。以上两点，使《聊斋志异》呈现出有别于《夷坚志》的独到特色和超越《夷坚志》的不朽价值。

二、题材的借用与开拓

《夷坚志》和《聊斋志异》的内容都非常丰富，其题材的来源和获取故事的手段也非常相似。大体表现在两个方面：其一是作者本人对于奇闻异事饶有兴趣，留心记录，并且从前代记异志怪小说中提取素材，故事素材的积累日渐增多；其二是作者在本人的社交圈内广泛搜集，而四方熟人朋友等也积极给予提供，这更拓宽了故事的来源渠道。尤其是第二点，是作者获取故事的重要手段。洪迈在《夷坚乙志序》中说：“人以予好奇尚异也，每得一说，或千里寄声。”③《夷

---

① 张友鹤：《聊斋志异会校会注会评本》卷首，上海古籍出版社 1986 年版。
② 张友鹤：《聊斋志异会校会注会评本》卷首，上海古籍出版社 1986 年版。
③ 见何卓点校本《夷坚志》，中华书局 1981 年版。

坚丁志序》中借客人之口说："盖寒人、野僧、山客、道士、瞽巫、俚妇、下隶、走卒，凡以异闻至，不致诘。"①《夷坚支乙集序》说："群众姻党，宦游岘、蜀、桂，得一异闻，辄相告语。"②蒲松龄也正是这样，他在《聊斋》自序中说："才非干宝，雅爱搜神；情类黄州，喜人谈鬼。闻则命笔，遂以成篇。久之，四方同人，又以邮筒相寄，因而物以好聚，所积益伙（夥）。"③邹弢的《三借庐笔谈》说蒲松龄作《聊斋志异》时，"每临晨，携一大磁罂，中贮苦茗，具淡巴菰一包，置行人大道旁，下陈芦衬，坐于上。烟茗置身畔。见行道者过，必强执与语，搜奇说异，随人所知，渴则饮以茗，或奉以烟，必令畅谈乃已。偶闻一事，归而粉饰之"④。可见，这两位作者在设法搜集故事方面，都专心致志地投入，并取得了可观的收获。

蒲松龄在题材的来源问题上，不仅像洪迈那样借鉴前人同类著作并向当代人广泛搜集，而且更直接地借用了《夷坚志》书中的故事。这一情况，当代已有学者进行过对比与统计，如冯伟民先生的《〈聊斋志异〉本事琐证》⑤列举较详，《周贻白戏曲小说论集》中也有相关的内容⑥。但是，他们的罗列还未能十分完备，这里综合有关资料，按照铸雪斋抄本《聊斋志异》的篇目顺序简述如下：

1.卷一《尸变》写乡村某女尸的异常情况，与《夷坚甲志》卷十六《化成寺》写佛寺中某男尸的异常情况相似。

2.卷二《陆判》写十王殿判官为朱尔旦做换心术、为朱妻做换头术，与《夷坚丙志》卷四《孙鬼脑》写孙斯文梦中被人换头的情节相似，并借用《夷坚甲志》卷十九《邢氏补颐》中某名医为妇女邢氏做换颐（面颊）术的情节。《孙鬼脑》中谓孙斯文换头之后"赫然一土偶判官也"，是《聊斋志异》中《陆判》篇构思的依据。

3.卷二《莲香》写桑生与一狐一鬼女的恋情，与《夷坚志补》卷二十二《姜五郎二女子》写姜五与一狐精、一蛇妖相处的故事相似。

4.卷三《夜叉国》，据《夷坚甲志》卷七《岛上妇人》、《夷坚支甲志》卷十《海

---

① 见何卓点校本《夷坚志》，中华书局1981年版。

② 见何卓点校本《夷坚志》，中华书局1981年版。

③ 张友鹤：《聊斋志异会校会注会评本》卷首，上海古籍出版社1986年版。

④ 邹弢：《三借庐笔谈》卷六"蒲留仙"，《笔记小说大观》第二十六册，江苏广陵古籍刻印社1984年版。

⑤ 冯伟民：《〈聊斋志异〉本事琐证》，见《蒲松龄研究》1995年第2期；又《〈聊斋志异〉本事琐证续》，见《蒲松龄研究》1996年第1期。

⑥ 《周贻白戏曲小说论集》，齐鲁书社1986年版。

王三》、《夷坚志补》卷二十一《猩猩八郎》等篇情节加以改动重新编写。

5.卷四《小猎犬》写小武士、小马、小猎犬，当是依据《夷坚支丁志》卷二《盛八总干》所写微小骑士，以及《夷坚支癸志》卷七《光州兵马虫》所写微小如虫的骑兵，并加以附会。

6.卷四《蹇偿债》写王卓变驴还债，当是借用《夷坚丁志》卷十三《高县君》所写高指使其妻变骡还债的情节。

7.卷五《酒虫》，实为依据《夷坚丁志》卷十六《酒虫》一则改编。

8.卷六《大人》写李孝廉入山见长人的奇遇，实则脱胎于《夷坚乙志》卷八《长人国》和《夷坚丙志》卷六《长人岛》两篇。

9.卷六《八大王》写鳖报恩的故事，在《夷坚志》中有多篇，如《夷坚甲志》卷一《鳖报》、《夷坚丙志》卷五《鳖逐人》、《夷坚支丁志》卷十《潘元宁鳖梦》等，蒲松龄杂取各篇情节加以改造，重新进行构思而成新篇。

10.卷七《青娥》写少年霍桓用道士所赠小铲挖墙洞与青娥相会，与《夷坚志补》卷十九《猪嘴道人》写李巘得猪嘴道人所赠瓦片用来挖墙洞同某太守宠姬相会的情节雷同。

11.卷七《小翠》一篇中的部分情节，借用了《夷坚志补》卷十《崇仁吴四娘》的内容。

12.卷八《崔猛》篇借用了《夷坚支甲志》卷八《哮张二》篇中哮张二杀屠者朱四为丁二郎报仇的情节。

13.卷八《禽侠》写一大鸟杀蛇救鹳鸟的故事，基本上照搬了《夷坚甲志》卷五《义鹘》的情节。

14.卷八《藏虱》（铸雪斋本《聊斋志异》原缺此篇，据《聊斋志异》拾遗本补），与《夷坚支丁志》卷八《王甑工虱异》一篇的基本情节相同。

15.卷十《五通》写五通神四郎作祟，实即依据《夷坚丁志》卷十九《江南木客》改编，因为此木客中的一足者曰“独脚五通”，“名虽不同，其实则一”。《夷坚支癸志》卷三又有《独脚五通》一篇。《聊斋志异》所写五通作祟的情况大抵是据此两篇的内容改编。

16.卷十二《二班》写医士殷元礼为猛虎割嘴边赘疣并得虎报恩的故事，与《夷坚志补》卷四《赵乳医》篇中写赵十五嫂为母虎接生得虎报答的情节相仿。

17.卷十二《王桂庵》写王樨与船工之女相爱的故事，以《夷坚丁志》卷十三

《刘尧举》一篇为基本情节予以增饰而成。

在上述各篇中,《聊斋志异》借用《夷坚志》中的同题材作品并不是简单地照搬,而是在原故事的基础上进行了更多的创造或改变,在情节结构、人物设置及场景与细节描写等方面进行了创造性的开拓。具体做法有以下几种情况:

其一是《聊斋志异》借用《夷坚志》中的某一故事,对原故事发生的时间、地点及主要人物都作了很大的改动。如《夷坚志补》中《姜五郎二女子》所写姜五为建昌新城人,他遇二女故事发生在南宋光宗绍熙四年;而《聊斋志异》中《莲香》一篇所写桑生为沂州人,他遇二女故事虽未明确标示年代,但其背景似为明末清初。《夷坚支丁志》中《盛八总干》一篇写开封人盛挺寓居金坛县见小甲马一事在南宋绍兴十九年十一月十九日,《光州兵马虫》一篇所写小甲马一事也发生在南宋初建炎年间;而《聊斋志异》中《小猎犬》写某诸生见小甲马则发生在明末清初。《夷坚丁志》中《高县君》所写高指使及其妻向保义郎李琦借钱五万,事在南宋绍兴二十四年;而《聊斋志异》中《蹇偿债》写乡人王卓向李公借绿豆一石,其事亦在明末清初。蒲松龄不像洪迈那样对于时间、地点言之凿凿,这就拉近了所叙写的故事和当代读者之间的距离。

其二是《聊斋志异》借用《夷坚志》中的某一故事,同时还采用了《夷坚志》书中其他相关的故事,进行了综合性的再加工。如《聊斋志异》中《八大王》一篇,是据《夷坚志》中多篇与鳖相关的故事重新改编的。如《夷坚甲志》中《鳖报》一篇写承节郎怀某喜食鳖肉遭到报应,《鳖逐人》写陈棣梦中被鳖追逐而于次日买鳖放生,《潘元宁鳖梦》写潘某救一鳖放于河中而于次日梦鳖来谢。此外,《夷坚甲志》卷五《人生鳖》写某人喜食鳖肉而于皮肉间生一小鳖啮其肉致死;《夷坚丁志》卷二《二鳖哦诗》写鳖有灵性;《夷坚支戊志》卷五《鳖症》写某人皮下肿毒生一物如鳖之形;《夷坚补志》卷四《村叟梦鳖》写村叟某将一船鳖买下放生,梦见鳖来谢并保佑他既富且寿。蒲松龄把这些故事作为素材重新整合,编织成篇,集中表现鳖的灵异之性及为善得报、厚生得福的观念。

其三是《聊斋志异》借用《夷坚志》中的某一故事,同时还采用了其他前代志怪小说中的相关故事情节,进行嫁接或糅合,重新结构故事情节。如《聊斋志异》中《陆判》写朱尔旦之妻做换头术,除借用《夷坚丙志》中《孙鬼脑》和《夷坚甲志》中《邢氏补颐》两篇外,还借用了前人其他作品中的记述。如刘义庆《幽明录》记东晋义熙年间贾弼之于梦中被人换头①。又徐应楸《玉芝堂谈荟》卷十一"无头人织草履"一节引《广异记》也记述有两件事:一是唐肃宗时王穆为鲁炅部将,在作战时被敌方砍掉了头,部下士卒救他回去把他的头固定住用线缝连,后来恢复正常。二是唐天宝年间荥阳人郑会在同安禄山叛军作战时遭敌方杀害,他的家人找到他的尸首,运回去把头和脖颈对接缝合,后来也复原如常人。蒲松龄当是综合借用了这些故事,创造性地融入《陆判》一篇中。还有,《聊斋志异》的《大人》一篇,除借用《夷坚乙志》中的《长人国》、《夷坚丙志》中的《长人岛》外,也借用了前人其他作品。如邵伯温的《邵氏闻见前录》写其先公邵雍(康节)先生听一道人讲曾乘舟泛海遇见长人,并引录邵康节之语云:"四海之外,何所不有? 但人耳目不能及耳。"②《夷坚丙志·长人岛》一则云:"海于天地间为物最钜巨,无所不有,可畏哉。"③这和邵雍之语非常相似。另外,《聊斋志异》中《王桂庵》篇系借用《夷坚丁志》中《刘尧举》的本事,而明末冯梦龙编著的《情史》卷三"情私类"中亦有《刘尧举》一篇,比《夷坚志》的记述更为详细,也肯定给予蒲松龄更多的素材。《聊斋志异》中《八大王》一篇写鳖报恩的故事,除借用《夷坚志》相关篇目外,还借用唐薛渔思《韦丹》一篇④,此则故事写唐代江西观察使韦丹救一大鼋并得到此鼋的厚报,也给予了蒲松龄一定的启发。《聊斋志异》中《禽侠》一篇除借用《夷坚甲志》中《义鹘》的情节外,还借用董得镛、孔昭甫《可如之》卷一中《任侠》一篇。聂石樵先生说:"蒲松龄的描写与《可如之》中的记载更相近,写大鸟飙然而来,一击而去,来去神速,赞扬了它为被压迫者报仇的精神。"⑤

其四是《聊斋志异》仅仅是借用《夷坚志》某一故事的一段情节,而所写故事的主体部分基本上是重新结构,这使所借用的部分在新作中所占的比重很小。如《小翠》一篇中,写小翠本是狐女来王太常家报恩,嫁于痴公子为妻,并做出种种嬉戏耍闹及救免王家危难等情节,都是蒲松龄重新构思而创作的,其中只是写王公子"求良工画小翠像",后娶得新妇与小翠相貌全同,这一段情节是

---

① 《太平广记》卷三六〇"妖怪二"。

② 邵伯温:《邵氏闻见前录》卷十九。

③ 见何卓点校本《夷坚志》,中华书局1981年版。

④ 《太平广记》卷一一八"报应十七"。

⑤ 聂石樵:《聊斋志异本事考证》,见《蒲松龄研究集刊》第一辑,齐鲁书社1980年版。

借用了《夷坚志补》中《崇仁吴四娘》的内容。又如《崔猛》一篇中,写崔猛为人打抱不平的种种作为及与李申的交往等情节,都是蒲松龄重新构思而创作的,只是在写李申为仇氏报仇而杀王监生一家数口,不愿牵连崔猛,这一点与《夷坚支甲志·哮张二》篇中的情节相仿。《夜叉国》一篇借用的《夷坚志》中《岛上妇人》《海王三》《猩猩八郎》等篇,所写泛海者在海上遇见原岛上的土著居民或猩猩,而《夜叉国》改所遇对象为夜叉,也是全新的思路。这样的做法,使《夷坚志》中原故事的题材成为蒲松龄重新创作的素材或切入点,而在此基础上的改编则显示出《聊斋志异》的新贡献和作者的创作个性。

三、思想的创新与深化

《聊斋志异》以它深刻的思想性而在中国文学史上占有重要地位。这一特点在其取材于《夷坚志》的那些作品中也有突出的表现。

中国古代志怪小说多写鬼写狐,由来已久。从干宝的《搜神记》开始,那些鬼狐之类的形象大都是丑恶的、害人的,洪迈《夷坚志》中描写鬼狐类形象也大抵遵循古代的传统,极力写其丑恶凶残,让人戒惧。后来到了明末的不少志怪笔记小说中也同样如此。而在蒲松龄笔下出现了别开生面的转机,他在《聊斋志异》中对所写鬼狐形象刻意给予了美化与善化。鲁迅说:"明末志怪群书,大抵简略,又多荒怪,诞而不情。《聊斋志异》独于详尽之外,示以平常,使花妖狐魅,多具人情,和易可亲,忘为异类,而又偶见鹘突,知复非人。"①所谓美化,主要指在人物的外在形象与资质方面。《聊斋志异》中大量的鬼狐类女子都是绝色佳人,而且或者是聪慧过人,或者是爽朗活泼,其容貌与姿态令人赏心悦目,其智慧与敏捷令人兴乐忘忧,使得男见则爱,女见则怜。所谓善化,主要指在人物的思想品格与行为处事方面。《聊斋志异》中大量的鬼狐类女子都是善良贤惠的,她们对人扶危济困,排难解忧,具有忠诚正义、热心豪侠及感恩图报的品格,甚至在关键时刻表现出勇于牺牲的精神。个别男性狐仙形象如马介甫也是如此。而且,作者通过这些美好、善良的鬼狐形象,从深广的层面反映了当时的

---

① 鲁迅:《中国小说史略》,见《鲁迅全集》第9卷,人民文学出版社1987年版。

现实,揭露了人情冷暖与世态炎凉,抨击了社会的黑暗与丑恶。

据《夷坚志》中《姜五郎二女子》改编的《莲香》就是这一类具有代表性和典型性的作品。洪迈笔下姜五所遇的两个女子都是害人的丑类。董二娘自谓是郓城某商人之妇,实则是狐精,进奴自谓是赵家婢女,实则是蛇妖。两女不能相容,互相嫉妒,又互进谗言,结果二女在互相倾轧中都遭惨死。整个故事是一幕凶残祸害的悲剧,充斥着恐怖与血腥。而在《聊斋志异》中,桑生所遇的狐女莲香和鬼女李氏都是美且善的形象。莲香是“倾国之姝”,李女“弹袖垂髫,风流秀曼”,桑生迷恋二女,说她们“可称两绝”。莲香见李女美貌,则说:“窈娜如此,妾见犹怜,何况男子!”而且,莲香心地善良,诚心助人,自谓“世有不害人之狐”。在桑生病体垂危时,二女救治他的方法也极具美感。莲香取一丸药让李女“用樱口中一点香唾”与桑生口对口“唾之”,把药丸送下,于是桑生焕然而愈。后来,李女借张燕儿之尸复活,与桑生成婚,莲香也来归桑生,两女同为桑生之妻,和睦相处,表示“两世情好,不忍相离”。桑生与二女的关系是真情与善缘的结合,是美好与和谐的统一,尤其是莲香的形象成为美好女性的化身。王士禛评论说:“贤哉莲娘! 巾帼中吾见亦罕,况狐耶!”①这样的形象,和《夷坚志》中《姜五郎二女子》里的狐精与蛇妖有本质的不同,在她的身上寄托着作者的审美理想。

《陆判》一篇中,蒲松龄对于《夷坚志》中原故事的相关人物也进行了高度美化。《夷坚志·孙鬼脑》中的孙鬼脑在换头之后“丑状骇人,面绝大,深目倨鼻,厚唇广舌,鬓发鬅鬙如蛋,每啖物时,伸舌卷取,咀嚼如风雨声”②,样子变得丑陋可怕。而在《陆判》篇中,朱尔旦的妻子被换头之后,则是“长眉掩鬓,笑靥承颧,画中人也”,成为美貌异常的佳人了。陆判的形象本来也是丑恶狰狞的,他作为十王殿东庑的木雕像之一,是“绿面赤须,貌犹狞恶”,但是他待人善良,主持正义,是一个寄托着作者理想的人物形象,因此,此篇之末作者以“异史氏曰”来评论说:“陆公者,可谓媸皮裹妍骨矣。……为之执鞭,所忻慕焉。”③即说陆判其人皮媸而骨美,即表面丑而本质美,而本质美才是真美与大美,才是作者

① 张友鹤:《聊斋志异会校会注会评本》上册,上海古籍出版社 1986 年版。

② 见何卓点校本《夷坚志》,中华书局 1981 年版。

③ 张友鹤:《聊斋志异会校会注会评本》上册,上海古籍出版社 1986 年版。

所敬慕的理想之美。这样的描写，也贯穿着蒲松龄对原故事素材进行美化与善化的基本思路。

在上述《莲香》与《陆判》篇中，除了通过主要人物表现作者的审美理想，还在更广的人文领域表现了作者的生死观。《莲香》篇中，莲香将死时桑生与燕儿悲哭不止，莲香则曰："勿尔！子乐生，我乐死。"莲香之语实则表现了作者关于生死的认识，因此篇末异史氏曰："死者而求其生，生者又求其死，天下所难得者，非人身哉？奈何具此身者，往往而置之，遂至腼然而生不如狐，泯然而死不如鬼。"①这里，作者认为人之生命可贵，但是又认为生与死本是自然规律，生当珍惜，死不可怕；有些人生而浑噩无耻，那就不如正义善良的鬼与狐能体现生的价值。因此，莲香所谓"乐死"的观点闪耀着达观明道的思想光辉。《陆判》篇中，当朱尔旦得知自己阳寿将尽时，向陆判求救，陆判说："惟天所命，人何能私？且自达人观之，生死一耳，何必生之为乐，死之为悲？"②这也表现了同样达观的关于生死的认识。基于此，就会将生死看淡，并将生死超越，以有意义、有价值的人生实现生死如一的生命永恒。因此，陆判所云"生死一耳"和莲香所云"乐死"的观点异曲同工。而且，《陆判》篇中，朱尔旦赠予其子朱玮的佩刀上刻有"胆欲大而心欲小，智欲圆而行欲方"③二句，本是唐初医药祖师孙思邈的名言，也表现出深刻的人生哲理。这些内容，显然都远远超越了《夷坚志》中原故事的思想含量。

《夜叉国》取材于《夷坚志》中《岛上妇人》《海王三》《猩猩八郎》等篇，但在内容上也更加丰富。原故事写中华商人泛海遇见海岛上的土著居民或猩猩等，所表现的思想主要是猎奇，同时表现关于天下之大无奇不有而人的见闻是有限的等感慨。蒲松龄根据有关的故事虚构出一个荒诞的夜叉国，借以表现更深沉的寓意。其中写徐某在夜叉国与母夜叉所生的小儿子不知道中国所谓的"官"为何物，商人某就告诉他："出则舆马，入则高堂；上一呼而下百诺；见者侧目视、侧足立：此名为官。"④这样的描写明显地含有对现实中官场的讽刺。此篇中还写夜叉母女随人回到华人的大陆之后，"母女皆男儿装，类满制"，这一句不太引

---

① 张友鹤：《聊斋志异会校会注会评本》上册，上海古籍出版社 1986 年版。
② 张友鹤：《聊斋志异会校会注会评本》上册，上海古籍出版社 1986 年版。
③ 张友鹤：《聊斋志异会校会注会评本》上册，上海古籍出版社 1986 年版。
④ 张友鹤：《聊斋志异会校会注会评本》上册，上海古籍出版社 1986 年版。

人注意的话却含有特殊的意思，即含蓄地讽刺了清朝统治者的衣装习俗是和原始而野蛮的夜叉国人同类的，颇为耐人寻味。

《八大王》一篇据《夷坚志》中多篇鳖报恩的故事重新改编，其思想容量也大大增加了。《夷坚志》关于鳖的故事，主要是表现鳖作为水族的一种也有一定的灵异之性，人们应当以仁爱厚生之心善待之。而在蒲松龄的笔下却浓墨重彩地描绘出一个八大王的生动形象，并通过他表现出多层次的深沉寓意。八大王对于救过他性命的冯生予以报恩，这是略同于《夷坚志》的浅层含义，而他报恩的方式是为冯生的皮肤之下植入"鳖宝"，这个鳖宝却是有深刻象征意义的概念。持有鳖宝可无限制地获取财富并贵居高位，但同时也会给人带来各种凶灾和烦恼，因此鳖宝的寓意是指人类固有的贪得无厌的欲望。八大王对冯生赠以鳖宝，又于梦中将它取去，告诫冯生"佩之若久，耗人精血，损人寿命"①，使冯生复如常人。冯生在经历一番黄粱梦式的精神炼狱之后，由醉返醒，并于醉醒之间悟得人生的真谛，这样的寓言故事对于尘世众生也能起到振聋发聩的作用。篇末以"异史氏曰"对酒醉酒醒展开议论道："醒则犹人，而醉则犹鳖，此酒人之大都也。"又说："若夫己氏则醒不如人，而醉不如鳖矣。古人有龟鉴，盍以为鳖鉴乎？"②这嬉笑怒骂之语，指出鳖受人之恩尚知报答，而世间有些人却因欲迷心窍，凶残无情，刻薄忘恩，其为人则长如醉，其品性则不如鳖。而且，蒲松龄意犹未尽，又作《酒人赋》一篇，恣意进行发挥，内容厚重峭拔，气势酣畅淋漓，令人掩卷遐思，深感余味无穷。这样丰富的内容，远远超出《夷坚志》原故事猎奇述怪的范畴了。从《夷坚志》到《聊斋志异》的创新与深化的过程，我们感受到古代小说由题材的变异而引发的思想升华，并可由此获取诸多有益的启示。

（原载《河南教育学院学报》2010 年第 5 期）

---

① 张友鹤：《聊斋志异会校会注会评本》上册，上海古籍出版社 1986 年版。

② 张友鹤：《聊斋志异会校会注会评本》上册，上海古籍出版社 1986 年版。

何瑭和他的《柏斋集》

中州古籍出版社编辑出版“中州名家集”丛书，已出版了《阮籍集》《沈佺期集》《郑廷玉集》等多种，《何瑭集》《汤斌集》等即将出版。我承担了《何瑭集》的校勘、注释工作，对何瑭其人其书作了详细考察，对何瑭的生活时代及历史地位有了较全面的认识，感到《何瑭集》的整理出版是一件有意义的事情。这对于研讨明代理学思想和文学思潮，将提供一册有重要参阅价值的文献资料。

一

关于何瑭的生平事迹，马理《柏斋何先生神道碑铭》①、张卤《何文定公传》②记载较详，《明史》中何瑭传及唐枢、孙奇逢、黄宗羲、汤斌等人所撰何瑭小传皆较简略。根据这些传记资料可知，何瑭字粹夫，号柏斋，明成化七年(1474)十月生于怀庆府武陟县头铺营(今河南省武陟县何营村)，数岁时其家迁居府城(今河南省沁阳市)。弘治十四年(1501)中河南乡试第一名解元，次年中进士，历官翰林院修撰、开州同知、东昌府同知、浙江按察司提学副使、南京太常寺少卿、户部右侍郎。最高任命为南京右都御史，但未就任，嘉靖八年(1529)辞官归家闲居，嘉靖二十二年(1543)九月病逝，终年七十岁。隆庆二年(1568)被追赠礼部尚书，谥文定，因此后世又称之为何文定公。

何瑭一生和封建时代许多知识分子有相似的经历，由读书、科举而入仕，经

---

① 嘉靖《怀庆府志》收录。

② 万历刊本《何文定公文集》卷首附。

历了一番宦海浮沉之后致仕家居，生前得以封妻荫子，死后得以追加谥号。但是，何瑭的为人、治学和思想却有鲜明的个性特征，在当时及后世都获得较多赞誉并产生一定的影响。

何瑭最受人称道的是他敢于对抗宦官刘瑾，表现了可贵的骨气和胆识。正德四年（1509），何瑭因参与纂修《孝宗实录》有功升任翰林院修撰。此年刘瑾擅政，某日他接见翰林院文士，为笼络人心而赠给每位文士一把川扇。文士们入见时都对刘瑾跪拜，唯有何瑭只作了一揖，刘瑾恼怒，就没有给何瑭扇子。过了一会儿，接受赠扇的文士们又跪拜谢恩，何瑭在一旁正色道："何跪而又跪也？"刘瑾听见后大怒，问说话者的姓名，何瑭自己回答说："修撰何瑭。"刘瑾记恨在心，何瑭自知将不能为刘瑾所容，就上疏称病辞官。

还有一件事，是何瑭曾参与营救李梦阳。张治道《翰林院修撰康公海行状》记载，李梦阳遭刘瑾迫害，被逮入狱，他从狱中传出纸条请求康海救他。文友们商议此事时，何瑭在场，他对众人说："康对山肯往瑾救之，献吉可活也。"康海听从了何瑭等人的意见，和某御史一同前往见刘瑾，走到左顺门，正好遇见何瑭从内阁走出来，何瑭问："此为献吉来耶？"康海回答说是。这时何瑭对康海附耳低声说："此可独往，不可与他人同也。"康海忽然醒悟，就没有和那位御史同去见刘瑾，并且对何瑭说："瑾横恶肆权人也，性好名，可诡言而夺，不可正言而论也。"何瑭说："此唯先生能之，他人不能也。"①第二天，康海单独去见刘瑾，巧言说动刘瑾释放了李梦阳。《明史纪事本末》、李开先《对山康修撰传》及李梦阳的传记叙述此事过程，都没有提到何瑭，而据《翰林院修撰康公海行状》可知康海办成救李一事，实得益于何瑭的参谋。由此也可以看出何瑭洞察世事且谙熟人情，同时也反映了何瑭和康海、李梦阳等文士之间的亲密关系。

何瑭在处世方面最基本的特点是笃学躬行。他受的是封建正统教育，思想认识属于儒家理论体系，因此他一丝不苟地遵守儒家学说倡导的立身准则和道德规范。对于学与行的关系，他更看重的是"躬行"，而躬行的主要内容，是《大学》中所谓修身、齐家、治国、平天下的人生道路。何瑭对于"四书"最推重《大学》，在《儒学管见》一文中说："儒者之道，莫要于《大学》。"在《少司成郭杏东考绩序》《蒙宗孟西归序》《仇生北归序》等文章中，反复论述《大学》关于修、齐、

① 《国朝献征录》卷二十一。

治、平的宗旨。他以此宗旨教诲别人，也以此宗旨付诸实践。他中举之前就十分注意修身、齐家，其德行与文才受到怀庆知府王瓒的赞赏；入仕之后，在所任职位上都力图施展才干，以实现治国、平天下的人生抱负。但是，在现实中要想于治国、平天下有所建树却是那样困难，他的忠心和主张常常得不到当政者的理解和重视，反而受到贬谪、责罚等不公正待遇。正德六年（1511）杨一清主持内阁时，何瑭作《兵论》五篇进呈，所提建议未被采纳。此后他又上疏议论朝政，言辞激切却能切中时弊，但朝臣对他却畏而敬之，不敢附议。正德八年（1513）他为皇上经筵进讲《尚书》，因言语得罪被谪为开州同知。嘉靖八年（1529）初，何瑭就任户部右侍郎时，作《民财空虚之弊议》进呈于户部尚书梁材，期望兴利除弊，有所作为，但未及两月就被改任礼部右侍郎。改任的原因未详，大概与他在户部直言时事有关，这使何瑭感到了朝事反复、官场险恶，于是上疏恳请致仕。他在此年五月离京南返时，朝廷因御史毛凤韶上疏请求挽留他，又任命何瑭为南京右都御史。由于何瑭归志已坚，更由于嘉靖皇帝并不赏识何瑭（《世宗实录》卷一〇一谓“上终不悦瑭”）而不执意挽留，何瑭终究没有再回朝堂，于此年六月返回原籍，过着安静闲适的田园生活，直至终老。

何瑭的遭遇反映了封建时代许多儒家知识分子的共同命运。封建统治者把儒家思想标榜为立国之道，但儒士出身的官员又常常是“直道难行”，这似乎是不正常的矛盾现象，其实却反映了历代统治者对待儒学的实用主义态度。儒家学说本来是一个复杂的体系，其中关于“君君臣臣父父子子”的封建等级秩序的论述，关于“劳心者治人，劳力者治于人”的论述，关于不可“犯上作乱”及“乱臣贼子人人得而诛之”的论述，历代统治者奉为经典，大肆宣扬，而儒家思想体系中的民本学说、仁人爱物及轻利重义等道德原则，统治者并不肯实行。孔子、孟子都反对苛政主张仁政，但历代统治者谁肯真正实行仁政？孔子主张廉俭，提倡节欲，但历代统治者几人不是穷奢极欲？当社会上充满私欲、龌龊和欺诈而大多数人同流合污的时候，少数文士自觉地恪守儒家理想化的立身处世准则就显得和现实不合拍，甚至被视为怪僻，被斥为迂执。何瑭就是这样的人。他在督学浙江时，某日看见一处华美的宅第，以为是某人经商发了财而建造的，当别人告诉他这是某做官者的新居，他竟然十分惊讶，说：“宦者安能然？”①从这

① 《明儒言行录》卷七。

件小事可以看出，何瑭的思想境界和现实存在着较大的错位，他不了解其他宦者如何贪贿谋私，现实也难容他的廉俭清正。何瑭可以做到修身、齐家，而在努力施展治国、平天下抱负时就难得成功，于是只好远离官场，隐居乡间。他的实际经历，使他遵从的“修齐治平”的人生信念正好颠倒了顺序，成为“平治齐修”，即不能平天下则力图有功于治国，治国之道不畅则归养双亲，训教子女，力求齐家，齐家之责已尽则只有满足于个人道德的完善——自修其身了。

前人评论何瑭，都称赞他躬行古道的优秀品格。林燫说他“不言而躬行”①，唐枢说他“笃遵古谊”②，孙奇逢说他“进退有道，以德行自负”，“殆庶几乎躬行君子也”③，都是深知何瑭之论。

二

在《河南通志》《明儒学案》等书中，何瑭都被列为理学家，他的著作中表现的思想是明代理学思想的一部分。同明代理学大师如王守仁、湛若水、王廷相等学者相比，何瑭的思想是独树一帜的。何瑭不阿附名流，不趋从众议，他有独立的思维和见解。

从哲学思想方面来看，明代理学对宋代理学有继承又有发展。王守仁可谓是明代理学的代表人物之一，他继承的是宋代陆九渊的理论，而对程颢、程颐的正统理学有所批驳。王守仁提出“致良知”“知行合一”等观点，强调“心”（实即人脑）的功能和作用，认为“万事万物之理不外于吾心”“心明便是天理”，人之为学就要“唯求得其心”。这些观点在王守仁的著作中被反复论述。何瑭赞同王守仁“格物致知”的说法，但他不赞同王守仁过分夸大“心”的作用的观点。何瑭重视现实存在，认为“知”固然可以由“格物”而求得，但“天理”并不像王守仁所说的那样只存在于“心”中，而是同时存在于客观事物之中。客观世界的物理是无限的，而人心对事物的感知是有限的，他认为“天下之物多矣，欲一一而

① 张卤：《何文定公传》，见万历刊本《何文定公文集》卷首附。
② 《国琛集》下卷。
③ 《中州人物考》卷一。

知之，其势盖有所甚难者”，应当区分“缓急先后”，对于那些急需而实用的道理首先达到格物致知。关于“知”和“行”的关系，何瑭更强调“行”，这实际上是强调实践的作用。王守仁虽然主张“知行并进”，但他认为不通过“行”也可“致良知”。何瑭不这么认为，他引用王守仁的一段话：“理出于心，心存则万理备，吾道一贯，此圣人之极致也，奚事外求？”然后批驳道：“为此论者，皆天下豪杰之士也，吾岂敢谓其不然哉？特恐其于修齐治平之道，反有所略，则所学不适于用，而所用不出于学，于古人之道不免有差耳。”①黄宗羲为何瑭作传，谈及这段话时说：“先生此论为阳明而发也。”②又指出何瑭“力主在心为知觉，在物为理之说”，这比较准确地概括了何瑭的基本观点。但是，何瑭在认识论方面并没有超越儒家思想体系，他相信天命，相信鬼神，在解释人的知觉行为时，认为由“人心之神”主之，而“人心之神何从而来哉？盖得于造化之神也”。③ 可见，何瑭的哲学思想仍属于唯心主义范畴。他和王守仁的分歧在于，王守仁的学说实质是主观唯心主义，而何瑭的学说则带有客观唯心主义色彩。

何瑭与湛若水曾同在南京做官，二人的哲学观点比较接近，但也有所不同。湛若水与王守仁各立门户讲学，有时针锋相对地进行辩论。湛若水不赞同王守仁的“致良知”说，主张“随处体认天理”，认为“心也者，包乎天地万物之外，而贯夫天地万物之中者也，中外非二也”。④ 他解释自己与王守仁的分歧说：“吾之所谓心者，体万物而不遗者也，故无内外；阳明之所谓心者，指腔子里而为言者也，故以吾之说为外。”⑤意思是，湛若水认为人的“心”能感知万物所具有的性质和规律，王守仁则认为万事万物本来已全在心中了。在承认事物的客观存在这一点上，湛若水比王守仁高明一些，与何瑭的学说同样带有客观唯心主义色彩。但何瑭比湛若水更强调“格物”的重要性，“格物”可理解为实践，即认为万物存在于心是必须通过“格物”来实现的。在重视实践这一点上，何瑭的认识比湛若水又进了一步。当然，何瑭与湛若水二人在唯心主义的大框架内并没有本质的区别。何瑭说：“予则以格物致知为先，甘泉（湛若水号）则以存心为主，

---

① 何瑭：《少司成郭杏东考绩序》，见《何瑭集》卷二，中州古籍出版社 1999 年版。

② 黄宗羲：《明儒学案》卷四十九。

③ 王廷相：《答何柏斋造化论十四首》，见《内台集》卷四。

④ 湛若水：《心性图说》，见《湛甘泉先生文集》卷二十六。

⑤ 湛若水：《答扬少默》，见《湛甘泉先生文集》卷七。

所见略不同。然非存心则无以为格物致知之本，物格知至，则心之体用益备，盖有交养互发者焉。是则要其终固未尝不同也。"①这段话简明地表述了二人学说的异同点。

何瑭和王廷相同是中州人，又是关系密切的挚友，但在学术思想上二人各持己见，态度极其严肃。王廷相的哲学思想在明代理学领域是比较进步的。在认识论方面，王廷相不仅不赞同王守仁的主观唯心主义观点，也没有停留在湛若水、何瑭的客观唯心主义水平上，而是表现出一定的唯物主义特点。王廷相不同意宋儒朱熹"理先于气"的说法，力主"气"先于理，认为"天地未判，元气混涵"②，元气是人与万物生成的基础。他所说的"元气"和现代科学所说的"化学元素"虽然概念不同，但是肯定客观先于主观、存在先于意识。王廷相还认为没有离开"气"而独立存在的"性"，即没有离开物质而独立存在的意识；同时主张"见闻"和"接习"并重，"接习"即"实践"之意。何瑭重视客观存在、重视实践的观点和王廷相的思想比较一致，但在解释事物的产生与发展变化时，何瑭的认识则与王廷相大相径庭。何瑭对自然和社会现象的解释基于阴阳五行说，主要观点是："造化之道，一阴一阳而已矣，阳动阴静，阳明阴晦，阳有知，阴无知，阴有形，阳无形。"③又认为万事万物皆分阴阳，如天为阳，地为阴，火为阳，水为阴，男为阳，女为阴；而且认为万事万物对于阴阳及金、木、水、火、土五行的归属是固定的，如夏为阳为火，冬为阴为水，故火旺于夏、水旺于冬等。显然，何瑭把事物的阴阳属性绝对化了，认为它们一经被认定就是一成不变的。王廷相不赞成何瑭的这些说法，说它"太离绝"，认为阴阳不能割裂为二，而是统一于事物之中，"二者离之不可得"。又认为阴和阳是相对的，同一事物在一定的条件下表现为阳的属性，在另外一定的条件下则表现为阴的属性，如"月之体，阴也，其受日光处则阳也"④。他不同意何瑭所谓"云为独阴"的说法，而是认为云为"阴乘阳"，"其有象可见者，阴也，自地如缕而出，能运动飞扬者，乃阳也"。⑤ 王廷相

---

① 何瑭：《湛甘泉考绩序》，见《何瑭集》卷二，中州古籍出版社 1999 年版。

② 王廷相：《雅述·道体篇》，已收入《王廷相集》，中华书局 1989 年版。

③ 何瑭：《阴阳管见》，《何瑭集》补遗，中州古籍出版社 1999 年版。

④ 王廷相：《答何粹夫二首》，《王氏家藏集》卷二十七，已收入《王廷相集》，中华书局 1989 年版；又收入《何瑭集》附录三，中州古籍出版社 1999 年版。

⑤ 王廷相：《答何柏斋造化论十四首》，见《内台集》卷四，已收入《王廷相集》，中华书局 1989 年版；又收入《何瑭集》附录三，中州古籍出版社 1999 年版。

用相对的观点看待阴阳问题并指出阴阳依一定条件互相转化,这颇有点辩证法的味道,而何瑭被今人指责为“形而上学观点”①也就不奇怪了。另外,何瑭是有神论者,他认为人的知觉与作为是由“人心之神”主之,说“人死魂升为阳而能神”,因而断定鬼神是存在的,而且“鬼神亦有知觉作为”并能“致人祸福”。何瑭还相信师巫,认为师巫之术可以通于鬼神,还说如果因鬼神无形而不信,是“儒之浅者也”。王廷相对何瑭这些有神论观点极力驳斥,明确提出“天地无知,鬼神无灵,无师巫之术”的观点。他认为,孔子虽然论及鬼神,不过是圣人以道设教,其实鬼神并无知觉作为,也不能致人祸福,所谓师巫之术不过是诳惑人心的把戏,“俗士乃为信之,悲哉”。② 尽管何瑭的思想观点同王廷相相比有落后的、非科学的一面,但他作为一家之言,在明代理学思潮中显示了独特的个性。

何瑭学识渊博,研究的范围很广,除儒学、阴阳五行学说外,关于音律、音韵、算学、医学都有较深造诣,而且多有独到见解。他的有些观点敢于否定前代名人的言论,因而受到当时及后世的非议。如论乐律认为宋代蔡元定的《律吕新书》不可行,又认为《礼经》中的《乐记》过当而失实,因而《四库全书总目》中《柏斋三书》提要说何瑭“一知半解”③。何瑭在《律吕管见》中阐述的“五音以宫商角徵羽为序”等观点,也受到王廷相的批评④。这些学术方面的问题究竟孰是孰非,有待讨论,单从何瑭敢言人所未言这一点来看,他的确表现了开拓创新的精神和反传统的勇气。

在文学方面,何瑭的成就并不突出,其诗歌作品现仅存诗 1 卷,散曲 5 套。《明诗纪事》仅选其诗 1 首,《明诗综》仅选其诗 2 首。何瑭关注的问题不在文学方面,孙奇逢说他“耻列文学科”⑤,孔天胤说他“不攻文与诗”⑥,都是实情。因此,《明史》立传将何瑭不入“文苑”而入“儒林”。但是,这不等于说何瑭不通晓

---

① 葛荣晋:《王廷相生平学术编年》,河南人民出版社 1987 年出版。

② 王廷相:《答何柏斋造化论十四首》,见《内台集》卷四,已收入《王廷相集》,中华书局 1989 年版;又收入《何瑭集》附录三,中州古籍出版社 1999 年版。

③ 《柏斋三书》即《阴阳管见》《乐律管见》《儒学管见》,《四库全书总目》卷一三四《子部杂家类存目》著录。其提要云:“是书一为《阴阳管见》,一为《乐律管见》,一为《儒学管见》,大都好为异说以自高……皆所谓一知半解也。”

④ 王廷相:《答何粹夫二首》,见《王氏家藏集》卷二十七,已收入《王廷相集》,中华书局 1989 年版;又收入《何瑭集》附录三,中州古籍出版社 1999 年版。

⑤ 《中州人物考》卷一。

⑥ 孔天胤:《何文定公文集序》,《何瑭集》附录一,中州古籍出版社 1999 年版。

文学。从何瑭现存的著作来看，其诗工稳典则，时有佳句，王九思称赞他的诗“丽藻灿文绮”①，并非恭维之词。何瑭的文章遵从孔子“辞达而已矣”的原则，行文明畅自然，不事雕饰，后人评论他的文集时对此有共识，如朱厚烷《柏斋文集叙》云：“厥集俱在，其言直而畅，浑而理，论详且确，诗正以和，文质维钧，没世未泯。”②这样的评语比较切合实际。何瑭和当时的不少文学名士交往密切，如“前七子”中的何景明、边贡、康海、王九思、王廷相都与何瑭有诗文交往，因此何瑭在明代文学史上也是可以提一笔的。

三

何瑭的著作生前没有汇编刊刻，这是因为他自己不重视编集传世。据张卤《何文定公传》记载，他的学生娄枢等请求为他编文集，都被他拒绝了。何瑭去世后，门人刘泾才搜集其诗文，编辑成集，请郑恭王朱厚烷校订，分为10卷，这是最早的《柏斋文集》。后人据此本多次重新编辑刊行，或有所增补，这就形成了多种版本。今可以看到的何瑭文集有以下几种：

一、北京图书馆藏嘉靖年间刊行的《柏斋文集》，10卷（文9卷，诗1卷），1函4册。无序跋，无刊刻年份，中有缺页。根据今天可以见到的朱厚烷所作《柏斋文集叙》（万历本《何文定公文集》卷首附）中所说他校订的文集“为篇二百八十有六”，而北图藏本中若把“二篇”“三表”“四首”等全都分开计数，总共289篇，大体符合。因此，我怀疑北图藏本就是刘泾最早编成、郑恭王朱厚烷校订并作叙的初刻本，即所谓“郑王刻本”。

二、北京大学图书馆藏嘉靖三十三年（1554）周镐编辑刊行的《何柏斋文集》，8卷（文7卷，诗1卷），1函2册。卷前有序，末署“嘉靖岁次甲寅中秋谷旦卫源后学周镐谨序”。周镐，河南汲县人，嘉靖二十年（1541）进士，曾官池州知府，后仕至按察副使，故其所作序文之末又有“辛丑进士”“中顺大夫”二枚印记。胡玉缙《四库全书总目提要补正》引《静嘉堂秘籍志》谓何瑭文集有十卷

---

① 王九思：《何粹夫寄诗因次其韵》，《渼陂集》卷二。
② 朱厚烷：《柏斋文集叙》，《何瑭集》附录一，中州古籍出版社1999年版。

本，卷一至卷七文，卷八诗，卷九《阴阳管见》《阴阳后语》《乐律管见》，卷十《医学管见》，卷前有嘉靖甲寅马汝彰序。此十卷本与郑王刻本的十卷本不同，今存万历刊本《何文定公文集》卷前贾待问序中称“池州太守卫源马公复校编重刻”，当即此本，但今未见。马汝彰也是汲县人，嘉靖十一年(1532)进士，官至云南布政使，但他没有做过池州太守，做过池州太守的应是周镐。周镐与马汝彰同为汲县(古代常被称为卫源)人，所作序文又皆署嘉靖甲寅，因此我怀疑周镐作序的八卷本《何柏斋文集》即马汝彰作序的十卷本何瑭文集的一至八卷，也有可能是在周镐编辑的八卷本基础上补入《阴阳管见》等4种而成为10卷。贾待问所说的“池州太守卫源马公”显然有误，他是把周镐的官职误加于马汝彰了。后人又据贾待问的误记以讹传讹，如王重民《中国善本书提要》记万历刊本《何文定公文集》时亦云“池州太守卫源马公”，对贾待问的说法未加深究。如今我重新整理何瑭文集，对于这个问题不可不详细辨正。周镐刊本《何柏斋文集》同北图藏嘉靖刊本《柏斋文集》相比，诗的数量与顺序基本相同，而文章的数量减少且顺序大异。

三、万历刊本《何文定公文集》，11卷(文10卷，诗1卷)，1函4册。此刊本不难见到，北京大学图书馆、上海图书馆、河南大学图书馆等皆有收藏。卷前有贾待问序，序中称郑王刻本为初刻，马汝彰本为重刻，此为三刻。卷前还附有郑王序、许宗鲁序、吴三乐序和孔天胤序，并罗列“核刻姓氏”名单共18人，末署“时万历四年夏五月五日重刻”。此刊本同前述嘉靖刊本、周镐刊本相比，诗基本相同，而文章增加了不少篇目，但也减少了一些篇目。前两种刊本中某些明显的讹脱衍舛之处，万历刊本给予了订正，个别不易判断正误者，则留空未刻。

四、《四库全书》集部所收《柏斋集》，11卷(文10卷，诗1卷)。《四库全书总目》卷一七一著录《柏斋集》十一卷，谓“为嘉靖己酉郑王所刻”，有误，其实《四库全书》采用的不是郑王刻本，而是万历四年贾待问编校本。此四库本的内容与编排顺序同万历本基本一致，只是删去了卷七中的《重修鲁斋许文正公祠堂记》和卷八中的《与魏浅斋论兵五篇》《与王都司论兵二篇》等数篇。检查这几篇的内容，其中有论及中华与夷狄关系的段落或有“鞑贼”等称呼夷狄的词语，这在编纂《四库全书》的乾隆年间是为清廷忌讳的，删除这些篇目，不难理解内中原因。有些篇目中的此类忌讳之处，作了局部的删改，如将“夷狄”改为“敌人”或“外侮”等。万历刊本卷前所附诸篇序言及张卤的《何文定公传》，《四库全书》全部未收,《四库全书》总纂官纪昀等人另写提要冠于卷首。

五、《续中州名贤文表》所收《何文定公集》。《续中州名贤文表》是清末光绪年间邵松年编纂的文献丛书,收录明清两代中州名家的文集,其中何瑭的诗文集编入卷十九至二十八,共 10 卷。其内容与顺序同万历刊本基本一致,只是将万历刊本的一至十卷文章部分重新分为 9 卷,且删去一些篇目,如卷二中的《郑王加冠序》、卷三中的《张推守升汝宁贰守序》等,为何删去这些篇目,原因未详。《四库全书》删去的篇目,《续中州名贤文表》反倒予以保留,《四库全书》中因避讳而删改的地方,《续中州名贤文表》中一般未加删改,仅将个别词语空缺未刻。可见,《续中州名贤文表》刊印时,已不再像乾隆年间那样严格地讲求文字禁忌。《明史·何瑭传》和张卤的《何文定公传》附于《续中州名贤文表》卷十九之前,万历刊本卷前诸序附于《续中州名贤文表》卷二十八之后。

如今作为"中州名家集"之一的《何瑭集》,采用《四库全书》所收《柏斋集》作底本,以其他四种版本作参校本,详加校勘,并作注释。有些文章亦见于其他书籍者,如《儒学管见》《阴阳管见》又见于《百陵学山》《明儒学案》《广理学备考》等书,则一并参照有关书籍出校。《四库全书》本删去的篇目,周镐刊本、嘉靖刊本收录而《四库全书》本中没有的篇目,以及从地方志、碑刻和其他书籍中搜集起来的何瑭所作诗文词曲,作为"补遗"排在卷十一之后。最后附录何瑭的有关资料及年表。这样,《何瑭集》将是迄今最完整最准确的一部何瑭诗文全集,有此一册,何瑭文集五种版本的情况便全在掌握之中。当然,在校勘和注释中难以尽善尽美,失误或差错之处,希望得到同行师友的批评指正。

(原载《古籍研究》1998 年第 4 期)

中原文化视野下的中原文学及其演变

文学和文化的关系是非常密切的。文学与文化同源,文学本身就是文化的重要组成部分。文学的发展与文化的发展同步,贯穿于文化活动过程的始终。文学反映着文化的内容、性质与特征,是文化的重要成果,也是文化的载体之一。文学是文化交流与传播的重要形式,并且对文化的交流与传播发挥着重要作用。文学产生于文化,反过来又对文化的构成与发展具有重大影响。因此,论及文化总离不开文学,研究文化不能缺少文学。

关于中原文化,是近十余年来学术界议论较多的话题,也是编纂《中原文化大典》必须面对的问题。但是,涉及中原文化的一些具体问题,学界有不同的说法。比如,关于“中原”的概念,自古以来有广义和狭义两种解释,广义的中原指黄河中下游地区,狭义的中原则指古代大体相当于如今河南省的这块区域。又比如关于“中原文化”的时间区限,一种观点认为应指秦统一中国以前的中原文化,一种观点认为中原文化应指从远古时期直到清代鸦片战争以前即相当于古代史的范畴之内的中原地区的文化,还有一种观点认为中原文化不必加时间限制,应指从古代直到当代中原地区的文化。笔者设定中原的地域概念在如今河南省政区范围之内,把中原文化的时间区间限定在从远古到清朝灭亡时。因此,本文所述中原文学,是指今河南省范围有史以来至清朝末年这一漫长历史时期的文学。

一、中原文化对中原文学发展的影响

中原文化源远流长,博大精深。中原文化的内容与特点,都对中原文学产生了直接的重要影响。中原文化对于中华文化来说居于源头与核心的地位,是中华文化的主体部分。因而中原文学实际上与中华文学同源,是中华文学中居于主体地位和重要地位的组成部分。中原文学是中原文化的重要成果,中原文学所反映的历史进程、社会生活、思想观念、风情民俗等,也就是中原文化的重要内容。

关于中原文化的特点,近年出现的一些著作或文章中常见论述,归纳起来主要有以下四点:其一,中原文化和全国其他地域文化相比较,长期具有先进性。因为中原地区是中华民族的发祥地,是中华民族文化的摇篮,这是世界公认的事实。其二,中原文化具有连续性。中原文化从最初在这里产生时起,在漫长的历史时期内一直延续着,没有间断,其间虽有外来文化的侵入,但是外来文化总是被中原文化同化。其三,中原文化具有开放性和包容性。现在所说的中原文化,实际上已经不是仅仅产生于中原地区的文化,而是四方文化在这里交汇、融合的产物。其四,中原文化具有官方文化的特点,具有正统性。这是因为从夏、商、周三代起,历代王朝多在中原建都,中原地区长期是中国政治、经济、文化的中心。

中原文化的上述主要特点,对在中原文化的大背景下产生与发展的中原文学所产生的影响,主要表现在以下四个方面:

第一,由于中原文化的历史非常久远,中原文学也就具有起源早的特点,而且早期的中原文学比我国其他地区的文学要发达得多。中国古代文学的源头实际上在中原,这是毫无疑问的。理解这个问题可从以下四点来看:其一,文学的载体——文字起源于中原。早期的文字——甲骨文产生于中原,20 世纪初开始在河南安阳陆续发现的甲骨文,说明这里是甲骨文的故乡,而且,相传造字的始祖仓颉是河南人。其二,文学的原始形式——神话传说起源于中原,现在可考知的最早的传说如女娲补天、愚公移山、夸父逐日及关于人类起源的传说,都产生于中原。其三,文学中最重要的文体——诗歌,在中原出现的时间也是最早的。中国第一部诗歌总集《诗经》中的作品,以流传于中原的诗歌为最多。其四,中原文学在早期同全国其他地域的文学相比,内容最丰富,整体最繁荣,这也是不争的事实。中国文学史上第一个辉煌时期——先秦,没有哪一个省份可以同河南省相抗衡。

第二,由于中原文化长期具有先进性,因而中原文学也长期具有先进性。从中国文学的整体发展来看,几种主要文体在早期的发展过程中,中原这个地域的文学都保持着最先进的水平。比如,先秦时期的神话传说、诗歌、诸子散文、策论等,产生于中原地区的作品显然都是最先进的。先秦时期的“楚辞”是一个例外,那是楚文化值得骄傲的成就。汉代代表性的文学形式是赋,其顶峰作家司马相如、扬雄是四川人,那是巴蜀文化的骄傲,但是,中原地区的汉赋作家贾谊、张衡、蔡邕等也都是文学史上第一流的作家。六朝时期的重要文体志怪小说,其代表性作品《搜神记》的作者干宝是河南人。六朝时文学理论兴起,其中诗歌评论的代表性著作《诗品》的作者钟嵘是河南人。唐代文学代表性文体是诗,而中原地区一流作家有一大批,这是其他地区无法相比的。可以说,中原文学的先进性一直保持到唐代,从北宋时期开始衰落。这种衰落,不是一下子就跌落到低谷,而是在宋代仍然保持着一定的优势。由于北宋的都城在汴京,当时这里的讲唱文学和官本杂剧在全国仍处于领先地位,到南宋时才转移到江南的临安。

第三,由于中原是中华文化的发祥地,不少文化门类诞生于中原,因而中国文学史上中原的大家、名家特别多。1999 年 9 月,由中国东方文化研究会、河南省东方文化研究会、河南省淇县人民政府和香港孔教学院、香港中华文化有限公司共同主办,在河南淇县召开东方文化中原寻根学术研讨会,会议的中心议题是探讨中华文化的一些代表性门类,如儒家文化、道家文化、墨家文化、兵家文化等在河南的渊源。在这次会议上,来自全国各地的学者一致认为,中国古代许多门类文化的祖根在河南,这是没有疑义的。儒家文化的代表人物孔子是鲁国人,孟子也是鲁国人,因而儒家文化起源于山东,但是,孔子的祖籍却在宋国,即今河南商丘。后世及当代的孔姓既以山东曲阜为祖根,也以河南商丘为祖根。而且,儒学在后世的重要发展——宋代理学,创始人及代表人物邵雍、程颢、程颐都是河南人。道家始祖老子是河南人,故里在今河南鹿邑;道家另一位代表人物庄子也是河南人,故里在今河南兰考;老子著《道德经》的地方在今河南三门峡灵宝市的豫灵镇附近。墨家学派的祖师和代表人物墨子是河南鲁山人。兵家文化的重要代表人物鬼谷子在河南云梦山讲学,这里在当代被称为“中国古代第一军校”。此外,隐逸文化的祖根许由及其许姓也在河南。大量历史事实说明,古代中原地区确实是名家辈出,圣贤如林。当代有人作过统计,说古代河南有“二十圣”,诸如“医圣”张仲景、“诗圣”杜甫、“画圣”吴道子、“字圣”仓颉(或云许慎)、“谋圣”姜太公等。现在单说文学,唐代以前的大家、名家确实特别多,其中不少都是当时的顶尖人物,如先秦时期的老子、庄子、墨子、韩非,秦时的李斯,汉代的贾谊、张衡,六朝时期南朝的钟嵘、北朝的庾信;唐代的大家就更多了,如杜甫、韩愈、白居易、李贺、李商隐、元稹、刘禹锡等,都是河南人。这是全国其他地区难以相比的。

第四,由于中原文化历史久远、积淀丰厚等因素,中原文学长期呈对外扩散的趋势。从先秦以来,历代全国各地的不少作家,若寻根究底进行考察,他们或者祖籍在河南,或者是从中原流散到外地去的。前面说到的孔子是一个例子。战国时期著名的纵横家苏秦、张仪,在秦国大有作为的商鞅、范雎,越王勾践的著名谋臣范蠡,后来秦国的宰相吕不韦、李斯,都是河南人。其中有文学成就的苏秦、吕不韦、李斯等,是中原文学史上不能不提到的名家。西汉时期的政治中心在长安,这个时代的著名文学家晁错、桓宽都是河南人,由于他们在朝中做官,他们的文学成就实际上是在河南之外取得的。贾谊也是如此,他在贬谪长沙期间作的文与赋是他一生中主要的文学成就,因此,《湖南文学史》把他作为汉代湖南作家写入书中也顺理成章,但是贾谊毕竟是籍贯在河南的文学家。东汉以后,在汉族政权偏安于中原之外的那些时期,中原的文学名家流散到外地的现象非常突出。东晋时由于中原士族的大量南迁,南方的许多文学名家实为中原人。如陈郡阳夏的谢氏家族,南迁后成为江南望族,与山东琅琊王氏并称“王谢”;还有陈留江氏家族、南阳范氏家族、陈郡袁氏家族、南阳新野庾氏家族等,南迁后都带去了有深厚根基的中原文化。因此,从东晋到南朝时的许多著名文学家如谢灵运、谢朓、江淹、江总、范晔、袁淑、庾信等,原本都是河南人。南宋时期,这种现象又一次重复,如著名文学家陈与义、朱敦儒、韩元吉、史达祖等,也原本都是河南人。元明清三代,中原作家流寓外地的现象也相当多。

二、中原文学的基本精神

中原文学的基本精神,是和中华文化精神亦即中华民族精神联系在一起的。关于中华民族精神,常见不少文章和著作中有过精练的概括,而比较权威的说法当是中共中央原总书记江泽民同志的表述。那是在 2002 年召开的中国文联第七次全国代表大会和中国作协第六次全国代表大会上,江泽民同志指出:“在我国漫长的历史中,各族人民在建设伟大祖国和美好家园、抵御外来侵略和克服艰难险阻的奋斗中,不断培育和发展着中华民族的民族精神。中华民族的精神,最突出的就是团结统一、独立自主、爱好和平、自强不息的精神。中国人民正是依靠这个民族精神,在祖国广阔的土地上创造了一个又一个人间奇迹,缔结了为世人惊叹的灿烂的中华文明。”他还指出:“这个民族精神,是中华民族五千多年来生生不息、发展壮大的强大精神动力,也是中国人民在未来的岁月里薪火相传、继往开来的强大精神动力。”江泽民同志关于民族精神的论述非常深刻,得到文艺界和学术界的认同。

中国人民大学孔子研究院院长张立文教授曾阐释中华文明的六大先进因子,指出中华文明的先进性因子主要表现在六个方面:一是开放性,二是民本性,三是责任意识,四是和合思想,五是共富共达思想,六是自强不息精神。这六点,实际上也是对中华民族精神的概括。当然还有其他一些文章作了文字不同的表述,但基本的要点则大致相同。2004 年第 4 期《中州学刊》发表了王永宽的署名文章《中国古代文学传统的宏观考察》,文中把中国古代文学传统概括为八点,即载道、教化、救世、哀民、崇义、养性、言情、尚美。这里所论及的“传统”和“精神”的概念有所区别,但是,如果说优秀的传统体现着中华民族精神,应当是可以的。

由于中原文学是中国古代文学的重要组成部分,尤其是在唐代以前,中原文学在中国古代文学中更占有主导和核心地位,因此,中原文学发展过程中集中体现着中国古代文学传统,并由此体现着中国文学的基本精神。根据上述认识,中原文学精神最突出的可以列举以下五点:

第一,文以载道的精神。中国古代各派思想家都非常重视对道进行阐释,所谓道,尽管各家的说法有异,但其实都是指反映规律、代表正义的客观真理。产生于中原的儒家经典《易经》所说的“立天之道曰阴与阳,立地之道曰柔与刚,立人之道曰仁与义”,诞生于中原的道家始祖老子在所著《道德经》中说的“道可道,非常道”,都是指一种终极真理。先秦时期中原著名的文学家兼思想家墨子、邓析、韩非等人著书立说,无非是阐扬他们所倡导的道,后世历代中原著名文学家也总是在他们的著作中表现出明显的道统意识。韩愈提出“文以明道”的观点,并说“师者,所以传道授业解惑也”(《师说》),也把明道和传道放在首要地位,因此后人说韩愈以传承道统为己任。宋代理学大师周敦颐进一步提出

"文以载道"的经典性观点,成为宋代理学家遵从的一条重要原则。中原是宋代理学兴起及活跃的地区,以后元明清三代都受到宋代理学传统的影响,出现了许衡、曹端、吕坤、何瑭、孙奇逢等著名理学家,他们无不继承并发扬着文以载道的传统。

第二,伤时忧国的精神。中国人自古以来就有心忧天下的传统,远古时期关于大禹治水的神话对大禹精神的赞扬,就是对那种以治理天下为己任的人生理想的肯定。后来到了君主制社会,人们普遍地认为天子是天下共主,四海之内的众生都是天子的臣民,《诗经》中所咏歌的"溥天之下,莫非王土;率土之滨,莫非王臣"(《小雅·北山》),反映了这种共同的心态。在长期的封建社会中,受儒家思想支配的历代文士,总是把忠君和报国视为一体。反映在文学作品中,历代作家也总是要在自己笔下表达忠君报国的志愿,表现他们渴求在为国君效力的过程中施展抱负与才干并建功立业的人生理想。对于封建时代的文人来说,他们所追求的人生意义与价值在于立德、立功、立言。这三者的关系是,基本的是立德,首要的是立功,传世的是立言。在现实中,很多人常常是立功的同时要立言,或者是立功不成而转为立言。因此,中国古代众多的文学家,他们首先追求的不是文学家而是政治家,或者是在政治上难有建树而转为从事著述,于是便成为哲学家、教育家或文学家。儒家始祖孔子、孟子本身就是这样。中原文学体现着儒家传统,很多中原文学家如秦汉时期的李斯、贾谊、晁错、张衡等,魏晋南北朝时期的"竹林七贤"、谢灵运、庾信等,也都是这样。唐代的杜甫和宋代的岳飞更为典型。杜甫在安史之乱的动荡中,在自己穷困潦倒的坎坷经历中,忧国之心始终未泯,岳飞的词《满江红》和散文《五岳祠盟记》更是脍炙人口的伤时忧国的杰作。

第三,关注民生的精神。中国传统的文化精神中的一个重要内容是民本思想。《尚书》中已有"民惟邦本,本固邦宁"(《尚书·五子之歌》)的名言。后来,孔子倡导仁政,提出"节用而爱人,使民以时"(《论语·学而》)的主张,孟子提出"民为贵,社稷次之,君为轻"(《孟子·尽心下》)和"得其民,斯得天下矣"(《孟子·离娄上》)等观点,确立了儒家思想中的民本学说。儒家之外,其他各家也倡导民本思想,如老子说"民不畏死,奈何以死惧之"(《道德经》),墨子反对"亏夺民衣食之财"(《墨子·非乐》)等,都体现了这种民本思想。在中国文学史上,民本思想在文学作品中的表现即人们常说的人民性问题,即作家在伤时忧国的同时，总是密切关注现实中民众的命运和民生疾苦，反映社会下层民众所遭受天灾、战乱、瘟疫的不幸及遭受官府、豪强的压迫与欺凌，并表现出对苦难中的芸芸众生的怜悯与同情。中原文学在发展过程中，这一传统尤其突出。《诗经》中的《硕鼠》《七月》《伐檀》等篇，初步奠定了中国古代文学的现实主义的传统。到了唐代，杜甫、白居易等诗坛巨匠又进一步把古典现实主义传统发扬光大。杜甫的名篇《自京赴奉先县咏怀五百字》所表现的“穷年忧黎元，叹息肠内热”的忧愤，所揭露的“朱门酒肉臭，路有冻死骨”的不平社会现实，以及在“三吏”“三别”等作品中所反映的民众饱经战乱之苦，都突显出关注民生命运的伟大精神。白居易的名作《卖炭翁》《杜陵叟》《秦中吟》、元稹的《织妇词》、聂夷中的《伤田家》等作品，无不延续着这种关注民生的现实主义基调。唐以后的宋、元、明、清时期，中原许多著名作家都明显地受唐代杜甫、白居易现实主义倾向的影响，在他们的诗、词、文章中，反映官府的侵夺及天灾、战乱给民众造成的苦难，表达对民生疾苦的同情，表现对清明政治的渴望等，这些都是常见的内容。

第四，教化育人的精神。教化是中国古代文学的重要传统，这一点在先秦时期的文献中就有明确的论述。“教化”一词最早见于《毛诗序》：“风，风也，教也。风以动之，教以化之。”“故正得失，动天地，感鬼神，莫近乎诗。先王以是经夫妇，成孝敬，厚人伦，美教化，移风俗。”孔子论诗，提出诗可以兴、观、群、怨的观点，即强调诗歌的教化作用。《乐记》谈到音乐的教化作用，说“声音之道，与政通矣”。孟子也说“仁言不如仁声之入人深也”（《孟子·尽心上》）。这些言论，对于文学作品的教化功能影响很大。后世的诗文及戏曲小说也都体现这样的特点，而且历代作者也总是以推行教化相标榜。戏曲、小说这两种体裁比诗文更具有普及性，尤其是戏曲能够使识字与不识字的人同看，其作者推行教化的意识更明显。夏庭芝《青楼集志》说元杂剧“皆可以厚人伦，美风化”，高明《琵琶记》开场便说“不关风化体，纵好也枉然”，明确树起教化的旗帜。中原作家的作品中，这一特点非常突出。郑廷玉的杂剧《看钱奴》《楚昭王》，宫天挺的《范张鸡黍》，孟汉卿的《魔合罗》，等等，都表现出复兴伦理教化和进行道德说教的倾向。明代皇室作家朱有燉的《诚斋杂剧》中，这种倾向更为突出。清代李绿园的长篇小说《歧路灯》，同样以推行教化为宗旨，作者在自序中自谓“借科诨排场间，写出忠孝节烈”，并引朱熹的话说“善者可以发人之善心，恶者可以惩创人之逸志”，这都明确表现出作者以此小说进行教化世人的意图，而且作品所写主人公谭绍闻浪子回头的故事本身，正是作者精心提供的进行伦理道德教化的教材。

第五，求变创新的精神。在中国传统文化中，求变创新是一种永恒的基本精神，也是世间万物和人类历史不断发展的一条客观规律。《易传·系辞》所谓“不可为典要，惟变所适”，又说“日新之谓盛德”等，即反映出古代文化中关于变与新的最早的认识。在中国古代文学发展的过程中，也贯穿着这样的基本规律。文学的观念不断增添新的内容，文学的形式、体裁、语言、词汇及文学的表现手法都在不断地丰富与创新。历代作家在自己的创作活动中，总是在前人既有成果的基础上力求突破局囿，开拓新境，使自己的作品呈现出新的姿貌。中原历代著名文学家正是这样，他们为中国古代文学发展过程中的不断创新作出了卓越的贡献，其作品都表现出鲜明的创作个性，显示出新的艺术特点。特别是唐代的韩愈，他倡导的古文运动，实则是以复古为革新，即主张在学习古代名家的过程中，不应当一味地因袭模仿，而应当在继承的基础上进行创新。韩愈提出的“惟陈言之务去”（《答李翊书》）、“师其意不师其辞”（《答刘正夫书》）等创作原则，对后世影响很大。北宋时欧阳修倡导的诗文革新运动，同样体现着以复古为革新的精神，可以说是对韩愈的文学主张的又一次实践。北宋时中原著名文学家尹洙、穆修、苏舜钦等都是欧阳修诗文革新运动的拥护者和积极参与者。明代以“前七子”为代表提出的诗文复古主张，也同样师法唐代韩愈，提倡诗文创作的求新求变，反对机械地蹈袭和模仿。特别是何景明，他在同李梦阳的辩论中更强调在继承的基础上“富于材积，领会神情，临景构结，不仿形迹”（《与李空同论诗书》），并且认为前代的阮籍、李白、杜甫等名家正是因为敢于创新才成为一时之秀、诗中之杰。历代中原文学的突出成就及其所体现着的创新精神，是中国古代文学理论的重要组成部分，在后世具有永久的借鉴意义。

上述各点，只是中原文学基本精神的主要的方面。当然，若详加罗列还可举出许多，比如，关于崇尚道义、重视修身养性、追求人生同环境与自然的完美和谐、感叹人生短暂的生命意识和反对礼教压迫的自由意识等，也都是突出的亮点。这些，在中原历代文学家的作品中都有突出表现，兹不赘述。

三、中原文学的历史演变

如果从整个中国古代文学发展的大背景来观察中原文学,可以明显地看出,以北宋王朝的建立为界,前后可分为两个大的历史阶段。在前一阶段中,中原文学的发展同全国文学的发展是同步的,其主要形式是诗与文,主要内容是抒情与明理。在后一阶段中,中原文学的发展与全国文学的发展是不完全同步的,全国文学的发展是以戏曲、小说为代表的叙事文学逐渐占据主流位置,传统的诗文退居次要地位,而中原文学的发展却表现出相对滞后的状况。

从先秦到唐五代时是第一个大的历史阶段。在这一阶段中,中原文学的发展与演变大体上又可以分为三个时期。

第一,先秦时期。这是中国传统文化和中国古代文学的奠基时期,也是中原文学的奠基时期。根据考古发现,中原地区是中华文明起源的中心地区。传说中的三皇五帝时代,中华民族的始祖伏羲、黄帝、炎帝、颛顼、帝喾、大禹先后都在中原一带建都。经过夏、商、西周三代的文化积淀,到了春秋战国时代,中原地区的文化优势及文学发展的优势更明显地突现出来,在全国处于领先地位。我国最早的散文——见于甲骨文中的卜辞,最早的历史散文总集《尚书》,最早的诗歌总集《诗经》,都是在中原地区产生的。还有一部成书于羑里的带有巫文化色彩的哲学著作《易经》,也应是产生于中原地区的成果。春秋战国时的百家争鸣时代,许多文化巨匠都出在中原,如老子、墨子等都是开宗立派、影响深远的圣哲。先秦时期重要的文学形式寓言,也以中原地区的作品最为丰富,如《列子》《庄子》《韩非子》中的许多寓言,在中国寓言史上都具有经典的性质。

第二,秦汉魏晋南北朝时期。这是中国文学由不自觉走向自觉的时代,是中原文学群星灿烂的时代。秦朝运短,有著作传世者仅有李斯一人,而他又是河南上蔡人。两汉时期,中原文学以辞赋和政论为主。辞赋方面以贾谊、张衡为代表;政论方面首推贾谊、晁错,还有桓宽的《盐铁论》也别具一格。东汉末年,蔡邕的诗、赋、碑、铭皆有成就,荀悦的《汉纪》是我国第一部编年体的断代史,贡献卓著。这些都是中原文学辉煌的篇章,也是中国古代文学的瑰宝。东汉后期抒情小赋和《古诗十九首》的出现,预示着中国古代文学自觉时代即将来临。魏晋时曹丕《典论·论文》和陆机《文赋》的出现,标志着文学的自觉意识逐渐清醒;五言诗主盟文坛,又标志着文学已摆脱了两汉经学的附庸地位,作为一个独立的社会意识形态而存在。南北朝时期,文学理论和文学批评的繁荣,以及作家对文学形态美的自觉追求和文学体式的增多,更标志着文学自觉意识的成熟,从而为唐代文学的繁荣在理论和实践两个方面奠定了基础。在这个文学由不自觉走向自觉的过程中,中原文学的发展一直是与时俱进、率先垂范的。从东汉末年到南北朝时期,中原文学名家辈出,如以"三曹"、蔡琰和"建安七子"为代表的建安作家,嵇康、阮籍等"竹林七贤",左思、左芬兄妹及潘岳所代表的西晋作家,东晋时由中原南迁的家族文学作家群体——谢氏的谢灵运、谢朓,江氏的江淹、江总,庾氏的庾肩吾、庾信等,他们的成就在中国文学史上占有重要地位。此外,干宝的志怪小说《搜神记》、范晔的史传文学《后汉书》、宗懔的杂记《荆楚岁时记》、殷芸的《小说》等,标志着文学作品的内容更丰富,形式更多样,他们在中国古代文学的星空中都放射出耀眼的光彩。

第三,隋唐五代时期。这是中国文学的繁荣时期,是中原文学大放光彩的时期。隋朝的建立结束了长期的南北分裂局面,为南北文化的进一步融合创造了有利条件。唐代是我国封建社会的鼎盛时期,政治版图的扩大,经济实力的增强,民族平等政策的推行,中外文化交流的发展,儒、释、道兼容的文化背景,以及科举制度的确立、幕府招士的自由和士人漫游的风行等,都为士人的文学活动提供了宽松的环境和广阔的舞台,为文学的发展创造了合适的气候和良好的土壤。在唐代文学整体繁荣的背景下,中原文学的发展也进入它的高峰期。中原地区社会与经济的发展是唐帝国强大与稳定的基础,东都洛阳长期作为唐朝的陪都,也为唐代文人的聚合与来往提供了更多的机遇。因此,唐代中原地区的本土作家,以及外地文士在中原地区的创作都非常活跃。唐代中原地区的文学家人数众多,而且有许多的大家、名家,这是中国文学史上非常值得注意的现象。据不完全统计,至今仍有作品存世的唐代中原地区的作家有400余人,他们的创作活动贯穿于唐代各个历史时期,涉及各个文学领域,其成就之高、影响之大,是唐代其他地域的文学无法相比的。如初唐时期有上官仪、杜审言、宋之问、沈佺期、刘希夷、上官婉儿、王梵志等,盛唐时期有祖咏、王湾、崔颢、李颀、元结、岑参、刘方平、张说、杜甫、梁肃、独孤及等,中唐时期有韩愈、武元衡、刘禹锡、李贺、元稹、白居易、王建等,晚唐时期有李商隐、聂夷中、姚合、郑处诲等。

他们的成就中有诗、文、词及传奇小说等,各体兼备,继往开来,为唐代文学的辉煌作出了突出的贡献,也为中原文学的发展写下了光辉的篇章。

从960年北宋王朝建立到清末,是中原文学发展的第二个大的历史阶段。在这一阶段中,中原文学的发展和演变大体上可分为宋元和明清两个时期。

宋元时期是中国文学的新变时期,是中原文学的退潮时期。随着宋朝统治地位的巩固和社会的相当长时期的稳定发展,城市经济力量壮大,市民阶层迅速崛起,文学发展的总趋势是俗文学兴起并逐渐在文坛上占据主流位置,叙事与再现成了文学的主要内容。在这个变化过程中,中原文学有些跟不上文学主流的步伐而显得滞后了。宋元两代,中原地区的作家人数虽然不算少,但却缺少像先秦时期的老子、庄子和唐代的杜甫、韩愈那样的主盟文坛的顶尖人物。宋代中原地区虽然出现了宋庠、宋祁兄弟及苏舜钦、贺铸、陈与义、史达祖等著名文学家,元代中原地区虽然出现了郑廷玉、李好古、宫天挺等著名戏曲家,但整体来看这样的作家数量显得较少。中国文学史上作为一代文坛的代表性作家,宋元两代中原作家无人可举。比如,被称为"唐宋八大家"的北宋作家有六位(欧阳修、王安石、曾巩和"三苏"),没有一位是中原人;南宋初期被称为"中兴四大诗人"的尤袤、杨万里、范成大、陆游都不是中原人;被誉为"领袖一代"的"宋词四家"周邦彦、辛弃疾、王沂孙、吴文英也都不是中原人;"元曲四大家"关汉卿、白朴、马致远、郑光祖和"元诗四家"虞集、杨载、范梈、揭傒斯亦非中原人。可见,从先秦到唐代中原文坛名家辈出的盛况已经风光不再了。

明清时期是以小说、戏曲为代表的俗文学在元代文学的基础上又有更大发展并取得辉煌成就的时期。这一时期先后出现了《三国演义》、《水浒传》、《西游记》、《金瓶梅》、"三言二拍"及《聊斋志异》、《儒林外史》、《红楼梦》等小说名著,出现了《宝剑记》、《鸣凤记》、《浣纱记》、"临川四梦"及《长生殿》、《桃花扇》等戏曲名著。这些名著标志着叙事文学的全面成熟,代表着明清文学的主流。同时,诗词、古文这些传统的文学样式在明代依然取得丰硕成果,在清代还一度出现中兴气象,这使当代学者认为清代是中国古代文学的集大成时期。而且,中国古代文论在明清两代也出现了空前繁荣的局面,新论迭出,异彩纷呈。在明清两代中国文学迅猛发展的大背景下,中原文学的成就却显得相当薄弱,这同唐代以前中原文学雄踞全国主峰与核心地位的状况无法相比。在明清两代占时代主流地位的小说、戏曲方面,前面提到的全国有代表性的文学名著没有一种出自中原;在传统的诗文方面,能够跻身于全国一流作家之列的作家,明清两代中原地区也只有李梦阳、何景明、王廷相、侯方域等寥寥数人而已。究其原因,主要是由于明清时期经济与商业的发达转到江南,中原自金元两代的动乱之后变成了全国范围相对贫困的地区;又由于明清两代的都城皆在北京,中原也失去了全国政治中心的地位。同时,产生于中原的宋代理学传统根深蒂固,在明清两代对中原士人的影响非常大。还由于中原属于内陆地区,地理环境相对封闭,同京都及南方沿海地区相比思想相对保守,这在一定程度上影响了文学创作的视野,也在一定程度上销蚀了文学的创新精神。

回顾历史,我们为中原文学在古代的辉煌而骄傲,为我们的前辈在古代文学方面的伟大创造而振奋,也为我们在今天能够拥有如此丰富的文学与文化遗产而感到无比幸福。但是,也应当看到,古代中原文学的巨大成就中也大量存在着封建性的或者腐朽的内容,而且其中有不少作品存在着较多的糟粕,表现出历史的局限和作家所处的时代局限,这也是客观存在的事实。中原文学在宋代以后的衰落以至于近代的冷寂,也值得今天的人们认真地加以反思。如今,研究中原文学,就是要以历史唯物主义的态度,对中原文学的发展历程给以认真的总结。辉煌的成就能够使今天的人们提高民族自信心,增强民族自豪感,历史的缺憾和不足也能提供深刻的教训,这些,都能为今天当代文学的发展和文化建设提供有益的借鉴。在历史已经进入21世纪的新时代,中华民族开始走向全面复兴之路,文学的发展一定会随着国家的兴盛而再度繁荣。古老的中原文学在这种新的形势下,一定会继往开来,推陈出新,发扬光大,迎来更加光辉灿烂的新局面。

(原载《河南教育学院学报(哲学社会科学版)》2012年第1期)

河图洛书与远古物象崇拜

传说中河图洛书产生的过程与其内容和形式，一开始即带有神秘色彩，有关文献资料则表现为历史记述和神话传说的交织与互证。传说是带有主观性的，神话是带有虚幻性的，这都在一定程度上远离科学的真实。然而，人类社会早期的文化成果，是人类在启蒙之初特定文化观念的反映。上古神话传说尽管有主观的和虚幻的成分，但也必然是今天的人们了解那个时期人类文化观念的主要依据。河图洛书正是如此，它所反映的中国古代先民的文化观念，具有丰富的内容，其中主要的是远古时期的物象崇拜意识。

世界上各个民族在文明之初都曾有过物象崇拜，包括对宇宙间自然力的崇拜、对自然规律的崇拜、对天神的崇拜、对一些灵异动物的崇拜等，具体来说如太阳崇拜、生殖崇拜、造物主崇拜、图腾崇拜等。在河图洛书问题上所反映的远古物象崇拜意识表现在三个基本问题上。其一是河图洛书的来源。传说认为河图洛书是从黄河、洛河的河水中来的，这反映了远古时期先民的河流崇拜意识。其二是河图洛书的传送媒介。传说认为河图洛书是由龙、马、龟衔来或驮来的，这反映了远古时期先民的灵异动物崇拜意识。其三是河图洛书的主要表现形式。传说认为河图洛书的基本符码是数的概念，这反映了远古时期先民的数字崇拜意识。

一、河流崇拜

回顾人类文化史，世界上哪一个民族的兴起都和河流有密切的关系。本来，生命就是起源于水，而且生命的过程中一步也离不开水。生命存在的三要素是阳光、空气和水。其中，水并不是什么地方都充足。人类生存离不开水，还必须是淡水。陆地上能满足人类所需的淡水，就是河流。

世界人类史上最早的四大文明古国——埃及、巴比伦、印度和中国，其发祥地都在一两条大河的流域，这已是人们公认的事实。埃及文明起源于尼罗河流域，尼罗河水养育了古代埃及民族，并且培育了古埃及的文明。古希腊著名历史学家希罗多德说："埃及是尼罗河的赠礼。"当希腊人向神询问埃及的历史时，"神回答他们说，全部埃及是尼罗河泛滥和灌溉的一块土地，而全部埃及人就是住在埃烈旁提涅的下方并且饮用尼罗河水的那个民族"①。古代巴比伦文明源于中东地区的幼发拉底河和底格里斯河流域，即今伊拉克境内。在两河流经的美索布达米亚平原上，在公元前数千年的历史中，先后有苏美尔人、巴比伦人、亚述人、新巴比伦人（迦勒底人）等好几个民族在这里生活，他们共同创造和发展了美索布达米亚文明，后世统称为巴比伦文明。两河养育了这里的民族，也培育了这里的巴比伦文明。古印度文明源于恒河、印度河流域。大约公元前2500—前2000年，印度河畔的哈巴拉地区就居住着原始居民达罗毗荼人，他们创造的文化被后世称为哈巴拉文化。在印度早期2000多年的历史中，印度河和恒河养育了印度族及其他民族，培育了辉煌的印度文化。

中华文明最早主要起源于黄河流域，因此我们称黄河中下游的中原一带是中华民族和华夏文化的摇篮，称黄河是中华民族的"母亲河"。母亲的象征意义正表现出对一种文明起源的认同，中华民族正是靠黄河母亲的乳汁哺育而成长繁衍起来的。当代考古发现表明，远古时期从旧石器时代到新石器时代的文化遗址，大都集中在黄河两岸地区，或者在黄河的支流流域。如旧石器时代晚期宁夏灵武水沟洞文化，新石器时代中期的河南仰韶文化，新石器时代晚期黄河中下游的大汶口文化、山东龙山文化等，都在黄河附近；旧石器时代中期山西临汾的丁村文化，新石器时代早期陕西西安半坡村文化等，则在黄河的重要支流汾河、渭河流域。中国其他地区发现的许多文化遗址，也大都临近一条河流。如广东曲江发现的旧石器时代马坝文化在珠江的支流东江流域；长江中下游发现的新石器时代文化如四川大溪文化、湖北京山屈家岭文化、安徽中部的薛家岗文化等，或者在长江沿岸，或者在长江的支流附近；浙江余姚发现的新石器时代晚期的河姆渡文化在钱塘江流域；辽宁沈阳发现的新石器时代晚期的新乐文

① 希罗多德：《历史》，王以铸译，商务印书馆1959年版。

化在辽河流域。从已知中国境内发现的大量远古文化遗址来看，长江、珠江及其支流与淮河、钱塘江、永定河、辽河等著名河流也都是中华民族和中华文化的摇篮。

河流给人类的恩惠是多方面的。人们饮用与洗涤要用河水，河水中有大量的鱼，河边草木茂盛，有丰富的种子与果实，又有各种虫类、鸟类、兽类。人类社会之初以采集和渔猎为生，靠近河流便有取之不尽的生活资源。原始农业出现之后，河水可用于灌溉，这更是以农耕为主要生活依靠的人们不可缺少的。中国是最早出现农业文明的地区之一，中国古代的先民对河流的依赖情感也特别深厚。《诗经》中收入的许多早期诗歌都写到河水，开篇第一首《关雎》就是“关关雎鸠，在河之洲”。以出现洛书的洛河来说，《诗经》中也有直接的反映，《小雅·瞻彼洛矣》三章，每章开头的两句都是“瞻彼洛矣，维水泱泱”。郑玄笺云：“瞻，视也。我视彼洛水，灌溉以时，其泽浸润，以成嘉谷。”①这里的注解首先谈到了“灌溉”，可见将河水用于灌溉对于人们是多么重要。

当然，河水的泛滥也常常造成严重灾害。因此，人类在依赖、珍爱、崇敬河流的同时，也对河流心存畏惧。于是，人类在享受河流恩惠的过程中，也在不停地同河流造成的洪水灾害作斗争。大禹治水的故事就反映了先民同洪水作斗争的实践和愿望。在漫长的岁月里，人类积累了许多利用河水的经验，也从洪水成灾的苦难中吸取许多教训，正反两方面的经历开启了人们的智慧，形成了宝贵的知识。因此，河流既是人类生存的依靠，也是人类知识的来源。古代埃及人的天文学知识，据说就是由尼罗河而得来的。公元前3000多年，埃及人已经把一年确定为365天。这正是从对天狼星偕日升与对尼罗河泛滥周期的长期观察中总结出来的。古埃及的几何学知识也与尼罗河有关。按照古希腊历史学家希罗多德《历史》一书中的说法，古代埃及因为尼罗河泛滥后需要重新丈量土地，因而产生了几何学。

古希腊著名哲学家泰勒斯有一句名言：“万物源于水。”这句话使他成为古希腊米利都学派的创始人，成为西方科学和哲学的鼻祖。前人曾指出他的这句话太绝对化了，因为从字面上看，说万物源于水并不是严格的科学意义上的论断。有人解释说，如果把“万物”理解为有生命之物，“万物源于水”就是非常正

① 《诗经·小雅·瞻彼洛矣》郑玄笺，见《十三经注疏》，上海古籍出版社1997年版。

确的了。现在我们不妨这样理解,这句话实际上反映了世界上古代先民对水的崇拜,也即对河流的崇拜。

中国古代哲人对于水的认识,和这位泰勒斯的观点有异曲同工之妙。远古时关于天地生成的理论认为,天地本原于太一,由太一分出天地,并由太一生出水,然后才有万物。当代湖北荆门郭店出土的楚简中,就有"太一生水"的著名论断,这引起了当代学者的关注。现存的《灵枢经》佚文云:"太一者,水尊号。先天地之母,后万物之源。"①这里说太一即水,比"太一生水"更把水的位置抬高一步。《春秋元命苞》曰:"水者,天地之包幕,五行之始焉;万物之所由生,元气之腠液。"宋均注云:"天表地里皆有水,互相蒸腾,化为雨露。物得水气而发萌。"②这也是对于水生万物的发挥。《管子》中《水地》一篇专论水,其中指出:"人,水也。男女精气合,而水流形。"这是说人的生命也生于水,水生万物是包括人在内的。魏晋时杨泉作《物理论》云:"所以立天地者,水也。夫水,地之本也,吐元气,发日月,经星辰,皆由水而兴。"③这段话是对前人观点的阐释,也更进一步强调了水为天地之本、万物之源。

上述关于水的认识,正好可以说明我们讨论的河图洛书问题。在古代中国先民看来,河图洛书这样重要的经典性的文化成果,原本是从河水中得到的。伏羲据河图而画八卦,大禹据洛书而制定洪范九畴,那么八卦和洪范九畴原本也是从河水中产生的,与此相关的各种知识原本也是从河水中产生的。河出图,洛出书,正是说明中国古代先民河流崇拜意识的重要例证。

二、灵异动物崇拜

中华民族崇拜的动物图腾是龙,如果适当扩大一下范围,古代中国人崇拜的动物图腾除了龙,还有凤、麒麟、马、龟、虎、狮、熊、蛇、玄鸟、獬豸、赤乌、白兔等。关于河图洛书是由龙马衔来、玄龟负出的传说,所涉及的龙、马、龟三种动

① 《灵枢经校释》列入佚文,人民卫生出版社1982年版。
② 宋均注:《春秋元命苞》,见《汉学堂丛书·通纬春秋类》。
③ 杨泉:《物理论》,见《太平御览》卷五十九《水(下)》引录。

物在古代中华民族崇拜的动物图腾中具有典型性和代表性。汉武帝时,朝廷诏令用银锡合金造币三种,名为龙文币、马文币、龟文币,时议认为"天用莫如龙,地用莫如马,人用莫如龟"①。这说明当时对这三种动物最为推崇。作为一种文化观念来说,它在河图洛书的传说出现时已经形成了。

1.龙图腾崇拜

龙作为中华民族崇拜的图腾由来已久。远古时期的神话传说中就已有龙的概念,并且对于龙的形象、习性和威力有完整的描绘。20 世纪 80 年代,河南濮阳西水坡发现的仰韶文化时期的一座墓葬中,有用蚌壳摆塑的龙与虎的图案,那龙的形状和后来秦汉时期绘画中龙的图形非常接近。②

从古代有关文献典籍的描述来看,龙的形状大同小异,这是一种兼具多种动物特征的复合型生物。许慎《说文解字》解释龙说:"龙,鳞虫之长,能幽能明,能细能巨,能短能长。春分而登天,秋分而潜渊。"这样的动物,现实中肯定是不存在的,它只是传说中一种灵异动物的形象。闻一多先生说:"然则龙究竟是个什么东西呢?我们的答案是:它是一种图腾(Totem),并且是只存在于图腾中而不存在于生物界中的一种虚拟的生物。"③

传说中的中华民族始祖三皇五帝,大都被认为是龙的化身,这在《史记》《山海经》等典籍中都有记述。作为儒家经典著作之一的《易经》中提到龙的文字很多,如"潜龙勿用""见龙在田""飞龙在天""龙战于野"等,这里对于龙的记述集中反映了古代人们关于龙的文化观念。龙具有一般动物的某些生理特征,也具有一般动物所不具备的神的法力。龙是能够决定和主宰人类命运的自然力的象征,也是人们渴望战胜自然灾害的主观愿望的物化。人们对龙怀有敬畏之心,也期盼龙给人们带来福祉和恩惠。这种观念深入人心,形成了人们共同的思维与心理定式,于是,龙在人们的思想观念和实际生活中都占有非常重要的地位。

在龙图腾崇拜意识和龙文化观念形成的过程中,关于河图洛书的传说就必然和龙联系在一起。河图洛书既然是远古时期的人们十分看重的至宝,它就是

---

① 《汉书·食货志》。

② 《河南濮阳西水坡遗址发掘简报》,《文物》1988 年第 3 期。

③ 闻一多:《神话与诗》,中华书局 1956 年版。

上天赐予人类的神物。一种说法认为河图是由龙衔来或负来,一种说法认为负图之“龙马”是像马之龙,不论哪种说法,都把龙看成了体现上天意志、为人类带来智慧和祥瑞的使者,河图本身也就具有了神器法物的品格,成为打上了龙图腾标记的文化成果。因此,河图也被称为“龙图”,以至于后世将“龙图”转化为另外意义的名词。如宋代称龙图阁直学士为“龙图”,究其原因,盖起于龙负河图所传承的龙文化观念。

2.马图腾崇拜

马图腾崇拜是从龙图腾崇拜生发而来,这是因为古代先民对马的认识是和对龙的图腾崇拜意识紧密联系在一起的。关于负图出河的“龙马”,或者认为此马具有龙的特征,或者是以龙来比喻马。不论是哪种说法,马与龙都有割不断的关系。

马的奔驰跳跃轻健快捷,和人们想象中龙的腾飞之状有相似之处,因此,自古以来常见以龙来比喻马,或者将马中之优秀者直接称为龙。《周礼・夏官・廋人》云:“马八尺以上为龙,七尺以上为騋,六尺以上为马。”可见在古代是把身高八尺以上的好马称之为龙的。《礼记・月令》谓天子郊行祭祀有“驾苍龙”语,“苍龙”就是良马之名。于是,后世每遇良马,则名之为“龙子”“像龙”“龙驹”“龙种”或“龙马”。

古代人们之所以把马抬升到和龙的图腾崇拜同样的高度,是因为马在人类的生活中占有非常重要的地位。马为六畜之首,农耕民族的耕种、驾车、乘骑要用马,游牧民族的放牧要用马,人类争夺生存空间和政治利益的战争更要用马。在相当长的历史时期内,对马的占有是财富和权力的象征,是国力强盛的重要因素。《后汉书・马援传》记载,马援铸造铜马献给朝廷,上奏的表章中说:“夫行天莫如龙,行地莫如马。马者甲兵之本,国之大用。”他对于马的作用有深刻的见解。

而且,古代人们还认为,马具有超出其他动物的灵性,有时能够救人危难、识辨善恶,表现出与人的理性相通的忠义品质。历代正史及野史笔记中关于马救主、马报主的故事相当多。干宝《搜神记》中那个“马化蚕”的故事更是比较典型地反映了以耕织为主要生活方式与生产方式的民族所具有的文化心态。马代表耕种,蚕代表纺织,马化为蚕反映了耕与织的密切关系,于是人们供奉的蚕神也就被称为“马头娘”或“马明菩萨”。《周礼・夏官・马质》有“禁原蚕者”

一句，前人注云：以天文考之，辰为马，蚕为龙精，蚕与马是同气之物，“月值大火，谓二月则浴其种；……云是蚕与马同气者，以其俱取大火，是同气也”。① 这里指出蚕、马和龙的关系，由此也可看出马图腾崇拜具有非常丰富的文化内涵。

关于河图起源究竟是龙负出还是马负出，龙马究竟是龙还是马，这些纠缠不清的问题，正是中国古代龙图腾崇拜和马图腾崇拜相通与交织的文化现象的反映。河图既称“龙图”，又称“马图”，原本都是中华民族龙文化的产物。

3.龟图腾崇拜

关于洛书起源，传说中负之而出的动物是龟，对此没有争议。龟和龙也有密切的关系，古代世俗认为龙生九子，皆不成龙，其中之一为龟。沈德符《万历野获编》卷七“龙子”条、杨慎《升庵集》卷八十一“龙生九子”条，都说龙所生九子之一为赑屃，即石碑下面驮碑的动物，分明是龟，或者说它是龟的品种之一。

古代人们崇拜龟却由来已久。1959 年在山东泰安发掘的大汶口文化遗址，其出土文物中就有一种特殊的佩饰物——龟甲。当代学术界认为，这样的饰物在当时已经具有灵龟崇拜的宗教意义。《礼记 · 礼运》篇云“麟凤龟龙，谓之四灵”，其中麟、凤、龙三种都是现实中不存在的图腾形象，只有龟是世间实有的动物。把龟和龙等神异动物并列，足见龟的地位是何等尊贵了。

人们崇拜龟的根本原因是认为龟长寿。本来，人类崇拜各种灵异动物，是为满足自身欲望而强烈追求的体现。崇拜马，是因为马具有超过人的速度和力量，人乘马可以随心所欲地在地面快速扩大活动范围。崇拜龙，是向往着像龙那样升天下海、无拘无碍，获得活动范围的更大自由。如果说，对马与龙的崇拜是人类期望实现对自身生存空间的超越，那么，对龟的崇拜则是人类期望实现对自身生存时限的超越。人的寿命难过百岁，因而人们常常感叹人生短暂，同时强烈地追求长生。龟的长寿正是人们所羡慕的。古时候，人类就认为，龟的寿命可达百年以上，其中被称为神龟、灵龟者，其寿命会更长。《述异记》云：“龟一千年生毛，寿五千年谓之神龟，寿万年曰灵龟。”这里显然进行了高度的夸张，但是夸张的基础是龟的确长寿的事实。

古代人们之所以崇拜龟，还因为古人认为龟和马一样，也有与人相通的灵性。一种说法是，龟愈是长寿，其灵性愈大，千岁之龟则能说人语。四川成都别

① 《礼记 · 夏官 · 马质》，见《十三经注疏》，上海古籍出版社 1997 年版。

称龟城或龟化城，据传说是战国时秦国张仪和司马错在此筑城屡筑屡颓，后来因一只龟的引导才把城墙筑成。还有一种说法是，龟对人能够知恩报恩。《晋书·毛宝传》记载的那个龟报恩救人的故事即是一例。

正是出于对龟的图腾崇拜意识，古代中国人的传说中认为洛书是由神龟负出，因此洛书也被称为"龟书"。这同负图出于河的龙与马相对应，龙与马从空间的意义上，龟从时间的意义上，共同体现着人类的愿望。

三、数字崇拜

同前面所谈到的河流与灵异动物不同，数字不是实物，它只是一种符码，一种概念，一种知识，它只有在和实物结合时才有具象的意义。

人类有数字概念，是人类最初从动物界分离出来而成为人的重要标志之一。有了这一步，人类才意识到自己的智慧和聪明，并为进一步开发智慧奠定了基础。古希腊毕达哥拉斯学派的思想家菲洛劳斯曾说过一段著名的话："庞大、万能和完美无缺是数字的力量所在，它是人类生活的开始和主宰者，是一切事物的参与者。没有数字，一切都是混乱和黑暗的。"因此，远古时期的先民一开始就非常崇拜数字，这是世界上各个民族在文化启蒙之初的共同特征。中国古代先民对数字的崇拜主要表现为对一至十这十个基本数字的崇拜。在古代中国人的文化观念中，这十个基本数字都不单是数学意义的数字，它们还具有美学意义、祥瑞意义、世界观及宇宙观意义等，每个基本数字都包容着远古时期已有的天文、地理、人伦、哲学、艺术、原始宗教、日常生活等方方面面的知识。

河图洛书的基本表现形式是数字，准确地说是表示数字概念的符码或由符码表示的数字概念。河图洛书涉及一至十这十个基本数，这里主要讨论的是对一、二、三、五、九这五个数字的崇拜问题。

1.对数字"一"的崇拜

在河图和洛书中，"一"都是起始数字。"一"的概念，包含着古代中国人的宇宙发生论。汉族的先民认为，远古时天地未分，混沌一片，后来逐渐变化，轻而上浮为天，重而下凝为地。先秦时期的理论家就把最初形成天地的元气叫作"太一"，或称"大一"。《礼记·礼运》篇云："必本于大一，分而为天地，转而为阴阳,变而为四时。”《淮南子·诠言》云:“洞同天地混沌为朴,未造而成物,谓之太一。”《说文解字》开卷第一个字就是“一”,许慎的释文云:“惟初太始,道立于一,造分天地,化成万物。”于是,“一”为天地之源成为古代中国人的共识。

在河图洛书的传说中,伏羲氏依据河图作八卦,八卦的基本符号就是与“一”字形体相同的短线。八卦的第一卦为乾卦,代表天,乾卦的第一画是一条较长的短线,因此后世有“一画开天”的说法。老子说的“道生一,一生二,二生三,三生万物”,在解释天地与万物生成问题上和儒家的观点非常一致。

由于“一”的概念被推崇到天地之始、造化之源的地位,古代中国人对于“一”的崇拜便形成根深蒂固的文化观念。《汉书·效祀志》云:“一者一统,天地万物所系象也。”皇帝在举行盛大祭典时,其赞飨词便是“皇帝敬拜太一”。

西方哲学中也有“太一”这个概念。太一(to hen),意谓单一、独一,没有界限、没有区分,自身浑然为一。古罗马帝国时期新柏拉图学派哲学家普罗提诺认为,世界万物都是由太一产生出来的,太一是绝对超验的神,是一切存在物的源泉和最终原则。这和中国古代哲人的认识大体一致。

在河图和洛书中所包括的十个基本数字中,一为起始,当然居于首位。宋代人绘制的黑白圈点的河图与洛书图中,一都居于下行中央的最尊位置,其他数字都围绕着一的定位依次序排列,即明显地体现了对于一的高度尊崇。

2.对数字“二”“三”的崇拜

在古代人们的数字崇拜观念中,“二”的地位可以说和“一”同等重要。人类有了数字概念之后,也同时有了单数(奇数)和双数(偶数)的概念。《易经·系辞上》云:“天一地二,天三地四,天五地六,天七地八,天九地十。”在一至十这十个基本数字中,单数为天,双数为地;在整个自然数序列中,一为奇数之始,二为偶数之始。八卦符号中,乾的起始是一道较长的短线,爻象为阳;坤的起始是两道较短的短线,爻象为阴。由此一为阳,二为阴,奇数为阳,偶数为阴。《易经·系辞上》又云“分而为二以象两”,是谓由一分为二并继续再分才产生八卦。“二”的汉字写法是两道短线,表示了一加一和一乘二的数学意义,也表示了包含阴阳的哲学意义。阴阳是互相对立的两种事物或事物的两面属性,对于有生命的动植物来说,阴阳相合,始能繁育。若说一是万物之原,二则是生命之母。

在河图洛书的传说中,体现着二所包含的哲学意义。宋人绘制的图画中,河图和洛书都用黑白两种圈点来表示,黑则为阳,白则为阴。河图中一居下行中的尊位，二则居于上行之中，与一正好相对。洛书中因为是另外的排列规则，二居于右上角，为西南方，是后天八卦的坤位，即“生命之母”之位。这样的排列方法，都体现了对二的尊崇意识。

“三”的文化含义非常丰富。与单纯数学意义相关联的，三并非只表示数量意义的三，而是表示多数，有“众多”“多次”“再三”等意义。阴阳结合生下后代为第三方，而这个第三方特别重要，反复繁衍，才可至于无穷。由此扩大到认识周围世界，于是人们的思维产生了三维的概念。老子说“三生万物”，讲述的是道家对于宇宙生成过程的认识，其中以三为万物之母。

在河图洛书的传说中，三的位置特别重要。伏羲据河图创立的八卦，每卦皆为三画，三阳爻为乾，三阴爻为坤。宋人绘制的河图和洛书的图画，其每边的个数皆为三，三三见方成为九宫。三是河图洛书和八卦的基本构图规则。

3.对数字“五”的崇拜

在古代中国人的数字崇拜观念中，“五”具有特殊的重要性。从数学的意义上来看，它是二加三之和；从文化的意义上来看，它包容着二和三，是生命和万物的生成形态，是一个完美数。

人们最早对于五的认识是从自己的五指开始，最早有计数的概念就是数五指。世界上各民族最早产生的计数系统大多是十进位制，其原因即从数手指引起。手对于人来说极其重要，人类早期的物象崇拜还包括对于人体器官的崇拜，对数字五的崇拜是对人手崇拜的另一种表现形式。

古代人们之所以认为五是完美数，从文化心态来说即缘起于对手的灵巧与宝贵的赞美。这种观念很早就形成了，关于金、木、水、火、土五行的认识即奠定了数字五的神圣地位。古人谓“五行生万物”，而万物构成世界，在此五行理论体系的基础上，古代看待其他事物也常常是归结为五，认为其数达到五便表示着齐全、完备与和谐，如五方、五色、五音、五味、五脏、五官、五伦、五德、五岳等。在人们的思想观念和现实生活中，五这个数字占据着非常重要的地位。

与五相关联的十，其文化含义也由五的意义延伸而来。十可以看作“双五”。因此，对于十的数字崇拜是对于五的数字崇拜的更高级或最高级，是齐全和完美的极致，故常见说“十分满意”“十全十美”等。

在河图洛书的传说和八卦中，五和十都具有一种独特的身份。《易传·系辞上》云：“天数五，地数五，五位相得而各有合。”即在一至十这十个基本数中，有五个奇数（天数）、五个偶数（地数），分别累计相加，各得出一个和数，奇数之和为二十五，偶数之和为三十，这样，“凡天地之数五十有五”。在宋代人绘制的河图洛书图画中，河图为一至十的排列，各数字之和为五十五，五和十占据中央位置；洛书为一至九的排列，各数字之和为四十五，洛书的每行、每列及对角线的三个数字之和为十五，这些数都是五的倍数，同时五也占据中央位置。这样的排列方法，五的地位受到独特的尊崇。

4.对数字“九”的崇拜

九是自然数的十个基本数中除了十最大的数。《素问·三部九候论》云：“天地之至数，始于一，终于九焉。”因此，从文化含义来看，如果说一表示起始，九则表示终结。

九是三的平方数，其文化含义是三的延伸，但同三相比又增加了许多内容。三表示多数，九则表示多数的更高级和最高级。清汪中《述学·释三九》云：“凡一二之所不能尽者，则约之以三，以见其多；三之所不能尽者，则约之以九，以见其极多。”因此，在古代语汇中，表示极多、极大等极致状态，则总是称之为九。如传说天极高处称九重、九霄、九垓或九乾，地下极深处称为九泉，黄河的弯曲很多称为九曲，长江的支流很多称为九派，诸路神仙称为九仙，学术流派之多称为九流，道家炼丹反复烧炼称为九转并以九转金丹为最珍贵，等等。

由于对“九”的推崇，古代的一些制度设置或礼仪规章，其数也常用九。如九官、九州、九府、九仪、九卿、九品、九庙、九锡、九顿首、九等赋，等等。而且，九和其他受崇拜的数字如三、五等配合，还表示特别尊贵的意义。三九，是“三公九卿”的简称，故古时以三九之位是指朝廷上的高级官职。九五，是皇帝之位的别称，帝王的身份称为“九五之尊”。九九，数学意义是九乘九为八十一，而其文化意义则是极高的待遇。如张衡《东京赋》中“属车九九，乘轩并毂”一句，指车驾的最高级别。

在河图洛书的传说中，九的地位显然极不寻常。河图和洛书都是每边为三、总数为九的方阵。由河图产生的八卦，乾卦为三个阳爻，共三画，坤卦为三个阴爻，共六个短画，乾坤两卦合起来共九画。《易经·乾卦》“潜龙勿用”一句后疏云：“乾体有三画，坤体有六画，阳得兼阴，故其数九。”而且，八卦中其他相对的三组卦，兑与艮，离与坎，震与巽，两卦相合也各为九画。这样，八卦总画数为三十六画，合四九之数。洛书的排列是九居上行之中，与一相对，即“终”与

"始"相对。洛书中一至九各数之和为四十五,合五九之数。大禹由洛书创立的洪范九畴,其项数也是九。因此,洛书又被称为"九洛"。河图和洛书中的许多因素都离不开九,这不是偶然的,归根结底当是对于九的数字崇拜意识的反映。

(原载《中州学刊》2006 年第 1 期)

江姓起源及古江国考述

古江国是春秋前期众多诸侯国当中的一个小国，是江姓的起源地。受封于西周初年，灭亡于周襄王二十九年，即鲁文公四年（公元前623），前后存在400余年。考察一下这个小诸侯国的兴亡史，对于深入探讨春秋时期的历史与文化，也许能提供一些有益的启示。

一、江氏起源于江国

江国是江姓的主要起源地，这是没有疑义的。唐林宝《元和姓纂》卷一记述江姓时云："嬴姓，颛顼元孙伯益之后，爵封于江，后为楚所灭，以国为氏。"后来的姓氏书都采用此说，如宋代邓名世的《古今姓氏书辨证》卷二、郑樵的《通志》卷二十六"氏族二"，明代凌迪知的《万姓统谱》卷三，清代《古今图书集成·氏族典》，等等，都记江姓是江国的后人以国为氏。当代的各种关于姓氏的著作在叙述江姓起源时基本上沿袭该说。

根据古代的姓氏著作文献，可知江国的始祖名伯益，是五帝之一的颛顼帝的玄孙。这个伯益，在舜帝时期是著名的贤臣之一。《尚书·舜典》记载："帝曰：'畴若与上下草木鸟兽？'佥曰：'益哉！'"这里的"益"就是伯益，他曾经协助大禹治水有功，于是在舜帝问起派谁担当管理山林草泽的官职时，大臣们都推荐他。于是舜帝就任用伯益，伯益又推荐朱虎和熊罴作为辅佐。可见伯益在当时有很高的威望，并且在治理国家的事务中发挥了重要的作用。后来，伯益常被作为古代贤臣的典范受到称颂。《孟子·滕文公上》中说："舜使益掌火，益烈山泽而焚之，禽兽逃匿。"可知伯益在舜时还曾担任管理火的官职，他带领人们放火烧山，开垦田地，发展了农业。《孟子·万章上》中又说："禹荐益于天，七年，禹崩。三年之丧毕，益避禹之子于箕山之阴。朝觐狱讼者不之益而之启，曰：‘吾君之子也。’讴歌者不讴歌益而讴歌启，曰：‘吾君之子也。’”可知大禹在位时一直想把天下让给伯益，而伯益不肯接受，在为禹守丧三年之后，他为了让禹的儿子启为天下君主，就到箕山（在今河南登封）的北边隐居起来。当时的人们都拥护启，伯益却甘守寂寞而保持高尚的品格。

《史记·秦本纪》中记述嬴姓始祖颛顼之孙女修生子名大业，大业之子名大费，“佐舜调驯鸟兽，鸟兽多驯服，是为伯翳”，这个伯翳即伯益。《史记》司马贞“索隐”云：“嬴姓之先，一名伯翳，《尚书》谓之伯益，《系本》《汉书》谓之伯益是也。寻检《史记》上下诸文，伯翳与伯益是一人不疑。”从有关典籍的记述来看，江氏的远祖伯益即大费，又名伯翳，他既是一位有高贵出身的帝王之胄，又是一位才德兼具的古代圣人。

禹之子启即位后建立夏朝，念伯益功劳而将他封为费侯，封地在今山东费县。《竹书纪年》卷上记云：“（夏帝启）二年，费侯伯益出就国。……六年，伯益薨，祠之。”可知伯益死在夏启六年，他死后由其子孙世袭费侯爵位，承传香火，成为东夷的一个重要部落。东夷族人是以鸟为图腾的，传说伯益就通鸟语。《后汉书·蔡邕传》云：“昔伯翳综声于鸟语。”唐李贤注云：“伯翳即秦之先伯益也，能与鸟语。”《史记·秦本纪》记颛顼裔孙女修吞玄鸟陨卵而生大业。这说明秦的远祖和同为东夷的商族祖先都以鸟为图腾。

公元前11世纪周武王建立周朝时分封诸侯，嬴姓被分封于各地，《史记·秦本纪》篇末“太史公曰”一段云：“秦之先为嬴姓，其后分封，以国为姓，有徐氏、郯氏、莒氏、终黎氏、运奄氏、菟裘氏、将梁氏、黄氏、江氏、修鱼氏、白冥氏、蜚廉氏、秦氏。”这里提到的各个诸侯国的后代大都以国为姓。即嬴姓的后裔中又分出许多的姓，而江姓是其中的一支。嬴姓的后裔有一位被封在江国，名江文仲，和黄国同在淮河边，后世称之为“淮夷”。因此，宋衷所注《世本》卷下记述道：“江、黄皆嬴姓，徐、奄皆嬴姓，淮夷嬴姓。”西周时期，这些被分封的小国太多，在《史记》中没有一一立传，《陈杞世家》云：“江、黄、胡、沈之属，不可胜数，故弗采著于传。”古代有关姓氏著作还记载说，江国被灭亡之后，江姓的子孙有些逃到齐国或其他地方，于是江姓便分散于全国各地，尽管如此，其祖根依然是在江国。

二、江国故城的地理位置

古江国的地理位置，当代近十余年来学术界、文化界和地方政府已经形成的一致认识是把它确定在正阳县的南部，其故城遗址在正阳县的大林乡涂店村东北方，2000 年 9 月 25 日公布的河南省第三批重点文物保护单位名单的第 158 号就是“正阳江国故城”。此后各种公开出版的相关书籍据此加以介绍，这里举《中华姓氏河南寻根》为例，其中的综合表述是：江国故城城址平面略呈长方形，东西长 500 米，南北宽 350 米，总面积约 17.5 万平方米。遗址位于淮河和汝河之间，西北距正阳县城 36 千米，南距淮河仅 1 千米，东边与息县接壤。城址西南角是一片地势险要的高地，宛如关隘，古称“凤凰台”，当地人也叫它“烽火台”。还有一处称为“冢子园”的遗址圆锥形土堆高 8 米，面积达 2000 平方米，是古江亭遗址。①其他书中也大都说古江国遗址在正阳大林乡涂店一带，如谢钧祥的《中华百家大姓源流》②和张放涛主编的《中原文化旅游概览》③等。

然而，对于这样的一座古城址，还没有发现直接的和确凿的物证，若把它认定为古代的江国故城，这就难免引起学术界的质疑。金荣权先生的文章《古江国地理与历史论考》，对于江国故城遗址提出了可以颠覆原有共识的新看法④。文章从考察所谓“汝南安阳”的位置入手发现了疑点。由于杜预的《春秋・僖公二年》有注谓“江国在汝南安阳县”，而后来的《汉书・地理志》、唐代李泰等人的《括地志》颜师古注、明清之际顾祖禹的《读史方舆纪要》等书谈及江国时都以汝南安阳（古时又称南安阳）为坐标来表述江国的位置。然而各书对于汝南安阳的确切表述不甚一致，因而对于江国故城位置的理解也就有了歧义。金荣权先生详细列举了各书的不同记述，并加以分析，之后认为，古江国故城不应当在正阳东南大林的涂店附近，而应当在正阳县南部的陡沟镇附近。其理由有

---

① 《中华姓氏河南寻根》，中州古籍出版社 2009 年版。

② 谢钧祥：《中华百家大姓源流》，中州古籍出版社 1996 年版。

③ 张放涛：《中原文化旅游概览》，当代中国出版社 2003 年版。

④ 金荣权：《古江国地理与历史论考》，《信阳师范学院学报（哲学社会科学版）》2010 年第 1 期。

三：第一，郦道元《水经注》卷三十“淮水”一节记淮河“东径（经）安阳县故城南，江国也”，“淮水又东，得浉口水”。据此，知淮河是先流经江国故城南，再往东流经浉水口。浉水口就是从信阳流过来的浉河入淮河处，其地点在今正阳皮店乡南部潘店附近的淮河对岸。那么，江国故城必定在浉水口的西边，也就是正阳的陡沟附近了。第二，《括地志》记载“安阳故城在豫州新息县南八十里”，而正阳大林的涂店距新息县城（今息县县城）不过60里左右，这与《括地志》不符合，而如果在陡沟附近就对了。第三，如果大林涂店附近是江国故城，那么它紧靠古息国的国界。从古代方国设置情况来看，很少有把都城设在自己国家边界，而距另一个诸侯国的都城如此之近的。因此，金荣权先生认为，古江国的领地当在今正阳县的南部、信阳市平桥区东北部和罗山县北部一带，跨淮河南北，以淮北为主，都城位于淮河北岸。

我认为，金荣权先生的文章应当引起高度的重视。他所列举的三条理由，最重要的是第一条，因为郦道元的《水经注》是古代一部很具权威的地理著作，其中的记述常被用来作为判断地理方位的有力根据。其中关于淮水先经江国故城南再经浉河入淮口的记述，在《水经注》的不同版本中都是一致的，没有歧义文字；如果有某些文字不同，也只是有的版本把其中注文的若干字当作了桑钦《水经》的原文①，这不影响对淮水所经地点先后次序的理解。根据《水经注》的记述，江国故城到底是在浉河入淮口的西边还是东边，这就成了一个关键问题。现在把大林涂店附近判断为江国故城，因为它在浉河入淮口之东，这就与《水经注》明显矛盾。如果坚持这样的判断，那就必须证明两点：一是郦道元记错了或写错了，即证明《水经注》应该记述淮河本是先经浉河入淮口而再经江国故城的；二是在肯定郦道元记述正确的前提之下，证明浉河入淮口原来曾在大林涂店东边的息县境内，后来改在了正阳皮店的潘店附近入淮。从逻辑关系上来分析，郦道元判断淮河先经江国故城再经浉河入淮口，浉河入淮口在正阳皮店潘店附近淮河对岸，江国故城在大林涂店附近，这三个命题必有一错。其中的第二个命题是不可能错的，因为浉河入淮口没有变化过。那么，第一、第三两

① 《水经注》四库全书本于“淮水又东迳安阳县故城南”后有按语云：“案此十一字原本及近刻并讹作经。”“淮水又东得浉口水源南出大渍山”后有按语云：“案此十四字原本及近刻并截上八字讹作经，下六字仍属注文。”

个命题就必有一错。这就是说，如果郦道元的《水经注》没有记错或写错，那么如今确定正阳的大林涂店附近为江国故城遗址就值得重新考虑了。

当然，我们也可以用上面的第三个命题证明第一个命题。肯定大林涂店附近就是江国故城，而淮河是先经过浉河入淮口再经江国故城的，以此证明郦道元的《水经注》写错了。要是这样的话，我们最好是再拿出涂店附近就是江国故城的铁证。这里也不排除另外的可能：将来有朝一日在正阳的陡沟附近发现江国故城遗址，那就证明郦道元《水经注》的记述是对的，而现在对于大林涂店为江国故城的认定就自然会随之改变。

关于江国的地理位置，古代还有另外的说法。王夫之《春秋稗疏》卷一考证江国云："江国，杜解在汝南安阳县，东坡图在蕲州界。汝南地接黄陂、蕲州，而国以江名，必近江水。蕲州东滨大江，有故江夏城，于汉、晋或属汝南，东坡图非无据已。"这里，王夫之根据苏轼曾绘图说古江国故城在蕲州（今湖北蕲春县西南不远处的长江边），与杜预注解《春秋》的说法不同，并分析说江国应当靠近长江之水才名副其实。王夫之此说是推测语气，未见有他人附和。今天我们也不必相信王夫之而认定江国在长江边，应当仍然坚持认定江国在淮河边才是符合历史真实的。

三、江国的兴亡及文化定位

在西周和春秋早期，关于江国的历史记载极为罕见。到了楚国强盛起来之后，逐步向北方扩张，与北方秦、晋、齐、鲁等大国争夺中原，必然触及淮河两岸的蓼、息、黄、江、道、柏等国的安危，江国才较多地见诸史籍记述。鲁庄公十四年（楚文王十年，前680），楚国灭掉息国，这是楚国为向北扩张而要消灭中原小国的开始。江国的地理位置偏南，面临强大的楚国首当其冲，民少国弱，处境危险，应对困难，它不得不和北方大国结盟以保护自己。公元前7世纪楚成王在位时，江国和齐、宋结盟，这是见诸史籍的江国最早的一次结盟。《春秋》记载，鲁僖公二年（楚成王十四年，前658），"秋九月，齐侯、宋公、江人、黄人盟于贯"。

《左传》于此记述道："秋，盟于贯，服江、黄也。"贯为齐国地，在今山东冠县①。杜预注云："江、黄，楚与国也，始来服齐，故为合诸侯。"据此知，江国和黄国原来是楚国的盟国，现在改为顺服齐国，和齐、宋两大国建立同盟。

鲁僖公三年（楚成王十五年，齐桓公二十九年，前657），江国再次参加齐国的盟会。《春秋》记载："（三年）秋，齐侯、宋公、江人、黄人会于阳谷。"阳谷即今山东阳谷，当时为齐国地。这次盟会的具体目的，《春秋》语焉不详，而《左传》有明确的表述："秋，会于阳谷，谋伐楚也。齐侯为阳谷之会，来寻盟，冬，公子友如齐莅盟。"据此知，这次齐国召集盟会，并邀集鲁国参与，鲁国即派上卿公子友到齐国赴会，盟会的议题是共同讨伐楚国。其起因是上一年楚国进犯郑国，此年又再次侵郑，齐国不能坐视郑国败亡，决定联合盟国伐楚救郑。

鲁僖公四年（楚成王十六年，齐桓公三十年，前656）春，齐桓公亲自率领齐、宋、陈、卫、郑、许、曹等国的联军南下进攻蔡国，蔡国溃败，于是联军乘胜进击，攻打楚国。联军挺进到陉（今湖北广水北）②，楚国派大夫屈完到齐国的联军求和，于是齐桓公同意停战撤军。这次战争，江国作为盟国之一，肯定也派军队参加了，只是力量太小，《左传》中没有提到江国参加。

此年秋，齐国又因陈国的大夫辕涛涂的不忠而兴兵伐陈，这一次江国也派兵参加了。《春秋》记云："齐人执陈辕涛涂，秋，及江人、黄人伐陈。"《左传》记此事只说"秋，伐陈，讨不忠也"，没有明言江国和黄国参加，也可能是因为江国力弱兵少而不值一提。至于伐陈的背景无须赘述，这里只是意在说明，江国在这一时期是追随齐国的，在军事上和齐国保持一致。

鲁僖公五年（楚成王十七年，齐桓公三十一年，前655），弦国的灭亡更加剧了江国的危机。《春秋》记云："（五年，）楚人灭弦，弦子奔黄。"《左传》记云："楚斗谷於菟灭弦，弦子奔黄。于是江、黄、道、柏方睦于齐，皆弦姻也，弦子恃之

---

① 杜预《春秋经传集解》于此处有注云："贯，宋地。梁国蒙县西北有贳城，贳与贯字相似。"据此，贯地在今安徽蒙城西北。其实杜注有误。王夫之《春秋稗疏》卷一云："贯，杜氏以为字误，是蒙县西北之贳城。按蒙县之有贳城，他无所考，独闻杜说。汉有贳县，自属巨鹿，贳侯，吕之国也。贯之非贳，三传无异。范宁注音古乱反明，非音世之贳。按《史记》田齐世家，齐伐卫，取毌丘，索引曰，毌同贯，古国名，卫邑。盖今东昌之冠县。"这里采用王夫之说。

② 杜预《春秋经传集解》于此处有注云："陉，楚地，颍川召陵县南有陉亭。"其实有误。王夫之《春秋稗疏》卷一云："陉为楚塞之山，其地应在应山之北，山径微通光山、固始之间，非召陵之境矣。"应山即今湖北广水。这里采用王夫之说。

而不事楚，又不设备，故亡。”弦国是春秋诸侯国之一，其地在今湖北浠水①，距楚国更近，是较早被楚国灭掉的小国。弦和江、黄、道、柏这四个小国都有姻亲关系，而这四个小国这时都追随齐国。弦国被灭之后，弦国公子逃奔黄国投靠亲戚，其下场使江、黄等小国同情，但是这些小国还没有充分认识到自身存在的严重危机，存在着盲目自大、有恃无恐的心态。

鲁僖公十一年（楚成王二十三年，齐桓公三十七年，前649），楚国攻伐黄国②，第二年夏灭掉黄国。《左传》记云：“（十一年）黄人不归楚贡。冬，楚人伐黄。”“（十二年，）黄人恃诸侯之睦于齐也，不共楚职，曰：‘自郢及我九百里，焉能害我？’夏，楚灭黄。”黄国自恃以齐国为靠山，不向楚国进贡，认为距离楚国较远，就像弦国一样对楚国不设防备，也像弦国一样遭到灭亡的下场。黄国本是江国唇齿相依的邻邦，黄国被灭，这就使江国失去一个有力的援手，成为楚国向北扩张的首要攻击目标，孤立地暴露在楚人面前，处境更加危险。

终楚成王之世，楚国向北扩张的战略进攻一直没有停止。鲁僖公十四年（楚成王二十六年，前646年），楚国灭掉英国③。鲁僖公二十年（楚成王三十二年，前640），楚国伐随国，第二年随国臣服。鲁僖公二十二年（楚成王三十四年，前638），楚国与宋国战于泓水，宋国大败。这使楚国的势力大增。鲁僖公二十八年（楚成王四十年，前632），楚国与秦、晋、齐、鲁、郑、宋等北方诸侯联军发生了著名的城濮之战，楚国战败，向北扩张的势头受阻，但楚国的实力并没有很大的削弱。然而在楚成王在世时，对弱小的江国却没有再用兵，其中的原因可能与楚成王的妹妹嫁与江国有一定的关系。

成王之妹名叫江芈。鲁文公元年（楚成王四十六年，前626），楚成王打算废掉太子商臣而立商臣的异母弟王子职为继承者，《左传》记载说：“商臣闻之而未察，告其师潘崇曰：‘若之何而察之？’潘崇曰：‘享江芈而勿敬也。’从之。江芈怒曰：‘呼，役夫！宜君之欲杀汝而立职也。’”杜预注云：“江芈，成王妹，嫁于

---

① 杜预《春秋经传集解》有注云：“弦国在弋阳轪县东南。”查弋阳即弋阳山，在河南光山，轪县在其东南，即今湖北浠水县西。

② 《春秋》及《左传》记僖公十一年“冬，楚人伐黄”，此年是楚成王二十三年。而《史记·楚世家》记“（成王）二十二年，伐黄”，与《春秋》《左传》不符。

③ 《史记·楚世家》记云：“（成王）二十六年，灭英。”此年为鲁僖公十四年（前646）。又邵雍《皇极经世书》卷五下记云“乙亥，楚灭英”，而公元前646年为乙亥。《史记·楚世家》张守节正义云“英国在淮南，盖蓼国也”，不准确，实则英国是蓼国（在今河南固始）附近的另一小国。

江。”而《史记·楚世家》记江芈是成王之妾，有误，实为成王之妹[1]。商臣听从潘崇的计策，故意在宴请江芈时惹她生气而从她的口中得到成王欲杀掉自己而立弟弟职为储君的实信，于是他先下手为强，缢死成王而抢得王位为楚穆王。从这件事我们可以认识到的事实有：一是江芈的“芈”本是楚国宗室的芈姓，她因嫁至江国而称为江芈；二是江芈和成王的关系非常亲近，成王关于废长立幼这样的最高机密的大事都和她商量；三是此时她没有住在江国，而是住在楚国，但是她是临时回楚国探亲还是被江国休弃而离开，情况不明；四是江芈痛斥商臣，尽管是商臣故意激怒她，但是也可以察知她对商臣的看法不好，商臣也因她和成王关系密切而不把这个亲姑妈当作亲信看待。因此，后来商臣成为楚穆王之后决心灭掉江国，就不顾及江芈这一层亲戚关系了。

于是，鲁文公三年（楚穆王二年，前624）春，楚穆王派兵包围了江国都城。《春秋》记云：“（文公三年）秋，楚人围江。……晋阳处父帅师伐楚以救江。”《左传》记载道：“楚师围江。晋先仆伐楚以救江。冬，晋以江故告于周。王叔桓公、晋阳处父伐楚以救江，门于方城，遇息公子朱而还。”江国被围，晋国得知即派先仆率兵伐楚，解救江国，同时晋国把江国的情况向周天子报告。杜预在此注解说：“欲假天子之威以伐楚。”可知这时江国已和晋国结盟，受到晋国的保护，同时也受到周王室的保护。晋国的援兵行进到楚国北方的长城塞（在今河南方城）的时候，遇到楚兵的统帅息公子朱。杜预注云：“子朱，楚大夫，伐江之帅也。闻晋师起而江兵解，故晋亦还。”这个子朱的爵名是息公，因为此时息国早已被灭而成为楚国的地盘，子朱当是管理此地的最高长官。他率领楚军在围江前线，得知晋兵来救的情报，就解了江国之围，来迎晋兵。晋兵也不想真的和楚军交战，就趁势撤兵而回了。其实，楚国解江国之围只不过是麻痹晋国的缓兵之计，他们灭亡江国的既定方针并没有改变。

第二年，即鲁文公四年（楚穆王三年，前623）秋，楚国灭掉了江国。《春秋》记此年事云：“秋，楚人灭江。”《左传》亦记云：“楚人灭江，秦伯为之降服、出次、不举、过数。大夫谏，公曰：‘同盟灭，虽不能救，敢不矜乎！吾自惧也。’君子曰，《诗》云：‘惟彼二国，其政不获，惟此四国，爰究爰度。’其秦穆之谓矣。”此年是

---

[1] 《史记·楚世家》记云：“崇曰：‘飨王之宠姬江芈而勿敬也。’”“宠姬”一词后裴骃“集解”云：“骃案，姬当作妹。”

秦穆公三十七年，秦国经过穆公数十年的励精图治，已经相当强大，此时的江国不仅和晋国结了同盟，而且也和秦国结了同盟。秦穆公对于江国的被灭反映强烈，他为了表示对江国的哀悼而身穿素服，移居侧室，减少膳食并撤去馔乐，礼数超过了常规的限度，朝臣劝谏他不必这样过分，他解释说：同盟国被灭亡，即使没有能够救援，难道还能不表示哀悼吗？我是以此来警诫自己啊！这里，《左传》引述《诗经·大雅·皇矣》一篇的诗句，意思是说，夏商两国为政不得人心，四方诸侯国追思其原因，都以此为鉴。这说的就是秦穆公啊！根据这样的记述可知，江国的被灭是春秋时期的一件大事，这引起秦穆公这样的大国霸主深沉的思考，也引起当时各个诸侯国的国君对于国家长治久安的深沉思考。然而秦穆公的哀悼只是一种无奈之举，他无法阻止楚国的扩张，鲁文公五年（楚穆王四年，前622），楚国又灭掉六国和蓼国①。

从江国的前后表现及最终被灭亡的过程来看，江国在春秋前期列国争霸的背景之下的政治态度基本上是倾向于北方大国的。春秋时期先后有五个著名霸主，被后世称为“春秋五霸”。江国曾先后投靠齐桓公、宋襄公、晋文公、秦穆公四霸，成为齐、宋、晋、秦这四个北方大国的盟国，江国在楚穆王时代被灭亡，标志着四霸时代的结束，也成为后来楚庄王称霸时代到来的重要前奏。江国曾经依附楚国，但不久就转为与北方大国结盟，这里固然有政治上和军事上的直接原因，但是还有更深层的文化上的原因，这就是在春秋时期北方文化和南方文化对立的大背景下，江国属于北方文化即中原文化体系，而和楚国所代表的南方文化体系在本质上是对立的。

在特定的历史时期内，文化的差异是不同国家、不同地区及不同政治利益集团的根本差异。中原地区经过夏、商、周三代长时期的文化融合，形成了属性相对明确、内涵相对稳定、特色相对明显的中原文化。司马迁《史记·封禅书》云“昔三代之居，皆在河洛之间”，在以洛阳为中心的区域形成了河洛文化。春秋时期，东周王朝的都城长期在洛阳，其文化属性是河洛文化的集中代表。中原文化以河洛文化为核心组成部分，其源头性、正统性、包容性的特征已初步形成，其中正统性是春秋时期中原文化最突出的特征。因此，春秋前期齐、宋、晋、秦相继争霸，其文化的共同特点也即以“尊王攘夷”为主要标识，表现在政治上

① 《史记·楚世家》：“（穆王）四年，灭六、蓼。”六国在今安徽六安，蓼国在今河南固始。

就是尊崇周王室的统治。齐桓公、晋文公等都是以尊崇周王室为宣言来确立自己的霸主地位的，江、黄等小国也正是因为尊周的共同立场而与之结盟的。刘向《新序·善谋》云："齐桓公时，江国、黄国，小国也，在江淮之间，近楚。楚，大国也，数侵伐欲灭取之。江人、黄人患楚，齐桓公方存亡继绝，救危扶倾，尊周室，攘夷狄，为阳谷之会，贯泽之盟，与诸侯方伐楚。"这里记述说管仲曾劝谏齐桓公而桓公不听，而桓公的坚定决心正是表现了齐国和江、黄等小国对于中原文化的认同。

楚国是雄踞于南方的大国，在北方各大国看来是南方蛮夷，楚文化是相对于中原文化的蛮夷文化，是外侵型的霸权文化。楚国的政治态度是不尊周的，有时也说几句拥护周王室的口号，那不过是争取中原人心的一种策略。楚国的基本国策是扩张，向北则是同北方大国争夺中原，这样的战略目标在楚成王、楚穆王、楚庄王时期表现得十分露骨。清代马骕《左传事纬》卷三"楚穆图北方"一节云："楚之图北方久矣。成王在位四十余年，无日不以争霸为事。……穆王弑立，晋襄不能正其罪，使得肆其兵力蚕食小国，江、六之区骚然烦苦焉。……读《春秋》者至于楚穆之事，而思霸更深矣。"晋、秦等北方大国对于楚国的扩张无力从根本上加以遏止，坐视南方一些小国被楚灭亡而鞭长莫及。因此，江国的灭亡是楚国政治扩张和军事扩张的必然结果，也是楚国文化扩张的必然结果。

（原载《天中学刊》2011 年第 6 期）

老子神化过程论略

中国古代思想家、哲学家老子，又称老聃，或谓其姓李名耳字伯阳，原本是一个真实的历史人物，可是他在其身后逐渐演变为神通广大、法力无边而受到上自帝王下至万民崇拜祭祀的一尊大神——太上老君。考察老子的神化过程，对于认识老子及其思想成就，认识道家的形成及发展，从而进一步认识中国文化的内涵与特征，都有一定的启示意义。

一、著作经典化

老子的神化过程，首先是从他的著作被经典化开始的。老子所著之书在东周时原称《老子》，是先秦诸子著作之一，当是属于个人别集类著作。到汉朝初年河上公注《老子》，把全书 81 章的前 37 章称为《道经》，后 44 章称为《德经》，才使用“经”的名称。这一《老子》的早期版本同 1973 年长沙马王堆一号汉墓出土的《老子》抄写本的内容排列顺序不同。汉景帝崇信黄帝与老子的修炼养生之术，把老子的著作称为“经”，这是经典意义的“经”。焦竑《老子翼》记云：“老子之称经，自汉景帝始也。吴阚泽对大帝曰，许成子、原阳子、老子、庄子，皆修身自玩，放畅山谷，纵汰其心，学归淡泊。至汉景帝以黄帝老子义体尤深，改子为经，始立道学，敕令朝野悉讽诵焉。”①后来兴起的道家及东汉时张道陵创始的道教，都把老子的著作奉为主要经典，称为《道德经》或《道德真经》，更扩大了老子著作的影响。

老子所著书仅有五千言，被奉为经典之后就具有了真理性、权威性和神圣

---

① 焦竑：《老子翼》卷三，文渊阁《四库全书》本。

性，这是老子其人被神化的基础。晋代王弼注《老子》，沿用河上公的编排。后世《道德经》的各种注释本非常多，仅收入《道藏》的就有50余种。各种版本大都保持着81章的体例。《道德经》的文本还被刻石存于老子故里太清宫及各地的道观祠庙中，使这一著作和老子其人一起被神化了。

二、圣师化

传说孔子曾以老子为师。《庄子·天道》篇记载子路对孔子说："由闻周之征藏史有老聃者，免而归居，夫子欲藏书，则试往因焉。"孔子曰"善"，"往见老聃，而老聃不许，于是繙十二经以说"。接着有孔子和老子的一段关于仁义的对话。《庄子·天运》篇又说："孔子行年五十有一而不闻道，乃南之沛，见老聃。"司马迁的《史记·老子韩非列传》采用了《庄子》的记述，写了"孔子适周，将问礼于老子"的经过。《史记·仲尼弟子列传》中又有"孔子之所严事，于周则老子"等语。其他儒家经典著作也有相应的记述。如《礼记·曾子问》中记曾子和子夏向孔子问丧礼，孔子的答话几次说"吾闻诸老聃曰"；《孔子家语》的《五帝》和《执辔》两篇都提到"昔丘也闻诸老聃曰"；《韩诗外传》卷五记子夏说"仲尼学乎老聃"。这些说法流传于后世，影响很大，至今洛阳城内存有一处"孔子入周问礼"碑。孔子在儒家思想成为封建时代全国的统治思想之后，孔子被尊为"至圣先师"并被神化，而老子是孔子求教的老师，其地位当然要超过孔子，更应当受到尊重。

另外，《吕氏春秋·当染》云："舜染于许由、伯阳。"高诱注解说："伯阳，盖老子也，舜时师之者也。"这一说法，前人曾提出质疑，因为作为历史人物的老子不可能是舜时人；但是在传说中被神化的老子可以是超越时空的，他在舜时为尹寿子（详见下文），也就成为圣人帝舜之师了。于是，老子的圣师化和神化互为因果，增加并增浓了老子的神话色彩。

三、龙化

秦时,传说孔子把老子比喻为龙。《庄子·天运》篇记述道:“孔子见老聃归,三日不谈。弟子问曰:‘夫子见老聃,亦将何规哉?’孔子曰:‘吾乃今于是乎见龙。龙,合而成体,散而成章,乘乎云气而养乎阴阳。予口张而不能嗋。予又何规老聃哉?’”《史记·老子韩非列传》采用了《庄子》的记述又略有变化,也说老子如龙,其中说:“孔子去,谓弟子曰:‘鸟,吾知其能飞;鱼,吾知其能游;兽,吾知其能走。走者可以为网,游者可以为纶,飞者可以为矰。至于龙,吾不能知,其乘风云而上天。吾今见老子,其犹龙邪!’”这样的说法,本来是表现孔子对于老子的敬仰和推崇,并不意味着老子真的是龙的化身。但是,如此比喻却反映了中国古代关于龙的图腾崇拜意识及龙文化观念。传说黄帝死后乘龙上天,这在《史记·封禅书》中有记述,而庄子和司马迁又说老子如龙,就把老子和黄帝联系在一起了。黄帝是中华民族的始祖,早已被神化,老子也和黄帝一同被神化。

四、道家始祖化

老子是先秦时期道家思想的创始人,其思想经庄周予以发展,于是称为“老庄”之学;又和传说中的黄帝之术并称为“黄老”之学。汉代道家思想盛行,老子的道家始祖地位已极其稳固,没有疑义。到东汉时期张道陵创立道教,又称五斗米道或天师道,尊奉老子为教主,称为“太上老君”。后来道教在传承过程中出现不同流派,如东汉末张角的太平道、张鲁的五斗米道,北魏寇谦之改革后的新天师道,唐宋时期的南、北天师道与上清、灵宝、净明各宗派,元代的全真教,等等,都尊奉三尊神,称为“三清”,即玉清元始天尊、上清灵宝道君、太清太上老君,这第三位就是老子,老子又有洞真第一君、大千法王、太上真人、上清太极真人等名号。宋张君房《云笈七签》记云:“其三清境者,玉清、上清、太清是也。亦名三天,其三天者,清微天、禹余天、大赤天是也。……此三君各为教主,即是三洞之尊神也。”又说：“太上老君者，混元皇帝也。乃生于无始，起于无因，为万道之先，元气之祖也。盖无光无象，无音无声，无宗无绪，幽幽冥冥，其中有精，其精甚真，弥纶无外，故称大道焉。”从这里的解释可知，老子是道教所敬奉的一位法力无上的大神，同时也因道教的流行与影响而使老子成为大众心目中的大神。

五、仙化

在中国古代的文化观念中，仙属于道家。神和仙的概念有所不同，一般认为，神主要指各种职能神，如风神、雨神、山神、海神等；而仙没有限定的职责，可以自由行动。高层次的道士和高层次的仙是相通的。道士有五等，一等是“天真道士”，二等是“神仙道士”，三等是“山居道士”，四等是“出家道士”，五等是“在家道士”。[①] 仙也有五等，即天仙、神仙、地仙、人仙、鬼仙。[②] 汉代刘向的《列仙传》列第九位为老子，其中说：“乃乘青牛车去。入大秦，过西关，关令尹喜待而迎之，知真人也。”根据这样的界定，老子既是“真人”，他当然是第一等的“天真道士”，也是第一等的“天仙”。在道教的诸神系中，老子既是仙，也是神。因此，老子的仙化和神化是同步进行的。

《太平广记》记述的老子，既是神又是仙。其中说老子“先天地生”，或云是“天之精魄，盖神灵之属”。而且，老子不止是一个人，而是有跨越千年的诸多化身，“上三皇时为玄中法师，下三皇时为金阙帝君，伏羲时为郁华子，神农时为九灵老子，祝融时为广寿子，黄帝时为广成子，颛顼时为赤精子，帝喾时为禄图子，尧时为务成子，舜时为尹寿子，夏禹时为真行子，殷汤时为锡则子，文王时为文邑先生，一云为守藏史。或云在越为范蠡，在齐为鸱夷子，在吴为陶朱公”。《云笈七签》卷三《天尊老君名号历劫经略》，记述老子在千万年间历劫经过甚详。总之是说老子可以化为历代各位神仙圣贤。如前所述《吕氏春秋》记老子为舜帝之师伯阳，那是已经被神仙化了的老子。

---

① 《渊鉴类函》卷三一九引《三洞道科》。

② 许地山：《道教史》，上海古籍出版社 1999 年版。

十六国时期,王嘉《拾遗记》记述的老子,已是一个神仙的形象。其中说:“老聃在周之末,居反景日室之山,与世人绝迹。惟有黄发老叟五人,或乘鸿鹤,或衣羽衣毛……与聃共谈天地之数。”又记有浮提之国献神通善书二人,辅助老子著《道德经》一书,“写以玉牒,编以金绳,贮以玉函,昼夜精勤,形劳神倦,及金壶汁尽,二人刳心沥血,以代墨焉”。《拾遗记》所记是小说家言,更不足为信,这样的描写开创了小说等文学作品神化老子的先例。

六、异人化

先秦时期的文献对于老子的长相没有明确的文字记载。由于汉代老子已进入神仙的行列,于是汉代以后有关典籍记述老子的时候,所描写的他的出生情况、相貌、形体、寿命等生理特征,便和一般凡人有很大的不同,便是说,本来是真实历史人物的老子在生理的层面被大大地异人化了。

老子的出生,传说有多种。据晋代葛洪《神仙传》记述,一说“其母感大星而有娠,虽受气于天然,生于李家,犹以李为姓”;一说“母怀之八十一岁乃生,生时,剖其母左腋而出,出而白首,故谓之老子”;一说“母到李树下生老子,生而能言,指李树曰,以此为我姓”。①《老子内传》云:“其母曾见日精下落,如流星飞入口中,因有娠,七十二岁而生。常有五色云绕其行,五行之兽卫其堂,于陈国涡水李树下,剖左腋而生。”②段成式《酉阳杂俎·玉格》道:“老君母曰玄妙玉女,天降玄黄,气如弹丸,入口而孕,凝神琼胎宫三千七百年。赤明开运,岁在甲子,诞于扶刀。盖天西那王国,郁寥山丹玄之阿。又曰老君有胎八十一年,剖左腋而生。”后来《云笈七签》中的《混元皇帝圣纪》沿袭这样的传闻。上述关于老子出生的各种说法,在今天看来是非常荒诞的,是不符合科学常理的,然而古人编造出这些离奇的故事,无非是意在说明老子不是一般的凡人,他的出生是天或神的意旨的体现。

关于老子的相貌与形体,葛洪《神仙传》记述道:“鹤发龙颜,黄色美眉,广颡

① 据《渊鉴类函》卷三一八转引。

② 据《初学记·道释部》引。

长耳，大目疏齿，方口厚唇，额有参牛达理，日角月庭，鼻纯骨双柱，耳有三门（一作耳竖大三门），足蹈三五，手把十文。”《老子内传》则说：“顶有日光，身滋白血，面凝金色，舌络锦文，形长一丈二尺，齿有四十八。”①《酉阳杂俎·玉格》又云：“形长九尺，或曰二丈九尺，耳三门，又耳附连环。又耳无轮郭，眉如北斗，色绿，中有紫毛，长五寸，目方瞳，绿筋贯之，有紫光，鼻双柱，口方，齿数六八。颐若方丘，颊如横垄，龙颜金容，额三理，腹三志，顶三约把，十蹈五身，绿毛白血，顶有紫气。”上述种种说法，有些明显不可信，有些则不可思议，然而古人这样来描画老子的形象，无非是说他的貌与形也是离奇古怪的，不是一般的凡人。

关于老子的寿命，《史记·老子韩非列传》云：“盖老子百有六十余岁，或言二百余岁，以其修道而养寿也。”《史记》虽然是著名的历史典籍，但是在这里说老子活了160或200余岁是不可信的。尽管用了一个“盖”字表示大概的意思，但其本意是认为老子享有一般人达不到的高寿。显然，司马迁的记述，过分夸大了修道的作用，为道家神奇的养生理论制造了声势。

上述几方面对于老子相貌、形体及寿命的种种离奇记述，是老子被推崇为道家始祖之后，人们根据自己的主观想象虚拟出来的。道家及道教的信徒出于对老子的崇敬与迷信心理，过分夸大了老子形象与一般凡人的差距，又把这种夸大在传说过程中加以敷衍与增补；一般民众出于对老子思想与人格的敬仰，宁可信其有而不疑其无。在这样的心态支配之下而凭想象对老子形象进行的人为塑造，又反过来强化了老子事迹的神化程度，也加快了老子神化的进程。

七、帝王化

历史人物老子生前的职务，见于记载的是周守藏史。但是，在他死后，由于历代帝王的推崇而对他不断地给予加封，使老子在后世的封号逐步进入帝王的行列。

历史上最早在苦县老子故里为老子建祠是在东汉桓帝时。延熹八年（165），汉桓帝派中常侍左悺前往苦县老子祠祭祀，同年十一月又派中常侍管霸

① 据《渊鉴类函》卷三一八转引。

前往苦县老子祠祭祀，此举开历代帝王崇祀老子的先河。北魏太祖拓跋珪喜诵老子书，于天兴某年设置仙人博士；世祖拓跋焘于始光年间宠信道士寇谦之，也信奉老子。① 但是，北魏时对老子尚未给予封号。

唐朝皇帝姓李，以同姓的老子李耳为始祖。据《旧唐书·本纪》载，武德七年(624)十月，唐高祖李渊曾谒楼观老子祠。唐太宗李世民正式认老子为皇宗，而且使老子的地位在佛祖释迦牟尼之上，贞观十一年(637)七月，给亳州老子庙和兖州孔子庙各20户以奉享，使老子的地位等同于孔子。乾封元年(666)二月，唐高宗亲自前往亳州祭祀老子，追封老子为“太上玄元皇帝”，这使老子的封号升格为皇帝。武则天时期崇信佛教，而且她的国号大周是以武姓代替李姓，于是也不再承认老子的帝王封号。至武则天退位，唐中宗李显复位，便于神龙元年(705)正月诏敕老子依旧为玄元皇帝。《续文献通考》记载说，此年七月，唐中宗又下诏曰：“初太宗以老子为皇宗，升于释氏之上，至则天朝复在释氏之下，今此已往，遂为定式，今齐班并集。”唐玄宗李隆基承袭祖制，继续崇奉老子，开元二十一年(733)诏令天下家藏《老子》一本。开元二十七年(739)，玄宗追封孔子为“文宣王”，天宝二年(743)正月追封尊老子为“大圣祖玄元皇帝”，地位在孔子之上，并追尊老子之父周上御史大夫敬为“先天太上皇”，老子之母益寿氏为“先天太后”。天宝八载(749)闰六月，玄宗亲往老子故里谒太清宫，追封老子为“圣祖大道玄元皇帝”。天宝十三载(754)，玄宗再次亲往老子故里谒太清宫，追封老子为“大圣祖高上大广道金阙玄元天皇大帝”。玄宗之后，敬宗、文宗、武宗、宣宗、僖宗都曾往老子故里谒太清宫进行祭祀。

北宋建国后，老子仍然受到尊崇。大中祥符七年(1014)，宋真宗前往老子故里谒太清宫祭祀，追封老子为“混元上德皇帝”。张君房的《云笈七签》即奉宋真宗的旨意编撰的，其中就称呼老子为混元皇帝并撰述了《混元皇帝圣纪》。宋徽宗信奉道教更甚，于政和七年(1117)四月自封为“教主道君皇帝”，又于重和元年(1118)四月诏令混元皇帝老子的生辰二月十五日为贞元节。

中国古代由历史人物而被神化并被追封为皇帝的只有三位。老子之外，一位是晋代张亚子，元仁宗延祐三年(1316)被追封为“辅文开化文昌司禄宏仁帝君”，又称“梓潼帝君”(一说被封为文昌帝君或梓潼帝君的是汉代文参)；另一

---

① 《魏书·释老志》。

位是关羽,明万历二十二年(1594)被追封为关圣帝君。这三位都是道教神,老子不仅被封最早,而且地位最尊。至明清小说中,老子已成为法力无边、神通广大的神圣,名为太上老君,《西游记》中写他和如来佛祖同受玉皇大帝尊重并与玉皇大帝平起平坐,这反映了人间佛、道两家同受皇帝尊崇的事实。

八、《老子》书中的神文化内容

历史上老子之所以被神化,固然是由于道家及道教的兴盛,并由于历代帝王的信奉与推崇。老子本人著作中的神文化内容也是老子其人被神化的重要因素。

的确,老子书中多处使用了"神"的概念。第三章中说:"谷神不死,是谓玄牝,玄牝之门,是谓天地根。"汉河上公注《老子》,谓谷神是"五藏之神也";王弼注《老子》,谓"谷神,谷中央无谷也";其他书中也有不同的发挥。尽管说法有异,但谷神概念本身具有神灵的意义。第二十九章中有"天下神器,不可为也"一语,前人注解说"人乃天下之神物也,神物好安静,不可以有为治",可知这里是以"神器"的概念指人类,但也含有称赞人为神物之意。第三十九章有"神得一以灵""神无以灵将恐歇"等语,都是以"神"的概念指神明或神灵的。第六十章中又说:"以道莅天下,其鬼不神;非其鬼不神,其神不伤人;非其神不伤人,圣人亦不伤人。"这里的"神"的概念,是鬼神、神祇、神明之神。其他各章中虽然没有直接使用"神"的字眼,但是老子表述的思想涉及宇宙与天地本原、人的生成、人的精神与物质的关系等重大哲学问题,其中即包含着对于造物神、创世神、自然神的认识,表现出理性探讨过程中的神话思维。

当代关于老子的研究领域中,已有国内外学者把以老庄为代表的道家哲学同中国古代神话进行对比研究。1960 年,美国学者爱德华·赫伯特出版《道教笔记》一书,关注了老子著作中的神话问题,其中把老子所谓的"道"的概念同西方神话学和宗教史学中的"大母神"(the Great Mother)概念相沟通,认为"道"是原始母神的一种隐喻表达。① 20 世纪 70 年代以来,又不断有这方面的专题著

① [美]爱德华·赫伯特(Edward Herbert):《道教笔记》(*A Taoist Notebook*),1960 年出版。

作问世。台湾学者杜而未于1976年出版《老子与月神宗教》一书，其中说："中国古代的形而上学，是从自然神学脱胎的，不但可以为神学服务，还可以作自然宗教的孝女。……因为它是在宗教演化中兴起的。"①美国学者吉拉道特于1983年出版英文著作《早期道教的神话与意义》一书，以宗教职业宗教学家与神话学家的眼光考察中国的《老子》《庄子》《列子》《淮南子》等书，其中第6章题为"卵、葫芦与洪水：朝向混沌主题的类型学"，认为中国古代的开天辟地神话及洪水神话的起源部分，可以追溯到原始道教的混沌创世神话。②《老子》书中多谈"混沌"与"气"等内容，正是具有神话意义的宇宙起源论与人类起源论，其思维过程及思维定式也具有神话的象形、联想及隐喻特征。

因此，《老子》书中玄之又玄、神而又神的理论表述，内容的深刻性使人敬畏，形式的玄虚性使人迷信，话语的生动与美感使人陶醉。其思想的神话内容，理论的神学品格，促使老子其人在人们的心目中上升到神的层次。这是老子神化的内在原因。

（原载《天中学刊》2013年第1期）

---

① 杜而未：《老子的月神宗教》，台湾学生书局1976年版。

② ［美］吉拉道特（N.T.Girardot）：《早期道家的神话与意义》（*Myth and Meaning in Early Taoism*），美国加利福尼亚大学出版社1983年版。转引自叶舒宪：《老子与神话》，陕西人民出版社2005年版。

中国龙文化的宏观考察

在当代世界范围内,外国人常称中国为龙,称中国人为龙的传人;中国人自认为龙是中国的标志,中国人是龙的后代。在当代文化研究的热潮中,学术理论界把龙的相关问题统称为龙文化。龙文化的内容非常丰富。从历史的层面来看,它包括龙的起源、流变过程及文献资料;从意识形态的抽象层面来看,它包括与龙相关的文化观念、文化心态与文化精神;从社会大众接受与传播的层面来看,它包括由龙文化引起的社会习俗,以及各种文学艺术形式(如诗文、小说、戏剧、绘画、雕塑、音乐、舞蹈等)关于龙的反映与表现;从物质的具象层面来看,它包括在古代墓葬、各种建筑、文献著作、器用物件、艺术作品等方面表现出来的龙的造型及其载体。本文拟从宏观的视角,以学术研究的立场,对龙文化进行整体性与综合性的考察,笔者认为龙文化的内涵主要表现在八个大的问题上,或者称为八类文化,即图腾文化、祖根文化、天象文化、利生文化、皇权文化、祥瑞文化、民俗文化、英雄文化。

一、图腾文化

世界上各民族在文明之初都曾有过对物象的崇拜,包括对宇宙间自然力的崇拜、对天神的崇拜、对自然规律的崇拜等,其中之一是图腾崇拜。"图腾"一词本来是北美印第安人鄂吉布瓦族的方言,意为族徽标记,后来世界各国也便借用这个概念指称其他民族的图腾崇拜现象。中国远古时期,众多的氏族集团各有自己的图腾,如黄帝族以熊为图腾,炎帝族以羊为图腾,太昊族以日为图腾,少昊族以挚鸟(凤)为图腾,颛顼族以瑞玉为图腾,瑶族以狗为图腾,等等。汉民族认黄帝、炎帝、太昊、少昊、颛顼等为始祖,也就是说,汉民族的祖先的图腾本来是多种多样的，如果以其中的黄帝族图腾为主的话，那么应该是以熊图腾为代表性图腾。近年叶舒宪先生著《熊图腾——中华祖先神话探源》①一书对此有深入的探讨。可是，在后世的文字记载中出现了龙图腾，取代了各氏族原有的图腾。因此，龙的出现，本来是人类社会早期图腾文化的产物。

然而，龙本身是并不存在的动物。它既不是生物进化史上繁盛于中生代的恐龙，也不是现今仍存世的鳄鱼、变色龙等爬行动物，它是古代中国人虚拟的一种动物。虚拟的根据很有可能是原始人类看见龙卷风出现，把那种细长飞动、能升天落地、威力无比并能带来风雨与灾祸的神奇之物称为龙。关于龙的具体描述，《尔雅翼·释龙》记龙有“三停九似之说”。“三停”谓“自首至膊，膊至腰，腰至尾，皆相停也”，即是说龙从头到前肢、从前肢到腰(后肢之前)、从腰到尾这三段的长度大致相等。“九似”谓“角似鹿，头似驼，眼似兔，项似蛇，腹似蜃，鳞似鱼，爪似鹰，掌似虎，耳似牛”，即龙的身体各部分分别像九种动物。闻一多先生说：“然则龙究竟是个什么东西呢？我们的答案是：它是一种图腾(Totem)，并且是只存在于图腾中而不存在于生物界中的一种虚拟生物，因为它是由许多不同的图腾糅合成的一种综合体。”②

龙的形象被虚拟出来之后，中国远古时期的不同氏族便认同了这一种神奇而伟大的新图腾，自动放弃本氏族或本部落原有的旧图腾。中华民族的形成过程，是黄帝族、炎帝族和全国其他各氏族、各部落的兼容与统一，中华文化也是黄帝等主要部族的文化和其他部族文化汇聚融合而成的大文化。龙图腾的出现及各部族对它的认同，反映了中华民族及中华文化的形成与发展过程，也反映了中华文化具有大一统能力与引导能力。

龙的图腾文化是后来龙文化的其他内容形成与发展的基础。从后世各民族的传说故事中，可以感受到中国不同民族对于龙图腾及龙文化的接受与传承。许顺湛先生的文章指出：“龙文化的影响不是个别地方，而是整个中国。有一本书叫《龙的传说故事》，只是选编了一部分，但是也可以看出一些问题，龙的传说故事不仅遍及全国，而且在白族、高山族、朝鲜族、回族、苗族、彝族、瑶族、纳西族、蒙古族等许多少数民族中，几乎都有自己龙的传说故事。龙在中国可

① 叶舒宪：《熊图腾——中华祖先神话探源》，上海文艺出版总社2007年版。

② 闻一多：《神话与诗》，中华书局1956年版。

以说是家喻户晓、妇孺皆知,龙文化深入人心,代代相传。”①中华民族之所以具有强大的向心力与凝聚力,与各民族认同的龙图腾及龙文化有密切的关系。

二、祖根文化

中华民族认同的始祖是三皇五帝。尽管三皇与五帝的具体所指有不同的说法,但是传说中的几位主要的始祖,即伏羲、黄帝、炎帝、少昊、颛顼、帝喾、尧、舜、禹等被奉为始祖则是没有疑义的。中华文化传统中一种重要的观念是崇祀先祖,不忘根本,因此祖根文化是中华文化的重要组成部分和特色之一,后世及当代的祭祀祖先风俗及寻根问祖意识,即祖根文化的体现。由于传说中的三皇五帝大都被认为是龙的化身,因此龙文化就和中华民族的祖根文化紧密相连。龙是中华民族始祖的图腾,也是后世中华民族崇祀的始祖偶像的神化。

关于伏羲,《史记·五帝本纪》张守节“正义”云,伏羲氏其母居华胥,称华胥氏,“与蛇感而孕”,因蛇为龙之属,即说伏羲为龙种降生。晋皇甫谧《帝王世纪》又记云:“太昊帝庖牺氏,风姓也。燧人之世,有巨人迹出于雷泽,华胥以足履之,有娠,生伏羲于成纪,蛇身人首,有圣德。”这里说庖牺氏(即伏羲氏)之母华胥踩到巨人的脚印,有人解释说这“巨人迹”即龙的脚印,因而伏羲为人首蛇身(即龙身)。后世画家所绘伏羲与女娲图像皆为人首蛇身,就是根据这样的传说。关于黄帝,《史记·天官书》记云“轩辕黄龙体”,即说黄帝是龙转生。关于炎帝,《史记·五帝本纪》张守节“正义”引《帝王世纪》云:“神农氏,姜姓也,母曰任姒,有蟜氏女登为少典妃,游华阳,有神龙首感生炎帝。”这是说炎帝也是龙转生的。关于颛顼,王嘉《拾遗记》云:“帝颛顼高阳氏,黄帝孙,昌意之子。昌意出河滨,遇黑龙负玄玉图。时有一老叟谓昌意云:‘生子必叶水德而王。’至十年,颛顼生,手有文如龙,亦有玉图之象。”颛顼是黄帝的孙子,也是龙的后裔,这里说他手有龙纹,与龙的血缘关系又密切了一步。关于唐尧,《竹书纪年》云:“帝尧陶唐氏母曰庆都,生于斗维之野,常有黄云覆其上。及长,观于三河,常有龙随之。”上述种种传说,进一步把龙图腾的观念坐实,说三皇五帝中的多位始

---

① 许顺湛:《论龙的传人》,《中原文物》1994年第4期。

祖是龙种或者具有龙的生理特征,这就意味着后世繁盛起来的中华民族就都是龙的后裔了。当代说中国人是“龙的传人”,即根源于多位始祖本为龙的传说,使祖根文化与龙文化合二为一。

《通鉴纲目前编》又记载,太昊时因为有龙马负图出于河的祥瑞之兆,因而对于所设的官职就以龙来命名,称为龙师,“命朱襄为飞龙氏,造书契;昊英为潜龙氏,造甲历;大庭为居龙氏,治屋庐;浑沌为降龙氏,驱民害;阴康为土龙氏,治田里;栗陆为水龙氏,繁滋草木,疏导泉源。又命五官,春官为青龙氏,又曰苍龙,夏官为赤龙氏,秋官为白龙氏,冬官为黑龙氏,中官为黄龙氏”。官制是人类社会发展到出现国家之后最基本的社会管理制度,其他各方面的礼仪制度法规典章等皆由官制派生。如果要对这些规章制度寻根究底,它们最初产生时都已经打上了龙文化的印记。

三、天象文化

本节所谓的天象的概念,不是宇宙层面关于星座、银河、日月运转的天相变化,而是如同当代气象学层面的天象变化。远古时期,人们对于天气阴晴及风雨雷电的产生还没有科学的认识,而在龙的概念产生之后,就认为是龙的行动造成的。

《易经·乾卦》中谓“飞龙在天”,又谓“云从龙,风从虎”,此语代表了远古时期人们对于龙的基本认识,即广阔的天空是龙活动的基本场所,龙出行必有云相随,龙活动的地方即有风雨雷电发作。王充《论衡·龙虚篇》中说“雷龙同类”,“龙者云之类”, 又说“龙,鱼之类也,其乘雷电,犹鱼之飞也”,都指出龙与云、雷、闪电的依从关系。《山海经·海内东经》云:“雷泽中有雷神,龙身而人头,鼓其腹在吴西。”《史记·五帝本纪》张守节“正义”引此段文字为“雷泽有雷神,龙首人颊,鼓其腹则雷”,与今传世之本《山海经》有所不同,而意思是一样的,即天上打雷是由于龙鼓肚子而发出的声音。《淮南子·地形训》云:“雷泽有神,龙身人头,鼓其腹而熙。”其文与《山海经》不同,高诱注解说:“熙,戏也。”意思是说龙鼓起肚子戏耍而引起雷电等天象变化。从这些记述可知,远古时人们对于天象的认识同对龙的认识紧密联系在一起,龙文化是天象文化的重要内容。

当代有学者指出，雷电是龙产生的渊源。张文彬、秦文生二位先生的《龙渊源考》引述许慎《说文解字》中对于“龙”字的解释说：“鳞虫之长，能幽能明，能细能巨，能短能长。春分而登天，秋分而潜渊。”于是认为：“只有雷电恰好出现于春分和秋分之间……电闪时的确能幽能明，形状能细能巨，能短能长，恰是龙的形象。雷隆隆作响的声音，正是‘龙’字的读音。”①这里表述的观点，是对龙文化反映的天象文化内容所作的探讨性诠释。

四、利生文化

古代中国人认为，龙作为神灵之一，其基本职能是负责行雨，主管水利，天旱就按照天意兴云布雨，地发洪水则帮助治水。行雨和治水有利于植物生长及动物存活，也有利于大众民生。因此，龙文化具有利生文化的性质。

中国进入农业文明的时间比较早，远古时期人们就有遭遇天旱时向上天求雨的风俗，在商代甲骨文卜辞中可以见到求雨的记载，但是在那时人们的观念中还没有把求雨与龙联系起来。《左传・桓公五年》记“龙见而雩”，“雩”是求雨的祭祀仪式，但这里所谓的“龙见”是指苍龙星见于东方，这时是求雨的时机，而不是指作为图腾的龙。《左传・昭公十九年》记郑国发生水灾，有人看见两条龙在洧渊争斗，请求祭龙以消灾，子产不许，说：“吾无求于龙，龙亦无求于我。”就劝止了人们的请求。这一事例说明春秋时候祭龙求雨或免灾的观念还没有确立，后来到了汉代，这样的观念才逐渐明确起来。董仲舒《春秋繁露・求雨》记述官方主持的求雨活动时说，春旱求雨，于东门外，甲乙日，作青龙；夏旱求雨，于南门外，丙丁日，作赤龙；秋旱求雨，于西门外，庚辛日，作白龙；冬旱求雨，于北门外，壬癸日，作黑龙。季夏旱求雨，于南门外，戊己日，作黄龙。由于这时的求雨活动中设置了各种颜色的龙作标识，于是在人们的心目中便把降雨的功能赋予了龙。东汉时期佛教传入中国，而佛教经典中是认为龙王主管行雨的。《华严经・世主妙严品》云：“复有无量诸大龙王，所谓毗楼博叉龙王，娑竭罗龙

---

① 张文彬、秦文生：《龙渊源考》，《寻根》1996年第1期。

王，云音妙幢龙王……兴云布雨，令诸众生，热恼消灭。”《修行本起经》说，佛祖释迦牟尼降生时，“有龙王兄弟，一名迦罗，二名郁迦罗，左雨温水，右雨冷泉，释梵摩持天衣裹之”。由于佛教的影响，中国人把佛经中的说法同中国龙文化观念结合在一起，完善了龙司雨及祭龙求雨的神话。在中国道教的经典著作中，也编造了龙王主管降雨的各种说法，说有东、西、南、北四海龙王，或东、西、南、北、中五方龙王，《太上元始天尊说大雨龙王经》列出清净龙王、大地龙王、法海龙王等68位，《太上召诸神龙安镇坟墓经》列出五方龙王、深林神龙王、波流神龙王、天星八卦神龙王等80位，《太上洞渊说请雨龙王经》列出日月龙王、星宿龙王、天宫龙王等58位。① 中国古代文学作品也有相关的描写。白居易《黑潭龙》诗云“丰凶水旱与疾疫，乡里皆言龙所为”②，可知唐代的乡间民众已流行关于龙的这种认识。唐代李朝威的传奇《柳毅传书》中写有洞庭龙王、泾河龙王、钱塘龙王，明代出现的《西游记》中写东海龙王名敖广、南海龙王名敖顺等。到元、明、清时期，龙王司雨及祭龙求雨的观念已成为社会民众的普遍认识，并形成相关的民间祭龙求雨的习俗。全国各地到处都有龙王庙，香火旺盛。人们祈盼风调雨顺、农业丰收，于是对龙的司雨功能特别给予崇拜与迷信。

关于龙治水的传说由来已久。《楚辞·天问》有“应龙何画，河海何历”句，朱熹《楚辞集注》引古本《山海经》说：“禹治水，有应龙以尾划地，即水泉流通，禹因而治之也。”（今本《山海经》无此语）应龙是一种有翼之龙，传说大禹治水时因应龙用尾划地而开出河道，导洪水入海。王嘉《拾遗记》也记述道：“禹尽力沟洫，导引川夷岳，黄龙曳尾于前，玄龟负青泥于后。”又说：“禹疏川奠岳，济巨海则鼋鼍而为梁，逾峻山则神龙而为驭。”这里说，龙既能用尾划地开河，又能为大禹驾车，在治水之役中贡献巨大。于是后世从皇帝到庶民都认为龙除了司雨的职能，还能治水，护佑民众免受洪水之害。有的朝代还给龙王加封号，如宋徽宗于大观二年（1108）十月对五龙神都封王，青龙神封广仁王，赤龙神封嘉泽王，黄龙神封孚应王，白龙神封义济王，黑龙神封灵泽王。③ 清代雍正、乾隆皇帝都曾多次封龙王神。许顺湛先生的文章还指出：“旧时的农历每年都明确指出是

---

① 《道藏·洞真部·本文类》及《道藏·洞玄部·本文类》。

② 白居易：《黑潭龙》，见《全唐诗》卷四二七。

③ 《宋会要辑稿·礼四》。

几龙治水，最少是一龙，最多是九龙，龙少了忙不过来要干旱，龙多了互相依靠，也要缺雨。因此，在民间把龙看作是左右人们生产、生活和安全的神灵。”①从上述传说来看，龙文化显示出利生文化的内涵与特征，因而也成为社会大众的重要关切。

五、皇权文化

由于远古时期神话传说认为三皇五帝中的多位帝王是龙的化身，因而在后世人们的观念中就把龙和帝王更紧密地联系在一起，认为帝王的降生或者是龙转世，或者有龙的预兆，于是便以龙指称或比喻帝王，并且以龙象征至高无上的皇权。

古《三坟》中《连山易》的残文中说：“君物龙，龙善变化能致云雨，为君物也。”②这是最早把国君比喻为龙的文字记述，认为只有一国之君才能像龙那样具有至尊地位和至高权威。秦朝统一中国，秦始皇把皇与帝集为一身，人们就称他为“祖龙”。汉代以后，这一类传说就司空见惯了。《史记·高祖本纪》记载：“（高祖）父曰太公，母曰刘媪，其先刘媪尝息大泽之陂，梦与神遇，是时雷电晦冥，太公往视，则见蛟龙于其上，已而有身，遂产高祖。”而且，刘邦“尝从王媪、武负（妇）贳酒，醉卧，武负（妇）、王媪见其上常有龙，怪之”。《汉武帝内传》记载，汉景帝刘启住在宫中的崇芳阁，见“有赤龙如雾，来蔽户牖”，占卜者曰“此阁必生命世之人”，于是刘启就让王美人住在此阁中，不久生下了汉武帝刘彻。《宋书·符瑞志》记宋武帝刘裕少时曾醉卧酒店中，有人看见他睡的地方呈现五彩如蛟龙，他出行时也有人看见常有两龙在前引导。《南史·齐武帝本纪》记齐武帝萧赜云：“帝将产之夕，孝皇后昭皇后并梦龙据屋，故小字上为龙儿。”《旧唐书》和《新唐书》中的《太宗纪》都记载唐太宗李世民出生时，产房附近出现大片祥云，室外有二龙游戏，冲天而去。后世各代诸如此类的记述不胜枚举，大体都是认为皇帝出生时有龙的征兆或出行时有龙的护佑，或者是有人故意编造出这

① 许顺湛：《论龙的传人》，《中原文物》1994 年第 4 期。

② 马国翰：《玉函山房辑佚书·经编易类》。

样的故事以显示皇帝的身份非凡。

古代的皇帝又称为天子,同时在世俗的舆论中人们又把皇帝称为“真龙天子”。皇帝自身及其所用的物品都打上龙的标志,如皇帝的身躯称为龙体,面容称为龙颜,所穿长袍称为龙袍,鞋称为龙靴,上朝的大殿称为龙廷,御座称为龙椅,睡的床榻称为龙床,儿孙称为龙子龙孙,逝世称为龙驭归天,其住所、办公处、衣服、器物等上面都刻绘有龙的图案,等等。这一系列事实,其本质是历代皇帝以此作为欺骗、愚弄社会大众的手段,为树立权威、巩固统治而造势。因此,中国古代龙文化为皇权文化所利用,并且对社会大众的思想及文化心态产生了深广的影响。

六、祥瑞文化

由于人们对龙的敬畏、景仰与崇拜心理,因而在古代的文化观念中,普遍认为龙的出现是祥瑞之兆。历史典籍中关于龙现身的记述未必真的是事实,或者所见为龙卷风,或者是被夸大了形象的某种怪兽,或者是捕风捉影的讹传,或者是人为的编造。尽管不可信以为真,但是关于“龙现”所反映的文化心态则是对于祥瑞的惊喜与期待。中国古代的祥瑞文化有丰富的内容,而龙文化也是祥瑞文化的组成部分之一。

三国时,吴国孙权黄武八年(229)夏,有黄龙现身于京口,孙权因此祥瑞而改元为黄龙。“又作黄龙大牙,常在中军,诸军进退观其所向”,并命胡综作赋记其事。① 曹魏太和七年(233)春,有龙现身于摩陂,行至许昌,于是此年魏明帝曹叡改元为青龙,刘劭为之作《龙瑞赋》,中云:“有蜿之龙,来游郊甸,应节合义,象德效仁。”②十六国时期,前秦将领吕光某次领兵作战时有人见营外有一黑物,“摇动有头角,目光若电”,认为是黑龙出现,于是吕光割据凉州,建立后凉,并于麟嘉八年(396)改元为龙飞。③ 唐高宗显庆六年(661),益州、绵州等地报

---

① 《三国志·吴志·胡综传》。

② 刘劭:《龙瑞赋》,见严可均编《全上古秦汉三国六朝文·全三国文》卷三十二,商务印书馆1999年版。

③ 《晋书·吕光载记》。

称有龙见，于是高宗就下诏将此年改为龙朔元年。唐昭宗文德二年(889)，朝臣报称宫中昭德殿出现紫气，昭宗派人查问，发现金龙子(一种工艺品)一枚，于是认为天降祥瑞，就改元为龙纪。① 唐中宗景龙二年(708)秋九月五日，人们看见有龙现身于上党伏牛山之南冈，潘炎为之作《黄龙见赋》，小序中说龙的出现是"彰圣人之德也"。景龙三年(709)六月十五日，人们又见龙现身于牛山，潘炎又作《黄龙再见赋》，谓"天意汲汲于圣人"。② 诸如此类的各种事例，都是历代对龙文化祥瑞意义的利用，和龙文化的皇权文化结合在一起，成为封建统治者制造舆论巩固统治地位的手段。

古籍中还记述一些与龙现身的祥瑞之兆相对立的情况，若有龙死，则是大不祥之兆。《汉书·王莽传》记载，天凤二年(15年)讹传黄龙堕死于黄山宫中，百姓奔走前往观看者有数万人，王莽得知，感到特别丧气。《后汉书·五行志》记载，桓帝延熹七年(164)六月，有人看见河内野王山上有龙死，善天文阴阳之术的襄楷说龙者为帝王瑞，龙死则预示祸乱；他举出天凤年间曾有人看见龙死而王莽被杀、东汉复兴一事，说这是"易代之征也"。当然，龙死的消息或许也是讹传，这反映了社会民众的政治倾向、思想情绪与文化心态。

龙的形象不仅对于帝王是祥瑞之兆，对于一般人来说也被认为是祥瑞之兆。《西京杂记》记董仲舒梦见蛟龙入怀，于是就撰作出《春秋繁露》这样的名著。董仲舒是文臣，他梦中见龙当然不会是预兆他能当皇帝，而是预兆他文才颖异精进，能够写出更佳更优的文章。明末著名作家冯梦龙，字犹龙，他的名字当即采用董仲舒和老子(孔子说老子"其犹龙耶")的典故，取其祥瑞之义。民间世俗在房宅、器物、衣服及装饰品上绘制龙的图案，以及节日舞龙的活动等，龙的形象也主要是表示祥瑞、和谐、福祉等意义，由此表现社会民众喜庆、欢悦的心情。

---

① 《太平广记》卷四二三引《大唐杂记》。

② 潘炎：《黄龙见赋》《黄龙再见赋》，见清董浩等编《全唐文》卷四四二，上海古籍出版社1990年版。

七、民俗文化

中国古代的龙文化深入到民众社会生活的各个方面，成为民风世俗的重要内容。这是龙文化的世俗化的表现，也是民俗文化中对龙的形象崇拜、迷信、敬畏及依赖、亲和等心态的综合体现。

十二生肖的确定是民俗文化的重要内容之一，它与每个人的身份都密切相关。十二生肖是以 12 种动物表示 12 种属相，其中的“辰龙”是唯一的非真实存在的动物。十二生肖的说法最早见于王充的《论衡》，说明其在汉代已经流行。后来各地少数民族也都仿照汉民族流行十二属相的观念，但所确定的动物略有变化，如唐代突厥族以鳄鱼代龙，后来彝族以穿山甲代龙，这说明各民族对于龙及十二属相的理解略有差异。

古代的丧葬习俗中，龙文化的表现也非常突出。河南濮阳西水坡出土的远古时期的墓葬中，有用蚌壳摆塑的龙与虎的造型，这是最早在墓葬中使用龙图案的实例。当代出土的春秋战国时期的贵族墓葬中，已常见大量使用龙的图案。在河南永城芒砀镇柿园村发现的西汉早期梁王墓的墓室前厅顶部有一幅壁画，主体是一条飞腾状的苍龙，四周列有祥云、虬龙等，色彩艳丽，造型精美，国内罕见。在洛阳发现的西汉卜千秋夫妇合葬墓中也有大量的龙壁画。在湖南长沙马王堆一号西汉墓中，有表现龙神话故事的图画，构图复杂，形象生动，具有非常重要的考古价值。当代出土的北魏、隋、唐及其后各时期的墓葬中，龙的图案与造型更是多种多样，负载大量的文化信息。在古代的堪舆学中，风水先生还把适合选作墓地的具体位置称为龙穴。

古代节令习俗中龙文化的内容尤其丰富多彩。春节、元宵节有龙舞表演，二月二称为“龙抬头”，端午节不少地方有赛龙舟活动，中秋节有些地方有舞火龙驱疫的活动，有的少数民族有祭龙节(如云南的德昂族)。这些习俗一直延续到今天，人们都非常熟悉，无须赘述。

八、英雄文化

中国人自古以来有根深蒂固的英雄情结，人们都崇敬英雄，渴望成为英雄。关于英雄的业绩与精神，大众对于英雄的认识、崇拜、赞颂及对英雄行为的效法与追求等，构成内涵丰富的英雄文化。值得注意的是，人们常常用龙来比喻英雄，以对龙的认识来议论或描绘英雄，因此，龙文化与英雄文化交错发展，演绎出精彩的篇章。

关于“英雄”一词，在汉代就出现了，班彪《王命论》云：“英雄陈力，群策毕举，此高祖之大略所以成帝业也。”①此后，英雄一词在史籍中的出现逐渐频繁，其含义大体是指识见、才能或作为非凡的人。如《后汉书·袁绍传》云：“若收豪杰以聚徒众，英雄因之而起，则山东非公之有也。”关于英雄概念的定义与内涵，应当以三国魏刘劭《人物志》的解释最为精辟，他说：“夫草之精秀者为英，兽之特群者为雄。故人之文武茂异，取名于此。”至于人中的英雄，刘劭又解释说：“是故聪明秀出谓之英，胆力过人谓之雄，此其大体之别名也。”刘劭就是前述《龙瑞赋》的作者，对于龙当然有深刻的认识，但是没有见到他用龙比喻英雄的言论。后来，在文人的著作中用龙比喻英雄的说法就逐渐多起来了，其中以《三国演义》第二十一回《曹操煮酒论英雄》的一段话最为典型，这里写曹操对刘备说：“龙能大能小，能升能隐。大则兴云吐雾，小则隐介藏形；升则飞腾于宇宙之间，隐则潜伏于波涛之内。方今春深，龙乘时变化，犹人得志而纵横四海。龙之为物，可比世之英雄。”这虽然是小说的描写，却非常典型地表述了英雄与龙的相似特征。

《三国演义》所写曹操的比喻，实则出于古人对龙形象的描述。除本文前引许慎《说文解字》中对龙的解释“能幽能明，能细能巨，能短能长”外，汉代刘向《说苑·辨物篇》云：“神龙能为高，能为下，能为大，能为小，能为幽，能为明，能为短，能为长。昭乎其高也，渊乎其下也，薄乎天光，高乎其著也。”扬雄《法言·问神篇》亦云：“或曰，龙必欲飞天乎？曰：时飞则飞，时潜则潜，既飞且潜，食其

---

① 见《后汉书·班彪传》引。

不妄,形其不可得而制也欤?”这两段所描绘的龙的形象,和曹操所言内容相符。

其实,在《三国演义》之前,不少著作中已见用龙或虎、凤比喻英雄了。《后汉书·耿纯传》记劝说李轶之语云:“大王以龙虎之姿,遭风云之时,奋迅拔起,期月之间兄弟称王。”《南齐书·王僧虔传》诫子书云:“于时王家门中,优者则龙凤,劣者犹虎豹。”宋代苏轼的《张安道乐全堂》诗赞颂张方平云:“我公天与英雄表,龙章凤姿照鱼鸟。”①南宋文天祥的《酹江月·和友人〈驿中言别〉》词云:“乾坤能大,算蛟龙、原是池中物。”②明代高启的《咏隐逸庞公》云:“南阳有龙凤,乘时各飞翻。”③这些诗文中的龙虎、龙凤、龙章、蛟龙等都是对英雄豪杰的比喻,以此赞颂他们有非凡的人品与能力,或者希望他们能够有更大的作为。

鱼跳龙门的传说也同龙文化与英雄文化的关系非常密切。《艺文类聚》卷九十六引辛氏《三秦记》云:“河津一名龙门,大鱼集龙门下数千不得上,上者为龙,不上者鱼。”英雄是智慧、能力与功业都特别出众的人物,在人群中是少数,能成为英雄不容易,这正像鱼跳龙门则变成龙一样,成为英雄则成为人中之龙。洛阳龙门石窟有一副石刻对联为“开张天岸马,奇逸人中龙”,据说是宋初陈抟的笔迹,这“人中龙”即指人中的英雄。清初盛际时撰作的传奇剧本名为《人中龙》,写勇士刘郛英雄无比,剧中结局时皇帝在一幅《少年击剑图》上题“人中龙”三字,褒奖刘郛功绩。世人常说“望子成龙”,即希望儿子长大能成为超众非凡的英雄人物。古时人取名字或号常见用“龙”字,如三国时诸葛亮号卧龙,赵云字子龙,陈登字元龙;南宋时有兵部尚书刘应龙;明朝有大将华云龙,万历时进士马应龙和余文龙,明末总兵马世龙;清代有著名清官于成龙。小说《水浒传》中写英雄好汉们的绰号,公孙胜是入云龙,史进是九纹龙,李俊是混江龙,邹渊是出林龙,邹润是独角龙,等等。以“龙”字取名或字号的含义,主要是人们的龙文化心态和与之相关的英雄文化心态的反映。

(原载《洛阳师范学院学报》2013 年第 1 期)

① 苏轼:《张安道乐全堂》,见《苏东坡全集》卷七。
② 《文山先生全集·指南后录》。
③ 高启:《高太史集》卷三。

附录

王永宽著作目录

书籍类一(独著、主著及主编)

1.《翡翠园》　王永宽点校,中华书局 1988 年 11 月出版,与蔡毅点校的《燕子笺》合为一册

2.《未央天》　王永宽点校,中华书局 1989 年 6 月出版,与周妙中点校的《千忠录》合为一册

3.《传奇春秋》　王永宽、王钢著,中州古籍出版社 1989 年 6 月出版

4.《中国古代酷刑》　王永宽著,中州古籍出版社 1991 年 3 月出版;台湾云龙出版社 1991 年 8 月出版繁体字版(有增补),后又再版;日本东京德间书店 1997 年 6 月出版,日译本(尾鹫卓彦译)

5.《清代杂剧选》　王永宽、杨海中、幺书仪选注,中州古籍出版社 1991 年 5 月出版

6.《中国戏曲史编年(元明卷)》　王永宽、王钢著,中州古籍出版社 1994 年 12 月出版

7.《老残游记》　王永宽校注,中州古籍出版社 1995 年 4 月出版

8.《中国十大古典喜剧集　中国十大古典悲剧集》(白话故事版)　王永宽、远征主编,中州古籍出版社 1995 年 10 月出版;2001 年 1 月第 2 版,书名为《中国十大古典悲喜剧》(分为喜剧集、悲剧集二册);2010 年 10 月新版,书名为《中国十大古典喜剧故事》,署名为"王永宽、卫绍生等改写"

9.《中国文学通典·戏剧通典》 幺书仪、王永宽、高鸣鸾编，解放军文艺出版社1999年1月出版

10.《何瑭集》 王永宽点校，中州古籍出版社1999年9月出版

11.《邓小平理论的文化阐释》 王永宽、龚绍东主编，中州古籍出版社2000年12月出版

12.《河南文学史(古代卷)》 王永宽、白本松主编，中州古籍出版社2002年12月出版

13.《李商隐与中晚唐文学研究》(论文集) 王永宽、尚立仁主编，中州古籍出版社2003年4月出版

14.《古典剧曲鉴赏辞典》 吕薇芬、金宁芬、黄克、王永宽主编，湖北辞书出版社2004年1月出版

15.《三字经》 王永宽注解，中州古籍出版社2004年10月出版

16.《扭曲的人性——中国古代酷刑》 王永宽著，河南人民出版社2006年1月出版

17.《河图洛书探秘》 王永宽著，河南人民出版社2006年4月出版

18.《中原文化大典·文学卷》 王永宽主编，王永宽、卫绍生撰，中州古籍出版社2008年4月出版

19.《中国戏曲通鉴》 王永宽主编，王永宽主撰，王钢、李琳参撰，中州古籍出版社2008年10月出版

20.《春华秋实集》(旧体诗词集) 王永宽著，大象出版社2009年10月出版

21.《三字经 百家姓 千字文》 王永宽注译，中州古籍出版社2010年1月出版

22.《东京梦华录》 王永宽注译，中州古籍出版社2010年6月出版

23.《品读沧桑——文史杂论集》(论文集) 王永宽著，河南人民出版社2011年5月出版

24.《闲情偶寄》 王永宽、王梅格注解，中州古籍出版社2013年11月出版

25.《闲适的情趣——〈闲情偶寄〉的生活美学》 王永宽、王梅格著，海燕出版社2014年3月出版

26.《诗兴悟语》(新体诗集) 王永宽著，中州古籍出版社2014年5月出版

27.《世间只有情难诉——汤显祖和〈牡丹亭〉》 王永宽著,海燕出版社 2015 年 3 月出版

28.《品味书香》(论文集) 王永宽著,海燕出版社 2015 年 9 月出版

书籍类二(参著及参编)

1.《明清传奇故事》 胡邦炜、王永宽、刘友竹编著,中州古籍出版社 1987 年 12 月出版;次年台湾某出版社出版繁体字版

2.《中国古代戏曲家评传》 胡世厚、邓绍基主编,杨海中、王永宽副主编,王永宽撰写范文若、万树、洪昇、王筠 4 篇,中州古籍出版社 1992 年 7 月出版

3.《论中国人现象》 孙荪主编,王永宽为参编者之一,河南人民出版社 1992 年 7 月出版

4.《三国演义》(现代白话本) 林冠夫主编,王永宽撰写第一百回至第一百二十回,中州古籍出版社 1993 年 12 月出版

5.丛书集成珍库《术数全书》 与卫绍生等 4 人合作,王永宽完成《天步真原》《梦占逸旨》《秘传水龙经》《字触》《太清神鉴》5 种点校,中州古籍出版社 1994 年 8 月出版

6.《中华文学通史》(10 卷本) 张炯、邓绍基、樊骏主编,王永宽撰写古代文学史部分章节,华艺出版社 1997 年 9 月出版

7.《古本戏曲剧目提要》 李修生主编,王永宽撰写 60 条,文化艺术出版社 1997 年 12 月出版

8.《中国寓言库》 张万钧主编,王永宽撰写 44 条,中州古籍出版社 1999 年 5 月出版

9.《精彩寓言》 张万钧主编,王永宽撰写 38 条,中州古籍出版社 2001 年 1 月出版

10.《中国古代戏曲文学辞典》 邓绍基主编,幺书仪、王永宽副主编,人民文学出版社 2004 年 6 月出版

11.《明清传奇鉴赏辞典》 蒋星煜、齐森华、赵山林主编,王永宽撰写赏析文稿 11 篇,上海辞书出版社 2004 年 12 月出版

12.《图说河南文学史》 河南省文学院编,王永宽负责隋唐五代、宋、金、元、明、清部分,中州古籍出版社 2004 年 12 月出版

13.《中国地域文化通览(河南卷)》 朱绍侯主编,王永宽撰写上编中的文学艺术部分,约60000字,中华书局2014年6月出版

文章类

1.《"拗折天下人嗓子"辨》 《陕西戏剧》1979年第3期

2.《浅谈王昭君艺术形象的真实性——评曹禺同志话剧〈王昭君〉》 《文学评论丛刊》第四辑,中国社会科学出版社1979年10月出版

3.《清代陕西女曲家王筠》 《陕西师大学报》1981年第1期

4.《元杂剧和世界文化名人关汉卿》 《祖国》书中的一篇,中国青年出版社1981年6月出版

5.《江苏二戏曲家卒年考略》 《江苏戏剧》1982年第8期

6.《1982年短篇小说争鸣述评》 《作品与争鸣》1983年第4期

7.《戏曲大师钮少雅》 《江苏戏剧》1983年第10期

8.《模仿生活与模仿作家》 《牡丹》1984年第1期

9.《让古典戏曲名著重放异彩——评〈牡丹亭〉的改编本〈杜丽娘〉》 《河南戏剧》1984年第2期

11.《关于〈罗浮梦〉传奇》 《光明日报》1984年5月8日第3版

12.《花木兰艺术形象的产生和发展》 《文科教学》1984年第3期

13.《陈圆圆及其艺术形象》 《文科教学》1984年第4期

14.《清代河南曲家吕履恒和吕公溥》 《地方戏艺术》1984年第4期

15.《略论汤显祖的言情说》 《文学论丛》第3辑,河南人民出版社1984年11月出版

16.《明清河南戏曲作家》 《中州今古》1985年第1期

17.《陈圆圆魂归何处》 《文汇报》1985年2月25日第3版;又收入《中国文化之谜》第二辑,学林出版社1987年4月出版

18.《卢柟的文学形象和卢柟其人》 《中州学刊》1985年第5期,又发表于《宁德师专学报》1985年增刊

19.《明末清初苏州派戏曲作家的现实主义倾向》 收入《中国文学史研究集》(名为《苏州派戏曲家创作的现实主义倾向》),上海古籍出版社1985年11月出版

20.《明代的戏曲流派》 《古典文学知识》1986 年第 3 期

21.《清代杂剧简论》 收入《中国古代戏曲论集》,中国展望出版社 1986 年 4 月出版

22.《〈牡丹亭〉和昙阳子》 《古典文学知识》1986 年第 7 期

23.《考试舞弊案与〈钧天乐〉传奇》 《古典文学知识》1986 年第 8 期

24.《尽道君王能造命,冯唐头白未封侯——孔尚任出仕始末》 《古典文学知识》1986 年第 9 期

25.《三打乾隆》(戏曲剧本) 《河南戏剧》1987 年第 2 期

26.《女娲炼石补天究竟是怎么一回事》 收入《中国文化之谜》第二辑,学林出版社 1987 年 4 月出版

27.《究竟谁是崇祯太子》 收入《中国文化之谜》第二辑,学林出版社 1987 年 4 月出版

28.《马援立的铜柱在哪里》 收入《中国文化之谜》第四辑,1987 年 4 月出版

29.《一生多半在车船——李渔的戏曲生涯》 《古典文学知识》1987 年第 6 期

30.《清代河南戏曲作家吕履恒、吕公溥年表》 《河南戏曲史志资料辑丛》第九辑,1987 年 8 月出版

31.《〈绿牡丹〉引起一场误会》 《古典文学知识》1988 年第 1 期

32.《中国古代戏曲对国外的影响》 《古典文学知识》1988 年第 2 期

33.《1985 年明清小说研究概述》 收入《中国文学研究年鉴》(1986),中国文联出版公司 1988 年 2 月出版

34.《1985 年古代戏曲研究概述》 收入《中国文学研究年鉴》(1986),中国文联出版公司 1988 年 2 月出版

35.《漫话“小人国”》 《文史知识》1988 年第 4 期

36.《清代河南戏曲作家吕履恒年表》 《中华戏曲》1988 年第 4 期

37.《明末清初苏州地区戏曲创作繁荣的社会原因》 收入《戏曲论丛》第二辑,兰州大学出版社 1989 年 11 月出版;后收入《中州学术论集·古代文学卷》,中华书局 2000 年 1 月出版

38.《辛勤的耕耘,可喜的奉献》 《地方戏艺术》1990 年第 1 期

39.《明清女戏曲作家生平资料补正》 收入《戏曲研究》第34辑,文化艺术出版社1990年9月出版

40.《古今虐食谈》 《龙门阵》1991年第4期,《读者文摘》1991年第11期转载

41.《戏剧,勿忘寓教于乐》 《河南戏剧》1991年第3期

42.《谈“鸩”》 《文史知识》1991年第6期

43.《认清源流,振兴戏剧》 《地方戏艺术》1992年第2期

44.《丰碑巍峨记丰功——评豫剧现代戏〈丰碑〉》 《河南戏剧》1992年第6期

45.《欲海难如意——读〈如意君传〉》 《跨世纪》1993年第3期

46.《都云婆子痴,谁解其中味——读〈痴婆子传〉》 《跨世纪》1993年第4期

47.《吕四娘为什么刺杀雍正皇帝——读〈大义觉迷录〉》 《跨世纪》1993年第6期

48.《药与饭的学问——读〈肉蒲团〉》 《跨世纪》1993年第7期

49.《关汉卿的悲剧意识》 《殷都学刊》1993年第3期

50.《黄宪和〈天禄阁外史〉问题》 《驻马店师专学报》1993年第2期;全文收入《正阳县志》,1996年12月出版

51.《提炼古典名著的人格精神——谈电视连续剧〈三国演义〉》 《河南戏剧》1995年第1期

52.《让戏剧真正走进文学的殿堂》 《河南戏剧》1997年第6期

53.《何瑭和他的〈柏斋集〉》 《古籍研究》1998年第4期;后收入《中国古典文学与文献研究》第一辑,学苑出版社2002年11月出版

54.《十一届三中全会精神对新时期文学的影响》 《河南社会科学》1998年第6期;后收入黄顺通主编的《辉煌的里程碑——纪念十一届三中全会20周年理论研讨会论文集》,中央文献出版社1999年6月出版

55.《剑器艺术与剑气精神》 《东方艺术》1999年第3期;又发表于《文化中国》(加拿大)1998年12月号(第五卷第四期,总第十九期);后收入《科学中国人优秀论文选》,中国社会出版社2000年10月出版

56.《邓小平理论对“五四”科学与民主精神的继承和发展》 收入论文集

《回顾·反思·展望》,华文出版社 1999 年 9 月出版

57.《论明清戏曲作品中的游侠形象》　收入《中州学术论集·古代文学卷》,中华书局 2000 年 1 月出版

58.《论中国古代应用科学技术的艺术性特征》　《河南社会科学》2000 年第 3 期,又发表于《文化中国》(加拿大)2001 年 3 月号(第八卷第一期,总第二十八期)

59.《架设连通中西文化之桥——访加拿大文化更新研究中心院长梁燕城博士》　《名家》(石家庄)2000 年 3 期,《名人世界》(香港)2001 年 1 期

60.《从"一"字看中国传统文化本原》　收入《科学中国人优秀论文选》,中国社会出版社 2000 年 10 月出版

61.《墨子文艺思想新探》　收入《中原墨学研究》,中州古籍出版社 2001 年 8 月出版

62.《邓小平理论和中国传统文化》　《中华文化论坛》(成都)2001 年第 4 期

63.《论淇河文化的临界文化特征》　《鹤壁职业技术师范学院学报》2002 年第 1—2 期合刊,又发表于《新乡师范高等专科学校学报》2002 年第 3 期

64.《朝阳沟的永久魅力》　收入论文集《杨兰春戏曲艺术论》,中国戏剧出版社 2002 年 5 月出版

65.《游民习性与侠士精神——论明清戏曲作品中的游侠形象》　《文化中国》(加拿大)2002 年第二期(第九卷第二期,总第三十三期)与第三期(第九卷第三期,总第三十四期)连载

66.《张香华诗歌的情感之美》　《美与时代》(下半月)2002 年第 7 期

67.《中位之美》　《美与时代》2003 年第 3 期

68.《中原姓氏寻根概述》　《信阳师范学院学报(哲学社会科学版)》2003 年第 2 期;后收入《固始移民与闽台文化研究》,九州出版社 2010 年 9 月出版;又收入《中原与闽台渊源关系研究三十年》,九州出版社 2012 年 7 月出版

69.《中国古代文艺美学的泛情论倾向》　《东南大学学报(哲学社会科学版)》2003 年第 3 期,又发表于《美学研究》(郑州)2003 年第 1 期

70.《美是和谐》　《美学研究》(郑州)卷首语,2003 年第 3 期

71.《中国古代文学传统的宏观考察》　《中州学刊》2003 年第 4 期

72.《琴文化漫议》 《美与时代》2003年第8期

73.《当代文化奇人柏杨——记当代台湾著名作家柏杨》 《名人世界》(香港)2004年3月号

74.《台湾女学者华玮的中国古代女戏曲家研究》 《殷都学刊》2004年第2期;又发表于《文化中国》(加拿大)2004年第一期(第十一卷第一期,总第四十期)

75.《郑板桥的"板桥体"人格》 《美与时代》2004年第5期

76.《文化与诗的美妙和弦——柏杨、张香华夫妇晚年生活散记》 《名人传记》2004年第7期上半月

77.《河图洛书的文化内涵》 《光明日报》2004年10月12日B3版;后收入论文集《根在河洛》,大象出版社2004年10月出版

78.《揭秘河图洛书》 《文化时报》2004年11月18日(创刊号)

79.《论邓小平理论的文化价值》 《学习论坛》2004年第10期;后收入《科学的理论 伟大的旗帜——纪念邓小平同志诞辰100周年理论研讨会文集》,中共河南省委宣传部编,河南人民出版社2005年8月出版

80.《中国古代邮递》 《寻根》2004年第6期

81.《〈古籍出版思与行〉序》 《古籍出版思与行》,孙宝瑞著,郑州大学出版社2004年8月出版

82.《〈龙湖集编年注析〉序》 《〈龙湖集〉编年注析》,徐伯鸿注,光明日报出版社2004年12月出版

83.《〈商丘文学通史〉序》 《商丘文学通史》,王增文等著,中原农民出版社2005年9月出版

84.《论河图洛书与远古物象崇拜》 《中州学刊》2006年第1期

85.《论历代文士的梁园情结》 《商丘师范学院学报》2006年第4期;又收入论文集《汉兴史论》,中华诗词出版社2006年12月出版

86.《论宁戚》 《黄河文化》2006年第2期;后收入论文集《武王伐纣 宁氏源流》,河南人民出版社2012年11月出版

87.《河南巡抚王士俊的一封奏折》 《黄河文化》2007年第3期

88.《八仙传说故事的文化底蕴探析》 《中州学刊》2007年5期

89.《论河图洛书的哲学思维》 《河南教育学院学报(哲学社会科学版)》

2007年第5期；又收入论文集《河洛文化与殷商文明》，河南人民出版社2007年10月出版

90.《河洛文化与河图洛书》 收入《情系中原——两岸文化联谊行》一书，河南文艺出版社2007年7月出版

91.《许衡的文学成就》 收入论文集《许衡与许衡文化》，中州古籍出版社2007年9月出版

92.《洛阳平乐正骨医术探源》 《河南教育学院学报（哲学社会科学版）》2008年第1期

93.《嫦娥传说故事的文化底蕴探析》 《中州学刊》2008年第3期

94.《论清代戏曲的雅俗并存与互补》 《东南大学学报（哲学社会科学版）》2008年第3期

95.《散文之史与史之散文——读王剑冰先生新著〈散文时代〉》 《文学报》（上海）2008年9月25日第8版；又发表于《人民日报》2009年7月14日第20版

96.《洛口仓及历代仓廪述要》 收入论文集《河洛文化与闽台文化》，河南人民出版社2008年10月出版

97.《元代贾鲁治河的历史功绩》 《黄河科技大学学报》2008年第5期；又收入《黄河文化专题研讨会文集》，牛玉国主编，黄河水利出版社2009年4月出版

98.《盘古神话传说文化内涵的多元性》 《民间文化论坛》2008年第6期

99.《〈琅华馆帖〉的文化价值》 《中州学刊》2009年第1期

100.《干宝〈搜神记〉对后世小说戏曲的影响》 《信阳师范学院学报（哲学社会科学版）》2009年第5期

101.《鬼谷子生平事迹新探》 《黄河科技大学学报》2009年第5期（署名王永宽、解少华）；又收入论文集《河洛文化与姓氏寻根》，河南人民出版社2009年10月出版

102.《河图洛书：结构主义和符号学的实例》 《中国社会科学报》2010年3月18日第16版

103.《牡丹文化：从人格化向国格化提升》 收入《中国牡丹文化（洛阳）高峰论坛文集（2010）》，大象出版社2010年4月出版

104.《〈聊斋志异〉对〈夷坚志〉的模仿与变异》 《河南教育学院学报(哲学社会科学版)》2010年第5期

105.《唐代贬谪流放官员对岭南文化的影响》 收入论文集《河洛文化与岭南文化》,河南人民出版社2010年9月出版

106.《经典:从民间向文献的转换》 《河南工业大学学报(社会科学版)》2011年第1期

107.《桃符演变为春联的文化探讨》 《河南教育学院学报(社会科学版)》2011年第2期;又收入《亚细亚民俗研究》第八辑,学苑出版社2011年1月出版

108.《〈河南文学史(当代卷)〉序》 《河南文学史(当代卷)》,张鸿声主编,卷首序之二,郑州大学出版社2011年2月出版

109.《方志的博精详特征与史籍的信达雅精神——〈二七区文物志〉读后印象》 《二七区政协报》2011年7月10日第3版;又发表于《古都郑州》2011年第4期,《中原文史》2012年第1期

110.《江姓起源及古江国考述》 《天中学刊》2011年第6期

111.《洛宁新发现临泉驿诗碑碑文试解》 《中原文史》2011年第4期

112.《明末至清代新安吕氏家族世系与支派考略》 《中州学刊》2012年第1期

113.《论罗贯中的〈赵太祖龙虎风云会〉杂剧》 《昆明学院学报》2012年第1期

114.《中原文化视野下的中原文学及其演变》 《河南教育学院学报(哲学社会科学版)》2012年第1期

115.《经典的永恒魅力与当代的悟性思维——叶传林〈易知易行道德经〉读后印象》 《中原文史》2012年第2期

116.《古代小说戏曲作品中的比干形象》 收入《比干文化研究》,河南人民出版社2012年4月出版

117.《追索民族艺术的真精神——袁运生大师的艺术道路》 《美与时代》(上)2012年第8期;又刊于《美与时代》(城市版)2012年6月号;又发表于《文化中国》(加拿大)2012年第3期(总第74期)

118.《河图洛书研究史上的江西学派》 收入论文集《河洛文化与客家文化》,河南人民出版社2012年9月出版

119.《老子神化过程论略》《天中学刊》2013年第1期

120.《中国龙文化的宏观考察》《洛阳师范学院学报》2013年第1期

121.《国画如此多娇,引无数才人竞折腰——〈云礓国画集〉刍议》《美与时代》(下)2013年第3期

122.《挑战极限的理论创新——〈新极限思想与主体的超常发展〉序》《新极限思想与主体的超常发展》,李民选、李创举著,河南人民出版社2013年7月出版

123.《葛天氏之乐在中国艺术史上的地位》收入论文集《葛天氏与上古文明》,河南人民出版社,2013年10月出版

124.《河洛文化、客家文化与龙文化》收入《客家魂》第十九期,2013年10月出版

125.《美玉有文 美文如玉——〈怀瑾握瑜〉序》《怀瑾握瑜》,宋宗祧著,现代出版社2013年12月出版

126.《用大文观写中国民间文学通史》《湛江师范学院学报》2014年第1期

127.《王姓源流考略》发表于"中华王氏宗亲网"2014年2月27日,"世界王氏网"2014年3月20日

128.《龙文化:从河洛文化到客家文化的传承》收入《河洛文化与闽南文化》,河南人民出版社2014年5月出版

129.《中原贡品文化的历史演化与基本特征》收入《中国贡品文化》,阮菊明主编,中国大众文化学会2014年6月出版

130.《河洛文化研究的当代意识》《中原文化研究》2015年第1期